Enes Karić: Lieder wilder Vögel

Enes Karić, geboren 1958 in Travnik, Bosnien und Herzegowina, ist Professor für Koranforschung und die Geschichte der Interpretation des Koran an der Fakultät für Islamstudien der Universität von Sarajevo. 1994 bis 1996 war er Minister für Erziehung, Wissenschaft, Kultur und Sport der Regierung der Republik Bosnien und Herzegowina. Von 2000 bis 2004 war er Präsident des Verwaltungsrates der Philosophischen Fakultät der Universität von Sarajevo. Zum Dekan der Fakultät für Islamstudien wurde er von 2003 bis 2007 gewählt.

Karić hielt sich zu Forschungszwecken mehrfach im Ausland auf, unter anderem in Kairo, Yale, Oxford und Santa Barbara, und war Gastdozent an der Karl-Franzens-Universität Graz, der Universität Ljubljana und zuletzt als Allianz-Gastprofessor an der Ludwig-Maximilian-Universität München.

Enes Karić

Lieder wilder Vögel

Übersetzt von Sead Mujić

Verlag Hans Schiler

Bibliografische Information der Deutschen Bibliothek
Die Deutsche Bibliothek verzeichnet diese Publikation
in der Deutschen Nationalbibliografie;
detaillierte bibliografische Daten sind im Internet
über *http://dnb.ddb.de* abrufbar.

Alle Rechte vorbehalten.
Kein Teil dieses Buches darf in irgendeiner Form (Druck, Fotokopie oder einem anderen Verfahren) ohne schriftliche Genehmigung des Verlages reproduziert oder unter Verwendung elektronischer Systeme verarbeitet werden.

All rights reserved.
No part of this publication may be reproduced, stored in a retrieval system, transmitted or utilized in any form or by any means, electronic, mechanical, photocopying, recording or otherwise, without permission in writing from the Publishers.

©2015 Verlag Hans Schiler, Berlin/Tübingen
Deutsche Erstausgabe
1. Auflage 2015
Originalausgabe: *Pjesme divljih ptica*; Sarajevo 2009
Übersetzung: Sead Mujić
Umschlagbild: Paolo Veronese (1572) – *Allegoria della battaglia di Lepanto* (Ausschnitt), Gallerie dell'Accademia, Venedig
Druck: Standartų Spaustuvė, Vilnius
Printed in Lithuania

ISBN 978-3-89930-004-8

Tepa, die Pappel und der Mondschein 7

Der Maler neben der Muvekithane 18

Die Leinwand aus Zeit 28

Die Predigt von der Niederlage 47

Die Hinrichtung am Tahtakale 60

In Scheich Zulkaids Tekke 76

Hubimesihis, Kalenderis, Hurufis, Maznewis ... .88

Die Tekke in Flammen 111

Komm und sieh die Aprilgräser am Polterschacht 124

Florentiner Jahre 143

Esztergoms Geschwister 163

Im Apfelbaumgarten 181

Der Vortrag über Gärten 195

Des Teufels Verbündeter 213

Ein Heiliger der Vater, heilig auch der Sohn 234

Wie gewonnen, so zerronnen 255

Den wahren Glauben wollen wir 276

Die Welt seltener Freunde 305

Notizen aus dem Alleinsein 324

Die Schlacht um die Margareteninsel 344

Anmerkungen (Glossar) 363

Tepa[1], die Pappel und der Mondschein

Am sechsten September 1585 kam ich aus Mostar nach Sarajevo. Ich wurde von Hasan eingeladen; er war Rechtsphilosoph und ein Freund aus den Medressen[2] von Zarigrad[3]. Vor der Begova-Moschee würde er auf mich warten, hatte er versprochen.

Ich schreite durch die Gassen, beflügelt vom Gedanken an die glücklichen Tage, die mir bevorstehen. Zehn Jahre verbrachte ich in den Medressen Zarigrads, fünf weitere in Florenz mit dem Studium der Astronomie. In Sarajevo gibt es außer mir niemanden, der in diesen zwei Städten die Wissenschaften erlernte. Nur wenige wissen es, mit der Hoffnung sowohl auf den glorreichen Koran als auch auf ferne Gestirne gerichtet zu sprechen.

»Es ist schön, dass du beides erlernt hast«, schrieb mir vor drei Jahren aus Zarigrad mein Lehrer und Scheich Semnani. »Es ist gut, auf Pfaden, die du zuvor nicht kanntest, zu wandeln, aber noch besser ist es, zu wissen, dass Schritte, die wir eigenständig gehen, selten sind. Sei dir nicht allzu sicher, dass du eine neue Welt erblicken wirst, wenn du die Augen aufs Neue öffnest.«

Ich laufe am Besistan[4] vorbei, in Septemberwärme gehüllt, vor meinen Augen im Nebel der Erinnerungen ein anderer September aus dem Jahre 1570, als mich meine Mutter Mevlija nach Dubrovnik zum Schiff begleitete und mich dort ihrem Bruder Halid Pavlović, dem Kadi[5], anvertraute. Mein Vater Salko war nicht dabei, er verspätete sich aus Venedig kommend. Und jetzt, neben dem Besistan, nach fünfzehn Jahren, habe ich Mevlijas einstiges Glück vor Augen: Die ruhmreiche Dichterin und Kräuterheilerin aus Mostar, Mevlija Pavlović-Humo, entsendet ihren Sohn in die Hochschulen Zarigrads, um auf diese Weise ihre Schuld bei Gott zu begleichen, der sich ihrer tränenreichen Gebete erbarmte und sie aufhören ließ, tote Kinder zu gebären. Aber welche Rolle spielte ich in dem unscheinbaren und engen Raum zwischen Mevlijas Traurigkeit im Gebet, ihrem Wunsch schwanger zu werden und ihrem Glauben daran, dass Gott ihr seine Gnade erwiesen hatte, indem er sie mich Hilflosen gebären ließ. Und was war und worin bestand meine Verpflichtung angesichts ihrer Entscheidung, mich weit von sich zu schicken, damit ich die alten Wissenschaften unseres geliebten islamischen Glaubens erlernte? Im Hafen von Dubrovnik küsste sie mich und weinte, zog mein Hemd zurecht, das für meine Reise nach Zarigrad gekauft wurde, und schmiegte mich an sich. Sie wies den Kadi an, gut auf mich aufzupassen; »Ja, Mevlija, werde ich«, und mich bis Zarigrad nicht aus der Hand zu lassen; »Ich weiß Bescheid, Mevlija«, und mich dort den besten Lehrern und Scheichs zu übergeben; »Um Gottes Willen, Schwester, warum weinst du?«. Immer noch habe ich das schönste Bild meiner späten Kindheit vor Augen: Vom Schiff aus sehe ich Mevlijas blaues Kopftuch – ein solches ist nicht einmal auf den schönsten Gemälden Zarigrader Künstler zu finden –, das Schiff legt ab, die Leinwand meiner mostarschen Zeit geht in Erinnerung über.

Wie das Aufleuchten eines Blitzes im Wind, so erloschen die einstigen Vorträge kurzer Korankapitel in der Tuffstein-Moschee in Tepa. Und das Kauern auf den Knien vor Alun, dem Abenteurer-Hodscha, der jeden für ungläubig erklärte, der behauptete, West-Indien sei eine Lüge und die Neue Welt die Wahrheit! In Mostar ließ ich die hallenden Koranverse zurück, die sich, in mir unverständlicher semitischer und arabischer Sprache, traubenförmig aus höher gelegenen, fernen, unerreichbaren Welten niederließen. In diesen Worten gleicht meine Kindheit in Mostar einem kurzen, zu Ende geträumten Traum, oder zwei Träumen, kindlichen Spaziergängen durch sonnengetränkte Rosengärten, in denen ich von keiner Blume den Namen kannte. Aus blauen, unermesslichen Tiefen des Himmels stiegen die Ramadan-Monate herab, bisweilen auf Leitern aus Mondschein, und liebkosten die hübschen Gesichter junger Männer und Mädchen.

Während ich am Besistan vorbeilaufe weiß ich eins mit Gewissheit: Hätte Mevlijas Sohn Mostar nicht verlassen, um nach Wissen zu suchen, hätte er niemals Gott als eine Drohung, als Pflicht, als einen Hinterhalt erfahren! In Tepa war sein Glaube aus heiteren und blauen Himmeln gewoben, bis hin zu Worten von der Stimme Alun-Hodschas begleitet, in Quellwasser verwandelt, um den Durst der ertrockneten Leber zu stillen.

In Dubrovnik, in siebenfaltigem Halbtraum, bezeugt von Schreien der Möwen und dem Plätschern der Wellen, trennte ich mich von Tepa und von meiner Mutter Mevlija. Sie stand dort, wartete bis das Schiff den Hafen verließ, sie war Zeuge ihrer eigenen, wahr gewordenen Freude darüber, dass sie mich in die Kaiserstadt schickte, in die großen Medressen am Ende des weiten Weges, jenseits zahlreicher Meere. Das Schiff glitt davon, das geliebte, blaue Kopftuch, das mir wie ein Grashalm vorkam, wurde immer kleiner, immer unscheinbarer, je weiter sich die aufgeschäumte Wasserspalte hinter dem Schiff öffnete.

In Ihrer Zerbrechlichkeit glich Mevlija ihren Kräutern, die wir einst in unserem Garten in Mostar zum Trocknen auslegten: Lenzkraut, Absynth, Süßholz, Johanniskraut ... Die Namen merkte ich mir wegen der außerordentlichen Schönheit der Pflanzen, die meine Mutter in ihren achtsamen Händen hielt. Auf dem Schiff rezitierte ich sie; von ihr hatte ich sie gewissenhaft gelernt, so wie ich mir die Verse des Korans bei Alun-Hodscha ins Gedächtnis geprägt hatte. Vom Schiff aus rief ich ihr zu, etwas wie: »Leb' wohl, Mevlija!«, oder: »Wir sehen uns in Mostar!«, oder: »Wir treffen uns im Schatten unseres Gartens, in einem Jahr, oder in zwei ...«

Der blaue Grashalm, der blaue Punkt, hörte mich nicht mehr. In die Ecken ihres blauen Kopftuches sammelte sie ihre Tränen.

Halid-Kadi sah, dass ich schluchzte.

»Hör mal zu, junger Mann, du willst nach Zarigrad, aber trotzdem heulst du! Das ist eine Schande, nicht nur für dich, sondern auch für mich! Schau dort, die sieben schönen Mädchen aus Dubrovnik; sie beobachten dich und lachen. ›Ein junger Mann, aber badet in Tränen!‹, sagen sie.«

Das war alles, was Halid-Kadi sagte, dann machte er unsere Sitzplätze ausfindig, nippte zweimal verstohlen an seiner Schnapsflasche und schlief ein.

Ich lief durch die Gassen in Richtung Besistan und zum Baščaršija-Bazar, bald würde ich vor der Begova-Moschee stehen. Der Wohlgeruch von gekochtem Mais hieß mich willkommen. Es war eine neue Pflanzenart hierzulande, ein immer noch scheuer Gast.

Sie wurde vor etwa vierzig Jahren von Handelsreisenden aus West-Indien in italienische und christliche Länder gebracht. Orhan Dubravić war es, der erstmals die Körner in Stolačko Polje säte, er war ein Nachkomme von Dabiživ und der Urgroßvater von Šakir Dubravić, meines Bekannten aus den Zarigrader Medressen. Anfänglich gab es nur wenige Körner, soviel wie die rechte Hand Orhan Dubravićs fassen konnte. Es waren etwa um die hundert, die er von einem jüdischen Händler am Hauptmarkt von Venedig geschenkt bekommen hatte. Der Mais setzte sofort an, aber gedieh in Bosnien dünner und kleinwüchsiger. Die arme Pflanze zögerte und reckte sich nur geizig zum fremden Himmel empor, entsetzt von den Gebirgshöhen auf welche sich das Himmelsgewölbe engherzig stützte, entlang der scharfen Ränder blass-blau erscheinend. Nur mancherorts brachte die unbekannte Pflanze tapfer hohe, grüne Stängel hervor, in üppiger Fülle goldgelben Korns. Woanders jedoch, auf beengten, schattigen Feldern, hatte sie sich traurig verwurzelt, aber auch dort wurde die Arme geschmäht.

Mit dem Ende des Frühlings des Jahres 1568 – ich war gerade zehn geworden – trafen sich wichtige Leute in unserem Garten in Tepa. In ihren Diskussionen ging es um Mais. Mit ernsten Mienen saßen sie kreisförmig unter der raurindigen Pappel und unter breiten Strähnen von Mondlicht. Es kommt mir vor, als schiene es immer noch auf mich herab. Alle Imame Mostars und alle Scheichs waren anwesend. Meine Mutter Mevlija, die allseits anerkannte Dichterin und Kräuterheilerin, bewirtete sie mit Tee vom Prachtblätter-Kraut, das übers Jahr an der Sonne und dem Wind am Fuße des Velež-Gebirges heranwuchs.

»Die fremdartige Mais-Pflanze kommt zu uns aus unbekannten Gebieten«, fing Hodscha Zarkan Alun an. »Aus ungläubigem Lande stammt sie, weit entfernt, heidnisch, nicht einmal christlich! Ihre fremde, hinter zahlreichen Meeren gelegene Heimat blieb vom warmen Licht des Islam unerreicht, und man weiß nicht wann, wer und ob überhaupt jemals einer dessen ewiges Licht in diese entlegene Einöde tragen wird. Dass wir heutzutage keine Ahnung davon haben, dass unser Reich ermüdet, seine Kraft mit jedem Tag schwindet und es Länder verliert, die es Jahrhunderte lang gehalten hat – das ist das geringere Übel! Aber zum Verhängnis wird uns – und das wird uns zugrunde richten –, dass keiner vor all dem warnt, was täglich an Fremdem und Unbekanntem ins Reich eindringt! Sind diese Mais-Unbekannten ein böser Vorbote von bevorstehenden Ermordungen von Schwangeren? Wird uns auf diese Weise unser Ende ereilen?«

Zihni-Effendi[6] Kuskunović, Forscher der hamzawitischen Irrlehre in den Hum-Ländern, warf einen missfälligen Blick auf Alun-Hodscha, keuchte ein- oder zweimal bedeutend, ergriff dann mit beiden Händen seinen Stock und stocherte damit in der Erde vor ihm, vor jedem ausgesprochenen Wort mit dem Blick einen fixen Punkt, eine Mitte suchend.

»Alun! Der Mais ist eine Pflanze wie jede andere auch! Das

Gras ist nur Gras, Mais ist nur Mais. Früher wussten wir nichts von ihm, und der Mais wusste nichts von unserem kargen und baren Boden. Sollen wir denn Pflanzen aus ungläubigen Ländern ebenfalls für Ungläubige halten? Oder sollen wir gar hoffen, dass Pflanzen aus den Ursprungsländern des Islam etwa Gebetsrufe verrichten? Lassen wir diese Verdächtigungen, meine Brüder! Lassen wir solchen unnötigen Wankelmut, besonders wenn es um Dinge geht, gegen die wir nichts Vertrauenswürdiges gehört haben. Es ist nichts Störendes daran, dass wir auf unseren Feldern Mais säen!«

Kuskunović verlieh seiner Rede ein frommes, andächtiges Ende, in einem Tonfall, der hoffnungsvoll Zustimmung forderte.

Und dann hörten wir wie Nurija Svrzo aufstand. Bei diesem Treffen war er der einzige Prediger aus Sarajevo. Man hatte ihn eingeladen und er war gekommen. Aus der rechten Innentasche seines schwarzen Umhangs holte er eine handgeschriebene Abhandlung heraus. Ich zählte sieben dicht beschriebene Blätter. Sein Blick wanderte in dem überschaubaren Garten meines Großvaters Arif Humo umher, bis er dort, unter dem dicken, trockenen Ast des Pappel-Baumes meine Mutter Mevlija fand.

»Schwiegertochter, bitte hör dem, was ich jetzt sage, nicht zu!«

Mevlija ging zum Haus, Muderis[7]-Svrzo blätterte im Kerzenlicht in den vergilbten Seiten und wartete, dass die sich entfernenden Schritte der einzigen Frau bei dieser Zusammenkunft leiser wurden.

»Zunächst will ich euch eins sagen – mit einem Herz aus Stein und groben Wortes haben wir die arme Pflanze empfangen! Was hat vor zwei Jahren, hier in diesen schönen Gassen, euer irrer Scheich Hugalija mit seiner Clique ihr nur angetan? Jeder seiner schwachsinnigen Schüler steckte sich einen Maiskolben in die Unterwäsche – verzeiht, dass ich es auf diese Weise sagen muss – und wedelte damit stundenlang, hier hinter den Mauern dieser unschuldigen Sandstein-Moschee. Sie verspotteten jeden, der das neue Korn auf seinem Felde, auf dem ärmlichen und traurigen Land seiner Vorväter säte! Und hatte sich ihnen irgendjemand entgegen gestellt? Niemand! Sie posaunten, das Maiskorn wäre Teufelswerk, wenn es reife, zeige es gelbe, braune und schwarze Haarbüschel des Teufelsbartes! Sie verbreiteten auch anderen Schwachsinn, vor dem sich gescheite Leute ekeln und besonnene schämen! Und was, meine Brüder, setzte dem Treiben des Scheichs Hugalija und seiner malamatschen[8] Meute ein Ende? Wir nicht, aber der Krieg tat es! Der blutige Krieg bändigte ihre Schandtaten und verhinderte deren krankhafte Ausbreitung. Das Feuer der Kämpfe entflammte, ohne dass wir es wollten. Während der ersten Kämpfe bei Esztergom kamen viele Verwundete nach Mostar, ihre Wunden verschlimmerten sich, sie starben, viele Gruben mussten für die Toten ausgegraben werden. Hugalijas Leute griffen zur Hacke weil sie Bares witterten. Zu der Zeit wurde die neu angekommene Pflanze in Ruhe gelassen. Ich werde euch nicht erzählen, was ihr alle bereits wisst: In jenem Jahr waren die Kämpfe bei Esztergom verheerend, aber man verlor sie nicht wegen ihrer Heftigkeit – denn an heftige Schlachten waren wir seit langem gewöhnt – sondern wurden wir besiegt, weil die Pferde des Feindes mit Mais gemästet wurden und unsere mit fauligem Roggen und ranziger Hirse. Wir ächteten den Mais, also ächtete der Mais uns. Allerorts werden wir geächtet, jedes Mal wenn wir die Welt ächten! Mit der Abhandlung von diesen Blättern verkünde ich in siebenfachem Beweis: Lasst uns aufhören die neuen Pflanzen, die aus dem neu entdeckten Land im Westen kommen, zu verpönen! Lasst uns sie in jeden Hain, in jede Erdvertiefung einpflanzen! Auch wenn es uns in dieser Welt nichts bringen sollte, so möge das neue Gras unser Fürsprecher im Jenseits sein.«

Svrzo ließ sich langsam auf seinen Stuhl nieder, schnaufte, beruhigt von der Stille, die nach einem gelungenen Vortrag überbleibt, nach einem Vortrag, dem man zuhört und den man behält. Er schaute jedem Anwesenden ins Gesicht, zufrieden, dort die heitere Spur seiner in Worte gefasster Gedanken vorzufinden.

Zalikan der Mevlevi[9]-Dichter bat ums Wort, er saß weiter hinten im Garten, an dem Ort, wo wir jedes Jahr im Spätherbst Feigenmarmelade kochten. Beim Aufstehen sagte er, dass das, was er zum Mais zu sagen habe, nicht lang sei, und er hoffe man würde ihn verstehen, denn er wolle den Jüngeren und auch den Älteren die Zeit nicht stehlen – den Jüngeren nicht, weil sie noch nicht erkannt hatten, dass Zeit ein kostbarer Juwel sei, und den Älteren nicht, weil er ihnen nicht den Finger in die Wunden legen wolle, da sie es sehr wohl, aber zu spät erkannt hatten.

»Ich will nur das vortragen, was schon in meiner *Abhandlung über die Leuchtkäfer* geschrieben steht. Ich arbeite bereits seit drei Jahren an diesen Seiten und komme zu folgendem Schluss: Mit dem Mais kamen zu uns auch die Leuchtkäfer! Kostenlos bekamen wir die wunderschönen leuchtenden Schwärme dazu. Sie zieren nun unsere beengten und trostlosen Felder. Jetzt fliegen über ihnen Abertausende gutmütiger Käfer und erhellen mit ihrem flammenden, inneren Licht die nächtlichen Wege. Unwiderlegbar weiß ich, dass die Maissaat vom Himmel herabkommt, die Leuchtkäfer bringen sie auf ihren Flügeln, obwohl, meine Brüder, unter uns nur wenige Gelehrte sind, die dies bezeugen könnten.«

Zihni-Effendi Kuskunović wog Zalikans Worte, eins nach dem anderen, er schaute ihm direkt in die Augen und war erfreut darüber, dass in seinen Worten nichts vom Irrglauben der Hamzawiten zu finden war.

Mevlija brachte erneut Prachtblättler-Tee, den alle im hellen Schein des Mondes genüsslich schlürften. Großvater Arif Humo schaute vor sich hin und stützte sich auf seinen alten Stock aus Teakholz.

Plötzlich fiel inmitten des Gartens ein dreifach gebrochener Maisstängel! Er wurde von der Straßenseite über die Gartenmauer in den Garten geworfen. Alun-Hodscha eilte zum Gartentor, riss es auf und sah am Ende der Gasse eine vermummte männliche Gestalt im Derwisch-Gewand, unter klarem Mondlicht verschwand sie spurlos. Alun kehrte in den Garten zurück, setzte sich hin und schnaufte. Svrzo schaute ihn an und sagte:

»Es ist keine Sünde, dass Orhan Dubravić vom venezianischen Markt ein paar Maiskörner nach Dubrava brachte und sie in seinem Garten anpflanzte, noch ist es Sünde, dass sich die Pflanze aus seinem Garten auf unsere Gebieten ausbreitete. Aber dass Gespräche über die Pflanze immer noch heimlich belauscht werden und dass man darüber nicht öffentlich reden kann, das ist Sünde! Ich behaupte nicht, dass alles öffentlich oder gänzlich frei sein kann oder darf, aber ich bin mit ganzem Herzen dafür, dass wir die neue Pflanze anerkennen! Wenn ich Mufti wäre, würde ich auftragen, dass man in allen Moscheen den Mais erwähnt, von den Kanzeln in Freitagspredigten, in einem Zug mit den Namen der ersten vier rechtgeleiteten Kalifen! Über welche Weltereignisse hatte man nicht alles in den Moscheen von den Kanzeln gesprochen? Reden wir denn in den Moscheen nicht über schwerwiegende Laster? Tun wir! Warum dann nicht verkünden, dass Mais nur eine Pflanze ist und kein Laster?«

Dann ergriff Mevlija selbst das Wort, ohne jemanden um Erlaubnis zu fragen, warum sollte sie auch? Würde es auch jemand wagen, der berühmtesten Dichterin und Kräuterheilerin Mostars ins Wort zu fallen? Als Aussteuer von den gelehrten Pavlovićs brachte sie in das Kaufmannshaus der Humos ihre Gedichte und den seltenen Beruf der Kräuterheilerin und schenkte beides ihrem Gatten, meinem Vater Salko! Heute noch erinnert sich Mostar an Mevlijas Mitgift: Drei Holztruhen gefüllt mit Handschriften in arabischer und eine in lateinischer Schrift, und hunderte Säckchen getrockneter Kräuter. Die Hochzeitsgesellschaft brachte alles in Salkos Garten, und das Fest war noch nicht beendet, da kamen schon von irgendwoher Frauen an, damit Mevlija, die Braut, in den verhärteten Wurzeln einjähriger Pflanzen einen heilenden Extrakt für sie finde.

Mevlija setzte sich neben die weiße Mauer und rückte ihr Kopftuch zurecht – ich sehe es immer noch vor mir, während ich am Besistan vorbeilaufe, das Blau, wie es von der geliebten, alten, seidigen Erinnerung schimmert.

»Ich höre euch den ganzen Abend lang zu und denke mir: Es ist gut, dass die neue Pflanze Zugang zu unseren Herzen findet. Aber weshalb übertreiben wir, wo wir doch wissen, dass Übertreibung das erste Zeichen von Hochmut ist? Nicht vierzig Tage ist es her, da reiste Sadiković, der Kräuterheiler aus Počitelj, nach Imotski und was machte er dort? – er übertrieb! Er verärgerte die dortige Kräuterheilerin Katarina und alle Christen, die sich in ihrem Laden fanden, als er einen Maiskolben herausnahm und rief: ›Wisst ihr Christen denn nicht, seht ihr denn nicht, dass der Mais ein gesegneter Moslem ist, denn seine Körner sind einheitlich in Reihen geordnet – wie Muslime, wenn sie sich im Gebet niederwerfen? Dringt das denn nicht bis zu eurem Verstand, oh ihr irrgläubigen Nachbarn?‹ So rief der alte Sadiković, und er hätte nicht aufgehört, hätte Katarina ihn nicht zum Schweigen gebracht, indem sie ihm siebzehn verschiedene dreiblättrige Pflanzen zeigte. ›All das sind Kruzifixe, Sadiković!‹, rief sie erbost. Sie warf ihn aber nicht aus dem Laden, denn sie brauchten einander, sie handelten mit Kräutern seit siebenundzwanzig Jahren!«

Dann meldete sich Großvater Arif, zunächst hustete er, um dann zu prüfen, ob auch allen Anwesenden bewusst ist, dass er auch etwas sagen möchte, und als er sicher war, dass auch niemand mehr seinen Tee schlürfte, fing er mit unsicheren Worten an, seine

Zweifel gegenüber den Vorzügen der für Bosnien neuen Pflanze zu erklären.

»Meine Brüder, ich danke euch, dass ihr in meinen bescheidenen Garten gekommen seid, ich bin geehrt. Es ist eine Ehre für ganz Tepa, sogar für ganz Mostar. Aber ich würde gerne nur eins sagen: Schaut Skender an, meinen Enkel! Zehn Jahre ist er alt und er ist so hoch, wie er nun mal hoch ist. In den Feldern von Stolac aber habe ich mit eigenen Augen gesehen – der Mais-Stängel wächst in nur vier Monaten über meinen Skender hinaus! Nun vergleicht doch bitte zehn Menschenjahre auf der einen und vier Monate dieser trotzigen Pflanze auf der anderen Seite! Nie wuchs in unserem Lande ein Getreide höher als der Mensch, jetzt aber brachte man den Mais und man muss den Blick in den Himmel richten um seine Spitze zu sehen! Und seinen Hut muss man dabei festhalten! Ist das nicht Hochmut von Seiten des Maises? Und eins sage ich: Wir erinnern uns alle noch, dass Orhan Dubravić mit Bettlaken die geschwollenen Maisfrüchte vor Frauenblicken verdeckte, weil sie – verzeiht mir den Ausdruck – unanständig in die Länge wuchsen. Aber der Mais verbreitete sich, viele fingen an ihn anzupflanzen und gaben ihn allen Blicken preis!«

Alle schauten Arif an, Zihni-Effendi Kuskunović blickte kurz zu mir und schmunzelte. Mevlija zog ihr blaues Kopftuch straffer, missmutig schaute sie ihren Schwiegervater Arif Humo an. Sie war verärgert und traurig. Ich erinnere mich, als wäre es heut' Morgen gewesen, als sich eines Tages in unserem Garten aus Mevlija die Dichterin Pavlović meldete, in einfachen Worten, ohne Ebenmaß und ohne Wohlklang. Es geschah, als mein Vater Salko, mit Flasche und dem Bauch voll mit Alkohol, betrunken, verdreckt und mit urinnasser Hose unsere Gartenschwelle übertrat.

Mevlija erhob sich, stellte sich unter die Pappel und befahl Salko, sofort auf die Straße zurückzukehren, sich zu waschen und wieder auszunüchtern. All das habe ich gesehen und es mir eingeprägt, neun war ich damals, ich stand neben der einen, immer gleichen Feuerstelle, wo wir alljährlich im Spätherbst Feigenmarmelade kochten. Ich dachte, all das wäre nur ein Spiel, bei dem Salko immer eine Flasche mit sich herumtrug und Mevlija ihm es stets verbot, und so immer aufs Neue, im Kreis.

Aber es war kein Spiel, denn niemand lachte dabei! Salko Humo wollte zum dritten Mal in den Garten, doch dann packte ihn Mevlija Pavlović an der Brust, warf ihn hinaus und verabschiedete ihn mit diesen Worten – es beschämt mich, dass ich, der Absolvent Zarigrader Medressen, Mevlijas Worte so festhalte, wie sie es gesagt hatte:

»Schande auf dich, und Schande auf deine Humo-Sippe bis ins neunte Glied! Schande auch auf euch in der Zeit, wo ihr noch Christen wart und auch als ihr Muslime wurdet! Nie kam Gutes von euch, keine Religion konnte euch erziehen, keine heilige Botschaft euer Innerstes erweichen! Ihr seid ein Beispiel von Gottes Verzweiflung über dieses Land. Nie entnahm man eurer Brust gottesfürchtiges Winseln! Ihr hattet nie ein Herz, das von Gottes Gnade hätte berührt werden können! Wie könnte es auch so sein, wo ihr doch Abschaum wart und Abschaum geblieben seid, eine Schande für Kreuz und Mondsichel, man weiß nicht, für wen mehr! Elend über Elend!«

An diesem Abend, als man in unserem Garten über den Mais diskutierte, fürchtete ich mich. Angst ergriff mich – mich, den Knaben, der damals im Begriff war, sich für immer von seiner Kindheit zu trennen, Angst, dass erneut die Dichterin Pavlović aus Mevlija sprechen, dass sie über ihren Schwiegervater Hadschi[10]-Arif herfallen würde.

Doch Mevlija stand leise auf, kam zu mir, führte mich vor die Leute und befahl mir:

»Skender, sag diesen ehrenhaften Menschen etwas über die heilenden Kräuter, das, was du letzten Monat gelernt hast.«

Unter dem dicken Stamm des Pappelbaumes trat ich hervor, schritt in die goldenhellen Strähnen des Mondlichts, stellte mich vor all den Leuten auf und fing an:

»Pfingstrose – vielblättrige Blütenkrone, blüht im Mai und im Juni. Wegerich – speerförmige Blätter, wächst an Wegrändern, blüht von April bis Oktober. Kiefer – wächst in höheren Bergregionen, heilende Eigenschaften entfalten sich im August und Oktober. Schwarzdorn – blüht von April bis Mai, seine Früchte sind erst nach starkem Frost gut. Frauenlist – lebhaft blaue Blüten, blüht von Mai bis August, wächst neben Zäunen und Sträuchern. Fackelkraut – zweijährige Pflanze mit herabhängenden Blättern und zitronengelben Blüten, wächst auf steinigen Hügeln, manchmal auch neben verlassenen Kirchen oder Moscheen ... Mutter, soll ich weitermachen?«

»Weiter, Skender!«

»Kalmus – wächst neben stehenden Gewässern, blüht im Juni,

manchmal auch im Juli, wenn das Jahr sich verspätet, und bei uns tut es das oft. Kalmus besticht durch starken Duft und bitteren Geschmack. Wald-Engelwurz – mag Hügel und unzugängliches Gebiet, von dort wird es in Gärten verpflanzt, domestiziert hält es nicht lange, blüht von Juli bis August, seine Wurzel hilft gegen die Pest, wenn man es den Unglücklichen früh verabreicht. Gelbnelke – blüht von Juni bis September, wächst neben Zäunen, feuchten Wäldern und vergessenen Sträuchern. Brunnenkresse – gedeiht nur in reinen Wasserquellen, Bächen und Seen, ihre Stängel schlängeln sich und schwimmen auf dem Wasser, sie blüht in kleinen Trauben winziger, weißer Blüten, mit dem Frühling gedeiht sie als saftige Pflanze. Minze – wächst vorwiegend in Gräben. Helenenkraut – blüht von Juli bis bis September, bevorzugt ruhige und stille Haine und windschattige Orte ohne Luftzug. Malve – wächst auf Ruinen ... Ich erwähne auch den Waldmeister – er blüht von Mai bis Juni, wächst in schattigen Wäldern. Lazaruskraut – wächst wild und zerstreut in Küstengebieten, blüht von Mai bis Juni. Und das Jetlovina-Kraut[11] – blüht spät, erst gegen Ende Mai, zögert, man soll es trinken wenn man die erhabensten Dinge im Traum sehen will ...«

An dieser Stelle stockte ich, kam durcheinander, fing vor Scham an zu schwitzen. Mutter Mevlija setzte fort:

»Skender, du hast den Thymian vergessen, er blüht von Mai bis September und wächst in schattigen Bodensenken und auf trockenen, sonnigen Wiesen ...«

Ich eilte zur Begova-Moschee und durchforstete in meinen Erinnerungen die einstigen Debatten über Mais aus unserem kleinen Garten in Tepa, vom Ende des Frühlings und vom angehenden Herbst des Jahres 1568.

Der Maler neben der Muvekithane[12]

Ich lief rechts am Besistan entlang, der Duft gerösteter Kastanien lag in der Luft und er überdeckte den von gekochtem Mais.
Der Herbst rückte näher. Bald würden seine ersten Tage Sarajevo erreichen und in mir andere Bilder Mostars und Sarajevos, und heitere Lichtstrahlen auf ihnen, zum Leben erwecken.
All diese Bilder gehörten mir und ich mochte sie, aber nicht nur meinetwillen, obwohl ich auf solch eine Eitelkeit Anrecht hätte, da ich doch auf jedem der Bilder auch selber zu sehen war und den Großteil des eingefassten Raumes glückselig in Anspruch nahm. Es war vielleicht vielmehr der verstrichenen Zeiten wegen, Zeiten in denen meine wenigen Erinnerungen gezeugt und zu lebendigen Trugbildern wurden. In mir wuchsen sie zu halbstarken Wesen mit niedlichen kleinen Häuptern heran, in Farben, die Freude erwecken, mit gestriften und mit Schatten bedeckten Antlizen mir ans Herz gewachsener Menschen, welche ich einst mit den Augen eines Kindes und denen eines jungen Mannes betrachtete, mit einem Blick, frei von jeglicher schlechter, dem Trotze entsprungener Absicht.
Damals in Tepa und während der seltenen Besuche in Sarajevo mit meiner Mutter Mevlija sahen meine Augen in ungetrübtem Wachsein das bisschen Welt, welches dem Blick fürs kurze Leben vorherbestimmt wurde.
»Das Leben ist immer kurz, sogar für den Propheten Noah war es kurz«, sagte mir einst Scheich Semnani aus Zarigrad. Da meine mostarschen Jahre an den Nebenhängen der Welt vergingen, betrachte ich sie als eine harmlose Zeit, in der sich zahlreiche Tage ohne jegliches Gedenken reihten, viele von Ihnen nicht wert, eine Erinnerung zu werden.

Ich trat in den Innenhof der Begova-Moschee ein, Hasan war nicht da, er hatte nicht auf mich gewartet. Ich sah nur zwei Männer. Der etwas ältere stand, auf sein linkes Bein gestützt, neben dem Waschbrunnen. Unter seiner schwarzen Bekleidung schaute sein rechtes Bein hervor, es war aus Holz. Er schien über sechzig zu sein, betrachtete die Wassertropfen, lauschte den Wasserstrahlen,

wie sie die Marmorplatten hinabplätscherten. Er sah mich lächelnd an und fragte:
»Bist du nicht zufällig Humo?«
»Ja, ich bin es.«
»Hasan hat auf dich gewartet, ist dann aber gegangen. Bali-Effendi hatte ihn zu sich gerufen. Es muss wohl etwas Dringendes gewesen sein. Mein Name ist Zejnil, ich bin der Pförtner der Medresse. Komm nachher vorbei, ich werde auf dich warten.«

Ich ging zum Šadrvan, dem überdachten Waschbrunnen, zur Rinne aus der das Wasser am stärksten austrat. Es strömte in erquickendem Rauschen, ergoss sich in dickem Strahl, drall wie der Arm einer jungen Frau, zerperlte an der Marmorplatte in eine für einen Augenblick andauernde Unzahl sonnengetränkter Tropfen, als seien es übers nächtliche Firmament vergossene, sterbende Sterne, die in ihrem Ableben noch einmal ihr Licht zeigen wollten. Ich wusch mir die Hände. Das Gesicht. Mehrere Male. Ich atmete die nach Linden riechende Luft und labte mich am Genuss des Wassers in der Hitze des Septembernachmittags.

Der andere Mann war jünger, aber nah an die vierzig. Er saß vor der Sternwarte, inmitten abgefallenen, von der Hitze der Nachmittagssonne erwärmten Laubs des Lindenbaumes. Obwohl er mich nur kurz, ein paar Augenblicke lang ansah, konnte ich seine Augen hinter den wellenförmigen Brauen sehen. Es brauchte nicht länger, um mir deutlich zu machen, dass er sich aus mir nichts machte, dann aber schaute er mich noch einmal an und es kam mir vor, als hätte er gelächelt. Rechts von ihm waren zwei oder drei aufgespannte weiße Leinwände, vor ihm eine weitere, größere Leinwand, ebenfalls aufgespannt. Das Bild darauf war gerade im Entstehen: Eine verschwommene Vogelfigur, Andeutungen eines vertrockneten Astes, ein Himmelsfragment, welches die linke Seite der göttlichen Unendlichkeit ahnen ließ ...

Dem Künstler entnahm man kein Reden, nur Atmen, Stöhnen. Mit einem dicken Stift aus Oud-Holz zog er kurze Striche von rechts nach links. Jede seiner Bewegungen war kreisförmig und endete mit dem Stift und der Hand unter dem Herzen ...

»Entweder warst du selber in Buchara, oder deine Lehrer, von denen du das Malen gelernt hast, stammen von dort«, sagte ich zu ihm.

»Eins davon stimmt! Woher wusstest du es?«
»Ich weiß es eben! Du ziehst deinen Stift zum Herzen hin, bei

jedem Zug. Dann ist da noch der Vogel und sein nach oben gerichteter Blick, beinahe kann man seinen lieblichen Laut hören, dann die Luft zwischen den zum Flug aufgeschlagenen Flügeln ... Wenn ich es deuten soll: Du malst die Seele, obwohl sie unsichtbar ist, im Bild stellst du dir ihren Flug und ihr Emporsteigen zur unendlichen göttlichen Freiheit vor. Das Fliegen fällt schwer, denn die Unendlichkeit ist überall, nichts ist bekannt, weder Richtung noch Weg, Bedeutung oder Sinn.«

»Das ist aus dem Tasawwuf[13]. Es ist weder von Dir, noch ist es zum ersten Mal gesagt worden. Es ist die Deutung Jīlīs[14]. Das ist nicht, was ich mit diesem Bild ausdrücken wollte. Es ist zu kompliziert, die Menschen in Bosnien interessiert so etwas nicht.«

»Dann biete ihnen doch die Deutung des blinden Dichters Zakaryā aus Casablanca an: Der Vogel steht für den gläubigen Menschen, der Flug für den Glauben und der endlose Himmel für das unerreichbare Wesen Gottes ... Und der Ast? Er bezeichnet die Müdigkeit, die Pause, das Ausruhen. Er kann auch die Sünde bedeuten, denn Sünde begeht man meistens, wenn man unbeschäftigt ist, aus Langeweile. Alles in allem, dein Bild spricht davon, dass der Glaube des Individuums nicht immer vollkommen ist ...«

Nachdem ich die Deutung des Dichters aus Casablanca vorgetragen hatte, stand der Mann neben der Sternwarte plötzlich auf, erst da sah ich, dass er hochgewachsen und von schlanker Statur war. Erbost machte er mit seinem Stift aus Oud-Holz eine abweisende Bewegung, mit seinem Blick versetzte er mir einen Hieb.

»Jetzt hör mir mal zu! Ich kenne dich nicht und du kannst mir gestohlen bleiben! Erzähl mir bloß nichts von unvollkommenem Glauben, auch nicht von vollkommenem, von gar keinem!«

»Ich rede doch nur vom Glauben gewisser Leute!«

»Auch nicht von solchem! Heute redet man von vollkommenem oder unvollkommenem Glauben, morgen zeigt man mit dem Finger auf unvollkommene Menschen und übermorgen vertreiben die Richtigen die Unrichtigen und misshandeln sie!«

»Mensch, ich habe doch nur zwei Möglichkeiten der Auslegung deines Bildes und des kleinen Vogels darauf angeboten!«

Der Künstler beruhigte sich. Er schien mir zu glauben, dass ich es ernst meinte. Ich sagte ihm, ich habe keine Arglist, keine faule Absicht zeigen wollen, ich habe nur das, was ich sah, gedeutet, nur in Worte gefasst, was mir in den Sinn kam, nichts anderes. Durch seine furchterregenden Augenbrauen hindurch schaute er mich an und machte erneut die gleiche abweisende Handbewegung, als wollte er mir zeigen, dass unsere zufällige Begegnung und Unterhaltung überflüssig, unwichtig sei.

»Verzeih, ich habe mich aufgeregt. Vielleicht mag es dir vorkommen, dass kein Grund dazu gewesen sei. Ich dachte, du wärst ein hamzawitischer Abtrünniger, malamatscher Aufständischer, bergilischer[15] Saubermann und Entsandter des ›wahren‹ Glaubens ... Doch ich sehe, du trägst nicht deren Kleider. Wenn du dir nicht eingebildet hast, dass deine Seite die richtige ist, kannst du dich glücklich schätzen, und auch, wenn deine Seele nicht überall nur verkommene Menschheit vernimmt.«

»Ich bin kein Abtrünniger! Von Aufständen halte ich nichts! Ich schätze unterschiedliche Auslegungen des Korans, und in der Poesie suche ich nach Metaphern von Gärten und ihrer innewohnenden Stille. Ich liebe auch Kräuter, bittere und süßliche, verschiedenartige. Meine Mutter Mevlija pflanzte mir die Liebe zu ihnen ein. Auch längst verstorbene, gelehrte Menschen liebe ich, auf einige von ihnen machte mich Scheich Semnani aufmerksam, als ich in Zarigrad war. Nach Sarajevo kam ich wegen der Arbeit. Der Philosoph Hasan hatte mich eingeladen. Ich absolvierte die Medressen von Zarigrad und lernte auch Astronomie in Florenz. Als ich dein Bild sah, hatte ich das Bedürfnis, dir die Verse über die Krähe, welche von einem Schüler aus Zarigrad verfasst wurden, vorzutragen, aber wie ich sehe, lehnst du es ab sie zu hören!«

»Ich lehne es nicht ab! Wie kommst du drauf? Ich mag Verse, auch wenn sie nur von einem unbekanntem Schüler stammen. Lass hören!«

»Von welcher Art ist die Weite,
in welche die Krähe
an nebligem Morgen,
neben dem Flusse,
von blattlosem Baume,
ihre Stimme hinauskräht?«

Der Künstler wiederholte die fünf Worte: Weite, Morgen, Fluss, Blatt, Stimme ...

»Interessant, wirklich! Auf interessante und schöne Weise gesagt. Was ist aus dem dichtenden Schüler geworden?«

»Nichts Besonderes. Er behauptete immer, die Krähe aus seinen Versen wäre genau jene, welche Kain sah, als er seinen Bruder

Abel umbrachte. Der schwarze Vogel wollte dem Mörder zeigen, wie er seinen Bruder vergraben solle. Später, in den Gärten der Medressen, erzählte der Schüler, die Verse wären gar nicht von ihm, sondern von Kain persönlich, ein Ausdruck seiner Reue und Trauer. Er beteuerte, der Mörder sei ihm im Traum erschienen und hatte ihm die furchtbaren Verszeilen vorgetragen. Für eine gewisse Zeit ließ man den Schüler in Ruhe, doch bald ermahnte man ihn, er solle sich nicht in den Streit zwischen Adams Söhnen einmischen, er solle das Ausbessern alter Ungerechtigkeiten sein lassen. Wolle denn auch er etwa vergangenen Zeiten nachtrauern, hieß es. Der Schüler trug aber seine Gedichte weiterhin vor, er gab sich zunächst der Poesie vollkommen hin, dann der Askese, allmählich vergaß er die Bedeutung heiliger Schriften, vernachlässigte die arabische Grammatik und verfasste schließlich ein Gedicht welches behauptete:

> Ein allzu großer Jammer ist es,
> dass wir im Leben kürzer weilen
> als im Grabe und im Tode.
> Auch dafür wird einst jemand geradestehen müssen.

Bei Nacht schrieb er diese seine Wahrheit an die Wände kaiserlicher Medressen, bis man ihn schließlich fasste und nach Anatolien in eine Tekke[16] verbannte, dort wohin man jene schickt, die an ihrer eigenen Dichtung Glauben fanden.«

Ich ließ den Künstler bei der Sternwarte. In der Medresse empfing mich Zejnil, der sechzigjährige Pförtner.
»Mustafa hat dich wohl aufgehalten?«
»Welcher Mustafa?«
»Mustafa der Künstler, der vor der Sternwarte. Wenn sich die Sonne zum Westen neigt, malt er. Er sagt, das Licht fiele ihm dann besonders schön auf die Hand und unter den Stift, auch der Schatten gefiele ihm. Zu dieser Tageszeit wandere der Stift von alleine an den Schattenrändern entlang, sagt er. Beides würde ihm beim Malen von Hilfe sein. Ein seltsamer Mensch! Muvekit[17] Ždralović drängt ihn immer woanders hinzugehen, immer streiten sie, aber sobald Ždralović weg ist, kommt er wieder hierher. Im vergangenen Jahr verwüsteten Malamatis seinen Laden an der Baščaršija und traten mit den Füßen auf eines seiner Bilder. Die

gemalte Szenerie erzürnte sie: Acht Vögel, die an vier Seiten eines Feldes gereiften Maises Körner pickten ...

Gotteslästerer! Stellt acht Engel Gottes in Form von acht Vögeln dar, brüllten sie durch die Gassen.«

Zejnil führte mich durch die Gänge der Medresse. Er redete laut. Ich hörte das Stampfen seines Holzbeines auf den steinernen Bodenplatten. Er winkte den Schülern zu.

»Hier ist euer neuer Lehrer!«, rief er.

Die Schüler schauten nach mir und reckten ihre Hälse in beiläufiger Neugier. Zejnil brachte mich in ein Gemach rechts neben dem Klassenzimmer. An der linken Wand hing eine schöne Kalligraphietafel, eine einzige, mit einer knappen Botschaft. Ich blieb stehen, wollte das kalligraphische Geheimnis lösen, welches in Schönheit geschickt verschlüsselt wurde, in sieben Farben des Regenbogenspektrums, in wenigen arabischen Schriftzeichen, scharf wie die Schneiden eines Schwertes, in Verknotungen aus Strichen und Punkten.

»Wer hat die Kalligraphie geschrieben?«, fragte ich Zejnil.

»Der Künstler Mustafa. Er schenkte mir die Tafel, nachdem ich ihm erzählt hatte, wie ich mein Bein verlor. Der Kampf war beendet, es war ruhig, doch dann, nach einer Stunde, flog eine einzige Kanonenkugel an und schlug mir das rechte Bein weg. Solang ich noch bei Bewusstsein war, schrie ich: ›Doch nicht jetzt etwa?‹«

»Die Worte, die du ausgesprochen hattest, fand der Künstler Mustafa im Koran – ›Al-Ane‹. Gott spricht sie aus, als er fragt: ›Jetzt etwa?‹[18] Werdet denn ihr Menschen erst im Angesicht des Todes reumütig? Die Botschaft des Künstlers ist: Man soll weder Gott noch das Schicksal herausfordern, besonders nicht mit allerlei Fragen. Trotzdem hat die Kalligrafie etwas Mutmachendes. Sieh, die arabischen Buchstaben sind mit Blau umgeben, damit das Schicksal von uns weg, zu jemand anderem hin ziehen kann ...«

»Damit auch sie, wie ich damals, unbedacht aufschreien: ›Jetzt etwa?‹ Hätte sich das Schicksal länger bei mir aufgehalten, wäre auch eine zweite Kanonenkugel dahergeflogen, so aber bin ich immer noch auf der Gewinnerseite – ich habe ein ganzes linkes Bein.«

Zejnil sagte das einfach so dahin, ohne dem eine Besonderheit beizumessen, ohne Freude oder Trauer darüber, dass ihm Mustafa das Ergebnis seiner kalligraphischen Verzückung gewidmet hatte, dass er ihm seine einstigen Bleiben, seine Geschichte von der Kanonenkugel, welche ihm das Bein wegbiss und die Nachmittagsstunden eines abklingenden Gefechts deutete. Damals wies alles darauf hin, dass die Kämpfe bald vorbei sein würden. Den schicksalhaften Schuss feuerten die Feinde womöglich ab, einfach weil ihnen diese Ladung noch übrig geblieben war. Die Kugel und das Pulver wollten sie nicht wieder mitnehmen, aber wegschmeißen wollten sie es ebensowenig, also schossen sie ohne zu zielen in Richtung unserer Stellungen. So verlor Zejnil sein Bein, obwohl er sich nicht mit der Mehrheit der Truppen, sondern an der Peripherie des Gefechts, am Rande dieses Tages aufhielt ...

»Du bekommst ein schönes Zimmer, Bali-Effendi wohnte darin drei Jahre lang, bis er schließlich eine reiche Frau aus Sarajevo heiratete. Danach zog er in ihr Haus. Weißt du, die Frauen aus Sarajevo heiraten gerne gebildete und reiche Bauern, sie mögen es aber auch, wenn sie kräftig sind. Meine Frau Hasna sagt immer: ›In Sarajevo heiraten gebildete Bauern die hiesigen Frauen!‹ So ist es nun mal. Die Bettlaken sind sauber. Seit letztem Herbst haben wir sie nicht mehr benutzt. Gäste übernachten hier nicht gerne. Sie gehen lieber in den Han[19], dort ist es ruhiger, man hört das Klappern der Holzsandalen der Schüler nicht. Bali-Effendi pflegte hier immer bis spät in die Nacht zu lesen, er verbrauchte viele Kerzen. Möglicherweise magst du ja auch Bücher? Du sagst, du bist aus Mostar. Direkt aus der Stadt?«

»Aus Tepa.«

»Tepa ist arm, nicht so wie Baščaršija. Aber es ist immer noch besser aus Tepa zu kommen, als aus dem Karst unter dem Velež[20]. Leute aus Mostar sind hier nicht sehr beliebt. Um genau zu sein, man kann hier weder euren Erfolg, noch eure Gelehrsamkeit leiden. Ich rate dir: Stell dich nicht allzusehr in den Vordergrund, und falls du die Absicht haben solltest, etwas zu zeigen, tu es nicht sofort. Bist du ein Hafiz[21]?«

»Nein.«

»Sag nicht einfach: Nein! Sag – ich bin dabei es zu werden, oder – ich bin noch nicht bis zum Ende des Korans gekommen, aber viel ist es nicht mehr, um die hundert Seiten etwa, die Hälfte noch. Du hast Glück, dass du in den Medressen von Zarigrad ausgebildet wurdest. Man sagt, du hättest noch etwas anderes gelernt!«

»Astronomie, in Florenz.«
»Was ist denn das?«
»Die Wissenschaften über die Himmel und die Sterne.«
»Oh Gott, gibt es so etwas denn auch? So unersättlich ist der Mensch, sogar dorthin richtet er seinen Blick. Erzähl nicht jedem, dass du das gelernt hast. In Sarajevo darfst du nicht immer alles erzählen, vor allem nicht gleich am Anfang. Warte ab, es ist Zeit genug da. Man wird schon auf dich zukommen, falls man dein Wissen brauchen sollte. Ich sag es dir nochmal, man mag euch hier nicht besonders. Man behauptet, ihr äßet euch satt, wärt ihr euch nur sicher, dass die Nahrung mindestens für eine Woche in eurem Bauch bleiben würde. Da es aber nicht so ist, ist es euch lieber zu hungern als zuzusehen, wie das Essen durch euch weniger wird.«

»Und Hasan, mag man ihn hier? Er kommt ja nicht aus Mostar.«

»Auch er ist unbeliebt, aber gegen ihn wagt man sich nicht. Man weiß, dass der Kaiser persönlich seine Gedanken zur weisen und gerechten Weltordnung gerühmt hat. So! Dein Zimmer ist trocken, das ist das wichtigste, und es sind keine Bücher drin. Die Feuchtigkeit zieht in die Lunge zweimal schneller, wenn Bücher im Zimmer sind. Aber ich sehe, zwei hast du schon mit dabei. Hättest du lieber zwei Kinder und eine schwangere Frau mit dir gebracht, das wäre für dich und für uns besser gewesen.

»Und wo kommst du her?«, fragte ich Zejnil, um das Gespräch von mir zu lenken und seine Fragerei zu beenden. Ich hatte nicht vor, mir seine Antworten zu merken, es war mir egal, was er sagen würde, ob er aus Koraj oder aus Plana[22] sei. Angesichts seiner Tätigkeit als Pförtner, die man ihm für einen Tageslohn von drei Akçe[23] vergeben hatte, hätte sein Herkunftsort auch ein weitaus verschlagenerer sein können.

»Ich komme aus Glamoč. In der Vakuf-Verwaltung[24] werde ich als Zejnil Glamočak geführt. Als man mich ins Register eintrug und ich gefragt wurde, woher ich komme, erlaubte ich mir einen kleinen Spaß: ›Aus Sarajevo!‹, sagte ich. ›Einen Dreck kommst du aus Sarajevo!‹, riefen sie, ›Mach kein Blödsinn! Sprich, woher kommst du?‹ Also sagte ich, dass ich aus Glamoč sei und so trugen sie mich dann auch ein. Achtzehn Jahre sind es, seitdem ich hierher gekommen bin, und genau so lange trage ich auch dieses Holzbein.«

Man hörte Schülerstimmen, dann beruhigten sie sich plötzlich, dann wiederum vernahm man Gelächter.
Zejnil brachte Tee ins Zimmer.
»Du hörst den Lärm der Schüler. Schüler sind nicht mehr wie früher. Nichts ist mehr wie früher. Sie lernen nicht, sie respektieren die Älteren nicht, sie schätzen weder Bücher noch Wissen. Sie sind verleitet, viele jedenfalls. Die Hamzawiten und Malamatis sind ihnen im Herzen, und irgendwelche Bergilis sieht man auch immer um die Medresse rum, immer in kleineren Gruppen. Es gibt auch Schüler, die sich niemandem angeschlossen haben. Sie stehen weder hinter dem Vali[25] noch hinter dem Mufti[26] Bali-Effendi, nicht einmal Hasan den Philosophen mögen sie, niemanden! Sie lieben ihre Jugend, die Mädchen und das Lachen. In Gassen treiben sie sich gerne rum und in Gärten und unter Fenstern. Sie sind hinter leichtem Leben und unbeschwerten Tagen her, meinen, dass sie alles bekommen würden, ohne etwas dafür geben zu müssen. Doch sie täuschen sich. Deswegen gibt es auch das Alter, die berüchtigte faule Frucht auf dem jungen Baum, weißt du. Ich sag's dir, du glaubst nicht, was es für Schüler gibt. Letzte Woche musste ich wegen ihnen zur Bula[27] Puhalovka gehen.«
»Zu wem?«
»Zur Bula Puhalovka. Eine gebildete Frau. Sie gießt Blei. Jedermann in Sarajevo trägt mindestens einen ihrer Talismane. Sogar der Vali und seit kurzem auch Mufti Bali-Effendi. Das weiß jeder. Es ist auch keine Schande mehr das zu tun. Der einzige, der keinen Talisman hat, ist der Philosoph Hasan. Vor ein paar Tagen erst weckte mich lautes Geschreie aus der Medresse, hässliche Stimmen. Aus dem Hof hörte ich dichtes, kaltes und scharfes Getöse von Pferdehufen. Irgendwelche Leute kamen in die Medresse reingelaufen, sie fragten mich nicht einmal um Erlaubnis, drei von den Schülern nahmen sie mit. ›Wohin wollt ihr mit ihnen, wo bringt ihr sie hin?‹, fragte ich. ›Sie sind doch noch jung und wissen nichts von Macht und dem Ringen um sie.‹ Zornig erwiderten sie: ›Wir werden sie erst freilassen, wenn sie vor dem Bali-Effendi mit den Namen ihrer geheimen Lehrer rausrücken!‹ Dies sagten sie und stießen mich zur Seite. In der Dunkelheit erkannte ich, dass es die Wachleute des Kadis waren. Umso mehr erstaunte es mich, dass sie in trunkenen Worten, mit heiseren Stimmen und bösen Absichten sprachen. Ich hörte wie sie schnaufend die Listigen unter den Leuten verfluchten, welche Neuerungen und Müßiggang

in den Glauben einbringen, und die Gedanken der Jugend vergiften. Doch als es Tag wurde, hatte ich gut was zu staunen – die richtigen Wachmänner des Kadis riefen mich zu sich und meinten: ›Du bewachst die Medresse nicht gut, Zejnil! Hamzawiten haben dir letzte Nacht drei Schüler entführt!‹, ›Aber die sagten mir, dass sie die Wachen des Kadis seien!‹, verteidigte ich mich. ›Du siehst nicht gut, wer dir in die Medresse einbricht!‹, sagten sie und fügten hinzu: ›Wo hast Du deine Kerzen, warum benutzt du sie nicht? Du würdest zumindest die Dunkelheit der Nacht vertreiben, damit du in diesen fiesen Zeiten erkennen kannst, wer aufrichtig und wer falsch ist.‹ Ich fragte: ›Wie kommt es, dass niemand diesen Abtrünnigen die Stirn geboten hat, weder an der Ziegenbrücke, noch bei der Römerbrücke[28]? Stattdessen greift man einen beinlosen Krüppel an!‹, sie sagten: ›Seit der Schlacht von Lepanto vor vierzehn Jahren ist dieses Land ein unumzäunter Garten ...‹ In derselben Nacht suchte ich Bula Puhalovka auf, dreimal musste sie mich mit ihren Beschwörungsformeln behandeln, auf Zucker und Wasser sprach sie diese aus, sie gab mir drei Löffel Honig, jetzt bin ich etwas erleichtert ...«

In jenem Medressenzimmer hörte ich mir Zejnils Geschichte an und durchforstete meine Erinnerungen an Mostar und Zarigrad.

Die Leinwand aus Zeit

Zejnil ließ mich in meinem Medressenzimmer allein. Vorher wünschte er mir noch eine frische Nacht, er hatte diesen Wunsch aus einer Vielzahl von Wörtern geflochten. Vom Quietschen der Tür und seinem Gehuste konnte ich seine Worte kaum verstehen. Er gab mir Ratschläge: »Ruh dich aus, du hast eine Reise hinter dir, du bist sicher ermüdet ... es ist schwül draußen, in Sarajevo kann der September durchaus heiß werden ... falls Hasan kommt, wecke ich dich auf ...«

Das wievielte Mal war es, dass mich in der Einsamkeit einer neuen Bleibe meine verstrichenen Jahre ereilten? War dieses das fünfte unbekannte Zimmer in Reihe, in welchem ich meine Hemden faltete? Zum ersten Mal meldete sich mir die Vergangenheit in der Stille einer Kammer in der kaiserlichen Medresse in Zarigrad im Jahre 1571. Damals war die Leinwand meiner Vergangenheit noch unscheinbar. Ich war erst dreizehn.

Ich weiß es, deshalb erinnere ich mich daran.

Es waren die ersten Herbsttage nach unserer Niederlage bei Lepanto, als ich nach Zarigrad kam. In jenen trächtigen Zeiten, die sich über uns auftürmten, konnte sich kaum jemand um Schüler aus entlegenen Randgebieten des Reiches kümmern. Es war, wie es war, und es ist, als wäre es vergangene Nacht gewesen. Und es ist, als wäre es in dieser Medresse gewesen. Man führte mich in ein Zimmer, ohne auf meine Trauer nach Tepa und Mostar Rücksicht zu nehmen. Wie einem Soldaten wurden mir meine Pflichten aufgezählt: »Hier hast Du saubere Laken, sie werden immer in der Nacht vor Freitag gewechselt! Das ist das Regal für deine Bücher. Stell den Koran auf das oberste Brett! Sei immer schon zum frühen Morgengebet wach! Anfangs werden wir dir nur sagen, dass es eine Schande ist, das Morgengebet zu verschlafen, später werden wir dich bestrafen, falls du es tust. Falls dich im Traum junge Mädchen heimsuchen, und du beim Aufwachen auf deiner Unterwäsche Lustspuren vorfinden solltest, dann geh ins Bad, das ist dort, danach komm auf jeden Fall zum Gebet, der Gebetsraum ist dort! Mit der im Traum empfundenen Lust hast du dich vor Gott nicht versündigt, und der Schönen, welche durch Jünglingsträume wandert, bist du nichts schuldig! Komm nie zu spät zum Unterricht, Verspätung ist das erste Anzeichen von Faulheit!«

Sie redeten immer in kurzen Sätzen, klar und streng, als würden sie nichts wiederholen können. Dann ließen sie mich allein. Gewiss wäre ich von Wehmut überwältigt worden, wären da nicht die Bilder gewesen, die sich aus meinem Innersten meldeten. Mevlija war auf jedem von ihnen, am deutlichsten aber auf dem, wo sie mich, mit Trauer erfüllt, in Dubrovnik zu meiner Abreise begleitet. Aus der Ferne, vom Schiff aus, sah ich damals ihr blaues Kopftuch.

Es sind nun zwanzig Jahre vergangen, seitdem ich anfangs der zweiten Maihälfte des Jahres 1558 geboren wurde. Zwischen meinen ersten Tagen in Mostar und der heutigen Nacht in Sarajevo liegen meine Jahre in Zarigrad und Florenz, und die Reisen nach Aleppo und Ghom, Padua und Venedig, Damaskus und Askalan.

Während die Septembersonne langsam am Horizont unterging, wurde ich in meinem Zimmer in der Gazi-Husrevbeg-Medresse von Erinnerungen an unser Haus in Tepa und an Mevlija heimgesucht. Sie fügten sich zu einer kurzen Geschichte, zu einem Vermächtnis zusammen – meinem und dem meiner Mutter gleichermaßen. Es war, als würde mir Mevlija auf diese Weise ihre Hinterlassenschaft schenken wollen, als Vertrauen ihrem Sohn gegenüber, welchen sie in die Medressen der Kaiserstadt zu entsenden im Begriff war, damit er die gottgefälligen Wissenschaften erlerne, und damit er sich nicht in unzähligen, ungesegneten Irrwegen verliere. Sie trat mir ins Bewusstsein, um mir noch einmal zu sagen, dass es Erinnerungen gäbe, welche zu vergessen eine Schande wäre, und solche, die mit unserem Inneren verwachsen, wie Moos mit altem Stein neben Mauern von Derwisch-Tekken und Klöstern.

Mevlija Pavlović und Salko Humo bekamen mich am Anfang der zweiten Maihälfte 1558. Es geschah in Mostar, und es geschah ohne deren Willen. Das Haus, in das ich hineingeboren wurde, war in jeder Hinsicht mittelmäßig, es war weder alt noch neu, niemals herrschte darin Überfluss, aber auch keine Armut. Meine Eltern erbauten es kaum vierzig Schritte von der Sandsteinmoschee entfernt, von Tepa linkswärts, am südlichen Hang, zu Počitelj[29] hin, zum Meer. Gott hatte in seiner Barmherzigkeit Mevlija und Salko mit schlichten Dingen beschenkt, wodurch ihnen einerseits Leid erspart blieb, auf der anderen Seite aber auch Hochmut. Das liebste aller Geschenke jedoch war ihnen mein erster Schrei bei der Geburt. Mit ihm begrüßte ich unseren kleinen Garten und die rindige Pappel. Es blieb ungeklärt, was zuerst in die Welt trat – ich selbst oder mein schriller Schrei. Mevlija rief glückerfüllt zur Hebame Zulejha und zu den versammelten Frauen aus unserer Gasse:

»Es weint! Und es lebt! Mein kleiner Schatz lebt! Hört ihr es?«

Mein Schreien zu hören war ihr in diesem Moment wichtiger als ich selbst, und ich nahm es ihr nicht übel, obwohl ich auch heute nicht weiß, ob sich ihrer Brust um meinetwillen ein Seufzer entringen würde. Doch mit fortschreitendem Alter kam auch die Kühnheit, es ihr doch übel zu nehmen. Bis ich auf die Welt kam, gebar Mevlija dreimal tote Kinder, zwei Mädchen mit blonden, verklebten Haaren und einen Jungen. Meine Geschwister hatten nie ihren ersten Schrei machen können, sie traten ins Paradies stumm ein. Warum war nicht ich anstelle eines von ihnen, als der Todesengel sie im Mutterleib aufsuchte? Warum war nicht eins von ihnen an meiner Stelle? Auf diese Fragen hatte ich in keinem der Bücher in den Medressen von Zarigrad eine Antwort finden können. Die Entscheidung, wohin wer gehen wird, ob ins Diesseits oder ins Jenseits, blieb sowohl meinen verstorbenen Geschwistern als auch mir, der ich noch lebe, vorenthalten. Weil ihnen das Jenseits vorherbestimmt gewesen war, musste ich nach Zarigrad in die Medressen gehen. Dadurch, dass sie mich zur Schule schickte, beglich Mevlija ihre Schuld bei Gott.

Bis zu dem Tag, an dem ich mit der Stirn an den Boden klatschte, trug Mevlija allerlei Talismane bei sich, sieben Tekken hatte sie bis dahin aufgesucht, in den ältesten Moscheen Gebete verrichtet, in ihren Bittgesuchen warf sie sogar heimliche Blicke den Klöstern der Franziskaner zu. In jedem ihrer Gedichtsverse und in jedem ihrer Kräuter suchte sie ein Mittel gegen Totgeburten. Das dauerte eine Zeitlang an, bis schließlich Hodscha Zarkan Alun zu ihr sagte:

»Tochter der Pavlovićs, du kriegst Kinder, aber sie sterben während sie noch in dir sind. Damit eins überlebt, lies im Morgengrauen die Koransure *Der Barmherzige*. Vierzig Mal sollst du das tun! Und bitte Gott darum, er möge deinen Körper nicht länger ein Sterbebett für deine Kinder sein lassen!«

Er sprach die Hälfte eines Gebets aus dem Koran und pustete auf mich, dann sprach er die übrige Hälfte und pustete in Richtung eines Taubenschwarms, der sich in Tepa niedergelassen hatte, und dann zeigte sich ein gutes Zeichen: Der Schwarm schwang sich auf und flog über die angestiegene und trübe Neretva, in Richtung der Siedlung Ilići, dort kamen immer schon kräftige Söhne zur Welt.

Am selben Tag, an dem ich geboren wurde, gab mir Mevlija den Namen Skender. Sie wartete nicht, bis mein Vater aus Venedig zurückkam. Er kam zu spät, um sich an der Vergabe dieser wenigen Buchstaben an das Kind zu erfreuen. Mevlija entschuldigte ihre Ungeduld bei der Namensgebung mit einer einzigen Begründung: Falls das Geschrei verstummt gewesen wäre, würde man ihren kleinen Liebling nicht namenlos ins Grab legen dürfen, doch einem toten Sohn einen Namen geben zu müssen, wäre etwas gewesen, worüber sie niemals hätte hinwegkommen können.

»Sein Name ist ungewöhnlich«, sagten die Frauen zu Mevlija, »In Mostar ist dieser Name unbekannt!«

»So Gott will, soll auch dem Todesengel sein Name unbekannt bleiben!«, antwortete Zulejha die Hebamme.

In meiner ersten Lebensnacht stand Hodscha Alun neben meinem Großvater Arif Humo und genoss in feierlicher Stimmung den lieblichen Duft, der von dessen neugeborenem Enkel ausging. »Gewaschene Neugeborene riechen nach Gottes Barmherzigkeit«, meinte er, sichtlich stolzerfüllt über die Geburt des Kindes. Zu den versammelten Frauen, die Mevlija mit Quendeltee versorgten, sagte er, dass jede Schwangere über die geheimnisvolle Wirkung der Koransure *Der Barmherzige* Bescheid wissen solle. Er entriegelte die Tore unseres Gartens und ließ die Strahlen warmen Mondscheins eintreten. Inmitten der Anwesenden sprach er dem Kind den ausgesuchten Namen ans Ohr, laut, damit man es bis zur Straße hin hören konnte.

Der Garten im Schatten der rindigen Pappel, der zur Hälfte vertrockneten, zur Hälfte grünen Zeugin des Anwesens meines Großvaters Arif Humo, und Hodscha Alun, mit dem Gesicht Richtung Mekka gewandt, gerade dabei dem Gebot unseren Glaubens nachzukommen, indem er mit schwerer und rauer Stimme, aus der, wie er selber sagte, verbrauchten und abgenutzten Lunge den Adhan[30] ans rechte und die Iqama[31] ans linke Ohr des Kindes rezitierte, und schließlich die drei Rufe: »Skender! Skender! Skender!«– das ist die kurze Geschichte darüber, wie der kleine Schrei, welcher meiner Mutter alles bedeutete, seinen Namen bekam.

Die Leute kniffen das Kind mit den Fingern der rechten Hand leicht an der Nase, ganz vorsichtig, als würden sie sie gar nicht berühren. Aus Počitelj war die Zigeunerin Behara angereist. Sie rechtfertigte ihre Verspätung und küsste den »kleinen Iskender« und legte ihm einen schartigen Dukaten an die Stirn. »Mögest du mit Allahs Hilfe durch deinen Verstand zu Gold gelangen und nicht durch dein Gold zu Verstand!«, sagte sie freudig und sprach Grüße an Mevlija aus. Nebenher fragte sie sie, ob sie noch Kräuter getrocknet habe; sie brauche welche, am meisten Josefskraut und Kamille, und würde Salko denn bald aus Venedig oder Damaskus zurückkommen? Wo sei er überhaupt hingereist? Die Ware vom letzten Mal habe sie bereits verkauft, und die Leute verlangten mehr, alle fragten nach venezianischen und damaszener Düften. Aus Tepa stürmten Kinder in den Garten und eilten heran, um an den sauberen Windeln zu riechen. Auch die Nachbarin Ankica war gekommen, die Frau von Meho Batlak, sie brachte einen großen Bund Fackelkrautblüten. Sie küsste Mevlija einmal und das Kind dreimal. Der Name des Kindes sei dem von Alexander ähnlich, sagte sie. Es sei gut, Kindern Namen von glorreichen Persönlichkeiten zu geben, selbst wenn sie nicht dem eigenen Glauben angehörten. Gut, dass sie und ihr Mann Meho nicht nach West-Indien gezogen seien; wer hätte ihnen in der neuen Heimat jemals melden können, dass Mevlija die Dichterin einen Sohn bekommen habe, sagte sie laut.

Man reichte das in weiße Tücher gewickelte Neugeborene den Frauen, damit sie es seiner blutverschmierten Mutter zur ersten Begrüßung übergäben. Alun-Hodscha verabschiedete sich von der Zusammenkunft, und während er die Gasse hinab lief, flüsterte er die Sure *Yusuf* vor sich hin, auf dass das männliche Kind Erfolg habe, und dass ihm der allmächtige Gott, dem kein Geiz eigen ist, breite Wege öffne und ihm sowohl daheim als auch in entferntem Lande Glück zuteil werden ließe.

Schnell hatte ich meine ersten sieben Tage hinter mir, ohne von ihnen auch nur etwas mitgekriegt zu haben. Am achten Tag kam Salko aus Venedig zurück. Er lud den gebildeten Juden Isak Parda ein, den Sohn David Pardas, des in Mostar allseits bekannten, 1510 verstorbenen Arztes. Am folgenden Tag fand im Garten die Beschneidung statt. Man erzählte, Skender hätte währenddessen geschrien, als hätte man ihm den Kopf von den schmächtigen

Schultern abgetrennt und nicht etwa die Vorhaut von dem bisschen Elend zwischen seinen Beinen.

Dieser erste Teil des Bildes war eine seltsame Mischung vieler ineinander übergehender Farben, als wäre jede einzelne ein fluides Wesen, welches sich in alle nur möglichen Richtungen bemühte, seine eigene Seele und Form zu finden. Während sie von ihrem Ursprung aus voranflossen, hoben sie die Grenzen zwischeneinander auf, sie breiteten sich in fremden Gebieten aus, um sich dann wieder in ihre eigenen zurückzuziehen, mit der verschwommenen Erkenntnis, dass sie nach der Rückkehr nicht länger die selben waren, und dass dort, in der Weite des Fremden, ein Teil ihrer selbst zurückgeblieben war. Und doch weiß ich, dass all dies eine eigenartige Verbindung aus Mevlijas Unterweisungen und Erzählungen gewesen ist. An alles erinnere ich mich; an das, was ich mir in der heutigen Septembernacht in meinem Sarajevoer Medressenzimmer über unseren Garten in Mostar ins Gedächtnis rufe, und auch an die andern Dinge, welche ich in mir trage und von denen ich berichten werde, wenn die Zeit dafür reif geworden ist.

Der zweite Teil dieses Bildes trug die Farben der Wehmut. In dieser Nacht, nach all meinen Jahren in Zarigrad und Florenz, und am Anfang meiner Tage in Sarajevo, die mir bereits jetzt Sorgenfalten über Stirn und Scheitel gezeichnet hatten, holt mich nun, in Erinnerung an ein Gespräch zwischen Mutter und Sohn, Trauer ein. Es hatte von Angesicht zu Angesicht stattgefunden, als sie beschloss, mich dem heimischen Mostar zu entreißen und nach Zarigrad zu schicken. Ich sagte bereits früher: Weil meine Geschwister ins Jenseits gegangen waren, musste ich in die Medressen.

Damals war ich erst sieben und doch hatte ich in jenem Gespräch alles gelernt; alle Fragen und alle Antworten und auch eines ihrer Lieder, in welches sie die uralte Verflechtung hineingewebt hatte, gleichsam ungreifbar wie eine Antwort auf die Frage, was denn jenseits der Unendlichkeit weilte, und ob diese womöglich an einer Tafel geschrieben, vielleicht mit Nägeln befestigt, im Blicke des allumfassenden Gottes hinge, irgendwo oben, über uns ...

Mit niedlicher Stimme trug ich Mevlijas Verszeilen vor, in denen ich Antworten vorfand, durch welche ich mir Gott den Barmherzigen als etwas Endloses, Nebelhaftes vorstellte, ohne Form und alles umschließend, weich und glänzend, in Seinem Auftreten allmächtig und gewaltig, gabenreich und drall in der Art, wie Er die Himmel über Velež überspannte.

»Skender, was sind wir?«
»Muslime, Mutter!«
»Und seit wann?«
»Seit Anfang an!«
»Und wann hat der Anfang stattgefunden?«
»Am Anfang von allem! Nur Gott war davor, denn Er hatte nicht stattgefunden! Er war mit sich allein, und in seinem Alleinsein war Er traurig, also fasste Er einen Beschluss und befahl allen Dingen zu beginnen und in Fluss zu treten. Er erschuf alle Welten und Geschöpfe und danach auch die Seelen der Menschen. Wie ein Befehlshaber seine Soldaten reihte Er sie vor sich auf und fragte lächelnd: ›Bin ich nicht euer Herr[32]?‹ ›Doch! Denn es ist Dein Wille. Denn Du bist dessen fähig!‹, antworteten die Seelen.«

»Wie waren denn die Seelen?«, fragte mich das geliebte, in blaues Kopftuch gefasste Gesicht.

»Verschiedenartig, Mutter! Manche waren freudig, glücklich, leuchteten vor Entzückung, andere wiederum trübselig, bekümmert, beklemmt, und das, obwohl Gott die Weiten des Himmels bereits erschaffen hatte, so dass niemand auch nur erahnen konnte, wo deren äußersten Grenzen lagen. Die Seelen schauten umher, gleichzeitig von Angst und Hoffnung erfüllt.«

Bei jedem Neumond rezitierte ich vor Mevlija ihr *Lied vom Anfang*, jedes Mal wenn sich die Mondsichel über dem Hum-Hügel in ihrer Sehnsucht zeigte, zum geschlossenen Kreis des vollen Mondes anzuschwellen, um für drei oder vier Nächte die Sterne in den Schatten zu stellen. Und jedes Mal bedeckte sie mein Gesicht danach mit Küssen und rief in Tränen Gott an: »O Einziger und Barmherziger, lass meinem Skender ein langes Leben zuteil werden. Sei Du das Ziel all seiner Hoffnungen!«

Dieses Bild war anders, vollendet, unergründlich und weit, unüberblickbar und bodenlos. Von seinen tiefsten Orten konnte ich die ungewöhnliche Stimme meiner Mutter vernehmen. Sie klang mir wie ein Vermächtnis. Sie war die Grenze, und hinter ihr klaffte der Abgrund zu den unteren Welten.

Heute, in Sarajevo, rufe ich mir dieses und andere Bilder aus dem lieblichen Mostar ins Gedächtnis. Es waren Bilder meines damaligen Erwachens.

Nach Mitternacht hörte ich Zejnils Schritte. Er stand vor meiner Zimmertür und öffnete die Tür einen Spalt.
»Du schläfst immer noch nicht?«
»Ich warte auf Hasan.«
»Wenn er bis jetzt nicht gekommen ist, wird er es jetzt sicher auch nicht mehr tun. Geh schlafen. Morgen seht ihr euch.«
»Geht er oft zu Bali-Effendi?«
»Täglich, und neuerdings, seitdem die Hamzawiten aus Tuzla herkamen und hier ihr Treiben begannen, treffen sie sich auch nachts. Warst du schon mal früher in Sarajevo?«
»Ein paar Mal, aber erinnern kann ich mich nur an das eine Mal, als ich mit meiner Mutter hier war. Wir waren an der Baščaršija, es war glaube ich 1567, Mitte Juni, sengende Sonne, ich war in meinem zehnten Lebensjahr. Drei Tage hatte unsere Anreise aus Mostar gedauert. Wir brachten getrocknete Heilkräuter von den Hängen des Velež mit, und schafften es, etwas davon zu verkaufen, als plötzlich Regen hereinbrach. Vom Donner begleitet fing es an, in Strömen herabzuprasseln. Solch ein Unwetter kam in Mostar so gut wie nie vor. Die Berge um Sarajevo wetteiferten mit dem lastenden, grimmigen Himmel, sie waren hörbar angestrengt, sein Gedröhn angemessen zu erwidern. Damals, Zejnil, erschien mir alles dort oben am Himmel über Sarajevo wie ein erbitterter und schonungsloser Krieg zwischen den oberen und den unteren Welten. Das Getöse sank von den Gipfeln des Trebević[33] hinab, stürmte Richtung Hum, um daraufhin noch wuchtiger zu uns und zur Baščaršija zurückzukehren und sich dann geradewegs in alle Himmelsrichtungen auszubreiten. Lichtfunken blitzten wie gezückte Schwerter. Der zermalmende Wind grollte von allen Seiten, um sich plötzlich im Knirschen des Kiefers eines unbekannten dämonischen Ungetüms, welches sich von oben herab die Hügel hinabbiss, aufzulösen. Mevlija sammelte hastig die übriggebliebenen Kräuter ein, riss sich vom Kopf das blaue Kopftuch und wickelte mich damit ein. Wir wollten in Ahmet Plastos Kaffeehaus Schutz vor dem Unwetter suchen, aber blieben davor stehen, als irgendwelche jungen Männer, die vor dem Kaffeehaus standen, Mevlija mit ungezügelten Worten begegneten. Sie tranken und rauchten. Mevlija drückte meine Hand, wir gingen weiter und stellten uns unter den Dachvorsprung des Ladens des Pantoffelverkäufers ...«
»Ihr hättet doch in euren Laden reingehen sollen, damit ihr nicht im Regen steht!«

»Welchen unseren Laden, Zejnil? Ich sagte dir doch, dass wir unsere Kräuter draußen auf der Baščaršija verkauften. Während wir unter der Traufe warteten, schüttete es wie aus Kübeln. Und während der Sturm am heftigsten wütete, kam plötzlich, inmitten des Regenschauers, über die Baščaršija ein weißbärtiger Scheich dahergeschritten. Nass sah sein Bart irgendwie dünner aus, fast wie bei einer Leiche. Durchtränkt bis auf die Haut, breitete er seine Arme aus, und rief mit derwischhafter Betonung:

»Das Unwetter kommt als Strafe!«

»Warum, Scheich-Effendi?«, riefen ihm die Betrunkenen vor dem Kaffeehaus respektlos zu.

»Weil man begonnen hat, Kaffee zu trinken!«, antwortete er verärgert.

»Gibst du dem Kaffee die Schuld, oder denen, die ihn trinken?«

»Ich beschuldige alle, und an erster Stelle den, der den Kaffee hierher brachte!«

Gemerkt hatte ich mir zwar alles, aber nichts davon verstanden. Ich fragte Mevlija, was sie sagten, und warum. »Unnützes Zeug«, sagte sie, »und das braucht keinen Grund!« Sie drehte meinen Kopf von ihnen weg. Es regnete noch eine halbe Stunde lang, aber nicht mehr so stark, die Wolken lösten sich auf und der Himmel lichtete sich. Unerwartet fing alles wieder an, in alter Frische zu flimmern, in sehnlich blauen Höhen erstrahlten die sonnigen Felder auf den Hügeln. Unser Handel war für diesen Tag beendet, die Kräuter in den kleinen Kisten waren vollkommen durchnässt. Wir fanden eine andere Händlergruppe aus Mostar und machten uns auf nach Konjic.«

»Es regnete wie aus Kübeln, sagst du? Und der Scheich nass bis auf die Haut?«

»Genau, Zejnil! Ich weiß, warum mir jetzt gerade dieses Bild in Erinnerung tritt, und warum es mir gefällt, und warum ich es noch mehr mögen werde, wenn ich es demnächst aufleben lasse, damit es mich durch die Gassen Sarajevos begleitet. Nur eins weiß ich nicht: Warum es mir niemals während meiner fünfzehn Zarigrader und fünfzehn Florentiner Jahre, weder im Traum noch im Wachzustand erschienen ist, sondern erst jetzt, hier in Sarajevo. Von diesem Bild lächelt mich Mevlija an, jung und hübsch wie einstmals, sie geht durch die Gassen, mit ihr ihr Sohn, den sie sich so sehr ersehnt hatte, seine linke Hand in ihrer rechten ... Und jetzt, viele Jahre später, traf ich sie hier beide wieder, in ihrem damaligen Glück. Als ich gestern am Besistan vorbeilief, verlangsamte ich meine Schritte. An den Mauern fand ich die Schatten von Mutter und Sohn. Ich wühlte mich durch die Schleier meiner Erinnerungen, mit denen mich meine, von Kastanienduft und vorherbstlicher Befindlichkeit, zu einem Wachtraum geformte Wehmut beschenkte. Deshalb eilte ich nicht zur Begova-Moschee. Ich hoffte, Hasan würde sowieso auf mich warten, er hatte es ja versprochen. Stattdessen wartetest du auf mich, Zejnil ...«

»Du redest sanftmütig und weinerlich wie ein Kind aus Tepa, das man am Ohr gezogen und dem man seine Süßigkeiten geklaut hatte. Einem Gelehrten in deinem Alter und mit deinem Wissen gebührt es nicht, weder Mostar noch Zarigrad nachzutrauern, oder deiner Mutter, oder diesem Florenz! Lass es sein, es wird dir hier leichter gehen, wenn du in Sarajevo neue Erinnerungen erlangst. Was wollte ich noch sagen? Ach, ja! Der Scheich, den du im Regen gesehen hattest, war Junuz, der Vater von Muvekit Ždralović. Er starb vor zehn Jahren. Möge Allah ihn mit allen acht Paradiesgärten beschenken! Sein Grab wurde von Unbekannten, die ihn hassten, siebenmal mit je zwei oder drei Okka[34] Kaffeepulver überschüttet, über die ganze Länge, vom Kopfgrabstein bis zu dem bei den Füßen. Sie taten es immer am Vorabend des Bajram-Festes[35], siebenmal hintereinander. Danach hatten sie aufgehört, sich an ihm zu rächen ... Ich sage es dir nochmal, versuche zu schlafen!«

Zejnil verließ mein Zimmer, er lief den Flur entlang, ich hörte das Stampfen seines Holzbeines auf dem Marmorboden, und dann vernahm ich zwei Männerstimmen, eine war Zejnils und die andere vielleicht die von Hasan. Ich konnte Worte und Bruchstücke des Gesprächs verstehen, immer deutlicher, als sie sich meinem Zimmer näherten. Ich stand auf um Hasan zu begrüßen, es waren fünf Jahre, die ich ihn nicht mehr gesehen hatte.

Ich erinnere mich, wie er und Scheich Semnani in Zarigrad von mir Abschied nahmen, als ich mich zu meiner Reise nach Florenz aufmachte. Hasan war glücklich darüber, dass zumindest einer aus der Familie der Humos in den Medressen Zarigrads ausgebildet werden würde. Ich werde ihn mit guten Neuigkeiten empfangen, er wird erfreut sein zu hören, dass ich in Florenz mit Hilfe von der Bibliothekarin Lucia Levantini, die ihm auch herzliche Grüße sendete, und die seine Gedanken von einem gerechten Staat in höchsten Tönen lobte, den Anfang seiner *Grundlagen der Weisheit von gerechter Weltordnung* ins Latein übersetzt hatte.

Zejnil kam in mein Zimmer herein, zum dritten Mal in dieser Nacht.

Hasan war wieder nicht dabei. Hinter Zejnil stand Scheich-Ibrahim Zelkanović, mein älterer Freund aus den Zarigrader Medressen. Sieben Jahre sind seit unserem letzten Treffen vergangen.

»Man sagte mir heute abend, Skender sei nach Sarajevo gekommen. Also dachte ich mir, ich gehe gleich hin und besuche unseren Hoffnungsträger! Es ist zwar spät, aber zu einem Freund kann man nie zu spät kommen! Warum bist du so abgemagert, Humo?«

»Und warum bist du so gealtert, Scheich-Ibrahim?«

»Die arabische Gramatik hat mich gealtert! Ich möchte sie erlernen, aber sie will mich nicht. So ist es nun mal!«

»Du bist in einer Tekke, dort brauchst du keine Grammatik. Nimm dich gottgefälliger Gedichte an, Poesie steht über der Grammatik.«

»Und Frömmigkeit steht über der Poesie! Sogar über der Geschichtsschreibung! Kannst du dich noch erinnern, als ich dir zurief: ›Halte dich raus, Skender! Bleib weg vom Kampf, weg vom Handgemenge! Besser ein heiler Schädel, der nicht eine einzige Rechtfertigung für den Zank der Menschen finden kann, als ein blutiger, der hundert und eine findet.‹ Damals sahst du, wer Scheich-Ibrahim Zelkanović war. Ich habe dich damals im Hof der Sultan Fatih Medresse gerettet! Kurz nach eurer schülerischen Schlägerei kehrte ich nach Bosnien zurück. Hasan sagte mir: ›Du verlierst Zeit hier, Scheich-Ibrahim. Du belegst keine Prüfungen, stattdessen putzt du für einen mickrigen Lohn die Gärten von irgendwelchen Würdenträgern und pflegst die Vögel von dieser fettleibigen reichen Frau ... Lass das sein, geh nach Sarajevo, dort wirst du nützlicher sein, eröffne eine Tekke, lass die Hamzawiten nicht die Jugend mit ihrem Denken vergiften, lass nicht zu, dass die Kizilbašen den Tod von heiligen Leuten preisen, erlaube nicht, dass die Hubimesihis die Grenzen zwischen unserem und dem christlichen Glauben verwischen, erhebe dich gegen die Bergilis, wenn sie die Leute unnötig mit Geschichten über den richtigen Glauben verwirren ...‹ Das sagte mir der Philosoph Hasan zum

Abschied. Aber, um ehrlich zu sein, noch heute ist mir unklar, warum damals diese Schlägerei in der Gartenanlage der kaiserlichen Medressen ausbrach?«

Wegen Scheich Zelkanović hätte ich es nicht erzählt, er weiß warum wir uns geschlagen hatten, aber ich werde es wegen Zejnil erzählen, damit er weiß, dass ich nicht ohne Kampf davongekommen bin.

Es stimmte, es hatte sich in den Gärten Fatihs zugetragen, irgendwann in den Vormonaten des heißen Sommers des Jahres 1574. Wir waren im Geschichtsunterricht bei Scheich Izmirli. Tränen liefen ihm die Wangen hinab und tropften auf seinen grünen Mantel, während er über das Unglück von Siffin[36] aus dem Jahre 661 nach Jesu Geburt sprach, als sich zwei mächtige Heere gegenüberstanden, beide muslimisch. Izmirli war wegen unzähligen Dingen bedrückt, und den Anfang der endlosen Reihe bitterer Umstände fasste er in Paare von Fragen und Antworten:

»Warum gerieten Muslime bei Siffin aneinander? – Weil sie gespalten waren!

Was hatte sie gespalten? – Der Wunsch nach Macht!

Und weshalb? – Weil sie von Macht berauscht waren!

Wie konnte Macht sie berauschen, wo sie doch Muslime waren? – Weil Macht Menschen berauscht, und die Muslime sind Menschen und keine Engel!

Wer hatte sie gespalten? – Verschiedene Leute; die, welche als erste dem Wunsch nach Macht verfallen waren! Und welche Rolle in all dem spielten Ali und Muawiya?«, fragte der Lehrer aus Izmir, hielt bei dieser Frage inne und fing an bitterlich zu heulen, wie ein Kind, dessen Lieblingsspielzeug unwiederbringlich kaputtging, und für welches der Bazar und das Land, wo das Spielzeug gekauft wurde, in unerreichbarer Ferne lagen.

Dann passierte etwas schreckliches (in einem Brief hatte ich einst darüber auch meinen Eltern berichtet): Als der Lehrer seine Tränen abtrocknete und gerade im Begriff war, dieses Ereignis zu erläutern, nämlich so, dass er einerseits den ehrwürdigen Kalifen Ali nicht verkenne, und andererseits eine Entschuldigung für Muawiyas Verhalten finde, stand plötzlich der stämmige Schüler Mahmut Piškut aus Pljevlja auf und sagte vor der versammelten Klasse: »Geehrter Muderis! Was interessieren mich vergangene Schlachten, oder alte und neue Kriege! Ich mache mir nichts aus einstigen Siegen oder Niederlagen, weder muslimischen noch nicht-muslimischen, christlichen ebenso wenig wie jüdischen! All das ist nur Staub, winziger als ein Atom! Was sollen wir denn mit der alten Vergangenheit, wenn wir nicht einmal die neueste zurückbringen können? Der gestrige Tag hatte seinen eigenen Morgen und nicht den eines anderen Tages, und gerade deshalb wird er niemals im Morgen eines anderen Tages anbrechen können. Die Zeit gleicht gemolkener Milch; verrückt ist derjenige, der versucht, es wieder ins Euter zurückzubringen. Sie wollen uns die Wirren vergangener Zeiten beibringen, und erziehen uns dazu, anderer Leute Zeiten mit unseren Füßen zu begehen! Doch wir möchten, dass die Zeit vor uns liegt wie ein zu entfernten Weiten hin ausgerollter Kelim aus Isfahan, wie ein zu entlegenen Horizonten ausgedehnter Garten.«

Piškuts grobe Worte kränkten Scheich Izmirli. Er richtete sich auf und torkelte mit geballten Fäusten und zähneknirschend Piškut hinterher. Unfassbar, dass es in den kaiserlichen Medressen derart dreiste Schüler gab, denen die Schlacht bei Siffin nichts bedeutete! Rot angelaufen, wutentbrannt und fauchend verließ er das Klassenzimmer.

Die Schüler stürmten in den Hof und unter Lärm und Geschrei bildeten sich zwei oder drei Gruppen. Wir standen unter den Zypressen, welche einst Sultan Mehmed II der Eroberer eigenhändig eingepflanzt hatte. Mahmut Piškut versammelte um sich die Mehrzahl der Schüler aus Bosnien und Rumelien. Man hörte ihn in klaren Worten über die Gegenwart sprechen:

»In den Medressen bekommen wir nur modrigen Staub vermittelt, welchen Gott schon vor langer Zeit verdammt und dem Vergessen überlassen hatte, und der keine gegenwärtige Form und frische Gestalt annehmen kann! Man erzieht uns, mit kindlichen Schritten zu laufen, man will, dass wir auf unfruchtbarem Boden gehen, auf dem nichts mehr gedeihen kann! Und darüber hinaus zwingt man uns, in Zeiten zu leben, die nicht die unseren sind. Man drängt uns, wegen des Ruhmes und der Kämpfe anderer Tränen zu vergießen; wegen Beweggründen und Niederlagen anderer Leute, wegen fremden Neides und fremder Gier ...«

Eine weitere Gruppe, unter einer anderen, eigenen Zypresse versammelt, diskutierte ebenfalls, noch gehässiger und lauter. Es waren türkische und kurdische Studenten, sie hatten sich gegen uns Bosnier und Rumelier zusammengetan.

»Wir werden es euch zeigen, ihr Enkel und Urenkel von Christen! Den Kämpfen von Siffin trauert ihr nicht nach, ihr denkt, dass der Islam mit euch beginnt!«, riefen sie uns in beleidigenden Worten zu.

»Mit uns wird der Islam verjüngt! Und ihr seid Dummköpfe, die denken, er wäre nur euer Acker, in den ihr vergangene Ereignisse pflanzt, die ihr aus verrotteten Büchern kennt!«, schrien Mahmut Piškut und Ragib Vrebac zurück. Und sie beschimpften deren Mütter und Schwestern und eine Reihe anderer Dinge, derer ich mich schäme! Zuerst flogen von deren Seite aus kleinere Steine. Ich versteckte mich rasch hinter einem Baum und spähte, ob sie auch größere Steine und Ziegel werfen würden. Und sie taten es! Ich erblickte den blutüberströmten Mahmut Piškut, wie er heftig mit Ziegelsteinen und Brettern erwiderte; Ragib Vrebac, Hašim Mameledžija, Zahid Sujoldžić, Ibraka Muminović, Sifet Malkoč, Zekerija Jahić, Arif Handžo gaben ihm Rückendeckung ...

Man hörte die allerhässlichsten Flüche, wie sie nicht einmal von mostarschen Saufbolden nach Mitternacht ausgesprochen werden. Und dann griffen alle zu den kurzen Latten, die in den Gärten der Medressen als Begrenzungsmarkierungen für Blumenbeete dienten. Allseits hörte man nur Krachen und Scheppern, Radau und Fluchen. So manch eine Mutter und allzu viele Schwestern wurden auf unanständige Weise erwähnt. Nicht einmal Heiligtümer blieben von Beschimpfungen verschont! Ich sah die Meute vom Weg unter den Zypressen zur Gartenanlage rüberlaufen. Die kaiserlichen Blumen waren in kürzester Zeit in den Boden gestampft. Überall vernahm man unzählige hässliche Worte, aber niemand weinte oder dachte gar daran aufzugeben. Ich sah die Scheichs, wie sie zwischen uns liefen, wohl um uns voneinander abzubringen, denke ich ... Scheich Kantamiri hielt vergebens seinen Mantel, der sich im Wind ausgebreitet hatte, mit einer Hand fest, während er uns mit der anderen zuwinkte und versuchte, uns zur Vernunft zu bringen. Er ähnelte einem alten Adler, der von seinen herangewachsenen Adlerküken überrascht war, als sie sich nicht nur auf die Suche nach ihrer eigenen Beute machten, sondern auch die Wege zu ihr selbst aussuchten. Scheich Manastirli rief, wir sollten sofort aufhören, denn das Handgemenge wird nichts Gutes bringen, daraufhin drohte er mit Rauswürfen aus der Medresse, doch die Drohungen erreichten durch den Lärm der Beschimpfungen und den Tumult ihr Ziel nicht. In dem wirren Durcheinander hatte sich sein Turban auseinandergewickelt, bis er ihm schließlich vom kahlen Kopf hinunterfiel. Scheich Izmirli lief weinend von einer Seite zur anderen und flehte alle an, die Prügelei zu beenden, denn es sei schändlich, und schändlich sei es, weil es eben eine Prügelei war. In diesem Moment erblickte ich meinen Landsmann Scheich-Ibrahim Zelkanović, den ewigen Studenten an den kaiserlichen Medressen. Er stand etwas abseits des Kampfes, am Rande der Gartenanlage, er winkte mir mit seinem Mantel zu und deutete mir, ich solle mich ans Ende der Baumreihe halten.

»Skender! Halte dich fern! Lauf in weitem Bogen!«, rief er. So tat ich es dann auch, obwohl es vielleicht feige war. Ich kam zu ihm, beschämt, dass ich nicht bei Piškut und Vrebac, Mameledžija und Muminović war und ihnen beistand, und dass ich nicht auch mit Ziegeln und Steinen warf, und nicht auch schamlos auf alles fluchte was den Gegnern heilig war!

Scheich Zelkanović tätschelte mich und versuchte mich zu trösten:

»Du bist jünger als die anderen, du wirst dich schon rechtfertigen können! Du wirst zu Piškut und zu deinen anderen Landsleuten sagen, dass du die Gründe für ihren Streit nicht verstanden hattest, so wie auch die ganze Umma[37] niemals auch nur einen triftigen Grund hat finden können, weshalb Muawiya auf Ali losging; ebenso wie auch keiner jemals verstanden hat, warum auch heutzutage überall Kriege geführt werden, jeder gegen jeden, obwohl angesehene Vertreter der Menschheit viele Male geschworen hatten, dass niemals wieder irgendjemand einen neuen Krieg anzetteln würde! Außerdem richte Piškut und den seinen aus, dass es für unsere Vergangenheit und unsere Zukunft vielleicht besser gewesen wäre, wenn sie vorgegangen wären wie du, der heranwachsende Skender Humo, Sohn der Kräuterheilerin und Dichterin Mevlija und des Kaufmanns Salko aus dem ärmlichen Tepa, und dass es anscheinend besser gewesen wäre, wenn auch die Muslime bei Siffin, alle bis auf den letzten, aus beiden verfeindeten Lagern, vom Kampf geflohen wären. Wer weiß? Was auch geschehen mag, weine nicht, denn die einzige Wirkung des Weinens ist, dass die Wangen befeuchtet und, bei leichter Brise, bestenfalls erfrischt werden. Und denke nicht, dass du ein Deserteur oder ein Verräter bist! Merke dir: Der Großteil der Menschheit stammt sowieso nicht von Helden ab, die im Kampf sterben und die dann in Liedern besungen werden! Viele sind Nachfahren von Feiglingen, die dem bitteren Kampf den Rücken kehren, und die dann später, wenn sich Waffenruhe und längerer Frieden eingestellt haben, anfangen, sich um Macht und Ehre, Häuser und Güter, Frauen und Ämter zu zanken.«

Scheich Zelkanović redete voller Begeisterung, und er hätte noch so einiges seiner Rede hinzugefügt, hätten wir nicht den höchst geachteten Scheich Semnani erblickt. Er schritt furchtlos in dem Raum zwischen den sich immer noch prügelnden und sich an den Haaren, Bärten und Ohren ziehenden Studenten. Scheich Semnani breitete die Armee aus, alle erwarteten, dass er etwas ausruft, doch er sagte kein Wort! Alles was er tat, war die aufgebrachte Masse menschlichen Fleisches und Zornes auseinander zu drängen. Ich weiß nicht warum, aber nach ein paar Momenten hörte die Schlägerei plötzlich auf, ob aus Scham vor dem Primus des Tasawwuf an den kaiserlichen Medressen, oder weil die Jünglinge vor lauter Zorn und Ungestüm, Gram und Hass ermüdeten. Semnani sah aus wie der Prophet Jesus, als er sich am Markt von Jerusalem vor die zürnende Menschenmenge stellte, als sie gerade dabei waren, jene Prostituierte zu steinigen. Der Scheich machte ein paar Schritte zur rechten Gartenseite, um dort kurz zu verweilen, nur für so lange, wie ein Muezzin braucht, um mit wohlklingender Stimme leise die ersten Worte des Gebetsrufes zu rezitieren, und dann kehrte er zur Mitte des Gartens zurück und blickte jeden einzelnen von uns an, als würde er auf unseren erstaunten und bangenden Gesichtern eine oder mehrere Fragen, und zahlreiche und komplizierte Antworten suchen.

Und dann erklang durch den kaiserlichen Garten seine Stimme: »Ich sage nicht, dass ihr euch schämen sollt! Nein! Denn wer denkt heutzutage noch an Scham, meine Kinder? Am liebsten würde ich euch sagen, dass ihr weitermacht, dass ihr euch weiterprügelt. Soll doch der eine oder andere Knochen gebrochen werden! Möge es nicht nur bei blauen Flecken und aufgerissenen Stirnen bleiben! Schlagt euch weiter, vielleicht würden ein paar Tote auf eurer und auf unserer Seite nicht schaden! Vielleicht ist es besser, wenn wir in diese Gärten ein paar tote Köpfe einpflanzen würden! Soll doch so etwas auch mal ausprobiert werden, lasst uns sehen, ob dann aus den toten Köpfen neue, lebendige herauswachsen! Sollen doch die kommenden Generationen auf so etwas hoffen! O meine Schüler, selbst wenn es hier tote Köpfe geben würde, was würde passieren? Nichts! Nicht die vielen Kämpfe und die zahlreichen Toten sind das Problem und das größte Unglück, weder für die Christen, noch für uns Muslime! Das traurigste Unglück von uns Überlebenden ist es, dass wir von den Toten nichts lernen! Ein toter Kopf würde eher daraus eine Lehre ziehen, aber er kann ja nicht, er ist tot! Die Schlacht bei Siffin ist nicht wegen der vielen Toten eine große Tragödie für die Muslime. Nein! Die Tragödie ist das, was nach Siffin passiert ist und was auch heute noch, nach fast tausend Jahren, immer wieder aufs Neue passiert. Wir ziehen keine Lehre aus den Ereignissen! Wir wissen nicht, wie man einen Kampf beendet! Wir wissen nicht, einen Krieg zu seinem Ende zu führen, damit aus den alten keine neuen mehr hervorgehen! Weder wissen wir wie, noch wollen wir die Seiten solcher und ähnlicher, zahlreicher Bücher schließen! Wir lehnen es ab, sie für immer in die feuchten Ecken unserer Bibliotheken zu verlegen, damit sie dort unwiederbringlich verrotten. Abel wurde von Kain ermordet, obwohl beide von Gott wussten! Die Ermordung an sich ist nicht das größte Übel, denn die Untat ist damit nicht abgeschlossen! Das größte Unglück für die Menschheit ist das Gebären neuer Unglücke aus alten, weil Kain aus seiner Tat keine Lehre gezogen hatte! Die Lebenden wissen es nicht, eine Lehre aus etwas zu ziehen, und die Toten können es nicht. Die Überlebenden sind entweder Gewinner oder Verräter, keinen von beiden ist es nach Wahrheit! Kain wusste nicht, wie er seinen Bruder beerdigen, wie er über seinem Bruder die Seiten der Erde schließen solle! Er hatte sich nicht über seinen toten Körper geneigt und sich gefragt: ›Wozu das alles?‹ Weshalb solle man jedes Mal das verkommene Gebein ermordeter Menschen aufs Neue ausgraben? Und noch etwas, meine Schüler! Bis zum heutigen Tage fragte ich mich immer, warum die Wahrheiten des Islam immer von oben, von den Minaretten herab, verkündet werden? Und warum ebenso die Glocken von oben die Christen zur Aufmerksamkeit rufen? Heute fand ich die Antwort auf beides! Nach dem heutigen Tag werden meine Fragen spurlos verschwunden sein. Während eures Kampfes, während eurer gegenseitigen Beschimpfungen und Flüche, erkannte ich, dass es gut ist, alles Göttliche von oben zu verkünden, und dass es auch oberhalb bleiben soll. Deshalb werde ich den Bauherren aus aller Welt empfehlen, die Minarette noch höher zu bauen, hoch über den hitzigen Köpfen der Menschen! Und von noch einer Sache habe ich mich an diesem euren Tag überzeugt: Es ist gut, dass Gott für unsere bloßen Augen unsichtbar ist! Denn was würden wir nicht alles vor einem sichtbaren Gott tun, wie heftig würden wir uns dann erst schlagen und unser Blut vergießen – Ihm zum Trotz! Und wie ungezügelt würden wir schamlosen Menschen dann erst fluchen, wenn wir Ihn sehen könnten, so wie Er uns sieht! Ich sehe, ihr habt aufgehört euch zu prügeln! Schön von euch. Noch schöner wäre es, wenn ihr die Schultoiletten reinigen würdet, vor lauter Gestank kann man sie nicht mehr betreten! Wie schön wäre es gewesen, wenn ihr diejenigen ausfindig gemacht hättet, die ihre Notdurft nicht auf anständige Weise verrichten, und sie eines Besseren belehrt hättet, so dass dies euer wichtigster Streitpunkt sei, und nicht die vergangenen Schlachten und Kriege!«

Zejnil konnte es nicht fassen, dass wir uns in den kaiserlichen Medressen von Zarigrad geprügelt hatten.
Scheich Zelkanović sagte ihm, dass daran nichts Befremdliches sei – in den großen Medressen führe man große Kämpfe und in den kleinen kleine! Verdorbene Menschen wollen zuallererst die allerheiligsten Dinge schänden, deshalb suchen sie sie dort, wo diese Dinge gelehrt werden, in den Medressen. Deshalb findet man auch immer in der Nähe großer Lehrer, in großen Medressen, auch große Schurken, und in kleinen Medressen kleine Schurken. Zejnil schüttelte nur ungläubig den Kopf, er verstand zwar, dass man in kleineren Medressen alles Mögliche vorfinde, aber doch nicht in der kaiserlichen! Alles was er hörte, sei für ihn schrecklich und unglaublich, und er wolle erst alles bei Hasan dem Philosophen überprüfen. Scheich Zelkanović verließ mein Zimmer erst kurz vor Tagesanbruch.
Am Ausgangstor der Medresse empfahl er mir, alles Schlechte, was ich aus Zarigrad in Erinnerung hatte, zu vergessen. Ich solle mich an die schönen Tage erinnern. Die Namen schlechter Dinge und schlechter Menschen müsse man in ein Heft schreiben, und dann unter einem Berg dicker Bücher verstecken, damit es dort so schnell wie möglich verrotte, denn die besten Bücher eines Menschen, seien die, welche still verkommen und die von niemandem gelesen werden. Falls mich schlechte Träume plagten, oder mich im Traum Mahmut Piškut oder Ragib Vrebac aufsuchen sollten, sei es am besten, wenn er mich zur Bula Puhalovka bringen würde. Sie könne einem bei solchen Dingen vorzüglich helfen. Danach würde man für einige Zeit schlafen wie ein Lamm, und wenn die

Träume aus den dunklen Ecken der Seele wiederkehrten, müsse man Bula Puhalovka erneut aufsuchen, oder in einer Tekke nach Hilfe suchen.

Hasan ließ sich tagelang nicht blicken. Er ließ mir mitteilen, ich solle mit dem Unterricht der *Poesie des Diesseits und des Jenseits* von Mawardi[38] beginnen.

Die Predigt von der Niederlage

Es ist Freitag. Zejnil überbrachte mir heute Morgen eine Botschaft: »Der Philosoph Hasan wird eine Predigt in der Begova-Moschee halten. Er bittet dich zu kommen. Es sei wichtig. Nach dem Freitagsgebet trefft ihr euch beim Waschbrunnen.«

Ich gehe durch den Moscheehof, der Künstler Mustafa hockt neben der Muvekithane, an der gleichen Stelle wie letztes Mal. Er hatte seine Staffelei aufgestellt.

Ich sehe mir das entstehende Gemälde an, es ist der Vogel, der sehnsüchtig nach oben blickt. Seltsam, dass er mit dem Gemälde immer noch nicht fertig war. Als mich der Künstler sah, sammelte er seine Holztafeln ein und lehnte sie an die weiße Mauer der Muvekithane. Wir gingen zur Eingangspforte der Moschee.

»Setzen wir uns in die hinteren Reihen, zu den aufrichtigen Leuten«, flüsterte er mir zu.

»Sind denn die Aufrichtigen nicht in den vordersten Reihen?«

»In trächtigen Zeiten wie diesen sind sie es nicht. Sie suchen sich einen Platz irgendwo in der Mitte, oder am Rande. Schau dir die beiden an, dort neben der Grabstätte Gazi-Husrev-Begs. Es sind die Tabakhändler Hadžo Cvijetić und Murat Pinjić. Das sind Leute aus den ersten Reihen. Nicht du bist es, mit deinen wissenschaftlichen Auslegungen, noch ich mit meinen Bildern, sondern diese beiden. Sie sind starken Willens, sie mögen den Krieg, und in dem, was sie mögen, sind sie entschlossen. Sie lieben schlechte Zeiten, denn dann laufen ihre Geschäfte gut. Aber sei's ihnen gegönnt. Doch seit neuestem handeln sie auch mit Fatwas[39]!«

»Ach, hör auf!«

»Doch, es ist so! Sie wollen, dass es so ist!«

»Was wollen sie?«

»Dass Fatwas käuflich sind!«

»Wessen Fatwas?«

»Ihre eigenen!«

»Ihre eigenen? Sie haben doch gar keine Medressen-Ausbildung! Sie wissen doch nichts von korrekter Auslegung des Korans und der Scharia[40]!«

»Aber sie wissen es, Geld für sich spielen zu lassen, und die Fatwas haben sie gekauft. Sie kümmern sich nicht um korrekte Auslegungen, sie kaufen sich einfach, was sie brauchen. Ihnen kommt es zugute, wenn Tabak für erlaubt erklärt wird. In der Buchhandlung Gavrilo Jevtanovićs ließen sie gegen Bezahlung eine Niederschrift Scheich-Ibrahim Tokatlijas abschreiben, in der er den Tabak gutheißt. Darin behauptet er, dass mit Tabakrauch der Lobpreis Gottes glatter vonstatten gehe, wie geschmiert. Vor zwei Monaten traf ich Cvijetić und Pinjić hier, neben der linken Mauer der Begova-Moschee.

»Warum verteilt ihr vor der Moschee hundertfach Fatwas, in denen Tabak erlaubt wird?«, sagte ich zu ihnen.

»Na und? Sie gehören uns und nicht dir, also können wir sie verteilen!«

»Ihr habt die Fatwas nicht geschrieben!«

»Wir haben sie gekauft! Was willst du mehr?«

»Und was sollen diejenigen machen, die kein Geld haben, um sich Fatwas zu erkaufen?«

»Die brauchen auch keine!«

»Scheich-Ibrahim Tokatlija steht aber nicht hinter dem, was er in den Fatwas schreibt! Er selber raucht nicht!«

»Das stimmt, aber er muss schließlich auch mit etwas handeln!«

»Aber doch nicht mit Fatwas!«

»Und du musst keine Bilder verkaufen, und doch tust du es!«

Zum Schluss drohten sie: »Geh und male deine Vögel, du Nichtswisser!«

In der selben Nacht wurde in meinen Laden eingebrochen. Er wurde verwüstet. Sie zertrümmerten meine Bilder und urinierten drauf. Ich musste weinen. Auch Safija vergoss die ganze Nacht bittere Tränen. Um drei Bilder trauerte ich ganz besonders: *Wachteln im Maisfeld*, sieben Monate hatte ich daran gearbeitet; auch den *Wiedehopf, der in die Sonne blickt* hatten sie bespuckt, mit diesem Bild wollte ich ausdrücken, dass der Mensch, zumindest ein Mal im Leben, direkt in die Sonne blicken solle, um danach die Dunkelheit in seinem Auge beschreiben zu können; und das Bild *Nachtigall, die an einer reifen Sauerkirsche pickt* hatten sie an fünf Stellen mit einem Messer durchstochen und darauf geschrieben: »Drecksnachtigall! Überall herrscht Krieg und ihm ist nach Nachtigallen!« Sie hatten alles zerstört. Am nächsten Tag erzählte man in der Stadt, die Malamatis seien in den Laden des Künstlers Mustafa eingebrochen, oder die Hamzawiten, oder die Tutunlis ... Gott allein weiß, wer es gewesen ist! Jetzt renoviere ich meinen Laden mit Hilfe von Gott und der Menschen. Mein Schwiegervater

Salih-Beg Kaukčija half mir mit siebenhundert Groschen, damit ich das Dach erneuere. Der Alte dort, der da hustet, das ist Scheich Zulkaid. Niemals wurde in seiner Tekke Tabakrauch gesehen. Ich achte ihn sehr deswegen. Aber seine Tekke liegt direkt an der Hauptstraße, seine Keller hat er an gut zahlende Leder- und Wollhändler vermietet. Weißt du, eine Tekke muss auch irgendwie fürs Brennholz aufkommen. Die Winter in Sarajevo sind bitterkalt, nicht so wie in Mostar.

Wir traten in die Moschee ein und setzten uns neben die Wand an der linken Seite. Ich konnte von dort Hasan sehen. Schlank und hochgewachsen stieg er die Treppen der Kanzel hinauf. Langes Wachen über unzähligen Manuskripten hatte sein Gesicht bleich gefärbt. Es ist etwa fünf Jahre her, seitdem ich ihn das letzte Mal in Zarigrad gesehen hatte. Das war, als er und Scheich Semnani am Ufer des Bosporus Abschied von mir nahmen.

Bald erklang Hasans klare Stimme.

»Meine Brüder, vierzehn Jahre und sechs Monate sind nun seit unserer Niederlage bei Lepanto im Jahr 1571 vergangen. Lehren aus guten Zeiten zu ziehen ist leicht. Schwieriger wird es aber, wenn man sie aus Zeiten ziehen muss, in denen das Übel überwiegt, wenn es keine Anzeichen für eine baldige Beendigung der Drangsal gibt. Wir suchen nach Belehrungen in Zeiten, die nicht die unseren sind. Kriege wüten immer heftiger. Wir kommen nicht dazu, eine Bilanz zu ziehen. Dieser Krieg ist nun der dritte, der uns heimsucht, und niemand kann sagen, ob uns eine Lehre, wenn sie uns denn erreichen sollte, von Nutzen sein würde. Doch es wäre gut, etwas der Verständnis halber zu erklären, damit wir zumindest Bescheid wissen, obwohl wir in Zeiten feststecken, in denen Wissen das Leid nicht lindert. Es ist nicht mangelndes Wissen, woran wir scheitern! Wir wissen schon ziemlich gut, wie die Dinge stehen, aber wir handeln nicht entsprechend unserem Wissen! Bei Lepanto haben wir nichts unternommen, doch andere taten es umso mehr, die Venezianer zum Beispiel.

Ich sehe, es erstaunt euch, weshalb ich, der Hasan, den ihr kennt, von etwas Weltlichem spreche. Und meine Antwort darauf ist: Lepanto ereignete sich, weil wir Muslime schon seit langem nicht mehr von dieser Welt zu sprechen wissen. Wir haben es verlernt, über das Diesseits nachzudenken. Wir denken vom Diesseits, es sei ein Derwischgewand, welches wir kurzfristig über unsere Körper geworfen haben, oder auch, es sei nur Vergnügen, Genuss und Bequemlichkeit, oder irgendetwas Drittes, Viertes oder Fünftes. Im Grunde haben wir aufgehört zu denken.

Seht doch, die Venezianer und Genovesen haben uns bei Lepanto mit ihren Kanonen aus dem Schlaf geweckt.

Meine Brüder, weshalb ist Lepanto und die bittere Nachricht von der Niederlage unserer Truppen ein solch herber Schlag für uns gewesen? Weshalb haben wir Muslime diese Seeschlacht verloren? Haben wir uns seit vierzehn Jahren nun immer noch nicht besonnen? Darüber werden von Zarigrad bis nach Sarajevo Debatten geführt. Manche werden der Suche nach Beweisen nicht überdrüssig, sie glauben, immer weitere Begründungen für unseren Untergang an den Tag bringen zu müssen. Sind wir denn dermaßen träge geworden? Leben wir denn etwa in Zeiten des Überflusses und mannigfacher Ausreden? Sehen wir denn nicht, dass immer neue Kämpfe aufflammen und dass die Kriege sich reihen; mit den Venezianern und Genovesen, den Österreichern und den Russen? Merken wir nicht, dass wir uns sogar gegenseitig bekämpfen, vierzigfach aufgesplittert in verfeindete Gruppen: Malamatis und Kizilbaschen, Bektaschis und Hurufis, Hamzawiten und Hunduris ... Weitere will ich nicht aufzählen, ich will nicht mithelfen, dass deren Namen von diesem ehrenhaften Platz, an dem Gazi Husrev selbst einst stand, verbreitet werden. Ich möchte heute einzig und allein über Ursachen sprechen, nicht über alle, aber über die zwei oder drei wichtigsten, über die offensichtlichen.

Ich stand selbst in den Reihen der Kämpfer von Lepanto und überlebte die wirren Umstände. Der Tod hat einen Bogen um mich gemacht. Es erfüllt mich zwar mit Trauer, dass uns die Schrecken des unrühmlichen Zusammenstoßes heimgesucht haben, wir haben aber viel Wichtigeres zu tun als zu trauern. Es nützt nichts, den Spuk der Schlacht vor Augen zu führen; die flammenden Feuerzungen, wie sie sich vom brennenden Meer bis zum Himmel strecken, angefacht von versengtem Menschenfleisch und zerborstenem Schiffsholz. Zeigt mir aber auch nur einen Krieg, der nicht dämonisch ist! Wir sollten unseren Blick kühn auf die Ursachen richten. Sie sind zwar bitter, aber sie wären es noch viel mehr, hätten wir alles über dieses Ereignis erfahren und wären alle Tatsachen ans Licht gekommen – dass durch die Kanonen der Venezianer und Genovesen zweihundertachtunddreißig Galeeren des

Sultans versenkt wurden, dass in den Sturmangriffen zwanzigtausend kaiserliche Soldaten eingekreist und von der Meeresoberfläche ausgelöscht wurden. Es ist ein geringer Trost, wenn man sagt, dass solch eine Schlacht nicht gesehen wurde, seitdem dem Propheten Noah auferlegt wurde, die Arche zu bauen. Allerlei Übel hat man auf dieser Welt erlebt, meine Brüder. Die Menschheit hat längst begonnen, sich auch auf den Weiten der Meere abzuschlachten, und jedes Mal wenn Menschen dies taten, war es grausamer als beim vorigen Mal.

Bei Lepanto wurden wir bezwungen und die Niederlage müssen wir eingestehen, gerade an diesem Ort, in der Begova-Moschee. Je eher wir es tun, umso besser, offenkundig ebenso wie im Verborgenen, und vor allem müssen wir es uns selbst eingestehen! Wer von Anderem träumt, begreift die Dinge offensichtlich nicht richtig. Es irrt, wer glaubt, dass wir Muslime auf ewig Gottes Günstlinge sind, und dass an unserer Stelle Gott selbst in den ersten Reihen im Kampf stehen müsste! Wer so denkt, bringt den Glauben an Gott und den Glauben an sich selbst durcheinander. Die Abwesenheit von Prüfungen ist angenehm, zudem ist es gut, wenn es keine Kriege gibt! Lepanto hat uns belehrt, dass wir uns abgewöhnen müssen, auf die anderen von oben herabzublicken! Träume von großen Höhen des wahren Glaubens werden einem zum Verhängnis, wenn sie keine Deckung in guten und richtigen Taten haben – lasst uns dies als Ermahnung verstehen! Jede Großmacht wird von Gott ermahnt, sobald sie den Pfad der Rechtschaffenheit verlässt! Es ist zwar unter herben Umständen, aber wir haben immer noch die Gelegenheit, aufzuwachen und einzusehen, in welch lausiger Lage wir uns befinden. Im Westen sind es die Venezianer und Genovesen, im Norden und im Osten die Österreicher und Russen, die mit jedem Tag und an allen Seiten zunehmend und dauerhaft die Macht an sich reißen.«

Inmitten der Predigt stand demütigen Blickes aus der Mitte der Moschee ein weißbärtiger Mann auf. Mustafa flüsterte mir zu:

»Das ist Zulkaid, ein Naqschbandi[41]-Scheich. Du hast ihn vorhin vor der Moschee getroffen.«

Er streckte die Arme in Richtung Kanzel, zu Hasan hin. Er wollte etwas sagen. In den Händen hielt er ein paar weiße Blätter Papier. Drei Männer standen auf und baten ihn, sich wieder hinzusetzen. Es sei doch tadelnswert und verboten eine Predigt zu unterbrechen, sagten sie.

»Lasst ihn sprechen!«, sagte Hasan »seine Worte sind eine weitaus geringere Sünde als unsere Niederlage bei Lepanto. Durch sie sind schon längst all unsere Predigten und Erzählungen entwertet worden. Sprich, Scheich Zulkaid, sag alles, was dir auf der Seele brennt. Moscheen und Tekken sollten Orte aufrichtiger Worte und aufrichtiger Menschen sein, falls es unter uns noch solche gibt.«

Scheich Zulkaid richtete sich auf, sein Bart war weiß und sein Blick weich wie saubere und helle gekämmte Wolle. Er wollte seine Geschichte erzählen, doch kein Wort konnte die Hürde seiner Lippen überwinden. Schließlich setzte er sich wieder und brach in Tränen aus. Sie perlten sein Gesicht hinab und tränkten seinen Bart, der jetzt lichter und dünner wirkte und den Scheich greisenhafter aussehen ließ. Er versuchte es aufs Neue, aber vergebens. Die Tränen waren stärker als Worte und beides stärker als Scheich Zulkaid. Er sammelte seine Blätter ein und zog sich zurück in die hintersten Reihen.

»Meine Brüder!«, hörte man Hasans Stimme, »wenn an Kriegen irgendetwas nützlich ist, dann die Erkenntnis, dass die jüngsten Schrecken immer die früheren Leiden und Wunden aus dem Gedächtnis verdrängen. Die Schmerzen des letzten Kampfes sind immer die schlimmsten. Der letzte Krieg, der letzte Angriff, der letzte Anblick lebloser Körper ist es, der sich am stärksten einprägt. Lepanto war ein zweifacher Schlag, er brachte uns die Niederlage im Schlachtfeld und auch die Schmach danach. Lepanto ist unser *singin* [42] – ein Verderben, wie es offensichtlicher nicht sein kann.«

»Hasan!«, hörte man einen stämmigen Mann von der linken Seite der Moschee mit heiserer Stimme rufen. Er trug eine dünne Weste aus Lammleder. Mustafa flüsterte: »Das ist Hadschi-Rizvan, er handelt mit Baumwolle, Leder und Wolle. Ein ruppiger Mensch. Meide ihn!«

»Hasan, entweder bist du nicht du selbst, oder dies hier keine Predigt! Möchtest du etwa sagen, dass der Islam besiegt wurde? Ich frage dich, mich selbst und alle hier anwesenden: Sollen wir denken, dass ein richtiger Glaube besiegt werden kann? Warum nicht sagen: Bei Lepanto erlitten wir eine Niederlage, weil unser Heer kein richtiges war? Und wenn unsere Truppen doch aus richtigen Kämpfern bestanden, dann kann Lepanto keine Niederlage sein, sondern ein Trugbild, ein boshaftes Verbreiten von Lügen aus hinterlistigen Mündern, eine Verschwörung von Neidern, und die sind überall. Heutzutage zeigt sich das Übel als dreihundertköpfiges Ungeheuer, auf dem Meer ebenso wie an Land, und es verstreut sein Gift aus einer Vielzahl von Tentakeln!«

»Hadschi-Rizvan, welch vernichtendes Inferno Lepanto gewesen ist, lässt sich nicht leugnen. Zwanzigtausend junge, treue, kaiserliche Krieger starben in seinem Feuer. Lepanto ist unsere Niederlage, und von niemand anderem; wahrhaftig und hart, auch wenn es uns nicht recht ist. Zweifle nicht daran und leugne es nicht, genauso wie du deine rechte Hand nicht verleugnest, wenn du mit ihr deine Stirn berührst!«

Hadschi-Rizvan stand erneut auf, jetzt noch entschlossener: »Lepanto wird nicht über kommende Zeiten entscheiden! Die zwanzigtausend gefallenen Soldaten wird der Sultan bald durch zwanzigtausend neue ersetzen, vielleicht sogar vierzigtausend! Ein so gesegnetes und wohlhabendes Kaiserreich, wie es das unsere ist, ersetzt mit Leichtigkeit jeglichen Verlust, wie ein reicher Mann, der seinen verlorenen Silberstock durch einen goldenen ersetzt!«

»Du würdest Recht haben, wenn sich Lepanto wieder bei Lepanto ereignen würde. Aber sehen wir denn nicht, meine Brüder, dass wir von immer neuen Lepantos umzingelt und aufs Neue heimgesucht werden. Denkt doch nur an Esztergom, an Hrastuša, Dschigerdelen, Erdély, Eger, Janík, Nagykanizsa, Buda ...«

Daraufhin regte sich eine Gruppe von fünf oder sieben Männern aus der ersten Reihe, unter ihnen sah ich auch einen stattlichen Mann in hellgrünem Mantel.

»Unterbrecht Hasan nicht! Lasst ihn sagen, weshalb wir besiegt wurden!«, riefen sie.

»Die Niederlage wurde uns nicht nur von den Venezianern und Genovesen zugefügt, sondern auch von unserem Admiral Kubrusi, dem Befehlshaber des rechten Flügels der Armee des Padischahs. In der entscheidenden Nacht war er nicht am Schlachtfeld, sondern fern vom Kampfgelage bei seiner Geliebten! Möge mir diese Kanzel und diese Moschee verzeihen, dass ich dies äußern musste, doch der Verstand hat seine eigene Erklärung: Die Gründe für unseren Zusammenbruch bei Lepanto sind in den Reizen und Kurven jener Geliebten zu suchen, in ihren Brüsten und Hüften und in Kubrusis Wollust! Die größten Gebiete des Reiches haben wir

Muslime auf kleinstem Raum verloren, gerade so groß, wie ein Liebesnest Platz einnimmt! Nach anderen Erklärungen mag man vielleicht im Nachhinein suchen, wenn sie dann nicht bereits überflüssig geworden sind oder gar zu spät kommen. Kubrusi hat die Nacht von Lepanto in Lust verbracht, während die Venezianer und Genovesen mit Kanonen angriffen. Er verspätete sich, nicht aber die Niederlage, sie kam rechtzeitig! Sie wurde zur Realität, in der es keine Wunder und keinen Spaß gibt, ebenso wenig wie Gottes Beistand! Die Erkenntnis, dass Kubrusi von Frauen verleitet war, nützt uns jetzt aber recht wenig. Keine leeren Worte des Trostes werden ihn jetzt in ein besseres Licht rücken können, wie etwa die, welche nach wie vor von Malamati-Scheichs verbreitet werden; dass sich Kubrusis Zuspätkommen eigentlich als ein Segen für uns entpuppen werde! Angeblich soll Kubrusi von Khidr[43] geträumt haben, welcher ihm die ganze Nacht lang die Abmessungen von Noahs Arche beigebracht haben soll. Nachdem er sie sich gut eingeprägt hatte, soll ihm von Khidr aufgetragen worden sein, beliebig viele gleichförmige Kriegsschiffe zu bauen! Diese Flotte würde im Kampf unschlagbar, da ihre Maße und Proportionen vom Himmel herab gesandt worden seien! Mit himmlischen Waffen würden wir unbesiegbar – so sprechen die Malamatis bei ihren Zusammenkünften. Auf diese Weise missbrauchen sie den ehrenhaften Khidr, um die eigentliche Wahrheit um das Bettgeflüster und die nächtlichen Gelüste Kubrusis und seiner Geliebten zu verschleiern.«

Hasan redete voller Inbrunst; wenn er über uns sprach, klang seine Stimme kräftig, wenn es aber um die Venezianer und Genovesen, die Österreicher und die Russen ging, wurden seine Worte leiser, so dass man dann das Plätschern des Waschbrunnens und das Rauschen des Oktoberwindes vernehmen konnte.

Erneut erhob sich Hadschi-Rizvan und rief erregt:
»Ich habe deine Worte gezählt, Philosoph! Nur viermal hast du in deiner Predigt Gott erwähnt! Was für eine Predigt ist das?«
»Ich weiß nicht, ob Gott diese Predigt nötig hat! Doch ich weiß, dass wir, die besiegten Menschen, sie nötig haben! Bei Lepanto sind wir nicht untergegangen, weil wir in den Moscheen nicht über Gott gesprochen haben, sondern weil wir aufhörten, über die Menschen zu reden. Gehen unsere Dörfer zugrunde, mei-

ne Brüder? Gewiss! Weshalb schweigen wir dann darüber in den Moscheen? Herrscht in unseren Gemeinden Zwietracht? Sehr wohl! Wird denn durch überlautes Reden über Gott und durch Gebrülle über das Jenseits die Krankheit unserer Gemeinschaft geheilt? Fliehen unsere Krieger aus den ersten Kampfreihen? Ja, sie fliehen! Doch weshalb? Weil sie hungern! Werden wir in den Moscheen nicht über diejenigen sprechen, die die Lebensmittel für sich einsacken? Meine Brüder, wenn wir an Gott glauben, bedeutet das nicht, dass wir uns selbst vergessen sollen!«

»Richtig! So ist es! Gott helfe dir, Hasan!«, hörte man viele aus den ersten Reihen rufen.

Ich dachte, dass die Predigt zu Ende war, doch dann sah ich, wie weiter hinten, neben der rechten Wand, Scheich Zelkanović aufstand. Mit einem grünen Handtuch trocknete er den Schweiß von seiner Stirn. Er hob die rechte Hand, um zu deuten, dass er etwas sagen wolle, räusperte sich und sprach:

»Und wenn wir bei Lepanto doch gesiegt hätten, wer hätte dann den Ruhm davongetragen, Admiral Kubrusi oder der glorreiche Sultan?«

»Scheich-Ibrahim, mit dieser Frage begehst du mindestens zwei Fehler, und zwar dieselben, die auch von vielen anderen Muslimen seit langer Zeit begangen werden! Als erstes fragst du nach dem ruhmreichen Sieg, den es nicht gibt! Zweitens möchtest du, in deiner Großzügigkeit, etwas Nichtexistentes zwischen den Heeresführern und dem Sultan aufteilen!«, antwortete Hasan laut.

Von der linken Seite, neben dem Fenster, verbreitete sich scharfes Raunen, aus den mittleren Reihen hörte ich gedämpftes Gelächter!

»All das, was ich euch sagte, meine Brüder, habe ich auch dem Sultan geschrieben! Mein Ziel ist eins: Dass wir einsehen, zu was wir uns heute entwickeln – zu einer Vielfalt, die zwar groß, aber formlos ist! Und ohne definierte Form haben wir auch keine Bedeutung, und wo keine Bedeutung ist, gibt es auch keinen Inhalt. Jeden Tag werden wir zu Hunduris, Dandaravis, Hazdaris, Falenderis, Akidei-Sahihis, Galevis, Ulvetis, Hamzawiten, Besramis, Zamiris, Kudebalis, Kushbrevis, Kaperunis, Zulmbaschen, Maznewis, Amelisuis, Fusejfisais, Malamatis, Gavranis, Gurbinis, Malahis, Fukarais, Karaamelis, Hubimesihis, Kizilbaschen ...«

Hasan sprach diese Namen jetzt deutlich aus, mit lichter Stirn, seine Augen blitzten. Oben auf der Kanzel wirkte er noch höher. Mal deutete er mit den Händen auf uns, mal zum Osten auf den Trebević, dann wieder nach Westen und Richtung Hum, es sah aus, als würde er mit den Bewegungen seiner Arme den beklemmenden Raum Sarajevos auseinanderdrängen wollen. Schließlich sagte er:

»Hierhin«, er legte dabei seine Hände auf die Brust, »haben wir die Beklemmnis hineingepflanzt und verbreiten sie untereinander wie eine ansteckende Seuche, wie eine Schlange, die einem in die rechte Brust beißt, während sie mit dem Schwanz die Schlagader zudrückt ...«

Die Predigt war beendet. Alles schwieg, die Blicke zum Boden gerichtet.

Und doch war es nicht das Ende der Predigt! Rechts erhoben sich fünfzehn oder fünfundzwanzig junge Männer. Ihr Anführer war ein knochiger Kerl, von durchfurchter Stirn, ein Arm fehlte ihm. Mit seiner Rechten hob er ein Brett, auf dem geschrieben stand: »Die überlebenden Krieger von Esztergom und Hrastuša«. Als sie zwei oder drei Schritte nach vorn machten, wurden die Reihen um die Kanzel unruhig. Die Moschee teilte sich von einem Moment auf den anderen in drei Lager, drei Wellen gleich, die auf der bis dahin stillen Meeresoberfläche plötzlich aufgebraust waren. Die einen sammelten sich um die Krieger, die anderen bildeten fünf dichte Reihen um Hasan, der einsam oben auf der Kanzel stand. Die dritte Gruppe waren wir in den hintersten Reihen der Moschee. Wir beobachteten das Geschehen. Hinter uns war nur noch die geöffnete Moschee-Pforte. Man hörte die Geräusche des Brunnens und des immer stärker werdenden Windes.

»Und Gott? Wo ist in all dem Gott?«, rief der einarmige Krieger.

»Lepanto hat sich ereignet, weil es Gott gibt!«, antwortete Hasan.

»Heißt das, dass Lepanto von Gott gewollt war?«

»Lepanto war von uns gewollt und von Kubrusis leidenschaftlicher Nacht, also gab uns Gott Lepanto!«

»Wenn es einen Gott auf unserer Seite gibt, wie konnte dann Lepanto gegen uns sein?«

»Weshalb sollte Gott hinter uns stehen, wenn wir uns selbst Feind sind?«

»Aber, Hasan, wir glauben doch an Gott, warum hat er uns dann bei Lepanto nicht geholfen?«

»Der Glaube ist nicht dazu da, damit Gott jedem unserer guten Wünsche Folge leistet. Glaube an Gott bedeutet, dass wir auch an uns selbst glauben sollen!«

Der Krieger von Esztergom und Hrastuša sagte daraufhin nichts mehr, er drehte sich zu seinen Leuten, schaute einem nach den anderen in die Augen und deutete ihnen mit seiner einzigen Hand, sich wieder auf der linken Seite hinzusetzen. In die Moschee kehrte wieder Ruhe ein. Auch die Leute um die Kanzel nahmen wieder in den Reihen Platz.

Der Krieger stand immer noch in der Mitte der Moschee und schaute zu Hasan, dann senkte er seinen Blick zum Boden und sagte leise:

»Warum werden wir hier in diesem Land immer wieder von Krieg und Blut heimgesucht?

Und kommt hier, auf dem Land unserer Vorfahren, unser Glaube an Gott nur als Ansporn für die ersten Kampfreihen zum tragen, sei es auch nur im Verteidigungskampf? Und müssen wir denn hier unseren Glauben an Gott immer nur mit unserem nackten Leben verteidigen?«

In diesem Moment fing der Krieger zu weinen an. Er neigte seinen Kopf zum Stumpf seines rechten Armes, um sich damit die Tränen abzuwischen. Nach ihm brach zuerst Scheich Zulkaid in Tränen aus und danach die halbe Moschee. Und dann erklang von der Kanzel Hasans Stimme:

»Soldat, in welchem Kampf hast du deinen Arm verloren?«

»Bei Hrastuša!«

»Gegen welche Armee?«

»Die Österreichische.«

»Und sahst du deren Soldaten auch ihre Arme verlieren?«

»Ja, viele. Manche verloren auch ihre Beine.«

»Was war euer Kampfruf?«

»›Allah! Allah!‹, schallte es aus unseren Mündern!«

»Und was riefen die Gegner?«

»Jesus! Jesus! Morgens und abends hörte man ihre Rufe.«

»Siehst du, Soldat, auch auf der anderen Seite stirbt man für Gott und den Glauben an Ihn! Das Schlachtfeld ist nicht nur unser

Schicksal. Aber ich möchte dich und deine Leute hier, von diesem ehrwürdigen Ort etwas fragen: Wenn man schon auf beiden Seiten das Leben verliert, würdet ihr jemals die Seite wechseln?«

»Niemals! Für nichts auf der Welt! Nie!«, riefen die Überlebenden von Hrastuša und Esztergom, immer lauter, als wären sie auf der Baščaršija, vor Ahmed Plastos Kneipe und nicht in einer Moschee, bei einer Predigt. Fast alle in der Moschee griffen ihre Worte auf und riefen mit ihnen, viele unter Tränen. Der Künstler Mustafa guckte vor sich hin und rieb sich die dichten Augenbrauen. Bald weinten zwei Drittel der Moschee. Weder das Plätschern des Brunnens war mehr zu hören, noch das Rauschen des Oktoberwindes, der das Laub über den Marmorplatten im Garten aufwirbelte.

Wieder ertönte Hasans kräftige Stimme:

»Aber ist es nötig, dass wir jedes Mal unser Leben lassen, meine Brüder?«

In der Moschee herrschte Todesstille:

»Ist euch bekannt, dass die Venezianer vor der Schlacht von Lepanto eine Gesandtschaft zu Admiral Kubrusi entsandt hatten, um über die Handelsfreiheit zwischen Venedig und Zarigrad zu verhandeln? Doch Kubrusi war nicht auf seiner Stellung als Befehlshaber, sondern im Bett seiner Geliebten. Möge mir diese Moschee meine Worte verzeihen. Als die Venezianer sahen, dass sie keinen Verhandlungspartner hatten, und dass sie es mit einer Armee ohne Befehlshaber zu tun haben, blieb ihnen nichts anderes übrig als anzugreifen!«

Ich ging raus zum Brunnen, um auf Hasan zu warten. Er wurde noch in der Moschee aufgehalten, ich sah ihn, wie er vorne mit einem Mann in hellgoldenem Mantel diskutierte.

Die Sonne neigte sich allmählich nach Westen. Mustafa setzte sich in den Schatten neben der Sternwarte. Er grüßte einen alten Mann, vielleicht war es Muvekit Ždralović, dann klappte er seine Staffelei auf, richtete die Farbkästen her und starrte auf den Vogel auf seiner Leinwand. Der Blick des Vogels war in die Ferne des Himmels gerichtet.

Scheich Zelkanović eilte hinaus zur Baščaršija, ohne mich auch nur anzublicken. Zejnil kam zu mir und sagte:

»Los, geh lieber in dein Zimmer, siehst du nicht, wie windig es im Oktober sein kann?« Daraufhin verschwand er hinter der Medressenpforte.

Ich blieb neben dem Brunnen stehen. Niemand trat an mich heran. Keiner kannte mich.

Die Hinrichtung am Tahtakale[44]

Hasan kam zu mir an den Brunnen und umarmte mich.
»Willkommen, Skender! Hab Gutes im Sinn und alles wird gut!«, sagte er.

Ich ging rechts neben ihm, der Mann im hellgrünen Gewand zu seiner Linken. Die Wachleute folgten uns zum Eingangstor der Medresse. Verwirrte Menschen standen in den Gassen. Zejnil brachte Tee ins Klassenzimmer. Anfangs sprach keiner von uns. Der Raum war erfüllt von Ruhe und angenehmer Frische, und wir traten hinein wie in einen Jahrhunderte alten Segen. Alles an der Begova-Moschee wirkte wie ein Trugbild, das nur so lange bestehen blieb, wie die getäuschten Blicke auf ihm verweilten.

Es dauerte nicht lang, bis sich einer, ich denke es war Muvekit Ždralović, zu dem Mann im Mantel drehte und sagte:

»Bali-Effendi, die Moscheen sind voll von Hamzawiten! Zwei von ihnen haben inmitten der Predigt die Moschee verlassen!«

»Ždralović! Lepanto und all die früheren und heutigen Niederlagen haben die Hamzawiten aus dem ganzen Kaiserreich hierher strömen lassen«, sagte Hasan müde.

»Gut, dass nicht die Bergilis gekommen waren. Es wäre sonst blutig ausgegangen. Es ist eine Schande, dass die Predigt von einigen mehrmals unterbrochen wurde. In Sarajevo wird Schändliches entweder vergessen, oder man gewöhnt sich dermaßen daran, dass man es nicht einmal mehr bemerkt!«

Nachdem Bali-Effendi das gesagt hatte, schwieg er. Er schaute weder Hasan, noch Muvekit Ždralović an. Langsam trank er seinen Tee und starrte auf die Muster des Kelims aus Shiraz. Durchs Klassenzimmer hörte man sein schweres, tiefes Atmen. Es klang, als würde er anstelle von Luft trübes, zähflüssiges und verschmutztes Wasser in seinen Brustkorb hineinsaugen, um es dann noch verschmutzter, aus einer Vielzahl von dicken und verhärteten, aber immer noch kräftigen Adern, mühsam herauszupressen. Dann öffnete er kurz seinen Mantel und tastete seinen aufgeblähten Bauch ab, er rieb sich seinen dicken Nacken und kratzte sich am geröteten Kopf. Wieder griff er zum Tee, welchen Zejnil stets nachschenkte. Schließlich schaute er alle Anwesenden, einen nach dem anderen an. Auf mir blieb sein Blick stehen:

»Hasan, wer ist der hier?«

»Das ist Skender Humo aus Mostar! Er hat in den Medressen Zarigrads die Auslegung des Korans studiert und in Florenz etwas Astronomie. Du hast die Erlaubnis gegeben, ihn in der Medresse als assistierenden Lehrer einzustellen.«

»Ach, das ist dieser Skender! Schön! Was meinst du mit ›er lernte etwas Astronomie‹?«, die Frage des Muftis war an mich gerichtet.

»Der Astronom Vatimo behauptet, das Universum sei unendlich, aber nicht nur als Ganzes, sondern auch in all seinen Teilen. Einzelteile, aber trotzdem unendlich! Der Mensch weiß darüber immer nur ein Bruchstück, niemals alles!«

»Gut gesagt, wirklich! Wenn die Hamzawiten doch nur den Glauben auf diese Weise begreifen würden! Unendlichkeit im Ganzen und in seinen Teilen, sagst du? Deshalb kann man niemals alles wissen! Wenn man nicht alles wissen kann, dann ist es auch unmöglich, alles in Worte zu fassen, geschweige denn alles zu tun!«

Ždralović verließ den Klassenraum, während Mufti Bali-Effendi weiter seinen Tee schlürfte und sich den Schweiß vom fleischigen Schädel wischte. Mit den Fingern untersuchte er die Dicke des zusammengefalteten Teppichs auf der Sitzbank. Dann drehte er sich zu Hasan und sagte:

»Mit deiner Predigt haben wir in den Moscheen einen Anfang gemacht. Das ist auch richtig so! Wir werden auch in andere Moscheen gehen, und die Tekken dürfen wir auch nicht vergessen. Oft sind dort naive und harmlose Leute. Die meisten von ihnen sind nicht irrgläubig. Noch nicht! Eine Ermahnung wird ihnen nützen. In den Tekken findet man zwar auch Wissende, aber die meisten sind es nicht. Sie denken, Wissen sei eine reife Frucht im Garten von jemandem anderen, und man könne sie ohne Anstrengung pflücken, indem man einfach über den Gartenzaun springt. Verdorbene Menschen gibt es überall, doch am gefährlichsten ist der, der gelehrt und dazu verdorben ist. Sein Wissen ist für ihn das, was für den Dieb die Lampe ist; sie dient ihm, um leichter zu klauen, zu durchwühlen, zu zerstören, um fortzutragen und zu veruntreuen, um auszuhöhlen und zugrunde zu richten ...«

Der Mufti ging zur Tür, wo ihm Ždralović begegnete. Freudig rief er:

»Die Menschenmenge hat sich aufgelöst! Wir können jetzt gehen! Es ist windig draußen, Regen kommt auf, vielleicht wird es auch Frost geben.«

Hasan begleitete den Mufti bis hin zum Tor zur Straße, dann kam er zurück um mich zu holen und wir gingen nach rechts zum Besistan.

»Die gesegneten Zeiten unseres Reiches sind vorüber!«, sagte er. »Aus und vorbei! Dreihundert Jahre hatte es Bestand, erreichte seinen Höhepunkt, doch auf dem Gipfel wussten wir nicht aufrecht zu stehen und zu verweilen. Bei Lepanto fing es dann schließlich an abwärts zu gehen! Das Übel breitet sich aus wie eine Plage, an Land und auf See. Jedermann kann jetzt sehen, dass etwas Wichtiges nicht stimmt. Und da es für jeden sichtbar ist, wird es auch überall wahrgenommen, aber von jedem anders. Jeder denkt, man könne das Übel leicht heilen, und so entstehen überall neue Gruppierungen, die sich mit fester Überzeugung für die alleinigen Erlöser halten. Und wenn man erst einmal vom eigenen Denken fest genug überzeugt ist, dann entscheidet nicht mehr die Vernunft über den Sinngehalt eines Gedankens, sondern der Glaube. So hört der Glaube auf, um Gottes Willen zu sein, und dient nur als Ausrede für Rechthabereien und Konflikte. In fünfundvierzig Gruppen sind wir gespalten, welche sich mit fünfundvierzig anderen in täglichem Zwist befinden. Bündnisse ändern sich, genau so wie Namen, Freunde und Feinde. Alles wird gedroschen und keiner weiß, wann und wie die Spreu vom Weizen zu trennen ist. Der Großteil dessen, was die neu hervorgesprossenen Strömungen anstellen, beruht auf Schwachsinn! Die Dummheit überwiegt! Es gibt kaum Gruppen, die über unseren Zustand wirklich verbittert sind und die sich ernsthaft Sorgen machen. Die meisten sind nur damit beschäftigt, sich gegenseitig zu bekämpfen. Die Gegner sind zahlreich und man findet sie überall. An ihnen mangelt es nicht.«

Hasan redete immer noch voller Eifer, als würde er mir die heutige Predigt nochmal erklären wollen. Ein Mann mit schwarzem, dichtem Bart trat zu uns heran. Er trug eine grüne Mütze und eine schwarze Hose mit weitem Hinterteil. Nachdem er vor uns stehen geblieben war, zog er aus der linken Tasche seines schwarzen Umhangs ein paar vergilbte, beschriebene Blätter und reichte sie uns.

»Philosoph Hasan, ich habe eine kleine Abhandlung geschrieben. Sie ist gut. Ich habe sie *Die Pfade, die zum göttlichen Weg führen* betitelt. Bitte lies sie. Wir werden sie dann vervielfältigen, damit sie den Menschen von Nutzen ist.«

Hasan nahm das Bündel an und der unbekannte Derwisch ging fort.

»Pass gut auf, Humo! Zeiten der Verzweiflung kommen nicht von allein. Für den Anfang versuch in der Medresse hohe Dichtung zu unterrichten. Du weißt, Gedichtsverse berühren immer viele Herzen, doch sie gehen nicht darüber hinaus. Was würde man auch mehr erreichen wollen! Danach versuch es mit mystischen Kommentaren. Sie sind voller Geheimnisse! Je länger man bemüht ist, große Geheimnisse zu lösen, umso größer werden sie. Nimm dir Mustafa den Künstler zum Freund. Er ist klug, doch seine Klugheit wird in dieser Stadt weder von jemandem bemerkt, noch gebraucht.«

Muvekit Ždralović hatte Recht. Der Regen kam. Er hielt für Tage an und spülte die Hitze des Sommers hinfort. Die Linden vor der Begova-Moschee ließen ihre Äste hinabhängen, die Blätter fielen herab und blieben an den Marmorplatten kleben. Der Waschbrunnen verstummte im Getöse der Schauer. Seit Tagen war Mustafa vor der Moschee nicht zu sehen. Seine Staffelei und die Bilder hatte er weggebracht, vielleicht in seinen engen Laden auf der Baščaršija. Einsamkeit empfing mich in meinem Zimmer, jedes Mal wenn ich vom Unterricht aus dem angenehmen Klassenraum zurückkam.

Die älteren Schüler unterrichtete ich in der Dichtung Abu'l-Atahis. Er pries das Leben, weil es schöner war als der Tod. Den Tod pries er, weil er lieblicher als die Hölle war. In arabischen Versen ermahnte ich die jungen Männer und zugleich mich selbst:

»Dem Leben sind sechs Dinge inne: Krieg und Tod, Liebe und Spiel, Arbeit und Glauben. Der Krieg und der Tod sind da, ungebeten und miteinander verwachsen, wie der Kranke und seine Krankheit, wie der Tote und das Grab, wie der Aussätzige und die Seuche. Liebe und Spiel lassen uns Krieg und Tod vergessen. Liebe entfesselt die Begeisterung und das Spiel die Unbekümmertheit, doch beides ist von kurzer Dauer, gleich dem Wechsel von Nacht und Tag. Es bleibt die Arbeit, damit wir in ihr Krieg und Tod, Liebe und Spiel vergessen, damit wir in eigenem Schweiße erkennen, dass kein Gürtel die Welt zu umfassen vermag. Dann erwacht im Menschen der Glaube, um ihn zu trösten, da er nichts ändern kann, und da alles so ist, wie es ist.«

Von siebzehn Schülern hörten mir sieben zu und nur drei von ihnen stellten hin und wieder eine Frage. Waren meine Erklärungen im Unterricht gut, fragte ich mich, während ich unter der einsamen Pappel im Hof der Medresse saß. Zejnil der Pförtner wusste, dass nur wenige Schüler meinem Unterricht folgten.

»Du hättest wohl gerne, dass dir alle zuhören?«

»Ja!«

»Wünsche hast du, wirklich! Als Bali-Effendi vor zehn Jahren hierher kam und zu unterrichten begann, hatte er sieben Schüler. Später blieben nur drei übrig, doch er sagte immer, er sei glücklich, im leeren Klassenraum den Hall seiner eigenen Worte zu hören!«

»Ist es denn eine Lösung, wenn wir für uns selbst das Wissen wiederholen?«, fragte ich.

»Manchmal schon! Schau, ich bin Pförtner. Neunzehn Jahre ist es her, seitdem mir eine Kanonenkugel das Bein abgerissen hat. Ich habe keine Ahnung von der Auslegung des Koran, ich weiß nichts über Grammatik, weder die arabische noch irgendeine andere! Aber seit Jahren beobachte ich euch Lehrer und eure Schüler und denke so für mich: Es ist ein Fehler, wenn Lehrer den jungen Männern von den ruhigen Welten aus Büchern erzählen! Jungen Menschen muss man das geben, was sie mögen! Verderben fasziniert sie, erzähl ihnen über das Verderben! Sie wollen Schrecken, gib ihnen Schrecken! Wenn sie die Hölle wollen, gib ihnen die Hölle! Und was machst du? Du vergeudest die ersten Monate mit dem dürren Abu'l-Atahi!«

»Woher kennst du Abu'l-Atahi?«

»Die Schüler, die deinen Unterricht schwänzen, haben mir von ihm erzählt. Sie sagen, Abu'l-Atahi rede nur leer daher. Er schreibe in seinen Gedichten lobend über den Tod, wo es doch von jungen Frauen überall nur so wimmelt!«

»Woher weißt du, dass er dürr war?«

»Schüler sagen, ein satter und gut genährter Mann würde nie solch traurige Verse schreiben.«

»Was soll ich tun, Zejnil?«

»Warum trägst du ihnen nicht Gedichte über den Frühling vor, über den Sommer und über junge, hübsche Frauen? Berichte ihnen von den Mädchen aus deiner Zeit in Zarigrad, es ist ja nicht so, dass es keine gab! Erzähl ihnen von den Schlägereien, von Abtrünnigen! Ihnen werden doch wohl immer noch die Köpfe abgeschlagen, oder? Sprich von fernen Einöden, von Unruhen, von Aufständen! Kriege gibt es heute überall, immer hört man was Neues darüber, die Zeiten sind nicht langweilig! Niemand interessiert sich mehr für unwirkliche Welten aus dicken, verrotteten Büchern!«

Am nächsten Tag begann ich meinen Unterricht mit folgenden Worten:
»Ich weiß nicht woher ich den Mut zusammenbringe, über dieses schreckliche Ereignis zu berichten, bei welchem ich am 6. Juni 1573 im Zarigrader Viertel Atmeydan und am Tahtakale selbst Augenzeuge war. Ich hatte nicht vor, von fürchterlichen Dingen zu erzählen, das war auch nie etwas, was ich gut konnte. Nie habe ich es gemocht, vom Tod anderer zu sprechen. Wer bin ich, dass ich auch nur eine Unterrichtsstunde mit fremdem Unglück fülle, dass ich auch nur ein Blatt mit Zeugnissen schrecklicher menschlicher Schuld, Strafe und deren Urteil beschreibe? Und überhaupt, wäre ich damals, mit meinen sechzehn Jahren, in der Lage gewesen, blutgetränkte Geschichten zu erzählen?
Doch die Liebe eines Menschen gehört nie ihm allein, ebenso wenig wie ihm sein Hass gehört – so wurde es mir von Scheich-Ibrahim Zelkanović damals in Zarigrad gesagt. Es sei die Erkenntnis von jenem, der die Zeit beschreibt, dass die Zeit auch auf ihm selbst ihre Zeichen hinterlässt, meistens an der Stirn, wiederholte er mir dreimal. Oft riet er mir: ›Wenn du von Ereignissen sprichst, oder über sie schreibst und du für kommende Generationen Seiten hinterlässt, dann puste zuerst auf jedes neue weiße Blatt, das du zu beschreiben vorhast; puste auch in die Feder und in deine rechte Hand, sprich ein kurzes Gebet aus dem Koran, und bitte Gott darum, dass Er uns mit einem glücklichen Leben beschenkt, dass Er uns die guten Zeiten niederschreiben, und uns an guten Ereignissen teilhaben lässt, und dass die Spur, welche die Feder hinterlässt, ein Zeichen von Schönheit werde.‹
Weder Scheich-Ibrahim noch ich hatten vorher jemals in Atmeydan oder am Tahtakale einer Hinrichtung beigewohnt. Er nicht, weil er älter war, weil er drei kurze Kriege an Land und einen am Meer, den bei Lepanto, hinter sich hatte, und sein Auge an Grausamkeiten längst gewohnt war. Und ich nicht, weil ich jung war und überhaupt nicht wusste, dass in Zarigrad Hinrich-

tungen durchgeführt wurden. Bis zum 6. Juni 1573 wusste ich sogar nicht, dass solch eine schreckliche und hässliche Tat von Gott geduldet wurde.

An jenem heiteren Tag machten ich und Scheich-Ibrahim unseren gewohnten Spaziergang und unterhielten uns über Hallaj[45], den Mystiker, und über die Bedeutung des Pronomens *Ich* in seinem berühmten Vers:

> Ich bin Er, der, den ich liebe,
> Und Er, den ich Liebe, ist Ich!
> Zwei Seelen sind wir,
> In einem Körper vereint!

›Die Verse bergen eine wunderbare, aber gefährliche metaphorische Falle, so wie es immer mit wunderbaren Dingen ist!‹, sagte Scheich-Ibrahim. Er riet mir, die fallenreiche Sprache der Poesie in solch einem Gedicht zuerst auf der Ebene des Körperlichen zu verstehen, wie es auch in der letzten Zeile suggeriert wird, wo es heißt: *In einem Körper vereint!‹*

Um seine Auslegung zu bekräftigen, nannte er ein Gedicht Al-Ghazalis[46]:

> Das Glas wurde dünner und klarer der Wein,
> So wurden sie einander ähnlicher und die Angelegenheit schwieriger!
> Nun scheint, als würde nur den Wein es geben, und vom Glas nicht die Spur,
> Und als würde nur das Glas sein, und nirgends der Wein!

›Es ist falsch zu glauben, dass Ghazali hiermit eine Lösung für die Einheit aller Existenz böte, weil er an dieser Stelle einen schlauen, metaphorischen Stolperstein legt und dieser ist – die Leere. Mit einem entfernten, listigen Augenzwinkern deutet er auf die Fülle, als Kehrseite der Leere! Aber all das kann man auch rückwärts verstehen; das Wesen des Glases ist die Leere, und das des Weines, in der Berührung mit dem Glas – die Fülle! Das ist eine der Möglichkeiten der Deutung‹, sagte Scheich Zelkanović, während wir uns dem Ort, wo die Hinrichtung stattfinden sollte, näherten. ›Die Botschaft ist eindeutig: Ohne Gott wäre der Mensch ein leerer Tonkrug!‹, fügte er noch hinzu.

›Das ist eine oberflächliche Art es zu deuten, Scheich-Ibrahim!‹, rief Hasan, der uns auf dem Weg zum Tahtakale begegnete.

›Der Mensch ist kein leerer Krug! Er ist es nie gewesen und wird es auch niemals sein! Nicht einmal dann, wenn im Grabe seine Brusthöhle unter den Rippen mit Erde gefüllt ist! Der Mensch ist kein Tonkrug, obgleich sein Staub so manch einem Töpfer von Interesse sein mag! Du behauptest Falsches, wenn du so sprichst, denn Gott hat Grenzen aufgestellt: Der Mensch ist Mensch, und ein Krug ist ein Krug!‹«

Es war kaum zu glauben! Sieben Schüler waren ganz Ohr! Nicht einer hatte gedöst, keiner empfand die mystischen Versenkungen Scheich Zelkanovićs als überflüssig oder gar naiv, keinem widerstrebte Hasans Affinität zum Recht und Gesetz, zur Ordnung und zum Staat! Zejnil! Pförtner Zejnil! Gott segne dich für deinen Rat! Von meinem ersten Lohn habe ich dir nichts kaufen können, weil ich das ganze Geld meiner Mutter geschickt hatte, den zweiten Lohn gab ich meinem Vater, aber vom kommenden bekommst du, was auch immer du willst!

»Und so, meine lieben Schüler, während wir zum Tahtakale, zum Ort der Hinrichtung gingen, machte Hasan einen ernsten Eindruck. Möglicherweise war er auch verärgert. An seinem Gesicht konnte ich nie erkennen, wann und weshalb Ernsthaftigkeit in Ärger überging!

›Scheich-Ibrahim!‹, sagte er, ›Wenn man alles mit Metaphern erklären könnte, wenn man versuchen würde, mit Metaphern die Welt zu regieren, würde nichts auf der Welt jemals geregelt werden! Keine Grenze und kein Gesetz würde jemals durchgesetzt werden, und kein Staat und keine Ordnung jemals zustande kommen! Deine Metaphern verwischen die Grenzen! Sie lassen die Welt sich ihrer klaren Grundsätze entledigen und machen aus Gerechtigkeit eine Wahnvorstellung! Sie setzen Mensch und Krug gleich, Ameise und Elefant, Tag und Nacht! Aus der Realität machen sie einen Klamauk! Wahre Wissenschaft dagegen zeigt die Dinge klar, vernünftig und mit scharfen Konturen!‹

›Aber, Hasan, Metaphern existieren doch! In den Medressen lernen wir sie! Die Welt wörtlich zu verstehen, würde bedeuten, sie jeglicher Schönheit zu entledigen, welche Gott für uns im Reden über die Welt enthüllt hat!‹, sagte Scheich-Ibrahim traurig.

›Die Tatsache, dass eine Sache existiert, gibt uns nicht das Recht, die ganze Welt an ihr zu bemessen! Es mag zwar ein Spatz existieren, aber dass heißt nicht, dass wir anhand unserer Erkenntnisse über den Spatzen Rückschlüsse auf den Stern Sirius ziehen sollten! Im Rechtswesen sind Metaphern unbrauchbar, Scheich-Ibrahim, in der Dichtung sind sie ein unwirklicher aber reizender Schmuck, und im Sufismus sind sie ein Trost, welcher sich oft zu einer Versuchung kehrt!‹

Hasan verlangsamte seinen Schritt und legte die rechte Hand an Scheich-Ibrahims Brust. Mit der linken strich er mir über den Kopf und ließ mich verstehen: Noch bist du zu jung und zu grün hinter den Ohren, um all das anzuhören und verstehen zu können.

›Kommt mit mir zum Tahtakale, damit ihr seht, wie die, die Metaphern nachgehen, enden!‹, sagte er. Dann blieb er stehen und holte aus der rechten Tasche seines Leinenhemdes ein oranges Blatt Papier und fing an, langsam zu lesen:

›Ein Befehl an den Sandžak-Beg[47] und den Kadi der Stadt Zvornik: In der oben genannten Provinz, in der Ortschaft Gornja Tuzla, ist ein gewisser Hamza Orlović festzunehmen! Er hält sich im Haus von Sefer, dem Sohns des Hasan, des Gouverneurs, in der Alt-Dschuma-Gasse auf. Sollte Orlović der Verhaftung entkommen, sind seine Bürgen zur Verantwortung zu ziehen. Diese sind: in der Hadschi-Hasan-Moschee, der Prediger Havadže Ibrahim und der Imam Džafer-Khalifa; in der Atik-Moschee, der Prediger Osman-Khalifa; sowie in der Hadschi-Bayezid-Moschee, der Prediger Sinan-Khalifa. Sie alle sollen ausfindig gemacht und Mustafa, dem Offizier meiner Hohen Pforte, übergeben werden. Weiter sollen sie, gefesselt, an die Glückliche Pforte übergeben werden.

Ich habe somit befohlen, dass Hamza Orlović, sobald dieser Brief ankommt, unverzüglich, im Sinne dieser Verordnung, inhaftiert wird. Sollte Orlović Anhänger haben, sollen auch diese festgenommen und meinem Offizier, gefesselt, übergeben werden. Wenn es nötig sein sollte, sollen ausreichend viele Wachmänner für deren Bewachung eingesetzt werden.

Diese Sache ist von höchster Wichtigkeit, deshalb ist äußerste Obacht geboten! Es darf nicht passieren, dass die Verhaftung Orlovićs und seiner Leute nicht stattfindet! Scheut keine Anstrengung und hütet euch bei der Durchführung des Befehls vor Faulheit und Nachlässigkeit!‹

›Das ist ein kaiserlicher Erlass, ausgestellt von Sultan Selim II, Scheich-Ibrahim! Er wurde vor nicht ganz zwei Monaten verfasst!‹, fügte Hasan hinzu.

Wir liefen weiter. Scheich-Ibrahim schwieg. Hasan ging einige

Schritte voraus, schaute sich um und beobachtete die Menschen, die in Gruppen zum Tahtakale drängten.

Wir waren dem Ort der Hinrichtung nahegekommen, man konnte es aufgrund der großen Menschenmasse feststellen. Es war ein Gedränge wie zum Bajram-Fest.«

»Es ist nun Zeit für eine Pause!«, sagte ich. Die Schüler verließen den Klassenraum, man hörte das Gewirr ihrer Stimmen und lautes Lachen ... Zejnil lud mich zu einem Preiselbeertee ein.

»Meine Schüler, wie ich euch schon vorhin erzählt hatte, war es der 6. Juni 1573, wir waren zusammen mit Hasan auf dem Weg zum Tahtakale. Scheich-Ibrahim flüsterte mir Worte zu, die er nur ungern aussprach. Er sagte, ich solle mir diesen Tag merken, an dem die öffentliche Hinrichtung von Scheich Hamza Orlović stattfinden werde, des Enkels von Scheich Hamza-Dede Orlović aus Zvornik, in wessen Haus vor mehr als hundert Jahren Sultan Mehmed II Fatih, der glorreiche Eroberer, übernachtet hatte.

Man werde ihn hinrichten, weil er, wie man behauptete, für viele Dinge schuldig sei! Manche davon gefielen Gott nicht, andere wiederum dem Kaiser, von manchen waren die Glaubensgelehrten gekränkt und manche seien nicht gut für das Kaiserreich.

Scheich-Ibrahim meinte, dass alles so schrecklich und überaus verworren sei. Wie konnte es sein, dass gerade der Enkel des Mannes, bei dem Sultan Mehmed II Fatih im Jahr 1463 übernachtet hatte, hingerichtet wird? Und warum ausgerechnet auf Befehl von Sultan Selim II, dem Urenkel von Sultan Fatih? Weshalb musste der Kreis auf diese Weise geschlossen werden, dass gerade der Urenkel des Sultans den Enkel eines Derwisch-Scheichs hinrichten lässt? Oft sei es so, sagte Scheich-Ibrahim, dass wenn die Geschichte lang ist, auch das Unglück umso größer sei.

Am Tahtakale gerieten wir unter eine Menge von tausenden von Menschen. Alle riefen, jubelten, priesen den Kaiser, das Kaiserreich, Gott und den Glauben. ›So sind die Menschen!‹, sagte Scheich-Ibrahim, ›Zu Feiertagen versammeln sie sich, ebenso wie zu Hinrichtungen!‹ Im nächsten Augenblick hatte uns die Masse verschlungen, sie sog uns immer weiter hinein, immer näher zum Zentrum. Hasan und Scheich-Ibrahim bemühten sich, mir vor der Flut schweißgebadeter Menschen Schutz zu bieten. Dann hob mich Hasan auf seine Schultern, damit ich auch alles gut sehe, und über das Gesehene nachdenke.

Man sah vier kaiserliche Henker Scheich Hamza Orlović aus der Festung führen. Vor und hinter ihm lief jeweils einer, die anderen beiden hielten ihn, jeder von einer Seite, an den noch ungebundenen Armen fest. Erst als sie am Platz der Hinrichtung angekommen waren, wurde er, die Hände hinter dem Rücken, mit einem schwarzen Strick gefesselt. Scheich Orlovićs dünnes Haar flammte silbern, und von dem Platz, von dem aus ich alles beobachtete, konnte ich nicht erkennen, an welcher Stelle sich das Weiß seiner Haare mit dem seines groben Wollkleides vermischte, welches so geschneidert war, dass es ihm über die Hüften bis unter die Knie reichte.

Scheich Orlović wirkte ruhig, als hätte ihn der Glaube daran, dass er hier nun auf dem Gipfel seines Ruhmes angelangt sei, beschwichtigt. Als wäre die Begegnung mit dem Todesurteil und dessen Vollstreckung nur ein feierlicher Funke, durch welchen all seine Hoffnungen im gleißenden Licht des Sieges und im demutsvollen Klageschrei seiner Anhänger erfüllt werden würden. Er flüsterte keine Worte, noch schaute er auf die Menschen um ihn herum. Sein Blick war auf einen Punkt in der Ferne fixiert, an welchem er die Rechtmäßigkeit all der getanen Schritte seines von Hoffnung erfüllten Lebens abzuwägen schien. Vielleicht führte er sich auch vor Augen, dass jetzt alles vorüber sei, da sich alles, was von seinem Lebensweg und von der weiten Welt übrig blieb, nun hier, auf dem bisschen Erde unter seinen kraftlosen Füßen befand, und dass er mit diesen Füßen keine Gelegenheit mehr haben würde, auch nur einen Schritt zu machen. Nirgendwohin. Niemals. Und vielleicht gerade wegen der Tatsache, dass seine letzten Schritte, einer wichtigen Verordnung gleich, besiegelt waren, entschloss sich Scheich Hamza Orlović, still und aufrecht zu stehen und zu schweigen.

Alles geschah zügig. Es hatte nicht den Anschein, als würde der meistgefürchtete Ketzer des Reiches hingerichtet werden, sondern als geschähe etwas völlig gewöhnliches, wie eine Begegnung, oder ein Handschlag, oder der Abschied von einem Reisenden.

Fünfzehn Tage nach dem schrecklichen Ereignis, schrieb ich meiner Mutter Mevlija, dass ich an jenem Tag am Tahtakale gesehen habe, dass auch die schwerwiegendsten und furchtbarsten Dinge auf dieser Welt völlig unspektakulär und normal geschehen, als stünden sie dem Menschen immer zur Verfügung, als wären sie mit ihm in enger Beziehung und als wäre all das auf irgend eine Weise in seinem Blutkreislauf verankert, von seinem ersten Schrei an und den ersten Schritten, die er geht. Vielleicht ist es schon seit Anbeginn der menschlichen Zeit so gewesen. Einer der Henker zog mit einem gekonnten Griff, der keineswegs sein erster war, Scheich Hamza an den Haaren. Präzise drehte er den Kopf des Scheichs in die Richtung, aus welcher das Schwert des zweiten Henkers fallen würde. Im selben Moment schwang der andere Henker sein Schwert, nur einmal, völlig gelassen, wie aus Langeweile. Sein Arm machte eine Bewegung, wie wenn man an einem ruhigen und müßigen Nachmittag, in einem stillen Garten, im Schatten der Akazien, eine lästige Fliege wegscheucht. Der Hieb erzeugte einen undeutlichen und dumpfen Ton, ähnlich dem einer Axt, mit der man eine morsche Buche oder eine verwitterte, absterbende Eiche fällt. Als der Körper des Scheichs in den Staub sackte, bedeckte Schweigen die Menge, wie ein undurchsichtiger, dichter und finsterer Umhang. Für ein paar flüchtige Augenblicke hielt es an, und dann hörte man Seufzen und Raunen durch die Menge gehen. Den Körper des Scheichs hoben sie auf und legten ihn auf ein schmutziges Laken. Aus großen Kübeln schütteten sie Kalkwasser über den Boden, um die Blutlache wegzuspülen.«

»Dann geschah etwas Schrecklicheres. Nur die unter uns, die nicht sofort nach der Hinrichtung Tahtakale verlassen hatten, konnten die Gräuel sehen.

Aus der brodelnden Menschenmenge rannte ein junger Mann heraus. Es war ein Hamzawite! Seiner Kleidung nach zu urteilen hätte er ein Schüler des Scheichs oder ein Janitschar sein können. Er heulte mit tiefer, rauer Stimme und schlug sich mit den Händen auf Gesicht und Brust. Mit großen, drahtigen Schritten ging er zum Ort, wo der tote Körper hingelegt wurde. Nur die Beine des Toten ragten unter dem schmutzigen Laken hervor. Der junge Mann warf sich zu Boden und legte seine Stirn auf die Erde, neben dem Leichnam. Das dauerte zwei oder drei Atemzüge lang. Dann fing er an, die Füße des Scheichs in heiliger Hingabe, deren Flammen in seinen Augen funkelten, zu küssen. Schließlich richtete er sich wieder auf und rief:

›Wenn der Lehrer tot ist, macht es keinen Sinn, dass der Schüler weiterlebt!‹

Er griff mit der rechten Hand unter sein Hemd, zückte einen kurzen Dolch, ähnlich jenen aus Astrahan, und rammte ihn sich unter den Hals, als würde er sich lediglich einen scharfen Segensfunken durchs Fleisch ziehen, und nicht etwa ein Stück hartes Eisen. Die vier Henker würdigten ihn nicht einmal eines anständigen Blickes, sie hoben nur den toten Körper Scheich Hamzas hoch und legten ihn beiseite.

Hasan sagte mir, wir sollen gehen, vielleicht würde noch irgendein dritter verrückter Hamzawite kommen, um sich oder jemand anderen umzubringen. Er drehte sich nach hinten und sein Blick fand Scheich-Ibrahim. Als wir in der Medresse angekommen waren, kochte mir Scheich-Ibrahim einen Tee, nachdem ich, wegen des schrecklichen Anblicks, den ich gesehen hatte, alles bis auf den letzten Brotkrümel erbrochen hatte.«

Der Unterricht ging zu Ende, ich ging in den Garten und suchte mir einen ruhigen Platz unter der Pappel. Es regnete und die ersten Nachmittagsstunden brachen an. Ich war verwundert, wie gut ich mir Scheich Hamzas Hinrichtung eingeprägt hatte, als wäre es nicht vor zwölf Jahren gewesen. Siebzehn meiner Schüler waren immer noch im Klassenzimmer geblieben.

Lange blieb ich unter der Pappel, bis irgendwann kurz vor Abend Zejnil zu mir kam.

»Schön hast du das vorhin gesagt: Die letzten Schritte Scheich Orlovićs waren besiegelt wie eine wichtige Verordnung!«, sagte er.

»Woher weißt du, dass ich das gesagt habe?«

»Ich war hinter der Tür und habe gelauscht. Man konnte alles hören. Ich habe geweint, der Mann tat mir leid. Egal, was für einer er war, er war aus Bosnien, einer von uns.«

»Hasan behauptet, Scheich Orlović sei gleichzeitig Träumer und Übeltäter, Held und Verbrecher gewesen. Wenn sich diese Gegensätze in jemandem vorfinden, dann steht Unheil bevor, und zwar nicht nur demjenigen selbst, sondern allen! Dem ganzen Volk! Und es kam Unheil. Alles, was Scheich Orlović tat, führte unweigerlich dazu, dass sein Kopf irgendwann am Tahtakale, unter dem Schwert des Sultans landet.«

Der Abend senkte sich und es nieselte leise. Nachdem Zejnil gegangen war, blieb ich noch eine Weile unter der Pappel.

Noch heute flammt in mir der einstige Anblick aus Zarigrad: Tausende menschlicher Zweibeiner beobachten, wie zuerst der Kopf des Scheichs vom Rumpf abfällt und dann der restliche Körper wie ein gefällter Baumstamm zu Boden sackt. Der Schwung des kaiserlichen Schwertes dauerte nur einen Augenblick lang, kein Blitzen der Klinge war zu sehen, denn an einer blutigen Klinge spiegelt sich weder ein Sonnenstrahl, noch irgendein anderes Licht. Furchterfüllt beobachtete ich die Waffe. Die erfahrene Hand der staatlichen Justiz umschloss sie fest, um sie in einem vollständigen Kreis zu ihrem Ziel zu führen. Eine Handbreit der Klinge trennte den Kopf des Scheichs im Nu ab. Nur ein dumpfer Schlag ertönte, ähnlich dem, der auf Feldern oder Waldlichtungen erschallt, wenn eine Axt von kräftigen Händen in einen absterbenden Baumstumpf gerammt wird.

Während der abgetrennte Kopf, wie auch kurz darauf der gesamte, zusammengebrochene menschliche Baumstamm, zu Boden fiel und in den Staub klatschte, machte ich eine unbedeutende Feststellung, die es vielleicht gar nicht wert ist, erwähnt zu werden: Obwohl Mensch und Baum beide aufrecht stehen, erschuf Gott deren Wurzeln an entgegengesetzten Stellen. Einen Menschen fällt man, indem man ihn oben schneidet, einen Baum dagegen unten!

Ich sah wie der enthauptete Körper zuckte wie ein Grashalm im wütenden Wind, wie die Flamme einer Kerze, wenn der Lehrer das Fenster in der Tekke aufmacht, um zu sehen, ob das nächtliche Gewitter bald vorüber sein wird.

Von den Schultern des hochgewachsenen Hasan aus habe ich alles genau gesehen. Er hatte mich, samt meiner sechzehn Jahre, die ich damals hatte, hochgehoben, damit ich mir die Hinrichtung des Schuldigen gut einpräge. Am selben Abend noch sollte Hasan mir und den anderen Schülern die Straftat, für die Orlović hingerichtet wurde, wahrheitsgetreu erklären, noch bevor andere dazu kamen, sie uns anders, wie es sich nicht gehört, darzulegen.

In der Nacht habe ich mein Abendessen erbrochen und bin dreimal entsetzt aufgewacht. Ich hatte geträumt, dass Scheich Hamzas Kopf auf mich fällt. In einem Traumbild voller schwarzer Spinnen und Dämonen, unter ekelhaften, kriechenden Wesen litt ich Höllenqualen und schrie über Schlunde und Abgründe hinweg; der kopflose Körper versuchte mich zu erwürgen und kratzte mir mit dreckigen Händen die Augen aus.

Scheich Zelkanović sagte, ich solle die Koransure *Die Morgendämmerung* rezitieren, und dass das Licht der Morgendämmerung alle Ängste der dunklen Seite des Seins aus der Seele eines jungen Mannes vertreibe.

Vielleicht bringe ich des Schreckens wegen, den ich immer, wie einen für andere nicht sichtbaren, geistigen Buckel in mir trage, die Kraft nicht zusammen, an dieser Stelle alles über die Hinrichtung zu berichten, noch habe ich den Mut, die Ausradierung des weißhaarigen Mannes in einigen wenigen Worten auf diese zwei engen Seiten zu zwängen.

Ich ging in mein Zimmer. Der 11. Juni des Jahres 1573 kam mir in den Sinn, es waren erst sechs Tage seit der Hinrichtung des abtrünnigen Hamza Orlović vergangen.

Zusammen mit Hasan stand ich vor der Moschee Suleymans des Prächtigen. Er flüsterte mir zu, es gäbe junge Bosnier, unter ihnen Muride[48], Schüler und Händler, die heimlich der ersten Woche seit dem Tode des Scheichs gedenken wollten.

»Die Regierung hat beschlossen, den Leichnam des Scheichs bei Nacht aus dem Grab in Deveoğlu[49] an einen anderen Ort zu bringen. Man befürchtet den Ansturm seiner zahlreichen Anhänger. Sie würden sein Grab aufsuchen und dort Gebete verrichten. Daran könne man sie nicht hindern, aber man könne den Körper an einem anderen Ort, in einem unbekannten Grab, begraben, und das ursprüngliche Grab würde man mit Steinen, Brettern und Kalk füllen! Besser, dass das Grab falsch und leer sei, als dass man einen Toten anbete.«

Die Männer des Kadiasker[50] haben Hasan eingeladen, mit einem Zweiten seiner Wahl dem Geschehen beizuwohnen und allem Zeuge zu sein, das Geheimnis zu behüten und sich dem Irrglauben zu widersetzen!

Die Sommernächte hatten Zarigrad wie ein Schleier überdeckt. Ich war mit Hasan in Deveoğlu angekommen. Wir beobachteten, wie vier düstere Gestalten leise und geschickt das Grab Scheich Hamzas öffneten. Sie legten die staubigen und schmutzigen Laken, auf denen immer noch das geronnene Blut zu sehen war, auseinander. Der abgeschnittene Kopf lag auf der rechten Seite, in Höhe der Schultern, neben dem Körper. Die Männer prüften, ob die Leiche im Grab auch die richtige war.

Im Schein des Mondes und einiger weniger Sterne konnte ich das Gesicht und den dürren Körper des Scheichs erkennen. Innerhalb von sechs Tagen verändert sich ein Toter im Grabe nicht viel, nur seine gelbe Farbe wird intensiver, als würde er zu einem Leckerbissen für die Erde heranreifen. In diesem Jahr war die Zarigrader Erde trocken, der Juni hatte noch keinen Regen gebracht.

Die vier grimmigen Männer warfen Holz, Steine und Kalk in die leere Grube und bedeckten schließlich alles mit Erde. Bald sah das falsche Grab noch üppiger und voller aus als zuvor. Den Leichnam legten sie auf eine Trage und trugen ihn hinab zum alten Friedhof aus der Zeit der Eroberung Zarigrads, welcher unterhalb von Deveoğlu lag, dort, wo die ruhmreichen Märtyrer aus den Schlachten gegen die Griechen im Jahr 1453 begraben wurden. Wir folgten ihnen. Die Männer waren vor Anstrengung außer Atem. Sie schauten sich um, ob nicht jemand sie gesehen hatte. Bald waren wir an einer geöffneten Grube angekommen. Es war das Grab von jemand anderem, von jemandem längst vergessenen. Links in der Ecke lag ein Häuflein moosbewachsener Gebeine. Es waren die grünlichen Überreste eines ehemaligen Menschen.

Die Männer legten die Leiche Scheich Hamzas auf die Knochen des anderen und warfen ein paar lumpige Kleider darüber, damit man nicht hörte, wie die Erdbrocken auf dem erstarrten Körper aufschlugen. Das Grab wurde aufgeschüttet und die Erdklumpen zerkleinert, dann streuten sie vertrocknetes Gras und Laub vom Vorjahr darüber. Es duftete nach frisch umgegrabener Erde. Auch dieses Grab sah aus, als wäre daran nichts Falsches gewesen. Niemand würde je auf den Gedanken kommen, dass diese geschändete Ruhestätte, mit den morschen Gebeinen eines vergessenen Menschen, den noch unverwesten Körper eines rebellischen, bosnischen Scheichs birgt.

Manche Bilder erscheinen einem so klar und deutlich, weil sie so grausam sind. Dieses klare und schreckliche Bild werde ich nie vergessen können.

In Scheich Zulkaids Tekke

Am Abend kam Hasan in der Medresse vorbei. »Es wäre gut, wenn wir die Naqschbandi-Tekke besuchen würden«, sagte er, »Scheich Zelkanović trägt seine Abhandlung *Das Verderben der Zeit* vor. Er schreibt immer noch daran, schon seit Jahren, seit der Schlacht von Lepanto. Lass uns hören, was er zu erzählen hat, obwohl es, wie ich vermute, um längst vergangene Generationen gehen wird, für deren Schuld wir heute zahlen müssen. Aber ab und an findet sich auch in alten Büchern und vergangenen Gedanken die eine oder andere wertvolle Sichtweise. Eine Blick aus der Vergangenheit kann kostbar sein, wenn er nicht beklemmend ist, eine alte Meinung ist gut wenn sie einem die Brust weitet.«

In der Tekke angekommen, wurden wir nach vorne geleitet, zur rechten Seite vom traurig anmutenden Scheich Zulkaid.

»Meine versammelten Brüder, ehrenwerte Derwische«, erschallte durch die Tekke Scheich Zelkanovićs kräftige Stimme, »böses Leid hat uns heimgesucht. In meiner Abhandlung, die ich, so Gott will, bis zum nächsten Jahr fertig haben werde, schreibe ich darüber. Ich gab ihr den Titel *Fesadi Zeman,* und bevor ich euch seine Bedeutung erkläre, will ich euch zuerst eine Geschichte erzählen, wie ich sie auch auf den ersten Seiten meiner Abhandlung niedergeschrieben habe. Als Sultan Mehmed II Fatih die Schluchten und die kalten und kargen Felder Bosniens bereiste, kam er 1463 bis nach Zvornik. Er übernachtete in Konjević Polje und traf dort auf Hamza-Dede, als dieser gerade einen mageren Acker pflügte. Der Sultan sah, dass der Alte edlen Antlitzes war, so rief er ihn zu sich und fragte:

»Weshalb pflügst du jetzt, wo dein Bart weiß geworden ist? Warum nicht früher, sondern so spät?«, was zu bedeuten hatte: Weshalb hast du nicht früh geheiratet und Kinder gezeugt, die für dich jetzt auf dem Acker hätten arbeiten können? So musst du, gealtert und ergraut, es selber machen.

»Ich habe mich früh rangemacht, aber es wurde mir von Gott nichts gegeben!«, will heißen: Ich heiratete jung, doch der Samen wollte sich nicht in der Gebärmutter verhaken, so zeugte ich weder Söhne noch Töchter.

Daraufhin fragte der Sultan: »Würde sich im Dorf eine Übernachtungsmöglichkeit für mich finden?«

Hamza-Dede zeigte mit der Hand auf das nahe liegende Dorf, über dessen Dächern man ein paar Rauchwolken aufsteigen sehen konnte.

»Dort ist mein Haus!«

Als Sultan Fatih sich dem Dorf genähert hatte, erschien plötzlich derselbe Hamza-Dede wieder vor ihm. Er zeigte dem Sultan sein Haus und lud ihn zu sich ein. Nachdem das Abendgebet verrichtet und es spät in der Nacht wurde, fragte der Sultan den alten Mann:

»Weißt du, wie man eine Gans rupft?«

»Nicht nur wie man sie rupft, sondern auch, wie man sie in einen Sack steckt, wenn ich denn nur eine hätte!«, gab der Alte ihm zur Antwort. Hamza-Dede war ein Awliya[51] und begriff sofort, dass der Sultan ihm die Erlaubnis geben wollte, eine Tekke samt Gästehaus zu bauen, für die er von jeglichen Steuern befreit werden würde.

Er hörte das Geräusch der Schreibfeder auf Papier, sah wie der Sultan etwas niederschrieb und unter das Kissen legte, dann legten sie sich zum Schlafen. Mit dem Morgenlicht machten sich der Sultan und seine Soldaten auf den Weg. Unter dem Kissen zog Hamza-Dede einen kaiserlichen Erlass über den Bau einer Tekke mit Gästehaus hervor. Schnell und im Stillen wurde die Tekke erbaut, aus Baumstämmen, die vom Wind umgeknickt wurden und aus Steinen, welche die Bauern beim Säubern ihrer Äcker aus der Erde geholt und beiseite gelegt hatten. Niemals hätte Hamza-Dede auch nur einem Baum Leid zugefügt, sogar aus einem Fels ein Stück Stein zu schlagen, wäre für ihn ein Gräuel gewesen. Wenn Gott jemanden mit etwas beschenken will, fragt er nicht, wie alt jemand ist. Im Greisenalter bekam Hamza-Dede einen Sohn, dem er den Namen Mustafa gab, und er erlebte es, wie er zu einem jungen Mann heranwuchs, so dass er ihn in den Krieg entsenden konnte, obwohl Hamza-Dede den Krieg nicht mochte. Mustafa kämpfte in den Gefechten um Zvornik, und als man ihn 1526 zur Schlacht bei Mohács einberief, zögerte der mittlerweile hundertfünfzehnjährige Hamza-Dede nicht, seinen Sohn auch dorthin zu schicken. Zum Abschied gab er ihm noch einen Rat auf den Weg mit:

»Pass gut auf Brot auf, denn im Koran ist Brot zusammen mit dem Kopf des Menschen erwähnt worden! Wenn du siehst, dass Soldaten es wegwerfen, sammle du es ein!«

Mustafa vergaß die Anweisung seines Vaters nicht, und hob jedes Stück Brot auf, das er auf dem Weg fand und legte es in seine Satteltaschen. So wurde es eine beträchtliche Menge, die er eingesammelt hatte. Am Schlachtfeld angekommen, sah er entflammte Kämpfe, die für Tage anhielten und zunehmend heftiger wurden. Der Krieg wütete, er war zu einem Fluch geworden, der für Tage, Wochen, sogar Monate andauerte. Den Soldaten waren die Nahrungsmittel ausgegangen, und man hörte sie reden:

»Hätten wir doch nur Brot zu essen, um wieder zu Kräften zu kommen! Sofort würden wir den Feind in die Flucht schlagen!«

Als Mustafa das hörte, fielen ihm die Worte seines Vaters und die mit Brot gefüllten Satteltaschen ein. Er holte es heraus und verteilte es mit seiner rechten Hand an die Soldaten. Als ihr Hunger gestillt war, griffen sie zu den Gewehren und es gelang ihnen, die feindlichen Truppen zu vertreiben.

Während eines blutigen Kampfes erblickte Mustafa plötzlich seinen Vater, wie er eine Mistgabel durch die Luft schwenkt. In Wirklichkeit war er aber gar nicht am Ort der Schlacht, sondern weit entfernt, auf dem Dreschplatz neben der Tekke in Orlovići; mit der Mistgabel in der Hand rief er die Namen Gottes an. Sein langes Haar wehte im Wind wie feine Spinnweben oder weiße, ausgewaschene Schafswolle, wenn man sie an den Hängen des Velež-Gebirges zum Trocknen auslegt. Das einfache Volk hatte keine Ahnung von dem, was er machte. Im Dorf sprach man, Hamza-Dede wäre verrückt geworden, mit der Mistgabel stochere er ins Leere.

Nach gewonnenem Kampf kehrte Mustafa, der Sohn, zurück nach Orlovići. Sein Vater wartete am Dreschplatz auf ihn, und fing alsbald an, ihn auszufragen, wie denn die Schlacht verlaufen sei.

»Wärst du, Vater, nicht auf der anderen Seite mit deiner Mistgabel gewesen, wäre ich mit den restlichen Soldaten stecken geblieben!«, antwortete Mustafa.

»Was redest du, Scheich-Ibrahim? Was für eine Mistgabel? Niemand, nicht einmal Hamza-Dede, kann mit einer Mistgabel eine Armee vertreiben, vor allem nicht aus der Ferne, von einem entlegenen Dreschplatz aus, irgendwo in Bosnien, sieben Tagesritte vom Schlachtfeld entfernt! Hör auf, die Derwische mit Geschichten zu vergiften, die nicht einmal als Trost taugen!«, es war Hasan der Philosoph, der plötzlich aufstand und dies in klaren und knappen Worten sagte. Daraufhin blieb es nicht länger ruhig in der Tekke. Die Knie der Derwische knacksten, während sie aufsprangen. Fünf oder sieben waren es, die aus der Mitte nach vorne, auf Hasan zeigten und zu brüllen anfingen. Sie versuchten zu ihm vorzudringen, aber die Derwische aus den ersten Reihen richteten sich prompt, wie auf Befehl hin, einem Schutzwall gleich, dicht nebeneinander auf.

Auch Scheich Zulkaid stand auf und rief aus schwacher Brust:
»Ruhe! Bei meinem siebenundachtzigsten Lebensjahr! Ruhe! Ich flehe euch an, mit den Tränen, die ich hier vor euch vergieße!«

Er hob seine rechte Hand, woraufhin sich die ersten Reihen der Derwische wieder setzten.

In der Tekke wurde es ruhig.

Von der Gebetsnische aus, wo ich saß, hatte ich Überblick über das ganze Geschehen: Unweit von mir stand immer noch Scheich Zelkanović, er redete nicht mehr, er hielt lediglich die Blätter seiner unvollendeten Abhandlung in der Hand; in unmittelbarer Nähe war Hasan, neben ihm Scheich Zulkaid, vor ihnen, Schulter an Schulter, die ersten Reihen der Derwische; weiter hinten brauste es wieder auf, aufgewühlte Menschen in der randvollen Dhikrhane[52], der Raum erfüllt von drückendem Schweißgeruch, feuchter Luft und drohendem Geflüster: »Die Mistgabel in der Hand eines Scheichs ist nicht nur eine Mistgabel!«; das Raunen kam mir wie ein Getöse vor, »Eben deswegen hat man vor zwölf Jahren Hamza Orlović, den Sohn des Mustafa und Hamza-Dedes Enkel auch hingerichtet – weil er mit Großvaters Mistgabel Lepanto vergelten wollte!«; von der Straße kamen immer mehr Menschen in die Tekke hineingeströmt, jemand hatte die Eingangstür weit aufgeschlagen und rief lauthals: »Lasst verkündet sein, in welcher bosnischen Tekke wundersame Elfen versteckt sind!«; ich hatte die Befürchtung, etwas Schlimmes würde passieren, ich wollte aufstehen und zu Hasan sagen: »Lass es sein und lass uns von hier verschwinden! Soll doch Scheich Zulkaid die Meute zur Ruhe bringen, schließlich kennt er am besten die Gemüter der Leute, er weiß, was sie gerne hören, er kennt die Leiden, über die sie erzählt haben wollen, er ist der Wahrheiten kundig, mit denen er sie besänftigt, und auch der Lügen, von denen er sie befreit. Sag du bitte nichts mehr! Falls du dennoch sprechen willst, dann sag bloß nichts mehr gegen Hamza Orlović! Wir waren zusammen dort, als man ihn am Tahtakale hinrichtete, es war nicht leicht mitanzusehen, wie ein lebendiger Mensch in die Undurchsichtigkeit des Todes, des finstern Vernichters, hineintritt; doch hier sehe ich – zwei Drittel der Tekke liebt ihn ...«

Doch dann fiel mir mein Vortrag aus der Gazi-Husrev-Beg-Medresse ein! Es wurde mir klar, dass ich im Grunde dasselbe erzählt hatte, was auch Scheich Zelkanović heute Abend erzählte; zugegeben, nicht mit den selben Worten, aber die Botschaft war die gleiche; ein anderer Wortlaut, doch dieselbe Konsequenz. Oh mein Gott! Hatte auch ich etwa das Verhängnis des hamzawitischen Ketzers beweint? Nun gut, ich habe ihn zwar nicht beweint, aber ebenso wenig habe ich den Schülern entschlossen gesagt, dass das Kaiserreich immer im Recht ist, wenn es Aufrührern den Weg abschneidet. Wäre Hasan an jenem Tag mit im Klassenzimmer gewesen, hätte er mir mit Sicherheit Einhalt geboten! Ich frage mich, ob Schüler aus der Medresse jetzt hier anwesend sind? Habe ich sie möglicherweise mit meinem Vortrag ermuntert hierher zu kommen? Es sind gewiss welche da. In der Tekke ist ihr Leben erfüllter, es gleicht hier einem Spiel. Unsere Medrassen sind schon längst leer und langweilig geworden. Umso voller sind die Tekken, die offenkundigen ebenso wie die geheimen. Die Lehrer haben mit ihrer toten Grammatik und dem strengen Gesetz die Schüler aus den Medressen verjagt. Bei den Scheichs fanden sie Zuflucht. In den Tekken wird der Glaube als ein Wunder ohne Verpflichtungen vermittelt, als eine umfassende Vergebung der Sünden nach kurzer Reue: Gott existiert, und wenn es denn schon so ist, dann soll er auch vergeben! Er ist nicht da, um zu drohen oder um zu strafen! Deshalb verlässt die Jugend die Medressen. Sie flieht von altem Wissen, welches ohne gegenwärtige Hoffnung ist und geht in die Tekken zur süßen Hoffnung ohne Wissen! O Herr, wo stehen wir? In den Medressen sind wir nicht wahrhaftig und in den Tekken auch nicht! Sind wir es in der Begova-Moschee? Nein, dort ebenso wenig! In drei Lager sind wir gespalten. Nur ein Drittel hat sich neulich hinter Hasan gestellt, die restlichen zwei Drittel haben geweint. O Gott!

Ich wartete darauf, dass Ruhe in die Tekke einkehrt, dass Scheich Zulkaid Hasans Rede ankündigt, und dann erblickte ich Zejnil Glamočak, wie er an der Eingangstür der Tekke steht und sich am Klopfring festhält. Nur für ein paar flüchtige Augenblicke konnte ich ihn sehen. Als ich ihn durch das flackernde Licht der

Kerzen hindurch mit meinem Blick erneut zu finden versuchte, war er verschwunden! Ich war mir sicher, dass ich mich nicht getäuscht hatte; vorhin war er dort, jetzt nicht mehr!

»Derwische! Meine Brüder!«, ertönte wieder Scheich Zulkaids schwache Stimme. »Beruhigt euch! Habe ich euch nicht beigebracht, dass Islam Frieden bedeutet! Jahrelang erzähle ich es euch, und ich werde dessen nicht müde! Bis zum Ende meiner Tage werde ich es wiederholen! Hasan der Philosoph ist hier unter uns, mit seinem Besuch erwies er unserer Tekke eine große Ehre! In ganz Bosnien gibt es niemanden, der gelehrter ist als er! Hören wir an, was er zu sagen hat! Es ist hierzulande bekannt, dass ihm sogar der Kaiser zuhört! Danach soll Scheich Zelkanović seine Abhandlung zu Ende vortragen.«

»Was ich vorzutragen hatte, habe ich bereits vorgetragen!«, sagte Scheich Zelkanović betrübt.

»Meine versammelten Brüder«, fing Hasan an, »wie soll ich denn dem Verstand nach reden, wo es unter uns so viele gibt, die an Wunder vollbringende Elfen glauben! Sechzig Jahre sind seit der Schlacht bei Mohács vergangen! Ich versichere euch: Bei Mohács gab es keine Elfen, und hätte es auch welche gegeben, wären sie bis jetzt mit Sicherheit verrottet, und mit ihnen auch ihre Wunder! Was ist mit uns nur los? Denken wir etwa, dass es einem Wunder danach ist, sich ausgerechnet in Form einer Waldfee zu zeigen?«

Hasan sprach langsam und deutlich, jeder Satz war von kreisenden Bewegungen seiner Hände begleitet. Die Art, wie seine Botschaft klang, ließ keinen Kummer hochkommen, aber auch keine leichtfertige Hoffnung. Die Worte glitten durch den Raum zu den Wänden, ebenmäßig geformt und aus tiefer Gewissheit gesprochen, auf dass die Besonnenen hören und verstehen mögen! Und auf dass sich die Unwissenden darüber nicht grämen!

»Meine Brüder! Um mir selber den schrecklichen Anblick der Hinrichtung Hamza Orlovićs, die auf Befehl von Sultan Selim II geschah, erklären und um alles Gesehene vergessen zu können, habe ich vor etwa zwölf Jahren begonnen, eine Abhandlung mit dem Titel *Prinzipien der Weltordnung* zu schreiben. Das, was ich heute abend, den 27. Dezember 1585, hier darlegen werde, habe ich auch im Palast des großen Wesirs Sokolović im August 1573 vorgetragen. Damals legte ich dem Wesir als Geschenk eine Skizze dieser Abhandlung vor und erklärte ihm den Inhalt in zwei oder drei wichtigsten Thesen. Wir saßen alle zusammen bei ihm, die jüngeren und auch die älteren Schüler aus Bosnien. Ich sagte zum Wesir:

»Wir Muslime werden heutzutage immer schwächer. Unsere Kraft schwindet und das aus folgenden Gründen; erstens: Unsere Anführer stellen Gerechtigkeit und rechtschaffenes Regieren hinten an; die Folgen davon sind fatal – Staatsämter werden an Familienmitglieder vergeben, an Brüder, Schwestern, Halbgeschwister, Schwiegersöhne und etliche Verwandte, an denen es nicht mangelt, und an Leute, die für den Staatsdienst völlig ungeeignet und dessen vollkommen unwürdig sind; zweitens: Wir vernachlässigen das gemeinsame Beratschlagen wenn es um allgemeine Anliegen geht, wir erkennen nicht einmal mehr, was die allgemeinen Bedürfnisse sind, wir glauben, jemand anderes wird sie zu unseren Gunsten lösen! Zudem haben wir aufgehört, vorauszudenken, zu überlegen. Hinsichtlich unserer eigenen Zukunft sind wir fahrlässig und die Folge davon ist, dass unsere Würdenträger hochmütig, und unsere Anführer eingebildet, unzugänglich und abweisend sind. Sie suchen nicht die Gesellschaft von Weisen und Gelehrten, und wenn sie es erst einmal geschafft haben, die Macht an sich zu reißen, öffnet sich in ihnen ein Schlund der Gier, welchen sie bis zu ihrem Tode nicht zu schließen vermögen. Drittens: Wir sind gänzlich unfähig, eine Armee zu führen, mit guten Waffen gehen wir lasch um – nur nicht, wenn wir einen Anzug aus Harz und Schießpulver tragen und uns selbst und Freund und Feind in die Luft sprengen, egal ob der Feind ein wirklicher ist oder nicht. Viele Malamatis tun so etwas, so wie es vor ihnen die Assassinen gemacht haben, Hunduris tun es, so wie vor ihnen die Semiskinen, die Sahihis so wie früher die Dschambalatis. Unsere Soldaten respektieren ihre Anführer nicht, was Schreckliches zur Folge hat – wir verlieren eine Schlacht nach der anderen, eine Stadt nach der anderen, eine Provinz nach der anderen. Und das vierte und schwerwiegendste ist, dass wir korrupt geworden sind, und derjenige, den man bestechen kann, der lässt sich auch durch Frauen verleiten. Es ist offensichtlich, dass wir uns zu Frauen mehr hingezogen fühlen als zu Gott selbst! Die Konsequenz ist einleuchtend: Ein kranker Staat und eine vergessene Heimat! Wo wir sind, herrscht Unordnung – an Land und auf den Meeren! Und wie sähe denn ein richtiger Staat aus, wenn es einen gäbe? – allumfassende

Ordnung und die Achtung der Rechte aller, nach Gesetz und Gerechtigkeit! Wenn der Staat auf umfassender Ordnung gründet, dann ist er Heimat und Sicherheit für alle! In ihm sind die Rechte aller ebenso wie das Gesetz geschützt! Haben wir denn diesen Zustand jemals erreicht? Früher einmal, vor langer Zeit! Deshalb sind aus uns Leute der Vergangenheit geworden! Und auch unser Ruhm ist ein vergangener! In Wirklichkeit sind weder wir richtige Menschen mehr, noch ist unser Ruhm wahrer Ruhm! Wo stehen wir heute? Heutzutage ist uns nur noch eine alte Sehnsucht nach einem funktionierenden Staat und nach allgemeiner Ordnung übrig geblieben – ein ehemaliger, verödeter und verlassener Wunschtraum. Deshalb sind unsere Blicke immer noch nach hinten, zu dem dahingeschwundenen goldenen Zeitalter des Islam gerichtet. Wir preisen die glorreiche Vergangenheit in Liedern und wenden uns an unsere verstorbenen Größen wie an Wundertäter, damit sie uns unsere einstige Macht zurückbringen! Haben aber jemals jemandem verrottete Gebeine und verstummte Gräber Kraft verliehen? Wir haben die vergangenen Zeiten des Ruhmes zu unserer Zukunft gemacht, anstatt sie würdig zu begraben. Auch Zeiten lassen sich begraben, und man sollte sie beerdigen, nur muss man wissen, wie man das richtig anstellt. Weil wir aber die abgelebten Ablagerungen der Geschichte nicht zu verabschieden wissen, stehen wir rückwärts gewandt da, erstarrt und fassungslos, wie ein Buckliger, der glaubt, dass aus seiner Geschwulst statt Eiter heilbringende Medizin austritt!

Meine Brüder, wir Muslime haben die göttliche Einheit auf alles Mögliche übertragen, sei es dort angebracht gewesen oder nicht. Wenn in unseren Institutionen einer von uns eine Stellung ergattert, dann wird er zu dem Einen; wir lassen uns dann von ihm überzeugen, dass er der Alleinige und Unersetzbare sei. Wir sind überzeugt im Glauben, dass, wenn Gott einer ist, dass dann auch jemand, der den Platz in der vordersten Reihe besetzt hat, auch der Eine sein muss. Wir möchten, dass derjenige alles löst. Er rühmt sich dann damit und lässt glauben, er sei einzig und dass um seinetwillen die Sonne aufgeht. Durch unsere Haltung gewöhnen wir ihn daran, und schließlich kommt er zur Schlussfolgerung, dass sein Wille dem Willen Gottes gleichgesetzt ist! Und auf diese Weise, meine Brüder, haben wir Gott verraten! So wurden wir seiner Einheit untreu, denn wir haben sie dorthin übertragen, wo sie nicht hingehört! Meine Brüder, nur Gott ist einer; alles andere ist vielfältig! Doch in dieser Vielfalt wissen wir Muslime es nicht, uns von unserer Beengtheit zu lösen.«

Hasans Stimme schwebte durch den Raum der Naqschbandi-Tekke. Scheich Zulkaid weinte. Wieder war sein Bart mit Tränen getränkt, wieder erschien er mir weißer und schütterer. Scheich Zelkanović stand die ganze Zeit wie versteinert da, dann setzte er sich und folgte weiter Hasans Worten.

Die vorderen fünf Reihen der Derwische hörten zu, und die restlichen weiter hinten lauschten, flüsterten untereinander und spöttelten.

Diese Rede von Hasan hatte ich bereits früher einmal, an einem Augustabend im Jahr 1573 gehört. Damals hatte ich zum ersten Mal Mehmed Pascha Sokolović[53] persönlich getroffen.

Er schaute mich an und fragte, aus welchem Ort in Bosnien ich denn komme, und wer meine Eltern seien. Als ich erwähnte dass ich der Sohn Mevlijas und Salkos aus Mostar bin, sagte er:

»Es ist gut, dass du ein Spross der Pavlovićs einerseits und der Humos andererseits bist. Auf beide Familien kann sich das Kaiserreich verlassen; das ist gerade in dieser Grenzregion, die mitunter die unruhigste und heimtückischste ist, sehr wichtig, da dort die Feinde besonders aufmüpfig und zornig sind! Nach der Schlacht von Lepanto haben sie angefangen, ihren Blick immer weiter und tiefer in unser Reich zu richten, manchmal sogar über Zarigrad und Izmir hinweg in die Tiefen Anatoliens.«

Er wünschte mir noch Glück und strich mir mit seiner rechten Hand über den Kopf, bevor mich die Pagen zu meinem Platz geleiteten.

Ich weiß und erinnere mich genau: Hasan beteuerte an jenem Abend dem Großwesir Sokolović, dass vieles, womit wir unsere Vergangenheit vergoldeten und schmückten, Illusionen seien. So ruhmreich unsere Vergangenheit auch sei, sagte er, sie sei unwiederbringlich. Ebenso wie sich ein trockener Gaumen keinen durststillenden Tropfen aus einem vertrocknetem Brunnen erhoffen dürfe, so würden auch wir von unserer Vergangenheit nichts mehr geschenkt bekommen! Sie entzieht sich uns im Nebel, verflucht, weil ungreifbar. Sie ist die Quelle, aus der wir alles herleiten – das, was wir sind, was wir glauben, gewesen zu sein und das, was wir niemals sein werden. Es ist eine um sich selbst kreisende Wüste aus Zeit, die sich immer weiter von uns entfernt.«

»Du sprichst richtig, Hasan!«, sagte Mehmed Pascha Sokolović. Dann räusperte sich der Großwesir, strich sich mit den Fingern der rechten Hand über den gestutzten Bart, schaute dann Hasan mit seinen tiefen und ruhigen blauen Augen an und fragte:

»Sag uns doch, was als erstes zu tun ist, um die Unordnung zu stoppen? Wenn sie überall herrscht, soll man dann auch versuchen, überall Ordnung einzuführen? Mir ist klar, dass dein Vorschlag lautet: Chaos durch Ordnung zu ersetzen, Ungerechtigkeit durch Gerechtigkeit! Nur, es stellt sich die Frage: wie? Wo soll man ansetzen, ohne einen Krieg unter den eigenen Leuten auszulösen? Denn auch die, die Unruhe stiften sind genauso Menschen wie die, die sich für Ordnung einsetzen! Soll man etwa die Ordnungsliebenden in den Krieg gegen die Unruhestifter aufrufen? Würden wir mit einem Krieg für Ordnung möglicherweise ein weitaus größerer Chaos an Land und auf den Meeren anrichten?«

»Wenn die Unordnung vom Staat ausgeht, dann erreicht sie jeden, weil der Staat überall hinreicht!«, erwiderte Hasan, »Ein kranker Staat gleicht einem kranken Blutkreislauf; das verseuchte Blut bringt die Krankheit in alle Glieder, mögen sie zuvor noch so gesund gewesen sein! Bei uns herrscht die Unordnung heutzutage überall, weil wir alle von ihr angesteckt sind! Und wir sind davon erkrankt, weil sich der Staat der Krankheit nicht entgegengestellt hat, so hat sich die Krankheit dem Staat entgegengestellt! Wir alle steuern somit in unser Verderben! Ordnung muss dort eingeführt werden, wo sie am nötigsten ist – zuerst bei den Staatsleuten und den Dienern des Staates, denn der Staat ist unser Heim im generellsten Sinne. Eine weise Weltordnung ist darin begründet, dass Ordnung zuerst in die Bereiche einkehrt, in welchen das Bedürfnis aller liegt – im Staat, in dessen Strukturen, bei den Staatsleuten. Ordnung, Gerechtigkeit und Grundrechte – diese drei Dinge sind die Basis eines Staates. Erst wenn ein Staat darauf aufbaut, kann in ihm Freiheit und eine funktionierende Staatsordnung gedeihen! Aber schau doch, großer Wesir,« fuhr Hasan fort, »wozu wir werden, wenn der Staat nicht in der Lage ist, die grundlegendsten Bedürfnisse nach Gerechtigkeit, Gesetz, Freiheit und Ordnung zu erfüllen! Heutzutage bilden wir alle gemeinsam, tausendfach gespalten wie wir sind, die Unordnung. Ich betone gespalten, denn in der Unordnung kann es keine Einheit geben! Dabei glaubt aber jeder von uns, dass er Ordnung schafft, und so sind wir in diesem Gesamtchaos zu unzähligen Splittergruppen geworden; Hunduris, Dandarawis, Hazdaris, Falenderis, Akidei-Sahihis, Galewis, Ulwetis, Hamzawiten, Nedschdis, Besramis, Zamiris, Kudebalis, Kuschbrewis, Kaperunis, Zulmbaschen, Maznewis, Fusejfisais, Melamis, Gawranis, Gurbinis, Malahis, Fukarais, Karaamelis, Hubimesihis, Kizilbaschen ...

Viele Tekken stehen in Flammen, und zahlreiche Moscheen sind bereits Schutt und Asche! Jedermann wendet sich von uns ab, sogar wir von uns selber, und das Einzige, was wir noch füreinander übrig haben, ist Verachtung!

Dies war Hasans Rede an jenem fünfzehnten Augustabend des Jahres 1573 am Hof von Mehmed-Pascha Sokolović in Zarigrad, und so sprach er auch heute Abend, am siebenundzwanzigsten Dezember 1585 in Sarajevo, in der Tekke des in Tränen aufgelösten Scheichs Zulkaid.

Es wurde spät, die Derwische fingen langsam an, sich auf den Heimweg zu machen, durch die Eingangstür strömte eisige Luft in die Tekke. Es würde schneien, sagte jemand, und es würde nicht bald aufhören, denn unter dem Dachvorsprung höre man seltene Laute aus dem Nest einer Eule und das seltsame und kräftige Quieken ihrer Küken.

Scheich Zulkaid begleitete Hasan zum Ausgang hinaus:

»Überbringe dem Mufti meine Grüße, und sag ihm, dass ich ihm für die Gehälter danke!«

»Welche Gehälter, Scheich Zulkaid?«

»Die für die Derwische in den ersten drei Reihen!«

»Aber, Scheich Zulkaid, Derwisch ist doch kein Beruf! Man kann doch niemanden bezahlen, damit er in die Tekke oder in die Moschee kommt!«

»Seitdem sich die Hamzawiten hier verbreitet haben, bezahlen wir die ersten drei Reihen! Aber nur die ersten drei! Sie beschützen mich, und heute Nacht haben sie auch dich und deinen Skender Humo verteidigt ...«

»Und kommt überhaupt noch jemand aus Liebe zum Sufismus in die Tekke?«

»Es werden schon welche kommen, Hasan. Wir zahlen ihnen drei oder vier Gehälter, bis in deren Herzen die Liebe entflammt ...«

Als wir die Tekke verlassen wollten, waren Hasans Schuhe nicht mehr da. Sie waren spurlos verschwunden. Zwei jüngere Schüler meinten, sie hätten diese Nacht nicht auf die Schuhe aufgepasst, denn jemand hätte ihnen gesagt, sie sollen sich in die ersten Reihen setzen, dort würde man sie mehr brauchen. Doch sie wären sich sicher, dass Hasans Schuhe nicht zufällig vertauscht worden sind, sondern gestohlen, es seien ja keine anderen Schuhe übrig geblieben. Scheich Zulkaid fing wieder zu weinen an. Er zog seine eigenen Schuhe aus und reichte sie Hasan.

»Verzeih mir«, sagte er, »ich werde heute Nacht hier übernachten. Ich bin in dieser Tekke schon seit sechzig Jahren.«

Wir gingen hinaus zur Straße, es war kalt, unter den Füßen hörte man den flockigen Schnee quietschen. Wir waren nicht einmal dreißig Schritte gegangen, als Hasan über eine im Schnee liegende Mistgabel stolperte. Hasans zerdrückte Schuhe waren dort aufgespießt, jemand hatte darauf uriniert. Ein gefaltetes Blatt Papier war in ein Stück Tuch gewickelt und auf dem dritten Zinken befestigt. Unter dem Licht der Öllampe konnten wir die in großen Buchstaben geschriebenen Worte lesen: »Hasan ist der Sohn des Turhan, und Turhan ist der Sohn des Jakov, eines Christen. Hasan ist ein verdammter Hamzawit!«

Hubimesihis, Kalenderis, Hurufis, Maznewis ...

Es ist Mitternacht, ich betrete den Raum unter den Gewölben der Medresse.

In das beheizte Zimmer trage ich meine beklemmenden Zweifel hinein, und mit ihnen die Kälte von der verschneiten Gasse und die Eindrücke aus der Naqschbandi-Tekke.

Weshalb sind die Derwische in den hinteren Reihen unruhig geworden? Wozu die verärgerten Einwürfe während der Vorträge? Wer war es, der Hasans Schuhe auf der Mistgabel aufgespießt hatte? Was sind das für Menschen und wer sind sie, die es veranlassten, dass auf dem Zettel Hasans christlicher Großvater Jakov erwähnt wird? Könnte man dann nicht jedem in der Tekke seine christlichen Großväter und Urgroßväter vorhalten? Was wäre denn der Islam ohne die Christen und die Juden, die zu ihm übertreten? Wird denn nicht im Koran gesagt: *Ihr stammt voneinander ab!* – das war Scheich Semnanis Antwort auf die Frage: Wozu ein Gott, wenn es viele Religionen gibt?

Schlaf will nicht eintreten, ich versuche ihn mit alten Bildern von Tepa anzulocken.

Mostar hatte ich seit September nicht mehr besucht. Meine Mutter Mevlija schrieb mir, ich soll kommen, die Feigenmarmelade sei frisch gemacht. »Im Januar 1586 werden es sieben Jahre sein, seitdem Großvater Arif und Alun Hodscha gestorben sind«, schrieb sie. »Ich hatte dir schon nach Zarigrad geschrieben, dass sie im Abstand von zehn Tagen in die andere Welt übergetreten sind. Du wirst für sie die Sure *Ya-Sin* [54] aufsagen, in der Vučjaković-Moschee werden wir sie dann ihren anständigen und glücklichen Seelen widmen und danach gehen wir zum Podvelež. Weißt du nicht mehr, dort gibt es Kräuter, die man erst trocknet, wenn die Windstürme im Januar beginnen – dann sind sie am wirksamsten. Angehäuft liegen sie dann um den Polterschacht. Wirf ein paar Steine in seinen Abgrund, wie du es als Kind gemacht hast. Kannst du dich daran noch erinnern, als du in dem Widerhall aus den Tiefen des Polterschachts die Stimme deiner verstorbenen Urgroßmutter Merjem zu erkennen glaubtest? Auch ihr Grab hast du seit Langem nicht besucht. Siehst du, es sind viele Gründe, weshalb du bald nach Mostar kommen solltest ...«

Drei Stunden sind nach Mitternacht vergangen und der Schlaf kommt nicht.

Auch Zejnil ist noch wach, ich kann es an seinem Husten erkennen.

Jemand läuft die Gasse hinunter. Ein Betrunkener. Er ruft laut:

»Gott, lass mich nur für vierundzwanzig Stunden Du sein! Ich wüsste genau, was ich mit der Zeit anfangen würde!«

Ich rannte aus meinem Zimmer zum halbwachen Zejnil.

»Was ruft denn der da draußen?«, fragte ich.

»Er ruft nicht, er singt!«

»Es klingt aber nicht wie ein Lied!«

»Er ist besoffen. Seine liebliche Stimme hat versagt!«

»Kennst du ihn?«

»Es ist Naskan Čolo aus Bradina! Er hat bei Hrastuša gekämpft, und bei Esztergom! Er empfängt Hilfe, aber die reicht ihm fürs Leben bei weitem nicht. Zwölf Kinder hat er! Nächstes Jahr zu dieser Zeit werden es vierzehn sein! Er sagt, er braucht seine Frau nur einmal zu streicheln, und schon ist sie schwanger! Und jedes Mal, wenn sie du-weißt-schon-was machen, bekommt sie Zwillinge!«

»Seine Worte sind die eines Ungläubigen! Du hast es doch selbst gehört?«

»Hauptsache, es sind nicht die eines Ketzers!«

»Warum spricht nicht jemand mit ihm?«

»Es hatten schon welche mit ihm gesprochen, und die waren es auch, die ihn dazu brachten, so zu reden, wie er es jetzt tut!«

»Jemand hat ihn dazu gebracht? Unmöglich!«

»Doch, es ist so! Zuerst rief er, er wäre gerne der Sultan, und er wüsste, was er dann machen würde! Er solle damit aufhören, hat man ihm gedroht, es gäbe nämlich nur einen Sultan! So begann er zu rufen, er wüsste was zu machen sei, wenn er doch nur der große Wesir wäre! Daraufhin wurde er für sieben Tage eingekerkert. Man erinnerte ihn daran, dass auch der Wesir nur einer sei – gut einprägen solle er sich das! Und nun bittet er Gott um das, was du vorhin gehört hast. Daraufhin hat man ihn in Ruhe gelassen. Die Leute denken, er singt oder er würde betteln! Auf dem Marktplatz werden Bettler in Frieden gelassen, denn sie wenden sich an Gott, auf die Art, wie sie wissen und können – ihre Worte wurden nicht in Medressen wohlgeformt!«

»Hat Naskan Anhänger?«

»Nein! Die Obrigkeit weiß das! Und sie wissen auch, dass Gott ihm seine Bitte niemals erfüllen wird!«

Ich kehrte zurück in mein Zimmer, zurück zu meinen Erinnerungen.

An jenem Abend, als Hasan vor dem Großwesir seine Rede hielt, war auch Scheich Birgivi anwesend. Sein Ruhm eilte ihm vierzig Tage voraus und seine Bescheidenheit achtzig. Scheich Birgivi stand links vom Großwesir, er trug einen Umhang, der eher einem abgetragenen schwarzen Kleid glich. In den Militärschulen in Edirne hatte man ihm einen hohen Posten bei Gericht angeboten, in der Abteilung für gefallene Soldaten.

»Du bist gelehrt, gerecht und bescheiden!«, hieß es, »Es ist am besten, wenn bescheidene, rechtschaffene Männer sich um die Angelegenheiten von Verstorbenen und deren Angehörigen kümmern, besonders wenn es sich um arme Leute handelt. Die sind immer zahlreich und von Kummer geplagt.«

In späten Stunden ging Birgivi traurigen Blickes die Totenlisten durch. Langsam sprach er die Namen ruhmreicher Schlachten und die unvergessenen Namen gefallener junger Männer. Gleichsam zahlreich waren sie, als er sie im Alleinsein vorlas. In der Stille. Im Kerzenlicht. Halblaut war dabei seine Stimme. Es klang, als hielte er eine Truppenschau gefallener Helden, die darauf warteten, an den Orten verklungener Kämpfe beigesetzt zu werden. Doch dann brach in ihm alles zusammen, plötzlich, unerwartet und unerklärlich. In seinem Innersten keimte etwas auf, was ihn übermannte, ein aufkommender Entschluss, vom zurückgelegten Weg Abschied zu nehmen. Alles, was er in den vergangenen Jahren getan hatte, war ehrwürdig, auf alles hätte er Stolz sein, hinter allem erhobenen Hauptes stehen können, doch es war an der Zeit, einen Schlussstrich zu ziehen. Es war eine dieser Entscheidungen, die man in der Stille der Nacht fällt, oder während eines starken Regenschauers, oder eines Windsturms, wenn man sein bisheriges Leben wie einen zur Hälfte vertrockneten, zur Hälfte grünen Ast nimmt und übers Knie bricht. Unweigerlich zieht man dabei den Kürzeren – das was einem vom Leben übrig bleibt ist immer weniger als der Teil, von dem man sich trennt.

So bedankte sich Scheich Birgivi bei seinen Vorgesetzten und bat die einflussreichen Leute von Edirne innig, über ihn nicht zu erzählen, dass er die große Ehre, die ihm angeboten wurde, abschlug, weil aus ihm ein Mann gebrochenen Herzens wurde. Sein Herz sei nicht gebrochen und würde es niemals werden; nach der wichtigen Entscheidung, welche es getroffen hatte, sei es nun wacher als zuvor! Und ebensowenig war er eine zerbrechliche Pflanze, vom plötzlichen Sturm niedergemäht.

»Mein Wunsch, der erste von vielen, ist es, das Wissen aus den stillen Medressen aufleuchten zu lassen, damit es auch anderen die Sicht erhellt und sie damit das Gute vom Schlechten rechtmäßig zu unterscheiden wissen, damit sie Recht fordern und ihre Stimmen für die gerechte Sache erheben. Die Gehälter, die ich von euch bekommen habe, gebe ich euch zurück, wie auch die schmucke Kleidung, die Auszeichnungen und Ehren und den diamantverzierten Säbel.«

Das waren Scheich Birgivis Worte, die er 1549 bei einem Militärempfang in Edirne sprach, bevor er sich von seinen beunruhigten Freunden verabschiedete und sich in die Weiten des Reiches und zu dessen zahlreichen Wegen aufmachte.

Und auf seinen Wegen wurden seine Erwartungen bestätigt – dass das Einzige, was aus Zeiten ruhmreicher Orte und toter und lebender Helden hervorgeht, nur Elend, Armut und Ungerechtigkeit ist.

In jener Augustnacht im Jahr 1573 stand Scheich Birgivi vor dem Großwesir Sokolović und redete leise und langsam, mit einer Ruhe in seinen Worten, die an leises Prasseln von Regen erinnerte, dessen Tropfen erdweit Myriaden unsichtbarer Pflanzenporen und Tiermäuler liebkosen. Scheich Semnani hat jenen Tropfen ein Rubā'ī-Gedicht[55] gewidmet:

> Kraft derselben Gnade, durch welche Gräser wachsen
> Steigen sie hinab, um zu Pflanzen, zu blühend Rosen
> zu werden,
> In aller Farben Pracht sehnsüchtig dürsten sie,
> nach den Tropfen aus der Erde, der sie entsprangen

Er sah den Regen als eine rieselnde Pflanze, im Himmel und den Wolken verwurzelt, die Baumkrone nach den Tiefen der Erde ragend.

»Großer Wesir«, begann Scheich Birgivi als erster, »ich suche dich auf, weil ich in dir jemanden habe, an den ich mich wenden kann, und zu so jemandem komme ich nur, wenn ich auch wirklich etwas zu sagen habe, und ich weiß, dass das, womit ich komme, nicht auf taube Ohren stoßen wird. Seit drei Jahren bereise ich nun unser Reich, und mit Bedauern, welches mit jedem Tag wächst, stelle ich fest, dass es auf der Welt nichts mehr gibt, was wir Muslime unser eigen nennen und worauf wir gleichzeitig stolz sein können. Unsere Institutionen bröckeln, weil sie in Korruption versinken. Unsere Beziehungen untereinander sind dem Neid zum Opfer gefallen. Die Einflussreichen in hohen Positionen verabscheuen Neider, deshalb versuchen sie, das Feuer des Neides in deren Herzen durch Schmiergelder einzudämmen. Letztlich machen sie so Heuchler aus ihnen. Die Heuchelei wird bei uns zu unterdrücktem Hass, zu bestochenem Neid! Wehe dem Volk, bei dem man durch Heuchelei zum Anführer oder zu dessen rechter Hand wird; bei dem alles käuflich, und somit nichts wirklich von Wert ist, und wehe dem Volk, bei dem das Wort seiner Gelehrten nicht das Maß für Wahrheit, sondern für Verzweiflung ist. Sogar ich trage dir lediglich nichts anderes vor als meine Verzweiflung!

Fatwas von Rechtsgelehrten sind mittlerweile günstiger zu kriegen als gegrillte Rebhühner. Von unserem glorreichen Glauben ist so wenig übrig geblieben, dass es auf einer Silbermünze Platz hätte. Falsche Gelehrsamkeit hat ihr Gegenmaß in der Unordnung gefunden, die unter uns herrscht, während gleichzeitig die chaotischen Zustände vielen als Ausrede für ihre Faulheit dienen!

Auch unsere Armee ist verkommen! Ich hatte dir, großer Wesir, schon früher geschrieben, dass während des verfluchten Krieges die Ärmsten unter den Vertriebenen, gleich ob Mann oder Frau, für das Mehl, dass sie zum Essen brauchten, mit ihrem Anstand bezahlen mussten. Die Vertreibung durch den grausamen Feind war für sie das Geringere von zwei Übeln. Das weitaus größere war, dass sie in ihrem Elend sogar ihre Würde aufgeben mussten – das Letzte, wovon sich zu lösen einem übrig bleibt; die letzte Zuflucht, in die man sich hätte zurückziehen können.

Sobald man die Armen und die Unglücklichen des letzten, was ihnen noch an Würde geblieben ist, entledigt, beginnen aus ihren Reihen Scharen boshafter und zur schlechten Tat gezwungener junger Männer und Frauen hervorzuquellen, die zuerst sich selbst und dann uns zu verachten beginnen. Die Schamhaftigkeit, die einst ihre Gesichter zierte, ist nun der ungezügelten Wollust gewichen. Und es kommt einer Vergeltung gleich, wenn sie sich zum Gegenangriff aufmachen, wenn sie sich auflehnen und lügen, wenn sie stehlen und den Staat und jeden, der damit zu tun hat, verschmähen, insbesondere den Kaiser und den großen Wesir, denn zu denen ist die Distanz am größten. Sie untergraben die Ordnung und werden schließlich von abwegigen Anführern zur Unmoral verleitet ...

Ist es dann verwunderlich, dass über Nacht neue Strömungen und Gegenströmungen entstehen? – neue Gruppierungen von Muslimen, welche die rechtgeleiteten Imame Abū Ḥanīfa, Ahmad, Mālik, Schāfiʻī oder Dschaʻfar Sādiq niemals gutgeheißen hätten!

Großer Wesir, wenn sich das hundertköpfige Biest der Lüge emporhebt, kommen auch zahlreiche Rechtschaffene zum Vorschein, nur wissen sie in ihrer Verzweiflung nicht, welchen Weg sie einschlagen sollen. Wenn Sittenlosigkeit und Ausschweifungen die Oberhand gewinnen, erscheinen anständige Menschen lächerlich. Aufrichtige werden dann zu Trostlosen, und meinen, Wahrheit sei zum Greifen nah. Die Folge davon ist, dass sich gute Absichten häufen, sie aber an schlechter Durchführung scheitern.

Düstere Zeiten sind das! Die Wahrheit ist zwar nicht unbekannt, sie ist da, nur ist die Lüge lauter! Und sie schafft es lauter zu sein, weil die Grenze zwischen Lüge und Wahrheit verblasst ist und allmählich aus den Herzen der Menschen entschwindet, vor allem aus den Herzen derer, von denen die höchsten Ämter bekleidet werden!

Wie soll in dieser Lage überhaupt jemand bereit sein, zu den Armen und Elenden über Wahrheit zu sprechen? Wie soll sich einer auch nur wagen, diese Menschen in Rechtem zu unterweisen, wenn sie dadurch doch nur an jene erinnert würden, die auf ihren üblen Wegen das Gute veruntreut und verraten haben, und wegen derer sie die letzte Festung ihres Anstandes aufgeben mussten?

In welcher Hinsicht sind wir dann besser als der grausame Feind, wenn wir ihm im Übel ebenbürtig sind, wenn nicht gar überlegen? Und nicht nur unseren Feinden tun wir Schlechtes, sondern auch uns selbst – dieser Schmerz brennt weitaus länger und die Wunde verheilt niemals, denn nicht einmal der Tod erlöst einen vom schlechten Gewissen. Hatte nicht die Erde ein Gelübde bei Gott abgelegt, dass in ihr alles verrotten würde, außer die Beleidigung gegenüber eines anderen Menschen Ehre und Würde?

Wo stehen wir also jetzt, großer Wesir, und wohin gehen wir? Sind unsere Worte nicht länger einheitlich? Hat jeder von uns seinen eigenen Weg eingeschlagen und versucht ihn gleichzeitig anderen aufzuzwingen? Und mit welchen Mitteln? Mit grausamer Gewalt, geheuchelter Frömmigkeit, betrügerischen Worten, hinterlistigem Lächeln, falschen Tariqas[56], geklauten Abhandlungen, Predigten besprengt mit Tränen von Verbrechern ...

Bedenkt, welch abwegige Lehren in unserem Reich Fuß fassen! Die Hubimesihis huldigen Weltanschauungen, die gleichsam giftig wie düster sind. Dem Propheten Mohammed gestehen sie nur soviel zu, wie dem Propheten Jesus! Andererseits verleugnen sie in Bezug auf Jesus, das gewesen zu sein, was Mohammed war! Auf diese Weise beleidigen sie Muslime ebenso wie Christen; aus zwei Religionen wollen sie eine machen, als ob es möglich wäre, etwas miteinander zu vereinen, was Gott bis zum Tage des jüngsten Gerichts getrennt zu bleiben bestimmt hat. Man könnte über deren Worte noch irgendwie hinwegsehen, wäre da nicht die böswillige Dunkelheit, die sie umgibt, während sie ihr Gift verbreiten; und der Schaden, den es anrichtet, ist bei weitem größer als dass es nur die verrecken ließe, die das Gift annehmen! Bei uns findet man leicht einen Narr, der seinen Banner hoch über seinem erhitzten Dickschädel hisst, und noch leichter findet man zweihundert oder mehr solcher, die seinen Irrsinn auch noch treu zu befolgen bereit sind. Dieselben sind es dann, die in den Moscheen und Tekken um die Plätze in den ersten Reihen ringen.

An den Rändern unseres Reiches gründen Hamzawiten ihr eigenes – auch sie wollen aus zweierlei Religionen eine erschaffen und denken, die Christen würden scharenweise der hamzawitischen Illusion von einem Glauben für alle Menschen zuströmen! Aber aus zwei Religionen wird nicht eine, sondern eine weitere, eine dritte! Wenn ein Glaube für die Menschen besser gewesen wäre, hätte Gott dann nicht auch alle Menschen in diesem einen Glauben leben lassen? Hätte er dann die Menschheit nicht den Bienen gleich erschaffen, auf dass sie in Eintracht und Gehorsam die vielen Wege ihres Schöpfers befolgen?

Die Bektaschis haben schon vor langer Zeit ihre Faust gegen das Gesetz erhoben, und das mehrere Male, weil man sie beim ersten Mal nicht daran gehindert hat! Wer hätte es auch tun sollen, wenn die, die es hätten machen können, selbst Bektaschis waren und es immer noch sind? Nun befolgt die verleitete Jugend unzählige Irrlehren und verwischt dabei den Unterschied zwischen Wein und Wasser, Rausch und Nüchternheit, Dunkelheit und Licht! Und den Menschen richtet man am leichtesten zu Grunde, wenn man in ihm die Fähigkeit, Unterschiede zu bemerken, tötet.

Die Malamatis haben sich dem Kampf gegen den Körper und die frischen Körperflüssigkeiten verschrieben. Sie sind überzeugt, dass der Mensch Gott näher ist, wenn er jegliches Lächeln von seinem Antlitz verbannt. Wenn es aber so wäre, dann hätte Gott die Menschen als erschöpfte Greise zur Welt kommen lassen und auf ihre Gesichter würde sich niemals strahlende Begeisterung niederlassen können! Hätte Gott in dieser Welt keine Schönheit gewollt, hätte er sie ohne Weiden und Flüsse, ohne Rosenblüten und wohlriechende Blumen und ohne lieblichen Vogelgesang erschaffen, und es würden nur Dornen und Kakteen die Erde bedecken! Doch bisweilen erblüht auch auf Kakteen und Dornen, wenn auch nur für kurze Zeit, die eine oder andere herrliche Rose, um mit dem Liebreiz der Blumen des schwindenden Frühlings zu wetteifern.

Hunduris weisen ihre Anhänger an, ihre Nahrung auf Müllhalden zu suchen und verwesendes Aasfleisch zu essen, um so ihren Glauben an die Flüchtigkeit des Diesseits und die Unvergänglichkeit des jenseitigen Lebens zu stärken! Ist denn das Jenseits dermaßen verschmäht, dass man Beweise dafür nur auf der Müllhalde findet? Soll denn Bescheidenheit als Dummheit gelehrt werden, indem man dem von Elend geplagten erklärt, dass sich gerade in seiner Mittellosigkeit sein Glück abzeichnet, während man ihn so in immer tieferes Elend treibt?

Wo stehen wir jetzt, großer Wesir, und steht bei irgendeinem von uns, der diese Frage stellt, eine gute Absicht dahinter?

Nach dem klaren und richtigen Weg, der einst in all seiner Breite sichtbar und mit den Persönlichkeiten, die ihn beschritten, berühmt geworden war, müssen wir heute im Dickicht düsteren Nebels mühselig suchen. Kaum mehr erkennbar ist er geworden, angesichts des Ansturms unvollendet ausgebildeter Gelehrter und fettleibiger Prediger, unverständlicher Lehren und Tariqas, verdorbener Derwische und zweifelhafter Gefolgschaften, erbarmungsloser Zwietracht und Irrwege, verantwortungsloser Muftis und derer nimmersatten Verwandtschaft.«

Scheich Birgivi redete mit milder Stimme. Bündel von Worten verließen seine Lippen und ließen Tränen sein lichtes Antlitz hinabperlen. In jeder spiegelte sich das Licht der Kerzen im Diwan des Großwesirs.

Dann erhob sich rechts vom Wesir Hasan der Philosoph und trat dem Scheich gegenüber.

»Du sprichst richtig, Scheich Birgivi! Unsere Aufrichtigkeit wird mit Füßen getreten, weil wir selbst unseren Staat unter die Füße geworfen haben!«

»Nein, Hasan! Es ist andersrum – unser Staat verkommt, weil wir unsere Aufrichtigkeit und Würde verloren haben!«

»Der Staat ist der Bereich, in dem das Gesetz waltet, lieber Birgivi!«

»Der Staat ist ein Spross der Moral, Philosoph!«

»Scheich Birgivi! Der Staat ist Gesetz und Gerechtigkeit, unser menschlicher Wille und Entscheidung, und nicht göttliches Wollen oder Schicksal! Er ist der Sammelpunkt für alle: Aufrichtige und die, die es nicht sind, Keusche und Unzüchtige, für Sparsame und Verschwender, Nüchterne und Säufer ... Die Menschheit war nie frei von Übeltätern, wird es auch niemals sein, aber das Unglück von uns Muslimen besteht darin, dass das Übel unserer Verbrecher offenkundig ist, weil es keinen Staat gibt, der sich dem entgegenstellen könnte. Der Staat als Vertreter allgemeiner Gerechtigkeit hat versagt, unfähig für die Einhaltung der Gesetze als allgemeinem Maß und Grenze zu bürgen!«

»Das Übel von Verbrechern ist sichtbar, weil dem Anstand und der Würde die Rechte entzogen sind!«, rief Scheich Birgivi, »Und was ist Anstand? Was ist Würde? Es ist das Ablassen vom Übel, im Offenkundigen und im Verborgenen!«

»Nicht jedermann trägt den Staat im Herzen, Scheich Birgivi! Es ist auch nicht nötig. Der Platz des Staates ist dort, wo unser aller Bedürfnisse liegen, die durchs Gesetz und mit Gerechtigkeit bemessen, und wenn nötig, auch durch Macht gesichert werden wollen.

Das Übel, von dem du sprichst, würde man gar nicht vernehmen, wenn unser Staat mächtig, und durch seine Gesetze und seine Kraft sichtbarer wäre als das Übel und der Sittenverfall!«

»Unehrliche und verdorbene Menschen können keinen Staat erbauen, Hasan!«

»Wenn sich ihnen die, die für das Gesetz und die Gerechtigkeit einstehen, entgegensetzen, dann sind die Unaufrichtigen gezwungen, die Geschäfte des Staates gesetzmäßig zu führen und das Gesetz anzunehmen! Gesetzlosigkeit geht immer mit Unheil Hand in Hand, doch es erscheint größer, wenn kein Staat da ist, um es mit seinen Gesetzen aufzuhalten!«

»Als Erstes gilt es Übles und Sündiges zu beseitigen, dann lässt sich am Staat leichter arbeiten!«

»Zuerst muss der Staat verbessert und das Gesetz umgesetzt werden, dann werden die Übeltäter und Verbrecher unbedeutend und unmerklich, Scheich Birgivi!«

Das Gespräch zweier großer Männer hat sich in meinem Gedächtnis für immer verankert. Bald werden die Rufe zum Morgengebet ertönen, und ich bin immer noch wach in meinem Medressenzimmer.

In den vereisten Gassen ist der Morgen angebrochen. Es war noch sehr früh, als Hasan in die Medresse kam.

Wir tranken Tee, schwiegen lange über das, was sich letzte Nacht in der Naqschbandi-Tekke ereignet hatte. Dann sagte Hasan:

»Ende April oder im Mai müssen wir nach Gornja Tuzla um dort Vorträge zu halten. Dort ist nämlich im Februar 1573 Hamza Orlović festgenommen worden. Es wurde gemeldet, dass es dort immer noch viele Hamzawiten gibt, sie tragen immer Doppelnamen: Šaban-Jovan, Redžep-Nikola, Ridvan-Lazar, Rustem-Miloš...[57]«

»Hasan, ich möchte dir etwas anvertrauen, dich an etwas erinnern, bis jetzt hatte ich keine Gelegenheit dazu. Es ist besser, wenn ich es dir jetzt, am frühen Morgen, sage, denn zu der Zeit bedrückt es mich am stärksten. Es ist wohl besser, sich von gewissen Zweifeln zu trennen, denn manche Zweifel sind Sünde.«

»Wem misstraust du?«

»Scheich Zelkanović!«

»Lass hören!«

Ich erzählte ihm, dass es irgendwann um 1575 passierte, zwei Jahre und ein paar Monate nach der Hinrichtung am Tahtakale, und dass ich nichts davon vergessen hatte. Das Leben lehrte mich damals, dass es Tage gibt, an denen der Mensch an Gott aufrichtiger glaubt als sonst. Allmählich brach die Nacht ein, in welcher der Neumond erwartet wurde. Der Monat *Radschab* trat die zeitlichen Pfade an *Scha'ban*[58] ab. Über die kaiserliche Stadt breitete die Dunkelheit ihre Schleier aus und der Sommer neigte sich dem Ende. In Zarigrad steigt diese ganz bestimmte Laune aus den zunehmend weißer werdenden Wolken herab, aus Himmeln, die sich, wie einen paradiesischen Schleier, eine Zierde aus einem flüchtigem Hauch von Blau anlegen. Scheich Zelkanović wartete damals vor den Toren der Medresse auf mich und führte mich durch ein verworrenes Netz aus Gassen zu einem Garten und dem Haus, in dem er wohnte. Der ganze Innenhof stank nach Vogelkot, während aus dem Garten, den man in der Dunkelheit nicht klar ausmachen konnte, ein seltsamer Wohlgeruch einer mir unbekannten Blumenart vordrang. Der liebreizende Duft vermengte sich mit dem Gestank der unreinen geflügelten Wesen, um sich schließlich völlig entkräftet in ihm zu verlieren.

In dem schwachen Licht, welches über die weiße Mauer in den Garten schien, konnte ich erkennen, dass manche Vögel außerhalb der Käfige waren. Sie kauerten unter freiem Himmel, auf den Ästen der Gartenbäume. Andere wiederum waren in verzierten, möglicherweise goldenen Käfigen. Verwundert starrte ich die Vogelgestalten über mir an, wie sie sich, die Äste fest umkrallend, für den Schlaf vorbereiten.

»Du wunderst dich bestimmt, wozu die vergoldeten Käfige für die einen Vögel, während die anderen frei sind?«, fragte mich Scheich Zelkanović. »Weißt du, in den Käfigen sind die wilden Vögel. Sie singen am schönsten. Aber sie sind merkwürdig – sie singen nur, während sie in Gefangenschaft sind! Es sind bösartige Wesen, Gott bewahre! Sobald man sie freilässt, werfen sie sich auf die anderen Vögel und schlitzen sie mit ihrem scharfen Schnabel und ihren Krallen auf, als würden sie ihnen das Herz rausreißen wollen! Einmal ließ ich unvorsichtigerweise zwei Käfige offen. Die Reißvögel haben augenblicklich den alten Wiedehopf aus Izmir getötet, kurz darauf auch die Nachtigall aus Hamedan und ein kleines Küken des Qata-Vogels, welches ich eines Sommers aus Aleppo mitgebracht hatte. Ich war betroffen, musste weinen. Zum Glück sind zwei bosnische Kuckucke am Leben geblieben! Aber die alte Hausbesitzerin mag die mörderischen Vögel am meisten. Frühmorgens steht sie auf und lauscht ihrem bezaubernden Gesang. Während sie singen, beweint sie ihren Mann Ali-Bey, der bei Lepanto gefallen ist.«

Scheich Zelkanović führte mich in sein Zimmer, eine zusammengeschusterte, hässliche Bretterbude im hinteren Teil des Gartens. Er reichte mir einen schwarzen Umhang und einen roten Derwisch-Turban und flüsterte:

»Schwarz die Nacht, schwarz der Umhang, rot der Turban, damit alles verborgen bleibt, damit alles von der Morgendämmerung und dem Licht des anbrechenden Tages ausgelöscht wird!«

Seine Worte klangen wie eine Geheimsprache, die nur von Ausgewählten und Eingeweihten benutzt und verstanden wird, und deren Bedeutung nicht das war, was sie sagten.

»Skender, was hältst du davon, mit mir in eine Tekke zu gehen?«

»In was für eine Tekke, Scheich-Ibrahim?«

»In eine hamzawitische! Sag aber Hasan nichts davon!« – ja, Hasan, er sagte, ich soll vor dir alles geheim halten, damit du nicht verärgert bist.

»Erzähl' auch keinem anderen davon! Komm mit mir, du bist jung, du sollst die Welt mit deinen eigenen Augen sehen, aus einer Sicht, die anders ist, als die in den Medressen. Und damit du darüber nachdenkst, wo dein Platz in den heutigen stürmischen Zeiten nach der Schlacht von Lepanto ist.«

Ich wusste nicht, wo die Hamzawi-Tekke war, es war auch nicht so wichtig. Vielmehr war ich als junger Student damals verwundert, dass ich durch das, was sich an diesem Abend abspielen sollte, von hunderten Tekken und Moscheen erfuhr, deren Treiben das Kaiserreich und die Muslime den Kopf hätte kosten können. Bald liefen wir eine enge Gasse entlang, die an eine steile Straße anknüpfte, wir durchquerten einen Akazienhain, ich kann mich nicht mehr erinnern, wo wir damals waren und wohin es uns führte. Ich würde all die Schleichwege und geschlängelten Pfade nicht einmal wiedererkennen, selbst wenn ich sie damals bei helllichtem Tage beschritten hätte. Plötzlich wurden wir von einem jungen Mann aufgehalten, zumindest kam es mir in der Dunkelheit so vor, als hätte die Zeit auf seinem Gesicht noch keine Spuren hinterlassen. Scheich-Ibrahim sagte in knappen Worten:

»Roter Turban, schwarzer Umhang, schwarze Nacht!«

Der Mann ließ uns weitergehen, und kurz darauf tauchte vor uns in unklaren Umrissen etwas auf, was wie ein größeres Gebäude aussah.

Am Eingangstor empfingen uns zwei junge Männer, von denen wir in einen Raum geführt wurden, der keine Fenster nach außen aufwies, sondern lediglich eine Öffnung, die irgendwo ins innere, tiefer nach unten blicken ließ, auf einen weiten, zentralen Raum, möglicherweise einen Keller, oder vielleicht auch eine Semahane[59] oder Dhikrhane. Nie zuvor hatte ich eine solche Tekke gesehen. Ich rieb mir die Augen und versuchte meinen Blick an das blendende Licht hunderter Kerzen zu gewöhnen. Als ich wieder klar sehen konnte, erblickte ich um uns herum unbekannte Menschen, alle auf dieselbe Art gekleidet wie wir! Als ich meinen roten Turban abnehmen wollte, geriet Scheich Zelkanović für einen Augenblick fast außer sich und drückte ihn mir zornig auf den Kopf, bis zu den Ohren! Unten, in dem großen, unterirdischen Raum, tauchten zwei Gruppen von Derwischen auf. Auch sie trugen die gleichen Turbane und Umhänge wie wir, und unter den Umhängen weiße Hemden aus grober Wolle.

»Hör zu und beobachte alles genau! Gleich beginnt die Hamzawiten-Zeremonie!«, flüsterte mir Scheich Zelkanović zu, seine Worte vermischten sich mit schleimigem Husten.

Die zwei Hamzeviten-Gruppen stellten sich, vier oder fünf Schritte einander gegenüber stehend, in der Mitte des Raumes auf. Jede Gruppe zählte zwölf Männer. Die rechte Gruppe brüllte:

»Nie mehr für Allah in den Krieg! Nie mehr!«

Die Gruppe zur Linken rief:

»Keine Kriege mehr für Jesus! Nie wieder!«

Es war kaum zu glauben! Ich konnte es nicht fassen, dass ich mir solch schreckliche Rufe anhörte, dazu noch inmitten einer Tekke in Zarigrad, in einem Raum, der jederzeit als Moschee hätte dienen können! Mein Herz raste, Tränen quollen aus meinen Augen, ich drehte mich zu Scheich Zelkanović, und fragte ihn flüsternd, während ich erbittert weinte:

»Warum hast du mich hierher gebracht?«

»Damit du daraus deine Lehre ziehst! So etwas wirst du in den Medressen nicht finden!«

»Natürlich nicht! Weshalb sollte man auch in den Medressen Lehren gegen Gott und gegen den Propheten Jesus verbreiten!«

»In den hohen Medressen lehrt man den Glauben als eine gehegte, zerbrechliche Pflanze, die mit dem Nektar aus den Herzen guter Menschen begossen wird. Auf diese Weise erfährt man nichts über Gott in Bezug auf das Leben, man erfährt nichts über den Menschen, der sich im blutigen Krieg und in erbitterten Schlachten befindet, oder wenn er in den Tiefen des dreckigen Lebens und stinkender Sünde kauert!«

»Scheich-Ibrahim, aber diese Leute lästern über Gott und über den Propheten Jesus!«

»Krieg ist die größte aller Gotteslästerungen und Beleidigungen seiner Propheten! So denken die!«

Aus dem großen Raum unter uns hörten wir wieder Rufe und Jauchzer, die zu lautem Geschrei wurden:

»Nie mehr in den Krieg, weder für Allah, noch für Jesus!«

Die Männer verneigten sich, zuerst gen Rom, dann Richtung Jerusalem und Mekka, sie machten Gebärden mit den Fäusten, als würden sie Schwerter halten, doch die Schwerter stellten sie sich nur als geistige Dolche vor, mit denen kein Blut vergossen wird, beteuerte mir Scheich Zelkanović. Im weiteren Verlauf wurde die Verneigung nach Mekka ausgelassen, und dann auch die nach Jerusalem und Rom. Schließlich vermischten sich die Männer untereinander und setzten sich schweigend zu einem Kreis nieder. Erst dann fielen mir die etwa fünfzig hochwüchsigen Hamzawiten auf, die an der Wand entlang einen weiten Kreis um die anderen vierundzwanzig Männer bildeten. Sie waren schwer bewaffnet, trugen Schwerter und Rüstungen und Stiefel, die mit Eisenplatten verstärkt waren. Diese Tekke war voll mit richtigen Waffen! Gott, wo war ich hier nur?

Ich habe gezittert. Von Angst überwältigt drehte ich mich zu Scheich Zelkanović, nach einem Trost suchend, einer Erklärung, wenn er eine wusste, doch er war ganz ruhig und gefasst, er warf mir nur einen flüchtigen Blick zu und flüsterte:

»Das sind die Nachkommen der Krieger von Mohács und die Überlebenden aus anderen Schlachten. Auch einige wenige Überlebende von Lepanto sind unter ihnen. Sie möchten insgeheim den Islam und das Christentum vereinen. Sie wollen keine Auseinandersetzungen in Allahs und in Jesu Namen! Sie wollen überhaupt keine Kriege mehr! Aus zweierlei Glauben wollen Sie einen machen – den Wahren, wie sie sagen! Sie sind interessant, weißt du, solch große Unterschiede muss man erst einmal vereinen! Gleich wirst du die Predigt hören!«

Ein korpulenter Hamzawite erhob sich, er hielt einen Holzstumpf, so lang wie ein halber Stock, zuerst in einer Hand, dann nahm er ihn mit der anderen. Dann zeigte er damit auf sechs junge Männer, die sofort, wie nach strengem Befehl, aufsprangen und sich hinter ihn stellten.

»Meine Brüder, ihr, die ihr euch den Frieden wünscht! Was

sind Kriege und Schlachten, nicht nur heute, sondern schon seit jeher gewesen? An erster Stelle Bedrängnis! Obwohl die Welt weit ist, wird die Menschheit durch Kriege vor allem in Bedrängnis und auf beengte Pfade geführt! Das meiste Blut fließt dann, wenn sich die Zerstrittenen auf engem Raum gegenüberstehen, von Angesicht zu Angesicht, in einem Engpass oder einer Schlucht. In ihrer Verblendung merken sie nicht, dass auch das weite Feld zum Hohlweg für sie wird! Sogar die Gräber sind in Kriegszeiten enger, meine Brüder, denn der Tod kommt häufiger, es bleibt keine Zeit zum Ausheben breiter Gruben! Wie viele Schlachten sind es nur, die auf weiten Feldern geführt wurden, die aber dann zu eng wurden? Und weshalb? Weil der Krieg gnadenlose Nähe ist, Nähe um des Todes willen, die beklemmendste Enge, durch die ein Mensch durch muss. Krieg ist das Lauern auf Nähe um zu morden! Krieg ist die Suche nach dem kürzesten Weg um das Opfer zu töten! Krieg ist vielfaches Übel, bis zum Morgengrauen würden wir all seine Facetten nicht aufzählen können!

Meine Brüder, wer sind wir, die wir hier in dieser Tekke heute Nacht versammelt sind?

Wir sind glorreiche Menschen, wir wollen keinen Krieg! Wir möchten keine Engpässe und keine schmalen Pfade! Was die Menschheit braucht, ist ein einheitlicher Glaube! Ein Glaube an Gott, ein einziger und wahrer Glaube, kann Kriege abschaffen! Viele Glaubensformen bedeutet viele Kriege, unaufhörlich, überall, für immer und ewig! Wir wollen einen einzigen Glauben an Gott, einen einfachen, leichten und wahrhaftigen Glauben, der für jedermann erfahrbar und leicht zu praktizieren ist! Einen Glauben ohne Krieg und ohne Blutvergießen! Bisher entstanden Religionen immer, damit man an Gott glaubt – es ging darum, den Krieg abzuschaffen! Haben die Gottesgesandten nicht immer den Glauben als einen Glauben an Gott verkündet, um zuallererst den Krieg aufzuheben? Gewiss!

Später wurden diese Boten von selbstsüchtigen Leuten verraten. Moses, Jesus und Mohammed – alle wurden sie verraten! Und wie? Durch Kriege! Die Überbringer göttlicher Botschaften wollten immer nur einen Glauben an Gott und eine Welt ohne Krieg! Doch die, die sie verraten hatten, haben Kriege erfunden. So wurde der eine, wahre Glaube an Gott durch Kriege verfälscht, und die Kriege wiederum führten zur Entstehung vieler Religionen!

Und obwohl Gott nur einer ist, bedeuten viele Religionen zahlreiche Kriege. Weltweit herrscht Unordnung, an Land und auf den Meeren, überall sind Kriege, genauso wie überall viele Formen des Glaubens sind.

Deshalb lasst uns nur einen Glauben an Gott haben, und überhaupt – lasst uns wahrhaftige Gläubige sein! Lasst uns beliebige Namen tragen, jeweils zwei oder drei! Jeder von uns hier in dieser Tekke hat zwei oder drei Namen angenommen: Šaban-Johannes-Salomon, Redžep-Nikolaus, Ridvan-Lazarus-Danon, Rustem-Miloš ... Das ist unser Überschreiten von Grenzen, auf diese Weise reißen wir Mauern ein, so heben wir Gegensätze auf und schaffen Kriege ab. Obwohl wir in einem Kaiserreich leben, das von einem Übeltäter, dem Sultan, geführt wird, wird Gott unsere Stimme erhören und wir werden am Ende als Sieger dastehen – so Gott will! Denn unsere Absicht ist rein!«

»So Gott will!«, schallte es aus hundert hamzawitischen Mündern, aus der Dhikrhane unter uns.

Während der stämmige Hamzawit ausführlich die Grundsätze seiner neuen Religion erläuterte, in der ich damals, zugegebenermaßen, den einen oder anderen guten Gedanken fand, wofür ich mich heute schäme, hörten wir plötzlich ein fürchterliches Knarren und Getöse; zuerst kam es mir wie ein Erdbeben vor, welches sich vom Bosporus auszubreiten schien, doch dann wurde mir klar, dass das Dröhnen aus derselben Richtung kam, aus der wir zu dem seltsamen, fensterlosen Haus gekommen waren.

Scheich Zelkanović packte mich an den Schultern und riss mich Hals über Kopf in einen Gang auf der rechten Seite. Ein kalter Zug abgestandener, nach Essig oder nach ungewaschenen Weinfässern stinkender Luft schlug mir wie ein Peitschenhieb ins Gesicht. Ich kannte diesen Geruch noch von damals, als ich mit meiner Mutter Mevlija nach Dubrovnik Heilkräuter verkaufen ging und ich mehrmals heimlich Weinfässer beschnüffelt hatte.

Scheich Zelkanović's hielt mich mit den Händen fest – mir kam es vor als wären es Zangen – dann packte er mich an der Schulter und zog mich mit sich. Ich war von seinem Griff und von meiner Angst fest umkrallt. Kurz darauf fanden wir uns in einem kühleren Raum wieder. Er schlug mit viel Krach mit dem Fuß gegen eine Bretterwand. Das Holz zerbarst und er schlüpfte durch die freigewordene Öffnung und zog mich wie einen Sack hinter sich hindurch. Plötzlich standen wir im Dickicht. Wir liefen weiter über feuchtes und faulendes Laub und blieben kurz darauf unverhofft stehen. Er riss zuerst mir und dann sich selbst den Umhang vom Leib und den Turban vom Kopf, wickelte alles zu einem Bündel zusammen und warf es weg, so weit er nur konnte. Ich war außer Atem, während er mich eine Böschung hinaufzog. Auch er keuchte und es kam mir vor, soweit ich das in der Dunkelheit erkennen konnte, als würde er dichten und ekligen Schleim auswerfen. Wir kletterten weitere hundert oder zweihundert Schritte hinauf, bis wir völlig erschöpft unter der Krone eines alten Aloe-Baumes anhielten. Nimm es mir nicht übel, Hasan, ich schäme mich, dir zu erzählen, in was für einen Dreck ich alles hinein getreten bin, während mich Scheich Zelkanović hinter sich herzerrte, und noch peinlicher war das, was dabei im vorderen und im hinteren Teil meiner Unterhose passierte.

Von unten, aus der Hamzawiten-Tekke, hörte man Schüsse, Säbelschläge und Geschrei. Dann wurde es ruhig, doch nur für kurze Zeit. Als im Morgengrauen im Osten der Silberstreif des anbrechenden Tages am Horizont erschien, sahen wir plötzlich ein großes Feuer auflodern. Ordnungshüter hatten die Tekke in Brand gesteckt! Die Flammen streckten sich bis zum Himmel. Im Pochen des Infernos barsten Balken und Bretter und krachten unter Myriaden von Funken zusammen. In wiederkehrenden Blitzen erhellte die Feuersbrunst die gesamte Umgebung. In ihrem Licht hätte man sogar eine Nadel finden können, umso mehr zwei durchgefrorene, elende Gestalten unter einem morschen Aloe-Baum. Ich konnte deutlich eine Gruppe von zehn oder fünfzehn Männern erkennen, die mit Säbeln in den Händen auf uns zu kamen. Nur ein Gedanke ging mir durch den Kopf: Wird das mein Verderben sein?

Im bescheidenen Haus und dem Garten meiner Eltern, Mevlija und Salko, kam ich zur Welt, auf der schönen Tepa, im fernen Mostar. Auf dem Schoß von Alun-Hodscha wuchs ich heran, damals nahm ich den Glauben noch in Form der zuckersüßen Bajram-Leckereien und des lieblichen Rosenwassers der Frühjahrs-Maulids[60] an der Quelle der Buna wahr. Doch jetzt stehe ich hier, in einer Hamzawiten-Tekke inmitten von Zarigrad, um mir Geschichten von einer Welt ohne Kriege anzuhören, und das, obwohl zehn kaiserliche Soldaten mit gezogenen und zum Himmel gehobenen Säbeln geradewegs auf mich und Scheich Zelkanović zuliefen! Ich konnte es selbst sehen und hören, wie sie im Gebüsch zwischen den Farnen auch andere Leute, die versuchten zu entkommen, festnahmen und fesselten. Auch Scheich Zelkanović war verwirrt, ich konnte es an seinem grimmigen Gesicht erkennen. Er schaute mich mit seinen grünen und dummen Augen an, als würde er sich entschuldigen:

»Verzeih mir, junger Mann! Wirklich dumm von mir, dich aufs Glatteis zu führen! Wenn ich schon meinen Teufel gesucht habe, warum musste ich auch dich zu deinem führen? Ich hätte wissen müssen, dass der Staat falsche Derwische verfolgt!«

Ich hob meine Hände hoch, zitterte vor Angst, während Scheich Zelkanović seine ausstreckte, um sich fesseln zu lassen. Als die Männer zu mir kamen, fingen sie an, über mich zu spötteln. Sie hielten sich die Nasen zu und zeigten auf meine Hose.

»Dieser hier ist kein Hamzawit! Richtige Hamzawiten fürchten sich nicht! Sie scheißen sich nicht vor Angst in die Hosen!«

Scheich-Ibrahim wurde gefesselt und abgeführt und mich ließen sie unter dem Aloe-Baum zurück, als wäre ich nichts und niemand, damit ich in meinem eigenen Gestank über alles nachsinne. Ich verließ diese verfluchte Brandstätte über einen Abweg, genauso wie ich auf Abwegen dort hingekommen war!

Hasan hörte mir zu, dann stand er auf, ging zum Fenster und schaute auf den verschmutzten Schnee, der von der Dachtraufe herabhing. Er drehte sich erneut zu mir und ich fuhr mit meiner Erzählung fort:

»Ich eilte damals in die kaiserlichen Medressen, wollte dich sofort sehen, dir alles erzählen, damit du Scheich Zelkanović rettest, wenn du kannst. Du saßt gerade mit deinem Freund Kara Jilan zusammen. Als du mich so verdreckt sahst, bist du aufgesprungen, als hätte dir der leibhaftige Teufel den Verstand geraubt. Deine Fragen und dein Zorn ließen mich nicht zu Worte kommen: Wo ich gewesen sei und weshalb? Ob ich denn auf der Suche nach Schlechtem und Sittenlosem durch die Großstadt herumstreunte? Oder hatte ich etwa, was noch viel schlimmer gewesen wäre, bei zweifelhaften Leuten, in zweifelhaften Tekken und außerhalb von Medressen nach Wissen gesucht? Ob aus mir ein Vagabund geworden sei? Ich würde umherirren und außerhalb des Islams den Islam suchen! Und weshalb mein Gesicht verkratzt und meine Hosen vollgeschissen seien?

›Ich hatte gehofft, dass aus dir eines Tages ein reifer Mann wird, der die Hum-Gebiete und Mostar reformieren wird, doch was sehe ich – Skender, der Sohn von Mevlija Pavlović und Salko Humo, taucht aus der Brutstätte des Übels und der Sünde auf, er spuckt auf die kaiserlichen Medressen und tritt mit den Füßen den elterlichen Segen ... Gott will dich beschenken, doch der Teufel will es nicht zulassen!‹, dies waren damals deine Worte, Hasan. Nur schwer gelang es mir dir mitzuteilen, dass Scheich Zelkanović gefesselt und abgeführt wurde. Als du das gehört hast, bist du in Windeseile aus dem Zimmer gerannt und hast mich mit Muderis Kara Jilan allein gelassen. Ich schaute vor mich hin, die Last des Schweigens wurde immer schwerer, weil auch Kara Jilan schweigend vor sich hin schaute, während ich lange, zu lange, dem Summen der dicken Hornisse am Fenster zuhörte. Schließlich nahm er mich an der Hand und führte mich zur Medresse. Er flüsterte den Pförtnern etwas zu und wies sie an, mir frische Kleidung zu bringen und mir zu zeigen, wo das Bad ist. Während er mir über den Kopf streichelte, sagt er:

›Der Segen deiner Mutter hat dich gerettet, junger Mann! Wusstest du denn nicht, dass Hamzawiten in diesen Tagen verfolgt werden? Wenn man sie schnappt, werden ihnen bei Mitternacht mit Steinen gefüllte Säcke an die Beine gebunden und sie in den Bosporus geworfen!‹

Ich berichtete Hasan von meinem damaligen Wunsch, alles zu vergessen und alles dem Schweigen zu überlassen. Dieser Zustand hielt für eine gewisse Zeit an.

Ziellos lief ich durch die Parkanlagen der Medresse umher, von Trauer erfüllt, entmutigt, ohne Hoffnung. Während ich im Unterricht saß, war ich innerlich abwesend und alles war außerhalb von mir: die Lehrer, die Gedichtsverse, die Glaubensbeweise und findige Gedanken.

Jedes Mal wenn mir die Szenerie unter dem hundertjährigen Aloe-Baum in Erinnerung kam, war ich vom Schamgefühl überwältigt. Monatelang plagte mich die vernichtende Erkenntnis, dass mich nur meine Angst und meine Feigheit und der Gestank den ich verbreitete vor den Ordnungshütern retteten!

Und wie der Mensch nun mal ist, fing ich dann sogar an, mir meinen Verdienst bei der ganzen Angelegenheit auszumalen: War es denn nicht meine verdreckte Hose, die auch Scheich Zelkanović gerettet hatte? Wenn auch ich zur nächtlichen Hinrichtung am

Bosporus gebracht worden wäre, wer hätte dann Hasan Bescheid gegeben? Und hätte sich dann Hasan beim Großwesir für uns einsetzen können? Manchmal sei es gut, sich in die Hose zu machen, während der Bach außer Reichweite ist, sagte einst Scheich Semnani zu mir!

»Meine Zeit in Zarigrad ging dahin«, sagte ich zu Hasan. »Morgens wachte ich in dieser kargen Abgeschiedenheit auf. Manchmal kam sie mir unpersönlich vor, öfter sogar hässlich. Die arabische Grammatik entschwand mir nach und nach, obwohl ich ihre Regeln wusste, jede einzelne davon, doch die Wege, sie in Texten wiederzuerkennen, entzogen sich mir. Ich las philosophische Diskurse und irrte ziellos von einem Beweis zum anderen, wie wenn Dichter durch Täler streifen, von einem Hügel zum anderen, und die Verszeilen einsammeln, welche ihnen die *Dschinn*[61] von den Berggipfeln herabbringen. All die philosophischen Behauptungen erschienen mir wie verkommene Hinterlist von gerissenen Schlitzohren: Würden sie nicht jenen Beweis erbringen, erbrächten sie einen beliebigen anderen. Es kam mir vor, als würde man einen Berg beiseite schaffen, indem man einen anderen erschafft.

Nur noch in der Poesie fand ich mich wieder.

Seit Tagen war Scheich Zelkanović nicht mehr aufgetaucht. Hätte ich mich noch an den Weg zu seinem seltsamen Garten und dem Vogelgehege erinnern können, wäre ich dort hingegangen, um die wilden Vögel noch einmal zu sehen, um ihrem Gesang zu lauschen, dann hätte ich sie aus ihren Käfigen aufeinander losgelassen, damit sie sich nach ihrem lieblichen Lied aufeinander stürzen und ihr prächtiges Gefieder mit fremdem und eigenem Blut besprengen – sollen sie sich doch die Kehlen aufschlitzen so viel es ihnen lieb ist!

Tatsächlich hatte ich diesen Wunsch, aber ich ließ sofort wieder von ihm ab! Es war gut, dass die wilden Vögel in Käfigen voneinander getrennt waren, dachte ich mir. Nur so konnte man sie weiterhin ihre bezaubernden Lieder singen hören.

Hasan stand erneut auf. Er ging zum anderen Fenster, blickte nach draußen auf die zwei blattlosen Pappeln im Aufgang zwischen der Medresse und dem Hanikah. Durch den Häuserspalt konnte man die Hänge des Trebević sehen. Er drehte sich zu mir und sagte:

»Du hast mich nach Scheich Zelkanović gefragt.«
»Ist er ein Hamzawit? Und wenn ja, wer hat ihn gerettet?«
»Nein, er ist keiner! Früher hatte er Hamzawiten aufgedeckt, doch man fand heraus, dass er naiv und mitleidig war. In dieser Arbeit kann man Naivität noch tolerieren, aber Mitgefühl niemals! Jetzt ist er zum Scheich aller Tekken ernannt worden, so wollte es Bali-Effendi. Er ist ein Mann von geringem Wissen, aber mit großer Liebe zum Tasawwuf, vor allem zum naiven. Früher konnte er sich gut die Worte anderer einprägen, trug sie aber nur vor Staatsmännern vor. Später wurde er entlassen, weil er eine trübselige Natur hatte und ein unglücklicher Derwisch war. Aber bei seltenen freudigen Gelegenheiten konnte auch er glücklich sein.

Bei dem Ereignis, an welches du dich erinnerst, hatte ihn Großwesir Sokolović auf meine Bitte hin vor dem sicheren Tod gerettet! Er beteuerte dem Militärrichter aus verlässlicher Quelle zu wissen, dass Scheich Zelkanović nur zufällig, aus schierer und unnötiger Neugier die Hamzawiten-Tekke aufsuchte. Der Richter hatte trotzdem Ermittlungen eingeleitet. Als er Scheich Zelkanović befragte, woher er von der hamzawitisch-ketzerischen Zusammenkunft und dem Ort ihrer verdorbenen Zeremonie Bescheid wusste, antwortete dieser, ihm sei eines Nachts ein edles Shirazer Rebhuhn aus dem Käfig entflohen. Er würde, um fürs Leben zu verdienen, das Vogelgehege einer alten Frau pflegen. Der Ehemann der Frau sei im Kampf bei Lepanto als Held gefallen. Die ganze Nacht habe er nach dem Vogel gesucht, sei unbekannten Pfaden gefolgt, das Rebhuhn habe er nicht gefunden, aber auf die abtrünnige Tekke sei er so gestoßen. Zwischen Farnen versteckt, habe er alles sehen und hören können, er habe sich die Kleidung der Leute gemerkt, die Turbane, die geheimen Kennwörter, die Art, wie man kommt, eintritt, wieder hinausgeht – einfach alles. Mehrmals sei er dort unbemerkt hingegangen, später ging er ein und aus, als wäre er einer von ihnen gewesen! Und allmählich habe er sich eingebildet, der neue Glaube könnte bestehen. Der Richter fragte ihn dann, weshalb er dich zu der ketzerischen Zeremonie mitnahm, und er antwortete, es habe dafür zwei Gründe gegeben. Erstens habe er dich aus den Medressen rausbringen wollen, weil du zu viel Zeit mit Grammatik verbrächtest, und mit Poesie und Versen, die aber nicht von dir selber stammten. Er habe dich bemitleidet und wollte, dass du etwas Erholung bei frischer Waldluft findest. Der zweite Grund war, dass kaum jemand alleine in die Tekke kam, immer zu zweit, zu dritt, oder zu viert. Er habe nur zeigen wollen, dass auch er Anhänger hatte! Zudem dachte er, all dies sei nur ein Schauspiel gewesen, ein künstlerischer Kampf wie im Karagöz-Schattenspiel, und so seid ihr beide durch Zufall in die Falle getappt. Der Richter ließ alles bei der alten Frau nachprüfen, die besten Vogelzüchter des Hofes wurden bestellt, um den Fall mit dem edlen Rebhuhn zu untersuchen. Es wurde festgestellt, dass das Männchen floh, weil zuvor auch das Weibchen entflohen war, dies aber war Scheich Zelkanović entgangen!

Hasans Geschichte klang unglaublich! Ich war selbst Teil davon, obwohl ich sie nicht gänzlich kannte. Es war einerseits der barmherzige Gott, der mich damals errettet hatte, aber ebenso auch mein eigenes Zittern vor Angst und dessen stinkende und peinliche Auswirkung, über welche ich nur mit Scham schreiben kann.

»Es waren kaum vier Monate seit dem Ereignis in der Hamzawiten-Tekke vergangen, da verlangte die Obrigkeit die Ausweisung Scheich Zelkanovićs nach Bosnien, diesmal für immer. Man gab ihm die Position des Aushilfsscheichs in einer Halveti-Tekke und beauftragte ihn, hamzawitische Abhandlungen zu studieren und sie mit allen nur erdenklichen Beweisen zu widerlegen. Er wurde angewiesen, tagsüber Derwische bei ihrer Arbeit aufzusuchen und nachts ihren Dhikr-Zeremonien beizuwohnen. Er sollte alles ausspähen, was geredet und gepredigt wird, welche Koranverse und welche Überlieferungen des Propheten zitiert werden, und wem was gesagt wird und weshalb. Anschließend sollte er den Leuten des Muftis insgeheim Bericht erstatten. Sheikh Zelkanović macht diese Arbeit nun seit Jahren, aber in Wirklichkeit hat er nie richtig verstanden, was Tasawwuf überhaupt ist. Während seiner Zeit in Zarigrad gelang es dem Armen nie, mit Vernunft zur wesentlichen Essenz der Lehre vorzudringen. Mitfühlenden Herzens versuchte er sich überall einzubringen, aber er vergaß dabei die erste Regel Ibn 'Arabis [62]: Falsche Tariqas können den wahren Tasawwuf nicht lehren! Schon längst hat der Mufti andere Leute gefunden, die Scheich Zelkanovićs Zusammenkünfte beobachten, sogar er selber wird beschattet. Vor einigen Tagen sagte mir der Mufti, er denke darüber nach, eine Dienststelle der Seligen einzurichten! Dort würde er dann Scheich Zelkanović hinversetzen – einen besseren als ihn gäbe es ja nicht! Die Kriege dauerten an, es gäbe viele Trauernde, Scheich Zelkanović könnte sie besuchen und trösten, er habe ja Zeit im Überfluss, schließlich sei er kinderlos und unverheiratet. Kunija Grošić würde niemals mehr zu ihm zurückkehren, er solle seine Liebe besser jenen zukommen lassen, die sie am nötigsten brauchen.«

Die Tekke in Flammen

Scheich Zulkaids Tekke wurde im Morgengrauen angezündet. Zu dieser Zeit ist es am schwierigsten, einen Brand zu löschen: Die meisten Menschen schlafen, kaum einer wacht die Nacht durch, die Gassen sind menschenleer.

Die Tekke war von den Flammen im Nu verschlungen. Niemand hatte versucht sie zu löschen. Derwische waren keine da, die Nachbarn kümmerten sich um ihre eigenen Häuser, gossen aus kleinen Eimern Wasser an ihre Wände und Vordächer und bemühten sich, die Schwärme fliegender Funken von ihnen abzuwenden. Glücklicherweise war die Tekke inmitten eines Gartens erbaut worden, so dass die einstürzenden Balken und Bodenbretter zwar das Feuer anfachten, es aber in der Frische des Gartens wieder gedämpft wurde. Der zweite glückliche Umstand war, dass kein Wind wehte.

Man wusste zwar nicht, von wem das Feuer gelegt wurde, doch man fand am Ende des Gartens in die Erde gerammte Pfähle auf denen zu lesen war:

»Nieder mit dem Tasawwuf!

Nieder mit der Neuerung!

Vernichtet die Neuerer!

Tariqas raus aus Bosnien! «

So stand es an allen vier Seiten des verödeten Gartens des Naqschbandi-Waqfs[63] geschrieben. Sobald der Tag angebrochen war, hatten Ordnungshüter die Aufschriften entfernt und sie umgehend ins Gerichtsgebäude gebracht.

Am selben Morgen gegen zehn Uhr hatte Scheich Zulkaid von dem Brand erfahren, und nur zwei oder drei Stunden später sollte er an der Brandstelle sterben. Zunächst empfing er die Nachricht mit Fassung und Geduld, dann fing er an, in den unschönen Erinnerungen seines Lebens zu wühlen, er suchte nach eigenen Fehlern Menschen gegenüber, nach Sünden gegenüber Gott, er fragte gelehrte Derwische nach einer Erklärung für die Gottesstrafe, falls die abgebrannte Tekke als Strafe zu verstehen sei. Eine Versuchung kann es nicht gewesen sein, dafür war er zu alt, meinte er, ebenso für das Bereuen einer alten Schuld, wenn es denn eine gegeben haben sollte. Schließlich brach er völlig aufgelöst in Tränen aus.

Scheich Zelkanović versuchte ihn zu trösten, er erinnerte ihn an den damaligen Wohltäter, Hadschi Ismail Milavić, der die Tekke vor hundertsiebzehn Jahren erbaute. Es würden sich neue Wohltäter finden, neue Ismails, in Sarajevo gäbe es zu jeder Zeit solche Menschen, außerdem sei ohnehin nichts ewig! »Baue, damit es zerfällt, arbeite, damit du ausgibst!«, hieße es in dem arabischen Sprichwort. Vielleicht sei die Tekke auch durch Gottes Gnade abgebrannt, vielleicht hatte der Gründer Gott gebeten, dass seine Wohltat nur für hundertundsiebzehn Jahre andauere, dann solle sie in Flammen aufgehen, damit sich auch der Inhalt anderer Herzen und anderer Geldbörsen zeigen könne! Diese Welt sei vergänglich, nichts an ihr sei von Dauer, aus der abgebrannten Tekke müsse man auch diese Lehre ziehen.

Diese und andere tröstende Worte haben aber nichts geholfen, das alte Herz ist zerbrochen. Dem Orden und der Tariqa treu, hatte es den Verlust nicht verkraften können.

Das vorletzte, was Scheich Zulkaid fragte, war, ob jemand seine Abhandlung *Einheit der Derwischorden in Zeiten der Schwächung des Kaiserreichs* aus dem Inferno hatte retten können, und seine letzte Frage war nach der Eule und ihren Jungen, in jenem Nest unter dem alten Dachvorsprung der Tekke.

»Hat sie jemand von dort gerettet?«, fragte er mit resignierter Stimme, »Waren ihre Flügel stark genug, um irgendwo hin fliegen zu können, weg aus dieser verfluchten Höhle?«

Ich erzählte Hasan bei Scheich Zulkaids Beerdigung von all dem und auch, dass ich es von Scheich Zelkanović erfahren hatte, er wiederum hatte einiges selbst gesehen und den Rest wohl hier und dort aufgeschnappt, von Derwischen, von Gelehrten und Wachleuten, von Nachbarn und Trunkbolden aus Plastos Kaffeehaus ... ich wusste selbst nicht genau.

Hunderte von Menschen, vielleicht sogar an die zweitausend, begleiteten den Naqschbandi-Scheich zur seinen letzten Ruhestätte.

»Wenn wir ihn alle begleiten und ihm nachweinen, wer hat dann die Tekke angezündet?«, fragte sich Hasan. Mustafa der Künstler schaute ihn an, winkte nur ab und sagte:

»Vieles bei uns ist gelogen! Wir trauern und jubeln gleichzeitig, wir pflegen Freundschaften und betrügen, sind betrübt und freuen uns, begleiten andere ins Jenseits, wollen aber selbst im Diesseits gesehen werden!«

Ein keuchendes Menschenmeer floss Richtung Friedhof voran, die Bahre mit dem Leichnam des Scheichs glitt auf den Schultern seiner Schüler dahin wie die schwarze Blüte einer seltenen Tulpe. Aus vielen Mündern erschallten Lobpreisungen Gottes wie ein Donnerwetter:

»Allahu akbar! Allahu akbar!«[64]

Und prompt wurde die schwarze Leichenbahre auf Händen über die Köpfe gehoben. Es war wie ein Vorzeichen. Der Friedhof lag am Hang, dort, wohin wir alle bald hinkommen würden. Der Leichnam wurde bald auf Schultern, bald auf Händen getragen, und plötzlich erblickte ich, wie ihn manche Leute auf ihren kahlen, frisch rasierten Häuptern trugen. Immer lauter erschallten die Worte:

»Wir alle sind die Tekke!«

»Den Scheich haben sie ermordet, aber uns nicht!«

»Die Tariqas sind die Säule Bosniens und seines Volkes!«

Mufti Bali-Effendi kam zu Hasan und sagte:

»Wenn wir am Grab keine Rede halten, wird es nicht gut enden. Lass uns etwas sagen, lass uns die Leute besänftigen! Siehst du, der tote Scheich wird stärker als der lebende! Blut wird am Grab fließen! Schändliches wird passieren! Wir werden reden müssen, unsere Einheit erwähnen, eine Träne darüber vergießen. Ohne Einheit werden wir nicht bestehen können! Lass uns sagen, dass wir die Schuldigen für den Brand der Tekke mit Sicherheit finden und bestrafen werden, sie sollen ein Exempel für andere sein. Die zwölf anerkannten Tariqas des Kaiserreichs und des Islam darf keiner angreifen, das Kaiserreich übernimmt dafür die höchste Bürgschaft! Wir müssen ihnen mit dem Kerker und mit langer Haft drohen, oder mit der Vertreibung nach Candia[65]. Und nicht nur, dass wir die Verantwortlichen finden werden, sondern auch diejenigen, von denen sie zu ihrer Tat ermuntert wurden, denn die sind weitaus schlimmer! Es ist eine Sache, jemanden zu einer schlechten Tat anzustiften, und eine andere, sie selbst zu begehen! Der Anstifter hat zwei Dinge auf dem Gewissen: den schlechten Vorsatz und denjenigen, der die Untat durchführt!

Die Menschen bildeten allmählich, einen nach dem anderen, Kreise um das frische Grab. Der Leichnam des Scheichs wurde auf die soeben ausgehobene Erde gelegt, man zog den schwarzen Umhang herunter und es erschien ein zweiter, grüner. Er trug die Zeichen des Derwischordens und duftete nach Moschus. Das Grab wurde mit Myrte besprengt und die Erde mit Duftöl aus Oudholz. Dann traten zwölf Muride nach vorn, zehn hoben den Leichnam auf und reichten ihn den zweien, die in Grube herabgestiegen waren. Die legten ihn auf den Boden und verdeckten ihn mit hellen Eichenbrettern. Als die ersten Erdklumpen auf das Holz fielen, ließ mich das dumpfe Prasseln zusammenzucken.

Etwas weiter hinten sah ich Mustafa. Er trug dunkle Kleidung. Unterm Arm hielt er eine kleine Holztafel mit zwei Blättern, aus der Vordertasche seines Baumwollhemdes schaute eine dicke Zeichenfeder heraus. Er zeichnete einige Striche an die Blattränder.

Die Muride sammelten barhändig kleinere Steine und Erdklumpen vom feuchten Boden und legten sie auf die aufgehäufte Erde. Mit Hasan und dem Mufti versuchte ich näher heranzukommen, doch dann traten aus der Menge vierzig oder mehr Männer nach vorn und bildeten zuerst drei, dann fünf Kreise um das frische Grab. Es war unmöglich, nach vorne zu kommen!

Unter den Männern konnte ich Hadschi-Rizvan den Lederhändler und seinen Freund Avdan erkennen, sonst niemanden. Hadschi-Rizvan weinte bitterlich, während er am Kopf des Grabes kniete, neben dem Stock, auf dem der Turban des Scheichs im Wind flatterte.

Zuerst ging der Dhikr von den Derwischen im ersten Kreis aus, dann schlossen sich auch der zweite und dritte bis hin zum fünften Kreis der Gottesanrufung an. Köpfe und Schultern schwenkten hin und her, von rechts nach links, nach vorn, nach hinten, zum Norden, Süden, Osten und Westen. In wiederkehrendem Rhythmus erklangen die Stimmen, mal näher, mal entfernter, nur das Grab des Scheichs verströmte Stille. Man hörte das winzige Geräusch eisiger Regentropfen, die auf die geöffnete Erdwunde fielen.

Waren dies dieselben jungen Männer, die ich vor einigen Wochen in der Tekke in den ersten Reihen gesehen hatte? Ich war mir sicher, dass es nicht dieselben waren. Ich hätte mich an die Gesichter erinnert, im spärlichen Licht der Kerzen hatte ich sie mir damals gemerkt. Die hier waren andere, sie waren anders. Es waren die, die damals in den hinteren Reihen saßen! Weshalb sind sie jetzt hier, ganz vorne neben dem toten Scheich? Diese Wendung, die sich am Grabe des soeben beerdigten Menschen abspielte, machte mir Angst.

Hadschi Rizvan erhob sich, stämmig wie er war, in einer Jacke aus Schafsleder.

»Es wird keine Grabrede geben! Das Grab spricht für sich! Der Scheich ist fortgegangen und niemand war da, um ihn zu beschützen, doch er hat immer jedem Schutz geboten; das wissen die ganz genau!«, rief er.

»Sehr wohl wird es eine Rede geben, Hadschi-Rizvan! Hier und jetzt! Dieses Grab ist weder dein Eigentum, noch hast du von Scheich Zulkaid die Aufsicht über die Naqschbandis Sarajevos bekommen. Ich habe hier einen Brief von ihm! Hier ist er!« Dies sagte der schmächtige und früh ergraute Mevlevi-Dichter Zalikan. Wann war er zu den Naqschbandis übergegangen? Wann hatte er die Mevlevis verlassen?

»Der Brief, den du hast, ist eine Fälschung!«, schrie Hadschi-Rizvan auf.

»Du lügst! Eine getreue Abschrift davon wurde vor vierzig Tagen sorgfältig an Bali-Effendi überreicht! Lasst den Mufti nach vorne kommen, er kann es bezeugen!«, erwiderte Zalikan.

Die Menschen wurden unruhig, ein Raunen ging über den Friedhof. Die, die knieten, erhoben sich, wer still stand, regte sich, so manch eine Hand wurde gehoben und so manch eine Faust.

»Schämt euch! Wollt ihr etwa hier beim Grab streiten?«, hörte man eine gebrechliche Greisenstimme von der Böschung rufen.

»Schande auf euch! Verflucht sollt ihr sein, zuerst in diesem und dann in dem anderen, ewigen Leben, Abschaum ihr! Der Leichnam ist nicht einmal kalt geworden und ihr streitet euch schon um seinen Platz!«, rief einer in grünem Umhang von der anderen Seite.

»Soll die Führung der Naqschbandis etwa einem umherirrenden Mevlevi-Dichter überlassen werden?«, schluchzte ein dünnbärtiger Mann unweit von Hadschi-Rizvan.

Wir alle schauten auf Hadschi-Rizvan und auf Zalikan den Dichter; der eine stand am Kopf und der andere am Fuße von Scheich Zulkaids Grab.

Die eisigen Regentropfen ließen den Duft frisch gepflügten Ackers vom Grab aufsteigen, es war der urige Geruch aufgeschnittener Wurzeln, der Duft trauriger Begegnung von Nässe und Vorjahreslaub, welches vergessen zwischen den Farnen lag ...

Vor langer Zeit, dreihundert Jahre ist es her, beschrieb der persische Dichter Nishapuri in seiner Abhandlung *Stationen der Weh-*

mut sieben Arten von Trauer: »Meine erste Trauer ist, wenn die Sonne untergeht. Dann ist alles vorbei. Der Tag lebt ab, um nie mehr wiederzukehren. Sein Licht wird von nun an nichts mehr erhellen. Die zweite Trauer empfinde ich, wenn der Wind die duftenden Blüten den Bäumen entreißt und über den matschigen Boden verstreut. Das Dritte, was mich ertrauern lässt, wenn Moos die Grabsteine überdeckt; ein sicheres Zeichen, dass die Knochen längst verrottet sind und der Stein auch bald zu Sand zerfallen werde. Die vierte Trauer überfällt einen im Anblick zugewachsener Ruinen, in denen vor Jahrhunderten jegliches Lachen verstummte; weder blieb die Erinnerung daran, noch konnte je einer etwas davon für die Nachwelt festhalten. Die fünfte Traurigkeit empfinde ich für die Rehmutter, die vergeblich nach ihrem Jungen sucht, das schon längst von hungrigen Wölfen in Stücke gerissen und gefressen wurde. Wenn der alte Kranich hinter seinem Schwarm, auf dessen Zug in die heitere Welt des Südens, am Boden zurückbleibt, überkommt mich die sechste Trauer. Und die siebte – das ist die Trauer, die uns mit dem Duft der Erde am frisch geschlossenen Grab heimsucht.«

Eisiger Regen prasselte auf den alten und verschmutzten Schnee herab. Man konnte ihn auf den spärlich verstreuten Laubblättern rascheln hören, welche noch vom Spätherbst der beiden Vorjahre übrig geblieben waren.

Ein Windstoß fegte die eisigen Tropfen durch die Luft, einige blieben in Bali-Effendis dichten Augenbrauen hängen.

Der Mufti regte sich und trat in hastigen, langen Schritten durch den alten Schnee zum Grab vor. Einige rückten zur Seite während er vorbeilief, auch Zalikan der Dichter. Am Grab erhoben sich Hadschi-Rizvan und Avdan und machten zu ihrer Rechten Platz frei.

Der dickleibige Mufti stellte sich ans Kopfende des Grabes, räusperte sich während er sich die erröteten, fleischigen Hände rieb, warf einen Blick um sich, zunächst von rechts nach links, dann in die andere Richtung. Alle Stimmen verstummten, man hörte nur die Regentropfen. Er legte die Hand auf Scheich Zulkaids Turban und fing an:

»Keine Änderung bei uns, wie ich sehen und hören kann! Immer ein- und dasselbe! In dieser engen Erdspalte ändert sich sogar der Stein, nur wir nicht! Ständig am Selben festgeklammert! Es kann sich ereignen was will, es kann kommen und gehen was will, andere Gräser, anderes Getreide, andere Namen und Religionen, ein anderer Herrscher, der uns unterdrückt – nur wir bleiben unverändert! Wie wir am Marktplatz sind, so sind wir auch in der Moschee! Und auch anderswo sind wir nicht anders, weder in der Tekke noch außerhalb! Sogar dort, wo ich es nie erwartet hätte – am Friedhof! Hier liegt, sieben Fuß tiefer, ein Mann begraben, der soeben ins Haus der Ewigkeit eingezogen ist, und unten in der Stadt steht die abgebrannte Tekke, deren Brandreste immer noch glimmen und rauchen ... dazwischen der schlammige Weg, mit dem wir vorhin hergekommen sind und den wir auch, so Gott will, wieder zurücklaufen müssen. Ich dachte, hier sei unsere Gelegenheit: Die Brandstätte auf der einen, das frische Grab auf der anderen Seite und das trauernde Sarajevo dazwischen – das ist der Weg zu einem ehrlichen Neuanfang! Das ist die Chance, dachte ich! Aber jetzt sehe ich, ich habe mich geirrt! Muss ich denn etwa feststellen, meine Brüder, dass hier jede Idee verschwendet ist, dass Nachdenken hierzulande unnütz ist und dass bei uns weder ein Gedanke greift, noch wir nach irgendeinem Gedanken greifen? Es scheint mir, als sei dies unser böses Omen und unser unerklärliches Schicksal. Sind wir denn etwa wie Felsen und unbewegliche Höhlen, gleich ob man über sie nachdenkt, oder nicht – sie ändern sich nicht? Scheich Zulkaid leitete die Tekke sechzig Jahre lang, fortwährend, als einziger Scheich. Er hatte euch versammelt und sich um die Gemeinschaft wie um einen zerbrechlichen Grashalm gekümmert, der von diesem kalten und schneidenden, harschen und unbarmherzigen Klima bedroht wird. Wir können sehen, wie das diesweltliche Ende von Scheich Zulkaids Werk war: Seine Arbeit war aufrichtig und trotzdem wurde die Tekke von Unbekannten in Brand gesteckt! Ich nenne sie Unbekannte, aber die Brandstifter sind unter uns; wie drei bösartige Gedanken unter dreihundert guten! Die Tekke ist in den Flammen verschwunden, aber ob die Flammen, die wir in uns tragen, verschwunden sind, werden wir erst sehen! Deshalb frage ich euch, hier neben dem frischen Grab: Wollt ihr etwa, dass auch unsere gesamte Gemeinschaft unter dem Hass rauer und kalter Herzen und grober und starrköpfiger Menschen verschwindet?«

»Nein, wollen wir nicht!«, erschallte es aus den Mündern der Menschen rund ums Grab, auch einige Stimmen von Derwischen und Medressenschülern waren mit dabei.

»Ihr wollt nicht, nun gut! Wer nichts anstellt, hat sich dem Frieden zugewandt und der richtigen Seite, der Seite Scheich Zulkaids. Ihr wart sein ganzer Stolz. ›Das sind gute und treue Leute. Sie würden für mich ihr Leben lassen‹, sprach er immer. Auf eure Bereitschaft zu sterben war er stolz, doch er hat euch nie erlaubt, das auch zu beweisen! Mit Tränen in den Augen sagte er: ›Wir brauchen keine Schüler, die für ihren Scheich sterben! Der Scheich ist nicht Gott, dass man für ihn sterben sollte. Es reicht, dass wir für Gott unsere Leben lassen müssen. Sogar das ist uns zuwider, wie es schon im Koran steht, und manchmal erscheint es uns, als würde Gott zu viel von uns verlangen.‹ Dies erzählte er mir jedes Mal, wenn er erfuhr, wie überall im Kaiserreich und unserer islamischen Heimat die Moscheen und Tekken brennen und wie Schüler für ihre Scheichs sterben, und diese dann ihre jungen Witwen heiraten, damit sie nicht, ach, so leiden müssen.

Und sagt mir, gerade deshalb, ihr treuen Derwische des verstorbenen Scheich Zulkaid, sagt mir hier an seinem Grab: Wenn er euch niemals in die Lage gebracht hat, für ihn euer Blut vergießen zu müssen, hat er euch damit nicht gleichzeitig mitgeteilt, dass ihr auch unter euch kein Blut vergießen dürft?«

»So ist es!«, schallte es.

»Ich sehe, es ist noch Hoffnung da, dass aus euch eine einträchtige Gemeinschaft wird und ich sehe, dass Scheich Zulkaids Tekke noch viele Jahre fortleben wird, denn Tekken und Moscheen, meine Brüder, sind nicht die Häuser – es sind die verbrüderten Menschen, die festen Gemeinschaften! Und die Brandstätte dort unten – sie wird bald als schönster Garten der gesamten Stadt aufblühen! Ich beteuere euch, dass auch der Mufti-Rat den Wiederaufbau unterstützen wird! Der Waqf ist stark weil das Volk stark ist! Und nun bitte ich euch, in Ruhe und Frieden auseinanderzugehen.«

Wir standen immer noch am Grab. Die Worte des Muftis hatten alle Gemüter besänftigt. Der Regen hatte aufgehört und der Nebel zog Richtung Bijambare und Hum.

Dann erblickten wir, wie sich von der Stadt her, den schlammigen Weg entlang, eine Gruppe von zwanzig Menschen dem Friedhof näherte. Sie trugen sefardische Kaftane.

»Juden! Sie kommen, um Scheich Zulkaid die letzte Ehre zu erweisen!«, sagte Hasan zu mir.

»Was hat er denen Gutes getan?«

»Er hat den Mufti und den Kadi überredet, für sie weitere achtundzwanzig Läden in Sijavuš-Paschas Herberge renovieren zu lassen.«

»Aber sie rufen etwas! Hörst du?«

Die jüdische Gruppe näherte sich, angeführt vom kahlköpfigen Buchhändler Gavrilo Jevtanović. Unter seinem weißen langen Bart, der ihm über den violetten Janker fiel, sah man eine vergoldete Kette an der ein orthodoxes Kreuz hing. Es sah nicht danach aus, als wären sie gekommen um zum Grab des Scheichs zu pilgern.

Als sie angekommen waren, stellten sie sich neben den Mufti.

»Willkommen, ehrwürdige Leute! Seid willkommen, wenn man an so einem Ort jemanden willkommen heißen kann!«

»Mufti, wir Juden sind hier nicht willkommen, solang wir in dieser Stadt keinen eigenen Friedhof bekommen!«

»Habt ihr denn keinen?«

»Gräber haben wir, aber keinen Friedhof! Wir sind nur wenige in dieser Stadt und es bleibt unbemerkt, wenn einer von uns stirbt. Bisher hatte uns immer Scheich Zulkaid in Todesfällen den einen oder anderen freien Platz an den Hängen von muslimischen Friedhöfen ausfindig gemacht. Er ist aber jetzt von uns gegangen und mit ihm auch seine Güte. Deshalb sind wir hierher gekommen, weil man euch Würdenträger in der Stadt nur schwer versammelt antrifft. Hier aber seid ihr alle beisammen und wir sind hier, um von euch einen eigenen Friedhof zu erbitten, einen jüdischen Friedhof, geräumig und nur für uns selbst. Es ziemt sich nicht, dass ein Toter auf sein Grab warten muss.«

»Der Hang dort drüben im Nebel, wenn man aus der Stadt schaut, liegt er in Richtung Jerusalem – dort soll euer Friedhof sein!«, sagte der Mufti großzügig.

Die Juden fingen an zu weinen, setzten sich um das Grab von Scheich Zulkaid und stimmten ein hebräisches Klagelied an, es handelte vom Propheten Moses, der von seinem Volk dermaßen vergrämt war, dass er die Tafeln der Thora zu Boden schmiss und sich bei Gott über die vereinigte menschliche Unbesonnenheit beklagte.

Die Januartage und die des Februars sind in lichten Nebel gehüllt, lockerer Neuschnee bedeckt den Trebević.

Die Schüler Fazlo Šeremet und Hakija Kaltak kehren vor der Medresse das Laub zusammen und tragen es in die kahlen Obstgärten am Ufer der Miljacka.

Heute bin ich ausgegangen, wollte irgendwo hin, ohne wirklich Lust darauf zu haben. Lieber wäre ich in meinem Zimmer geblieben, hätte ein Gedicht geschrieben, wenn ich ein Dichter wäre. Ich würde es Mustafa dem Künstler widmen, und seinem Vogel, der in die Weiten des Himmels schaut. Vielleicht würde es mir gelingen, schließlich hatte ich in Florenz die Weiten des Himmels studiert. Aber ich gebe es auf. Das Schreiben von Gedichten liegt mir nicht. Die Florentiner Wissenschaften und das Wissen aus Zarigrad wären mir dabei keine Hilfe.

Hatte ich Mustafa in seinem Laden immer noch nicht besucht? Ich lief zwischen der Begova-Moschee und der Medresse, Richtung Baščaršija – zum ersten Mal, seitdem mich Hasan nach Sarajevo einlud.

»Seide aus Damaskus! Feigen aus Imotski!«, hört man die langhalsigen jungen Männer in staubigen Gewändern schreien.

»Schaut nur! Baumwolle aus Ägypten! Hier, Kamelfett!«, ruft ein alter Mann mitten auf der Straße, zwei Läden weiter.

»Allerlei aus dem christlichen Dubrovnik!«, dröhnt eine heisere Stimme, rechts aus der Gasse.

Alle bieten alles an, Dinge und Worte, Lob und Wettbewerb, Ware und die Absicht, sie zu veräußern. Es ist das reinste Gewimmel, alles drängt, brodelt, alles ist in fortwährender Regung, im Strudel vielfacher Bedürfnisse, die sich zu einem Großen vermengen – dem Wunsch zu verkaufen und zu verdienen.

Zejnil hat Recht, wenn er sagt:

»Geh zum Markt! Meide Bücher und deren Stille! Wenn Bücher Glück bescherten, würden die, die sie schreiben, niemals sterben. Wenn Stille gut wäre, hätte Gott all diese Welten nicht erschaffen, sondern er wäre in seinem Alleinsein geblieben! Gehe zum Markt, sei unter tausenden von Stimmen, alle dort bieten das Beste, alle kaufen das Beste und keiner zweifelt daran! Die Menschen auf den Marktplätzen – das sind Leute von Bestand! Kein Glaube hätte es jemals geschafft, Marktplätze zu verändern, selbst wenn er wollte. Wenn jeder Verstand gleich wäre, würde man kaum etwas verkaufen. Wenn jeder Blödsinn gleich wäre, hätten die Menschen nur selten was zu lachen ...«

Innerlich wiederhole ich Zejnils Sprüche und es überkommt mich ein Wohlgefühl, ich genieße es, als Reisender in einer schönen Stadt zu sein, wundere mich darüber, wie menschliche Bedürfnisse überall verstreut sind, und es ist gut so, denke ich mir, jeder braucht etwas anderes, von unterschiedlichen Orten, zu unterschiedlichen Zeiten; wenn man alles, was man braucht an einem Ort besorgen müsste, würden die Menschen mit eingeschlagenen Köpfen rumlaufen und Kadavergestank würde sich breitmachen. So wie es ist, ist es gut! Hier findet man Pantoffeln, dort Rosinen, anderswo Nähzeug und etwas weiter Kajal und Düfte. Ja, dort sind Kajal und Düfte, ich kann viele schöne Frauen sehen, und noch mehr hässliche.

Die Jevtanović-Bücherei liegt gleich neben dem Kajal-Laden. Im Schaufenster liegen zahlreiche Handschriften aus, von denen nur drei in Leder aus Petra gebunden und mit dem Wappen Zarigrads versehen sind. Die erste von drei Handschriften ist Ghazalis *Nische der Lichter*. Ich werde in den Laden gehen und nach dem Namen des Schreibers schauen; die gelehrteren unter ihnen fügen üblicherweise am Anfang oder am Ende des Buches einen Kommentar hinzu. Gelegentlich geriet dies zu cinem glücklichen Aufeinandertreffen zweier Intellekte, bei dem ab und an ein wertvoller Gedanke aufflackert, zwar selten, aber darum umso einprägsamer. Schon vor langer Zeit habe ich Gefallen an dieser Abhandlung über das Licht gefunden; es war im Dezember 1572, als uns in Zarigrad, in der Medresse, Scheich Semnani erklärte, dass der Mensch immer nur das Beleuchtete anzublicken vermag, und niemals das Licht selbst! Nichts beschere dem Auge Finsternis, wie der Blick ins gleißende Licht. Doch der beleuchteten Welt sei nicht nur Helligkeit zuteil geworden, sondern auch unzählige Schatten! Von daher sei es nicht verwunderlich, wenn Menschen umherirren und auf zahlreichen Abwegen taumeln.

»Worin liegt der Ausweg?«, fragte Scheich Semnani damals. »Indem man mit Achtsamkeit durch die Welt schreitet, an den Rändern, wo sich Licht und Schatten berühren, entlang der Mitte dazwischen«, gab er zur Antwort.

In Jevtanovićs Buchladen begegnete ich Šakir Dubravić, er lehrte Arabisch in den unteren Stufen an der Medresse. In Zarigrad verbrachten wir zwei Jahre zusammen, danach kehrte er in seine Heimatstadt Stolac zurück, um dann nach Sarajevo zu kommen. Es war seine geliebte Ljuljeta, der er folgte, die Tochter des reichen albanischen Mandelhändlers Haljilji Dučaj.

Letzten Sommer in Mostar erzählte mir Dubravić, ihm sei sein Schicksal in geliebter Gestalt der reizenden Arnautin erschienen, mit schlankem Körper und geschwollenen Brüsten. Diese Fügung schien ihm alles gegeben zu haben, was die alten Wissenschaften nicht konnten, obwohl er sie in Zarigrad von den ehrwürdigsten Lehrern vermittelt bekam.

Als er sie nach Stolac brachte, konnte er sich monatelang nicht an ihr sattsehen. An den Wasserfällen der Bregava verbrachte er seine Zeit mit ihr und erzählte, sie seien die neuen Adem und Hawwa[66], und dass Gott mit ihnen beiden Bosnien beehren möchte, damit das Familienleben in diesem zauberhaften Land durch sie beide eine Renaissance erlebt.

Bald darauf fing Šakirs alte Mutter an zu klagen und rügte die Schwiegertochter, sie solle mithelfen und sich bei den Arbeiten im Haus und am Feld beteiligen. Ljuljeta verwies sie lediglich an ihren Sohn, doch dieser nahm seine Frau und brachte sie zu den Wasserfällen an der Bregava. So lief es tagelang, doch dann fing die alte Mutter an sie zu verfluchen:

»Šakir, mein Sohn, wenn du weiter faulenzt, werde ich dir die Brust verwünschen, mit der ich dich stillte!«

»Mach was du willst, Hauptsache Ljuljeta verwünscht mir ihre Brust nicht!«

Und so sehe ich meinen Bekannten aus Zarigrad, Šakir Dubravić, hier in Sarajevo; er feilscht mit Smiljana Jevtanović, bietet sechs Groschen für die *Ode an den Wein* von Ibn al-Farid.

»Sechs Groschen? Lächerlich!«, tadelte ihn Smiljana. »Allein der Einband ist mindestens vier wert! Siehst du nicht den Pfau aus Tabriz am Buchrücken? Und hier, die Ringeltaube auf der Titelseite – und du willst nur sechs geben! Lächerlich, Dubravić!«

»Nun gut, ich biete dir zwölf, niemand wird dir mehr dafür geben. Ibn al-Farid wird von kaum jemandem in dieser Stadt gelesen!«, sagte Dubravić und bot das Geld mit der linken Hand an.

»Kümmere du dich nicht darum, was andere bezahlen würden! Bist du gekommen um es zu kaufen, oder im Namen der wenigen, die das Buch in dieser Stadt mögen, zu verhandeln? Vielleicht wird dieser Gelehrte hier fünfzehn Groschen dafür geben«, sagte sie und schaute auf mich.

»Ich komme nicht wegen der Poesie, sondern wegen der Mystik und der Astronomie«, antwortete ich.

»Hier ist Luca Maraccis Buch, es geht darum, dass außerhalb des Weltalls nichts sei, es aber selbst dort Gott gäbe! Gavrilo hat das Buch heute Morgen aus Venedig mitgebracht, wo es ihm empfohlen wurde. Es ist in Latein geschrieben, man erzählt du könntest Latein. Gott sei Dank, dass es an der Medresse auch solche gibt! Du könntest eurem Bibliothekar empfehlen, die lateinischen Bücher bei uns zu kaufen ...«

Dubravić kaufte schließlich die *Ode an den Wein*. Vor dem Laden blieben wir kurz stehen.

»Skender, du weichst nicht von Hasans Seite, als ob es außer ihm niemanden anderen in dieser Stadt gäbe!«

»Ich mag es, mit ihm zu diskutieren, er ist mir hier wie ein Ersatz für Scheich Semnani. Außerdem hat er mir eine Arbeit gefunden.«

»Wenn man ihn absetzt, wird auch deine Stelle nicht lange bestehen!«

»Dann wird sich was anderes finden. Die Welt ist weit.«

»Es wäre besser für dich, wenn du eine Frau mit Haus und Hof finden würdest. Dann würde sich deine Welt erweitern!«

»Es ist nicht gut, dem Schicksal hinterher zu jagen, Dubravić.«

»Noch schlimmer ist es, es zu verpassen, mein Humo!«

Beim Schuhladen trennten sich unsere Wege. Es kam mir vor, als wäre es derselbe Schuhladen von vor zwanzig Jahren gewesen; ich glaubte immer noch Mevlijas Fußspuren dort zu wissen.

Komm und sieh die Aprilgräser am Polterschacht

Ich hielt vor dem Laden von Mustafa dem Künstler an. Von der Straße konnte ich das hübsche Gesicht einer jungen Frau im inneren erkennen. Ich öffnete die Tür, sie war allein im Laden. Ich werde später wiederkommen, dachte ich.
»Du suchst nach Mustafa?«, rief mich die hübsche Stimme. »Er ist da, er mischt Farben an.«
»Er malt auf die Weise, wie man es in Isfahan tut, mischt aber die Farben selbst an?«
»Heute ist er sauer, er lässt mich ihm nicht helfen. Farben aus Isfahan sind teuer, wenn man sie fertig kauft. Er hat heute mit einem Bild begonnen, konnte aber die flammenden Farben des Sonnenuntergangs nicht treffen.«
»Du kennst dich mit den Farben aus Isfahan aus?«
»Ich habe es von Mustafa gelernt. Willst du dich nicht setzen?«
Hinter einem Vorhang hörte ich den Künstler schnaufen. Sein Atem war kräftig und tief. Es klang wie Röcheln, als würde er Holz hobeln oder Steine schleppen, als würde er mit jemandem Stärkeren ringen.
»Möchtest du einen Tee oder einen Kaffee, Muderis-Humo?«
»Woher weißt du, wer ich bin?«
»Dein Schüler Fazlo Šeremet hat es mir gesagt. Ihm gefallen deine Vorträge über arabische Dichter. Abu-l-Atahiya mag er besonders ...«
»Nur wenige finden an wahrer Poesie Gefallen, doch wenn sie von Verzweiflung handelt, mögen sie selbst die Wenigen nicht. Gedichte über Wein darf ich an der Medresse und in den Tekken nicht unterrichten. Bald werde ich sie ganz vergessen.«
Gerne hätte ich der schönen Frau noch lange von Weingedichten erzählt und davon, dass darin vom paradiesischen Wein die Rede ist, welcher nicht berauscht und welcher denen, die ihn trinken, mundet, doch dann betrat eine jüngere, noch hübschere Frau den Laden. Ich sah sie aus dem Augenwinkel. Ein flüchtiger Blick war das Äußerste, was ich wagte. Ihre Schönheit war von der Art, die einem jeden Mut nimmt, sie länger anzuschauen. Sie hatte eine gewisse Ähnlichkeit mit Mustafas Frau, nur sie war jünger. Ihre Jugend verriet sie und wich nicht von ihr, sie war von ihr umschwebt, wie die weißen Wände unseres Gartens in Tepa vom

Duft des Josefskrautes meiner Mutter an sommerlichen Abenden. Ihre Jugendlichkeit war ihr schönster Schmuck, möge Gott ihn für sie erhalten, doch nichts wird von Gott derart beharrlich vorangetrieben, wie die Zeit. »Schau der Zeit und den verstrichenen Jahren nicht hinterher!«, gab mir Scheich Semnani mit auf den Weg, als er bei meiner Abreise nach Florenz von mir Abschied nahm, »Nichts wirst du in der Ferne sehen können, außer die Falten deines eigenen Gesichts und deiner eigenen Hände.«

Die schöne Frau trug einen seidenen Kaftan, der so geschnitten war, dass er die Vorzüge einer Frau vor dem ersten Blick verbarg, sie aber dem zweiten offenbarte. Das gekämmte Haar trug sie über ihre Weste fallend, die Locken auf der rechten Seite wanden sich zum Herzen und die zur Linken irgendwo nach außen hin, vom Herzen und der Brust abgewandt. Vielleicht wusste sie selbst nichts vom Tasawwuf Fariduddin Attars, aber diejenige, die ihr das Haar pflegte, mit Sicherheit umso mehr. In der rechten Hand hielt sie einen nicht allzu großen, blauen Schleier, ein Paar mittelgroßer Männerhände hätten ihn leicht bedeckt. Der Art nach zu urteilen wie aufreizend und freizügig sie ihre hellen Locken den Blicken der Straße preisgab, musste sie wohl aus einer reichen Familie stammen.

Ich schaute ihr ins Gesicht, nur kurz, bis ich ihr Antlitz, drei Handbreit von mir entfernt, an der Wand, auf Mustafas Gemälde *Untergang der Pliva* wiedererkannte.

»Safija! Kein Warten und kein Aufschieben mehr! In zwölf Tagen findet die feierliche Verkündung des schönsten Gartens Sarajevos statt. Vater schickt mich, um dich und deinen Künstler einzuladen. So, meine Liebe, jetzt liegt's bei euch!« Sie sagte das und verließ den Laden. Was von ihr zurückblieb, war der Eindruck, der zwischen mir und dem gemalten Wasserfall der Pliva im Raum schwebte und sich mit dem Duft der Frau vermengte. Hinter einer schönen Frau bleibe immer ein kaum wahrnehmbarer Duft zurück, sagte einst Scheich Semnani bei einem Vortrag über die mystische Deutung des *Diwan Shamsi Tabrizi*.

»Du bist abwesend, Muderis-Humo«, sagte Safija, »Bist du mit den Gedanken gerade in Mostar?«, fragte sie mit einem verschmitzten Lächeln.

»Hast du gehört, was vor ein paar Tagen bei der abgebrannten Tekke passiert ist?«, hörte ich Mustafas Stimme hinter dem Vorhang.

»Nein, ich weiß von nichts!«

»Es wurde der Grundstein für die neue Tekke gelegt. Alle waren anwesend, der Mufti, der Wali, der Kadi, Muvekit Ždralović ... Auch Hasan der Philosoph war da. Als die Feierlichkeit begann, zeigte der Mufti zwei Steine – für zwei Tekken! Er las einen kurzen Brief aus Zarigrad vor: Zur Südseite soll eine Naqschbandi-Tekke erbaut werden, wer Scheich sein wird, sei bekannt – Hadschi Rizvan; seine Stellvertreter werden Avdan Deronja und und Haso, der Halbbruder des Walis; an der Nordseite wird eine Mevlevi-Tekke gebaut, auch hierfür steht der Scheich fest – Zalikan der Dichter. Als Hasan dem Mufti sagte, dass es vielleicht klüger sei, die Regierung in Zarigrad zu bitten, beide Tekken unter einem Dach bauen zu lassen, da der Platz sowieso knapp sei und ein Haus mit zwei Tekken eine weitaus bessere Lösung wäre, erwiderte der Mufti, zwei Häuser wären besser, denn wenn eines angezündet würde, bliebe immer noch das andere übrig.«

»All die Leute, die du aufgezählt hast, kenne ich gut, außer diesen Haso«, warf ich ein, um ihn von weiterer Ausführung abzubringen.

»Haso ist der Halbbruder des Walis. Er hätte am liebsten seinen Bruder für die Stelle ernannt, aber er hat nun mal keinen!«

Mustafa berichtete mir von fürchterlichen Dingen, dass die Brandstifter, die Scheich Zulkaids Tekke angezündet hatten, gefasst, aber kurz darauf wieder unter Eid freigelassen wurden. Es sollen Birgilis gewesen sein. Die Ermittler sagten zu Hasan, dass die die einzige neue Tariqa seien, die zumindest für einen Monat zu ihrem Wort stehen würden. Bei der Durchsuchung ihrer Treffen hatte man keine Schriftstücke gefunden, außer eines – das Buch *Was ein Moslem nicht wissen darf.* Man fand sieben Abschriften davon. »Halte am Glauben fest und interpretiere nicht«, soll darin geschrieben stehen, »unterschiedliche Deutungen kommen vom Unglauben!«

»Aber selbst der Koran unterweist und deutet zugleich!«, erwiderte ich.

»Ich weiß, aber die Bergilis behaupten, dass wir Muslime uns heute in dieser Lage befinden, weil es zu viele Auslegungen gibt: Der Koran dies, der Koran das; deren Koran, unser Koran; die innere Lehre, die äußere Lehre; der Koran im Himmlischen, der Koran im Irdischen; Koran vor dem Kadi, Koran nach dem Kadi ...«

»Aber das, was sie sagen, ist ebenfalls nur eine Auslegung ...«

»Gewiss, aber sie behaupten, sie würden nichts behaupten! Nach rechts geneigt und mit finsteren Mienen laufen sie durch die Straßen. Sie meinen, man könne Gottes Zuneigung einfach so erlangen, trotz grimmigen Gesichts und rauen Herzens. Vor einigen Tagen haben einige von ihnen den Efeu von den Wänden der Mevlevi-Tekke in Bembaša herabgerissen. Das Beschmücken von Wänden mit Pflanzen sei eine Neuerung, riefen sie. Das Zieren von Häusern ziehe Unheil an, ließen sie in der Stadt verkünden. O Gott, was ist aus uns nur geworden? Als unser Reich noch stark war, haben uns zahlreiche Auslegungen nicht gestört. Unsere Waren wurden überall gekauft, von Florenz und Venedig bis nach Wien und Paris. Doch jetzt, nach so vielen Niederlagen, nach Lepanto, Esztergom, Janík und Dschigerdelen, jetzt sind es als Erstes die Bücher, die sie ins Visier nehmen. Schämen sollten sie sich, diese Frevler!«

Immer noch kam Mustafas Stimme von hinter dem Vorhang. Safija setzte Tee auf.

Ich sagte dann, dass ich ein Bild bestellen wollte für mein Medressenzimmer, ich würde auch einen guten Preis dafür bezahlen, was es auch koste. Es sollen sieben junge Frauen darauf zu sehen sein, Türkinnen und Armenierinnen, in einem Garten mit vielen schneebedeckten Bäumen, daneben der zugefrorene Bosporus. Die hübschen Frauen sollen mit Schneebällen werfen ...

»Warte, auf wen sollen sie die Schneebälle werfen?«

»Auf niemand bestimmten, einfach auf die Straße. Es muss nicht eindeutig sein. Es kann das Geheimnis des Bildes bleiben.«

Ende März 1586 hörte ich von Hasan, dass die Kämpfe bei Esztergom wieder aufgeflammt waren. Der Wali, der Mufti und der Kadi hielten es für gut, wenn wir uns auch daran beteiligten und, so weit es uns möglich war, mithalfen – ich brauche mich nicht zu fürchten, sagten sie, ich müsse weder einen Säbel noch ein Gewehr tragen, lediglich als Schreiber Hasan zur Seite stehen. Das wäre die eine Sache. Außerdem wäre es gut, wenn wir die jungen Männer aus den Medressen, Tekken und Moscheen hinausführen würden. Scheich Zelkanović soll unter den Halvetis bereits siebzig Mann zusammengebracht haben. Die Derwische aus der Tekke des verstorbenen Scheichs Zulkaid versammelten sich bei klaren Nächten immer noch bei der Brandstätte, von ihnen würden vielleicht hundert tapfere Krieger losziehen. Der Mufti ist zuversichtlich, dass die zwei neuen Tekken erbaut sein würden, bis wir von Esztergom zurückkehrten. Der Kaufmann Rizvan und sein Helfer Avdan waren nicht unter den Kriegern, aber sie erstellen die Listen, wer in den Kampf zieht und sorgten dafür, dass die Männer für den Krieg gerüstet sind. Zalikan der Dichter sei unterwegs in Jablanica und Drežnica, er würde vierzig gestandene Mevlevis mitbringen ...

Es sei gut, die jungen Männer aus der Beklemmnis der Provinzstädte raus zu bringen, meinte der Wali bei der Versammlung des Kriegsrates, damit sie auch mal die Ebenen Pannoniens zu Gesicht bekommen, vom Gequake der Frösche in den Schlaf gewiegt werden und sich mit dem heiteren Nachthimmel zudecken, damit sie sich und ihren Glauben einmal fernab der engen Gassen bezeugen ...

Außerdem seien die Schlachtfelder weitaus weniger beengend als die Diskussionen in den Moschee und Tekken.

Nachdem mir Hasan all dies erzählte sagte er:

»Noch hast du Zeit nach Mostar zu gehen und deine Eltern zu besuchen! Du hast mir erzählt, Mevlija schrieb dir zu kommen und die Aprilgräser beim Polterschacht zu sehen.«

Das Schönste von allem ist die Rückkehr in die Heimat, zum Haus meines Vaters, in das Zimmer meiner Mutter. Spuren von Kindheitserinnerungen, von Ereignissen aus der Jugend, all das an einem Ort versammelt, in Frieden gehüllt, in Schichten mehrfacher Stille, verfädelt im Gedenken an frühere Zeiten, verwoben in die Säume von Mevlijas Gewändern, in den Hemden und Westen ihrer jungen Jahre, in den nach Äpfel duftenden Laken und den gehäkelten Gardinen an den Fenstern, im tickenden Trug der Schicksalsuhr, in den rissigen Wänden, in den alten Steinen im Garten, im Laub des Vorjahres, in der Rinde der Pappel und ihrem Zweikampf mit der Zeit, in der Fülle beim Gedanken daran, dass unsere Lieben uns immer noch erwarten und in der warnenden Leere unserer Erinnerung an die einstigen, immer seltener werdenden, wenn nicht sogar völlig entschwundenen Gespräche mit ihnen.

In Mevlijas Zimmer, im Haus meines Vaters, liegen meine Erinnerungen wohlbehütet wie eine Schreibfeder im goldenen Tintenfass. Viele Male während zahlreicher Jahre kehrte ich zu Ihnen zurück, aus Zarigrad, Ghom und Damaskus im Osten, aus Venedig, Florenz und Padua im Westen. Jedes Mal öffnete Mevlija mir die Türen. Ich kann mich an den vertrauten Klang ihrer Schritte erinnern, oft höre ich sie in meinen Gedanken, sie sind mein eigen geworden, wie das Pochen des von Albträumen verschreckten Herzens beim Versuch aus dem Würgegriff der Vorsehung zu entkommen. Jedes Mal streckt Mevlija ihre Hände nach dem Gesicht ihres Sohnes aus, küsst es fünf-, sieben-, neunmal, immer in ungerader Zahl. Gott erfreue sich, wenn die Mutter ihr Kind ans Herz schmiegt, beendete einst Scheich Semnani mit feierlicher Stimme einen seiner Zarigrader Vorträge. Schwerelose Schleier, geflochten aus dichten Fäden göttlicher Gnade, bedecken das Herz einer Mutter, sagte er. Gütiger Gott!

Danach nimmt Mevlija dem Sohn die Bücherbündel ab. Sie lässt ihn vor, geht hinter ihm durch den Garten, damit sie ihn von hinten ansehen kann. Sie wirft einen verstohlenen Blick auf seinen Vater, der kaum zwei Schritte von der Türschwelle wartet, um wieder einmal den offensichtlichen Kampf zu sehen, den Stolz und Freude auf seinem Gesicht austragen.

Kurz vor der zweiten Aprilhälfte kam ich nach Mostar. Ich traf Mevlija im Garten an, in Stille, mit blauem Kopftuch. In der Nachmittagssonne trocknete sie ihre Aprilkräuter. Salko war nicht daheim, er war noch in Dubrovnik. Sie erwartete ihn noch diese Nacht oder den Tag darauf, sollte es unterwegs keine Schwierigkeiten geben.

Und es war wieder alles wie damals, als ich aus dem Osten aus Zarigrad, Ghom und Damaskus zurückkam und aus Venedig, Florenz und Padua im Westen.

Diesmal kam ich als Lehrer an Bosniens wichtigster Medresse.

»Was gibt es Neues in Sarajevo, mein Sohn?«

»Nichts. Nur ist es nicht so ruhig wie in Mostar.«

»Der Dichter würde sagen: ›Sag nicht: Es ist still! Sag: Ich höre nichts!‹«

»Dichter träumen wenn sie reden und Träume werden von Stummen geträumt.«

»Deren Worte sind nicht aus der Wirklichkeit, im Getümmel und im Lärm wird kein Gedicht gezeugt.«

»Dichter sind wie Pflanzen – nur wenn sie ein unsichtbarer Wind berührt, vernimmt man von ihnen ein Geräusch.«
»Dichter gleichen Grabsteinen – sie erzählen durch ihr Entwerden.«
»Wie auch immer, sie sind traurig und ihre Stummheit übertragen sie auf die Wirklichkeit.«
»Mein Sohn, hast du die Namen der Kräuter vergessen?«
»Nein! Kiefer – wächst in höheren Bergregionen, heilende Eigenschaften entfalten sich im August und Oktober; Schwarzdorn – blüht von April bis Mai, seine Früchte sind erst nach starkem Frost gut; Frauenlist – lebhaft blaue Blüten, blüht von Mai bis August, wächst neben Zäunen und Sträuchern ...«

In Zarigrad, unter den Gewölben der Medressen, hatten mich Mevlijas Worte nur selten aus meinen Träumen gerissen. Von einem dieser seltenen Erwachen erzählte ich Hasan.

Kaiserstädte sind aus eigenen Träumen erbaut, aus eigenen Erinnerungen. Ein junger Mensch vergisst in den Gärten solcher Städte zweimal so schnell die eigene Vergangenheit. Er vergisst woher er kommt, wer er ist und wohin er geht! Er erstarkt in dem, wozu er im Begriff ist zu werden. Hätte ich denn im Glanze der Kaiserstadt darüber nachdenken sollen, was irgendwann in grauer Vergangenheit mit den Humos und Pavlovićs geschehen ist? In Zarigrad verwässerten all diese Dinge.

Doch jetzt, in dem kleinen Garten in Mostar, denke ich wieder daran. Den Namen Humo hat mein Großvater Arif von seinem Vater Cvitoje, meinem Urgroßvater, geerbt. Vor langer Zeit folgte er reichen, osmanischen Kaufleuten nach Izmir, um dort ertragreiche Geschäfte zu machen. Er ging als Christ und kam mit voll beladenen Pferden und einem neuen Glauben – dem Islam – zurück. Fortan nannte er sich Zaim, er wählte diesen Namen, weil er kurz war und wegen seiner Bedeutung – der Anführer.

Aber weshalb haben Cvitoje und seine zwei Brüder Radun und Dabiživ den neuen Glauben angenommen? Aus einem anderen Grund als wegen des Handels wird es kaum gewesen sein. Selbst ohne Antwort auf diese Frage wusste die Verwandtschaft, dass sie keine großartigen Veränderungen zu erwarten brauchte; die Humos hatten auch fürs Christentum keine Heiligen hervorgebracht. Nur wenige Humos nahmen wegen Glaubensmotiven den Islam an.

Meine Sommerferien verbrachte ich an den Hängen des Velež,

von bläulichen Bergen umgeben, die Sonne hoch oben über mir. Ich führte Gespräche mit der Polterschacht-Höhle, befragte sie nach den Beweggründen der Humos, den neuen Glauben anzunehmen. Vierfach hallte aus den dunklen Tiefen die Antwort zurück: *Die Träumer* begegneten ihm mit Hoffnung auf die Weiten des Himmels und der Erde, die von Gott dem Eroberer versprochen wurden; *die schwachen* – um die Furcht vor Seiner Allmacht zu bannen; *die habgierigen* – weil sie sich materielle Vorteile erhofften; *die machtbesessenen* – angetrieben vom Wunsch nach hohen Ämtern. Die Humos beschreiten auch heute noch diese vier Wege.

Sie sind nicht wie die Familie meiner Mutter, die Pavlovićs, die den Glauben mit Liebe und der unbefangenen Aufrichtigkeit eines Kindes annahmen, das sich an die Brust der Mutter schmiegt, ohne zu fragen, was es ist, wovon es angezogen wird!

Von Cvitoje zu Arif, von Arif zu Salko, von ihnen zu mir, Skender, dem Sohn von Salko und Mevlija, hat sich die Zeit ihren Weg gebahnt und eine sichtbare Spur hinterlassen, schmal zwar und doch unauswischbar. Von Cvitoje rückwärts, in der Ferne des Zeitlichen, in immer weitere Tiefen dahinschwindend, tiefer als die Schluchten des Polterschachts, hinter ungezählten Schleiern des Unerreichbaren, erstreckt sich die immer noch lebendige Vergangenheit in all ihrer Undurchschaubarkeit. Durch Mevlijas Erzählungen vermochte ich bisweilen, wie in einen Abgrund hineinzublicken. Es kam mir vor, wie die Dunkelheit des Polterschachts, um den wir viele Jahre im Klang schreiender Vögel nach heilenden Kräutern suchten, jedes Mal bevor ich mich mit dem Frühlingsende nach Zarigrad aufmachte.

Wenn unterm Velež die Laute des Kuckucks erklingen, dann ist Kirschenzeit.

Wenn sie verstummen, liegt es am Gerstenkorn, das ihm im Hals stecken blieb. Es ist Sommer, es ist heiß und alles strotzt vor Reife.

Wenn der Wiedehopf zum Lied anstimmt, bahnt sich Dürre an.

Wenn die Lachtaube wehklagt, liegen unter ihrem Nest, auf heißem Stein, Kreuzotter und Hornviper zusammengerollt.

Lange ist es her; ich warf Steine in den Polterschacht und wartete, dass sie aufschlugen, wartete auf das laute und unverständliche Grollen, das aus immer ferneren Tiefen nach oben kam und sich immer dünner und heimtückischer anhörte. Es glitt ins Bodenlose, ins Nichts, ins Unaussprechliche, ins Mühselige. Ohne Zeichen, ohne Grammatik, ohne Sinn. Plötzlich würde alles verstummen, um kurz darauf als neuer Widerhall in der Ferne aufzuleben, der mit neuem Donnern und mit neuen Gewittern droht. Und wenn schließlich jeder Laut erlischt, wenn am finsteren, von keinem Auge gesehenen und von keinem Fuß betretenen Grund, der Stein endlich zur Ruhe kommt, würde ich in meine Hände blicken und der Stille lauschen.

Jetzt kann ich mit Gewissheit bezeugen: Im Polterschacht rumoren düstere, undeutbare Klänge, welche ich im Nachhinein zu Geschichten forme. Schon längst habe ich begriffen: Der Polterschacht weilt in stummem Schlaf, bis man ihm sonnenverbrannte Felsbrocken von den Velež-Hängen in den Rachen wirft.

Von Vergangenem zu reden liegt mir fern, ebenso darüber nachzudenken oder Ereignisse in dessen Weiten zu erraten. Scheich Semnani sagte, die Vergangenheit sei das größte Trugbild und der Ort, an dem Zeit zu Asche wird! Wenn mich die Stimmen meiner Vorfahren, der verstorbenen Humos, die als Christen oder Muslime dahingingen, aus diesem Ort anrufen, dann ignoriere ich sie; ich sehe nur auf meine leeren Hände und würge die verstrickten Geschichten aus mir heraus.

Aus welchem Grund sollte ich das Verstrichene wieder heraufbeschwören? Es soll erlöschen und sein Widerhall für immer verstummen, auf dass kein Blick jemals wieder nach hinten, zu den undurchsichtigen Ablagerungen der Vergangenheit angelockt werde.

Hierzulande ähnelt die Vergangenheit dem Gerank von Kürbissen – an der Stelle, wo es aus der Erde tritt, trägt es keine Früchte, sondern schleppt sie leidig mit sich weiter und bringt sie erst später, woanders hervor. Dann kriecht es auf Umwegen davon, um von der Wurzel abzulenken und um sich dort auszubreiten, wo es bis dahin nicht war.

Nur wenige in unserem Hause erinnern sich an die Erzählung, dass unser Urgroßvater, der einstmalige Cvitoje und spätere Zaim, von der ansehnlichen Maria geboren wurde.

Sie brachte neben ihm noch zwölf weitere Söhne zur Welt, von denen nur Cvitoje, Ivaniš, Milobrad, Radun und Dabiživ am Leben blieben. Maria liebte sie alle und blieb ihre Mutter bevor und nachdem der neue Glaube in ihrem Heim Einkehr gefunden hat. Sie ermahnte ihre Kinder, indem sie ihnen die fünf Finger ihrer rechten Hand zeigte und sagte: »Es schmerzt, ganz gleich welchen Finger man sich auch schneidet!«

Cvitoje, Ivaniš, Dabiživ ... heute sind es nur noch Namen hingeschiedener Vorfahren, die in einem anderen Glauben in unserem Land geboren wurden. Während ich sie ausspreche, weiß ich, dass es Worte einer anderen Zeit sind, die ich Zusammenfüge.

Es ist gut, denke ich mir oft, dass sich die Jahre zwischen ihnen und mir zahlreich aneinandergereiht haben. Es ist gut, wenn die Vergangenheit vom Ufer ablegt und mit dem trüben Strom flussabwärts, in die Mündungen ferner Meere und uferloser Gewässer hinfort zieht. Und es ist, als würde ich am Rande eines weiten Feldes stehen, dessen Enden in den unüberschaubaren Gefilden von Raum und Zeit entschwinden und zunächst in den undeutlichen, blauen Schimmer der Hügel und dann ins Dunkel der Bergmassive übergehen, zu denen ich mich nie aufzumachen wagte und die nie ein Auge mit einem einzelnen, klaren Blick zu erfassen vermochte.

Maria Humo – jener ferne Schleier, hinter dem ich die dumpfen Stimmen der muslimischen Humos vernehme. Sie ist wie der Berggipfel, dessen Umrisse einem klar erscheinen, solange Schnee sie bedeckt, die jedoch verschwimmen, sobald er taut.

Ohne sichtbare Krankheit starb sie 1489 mit achtundsiebzig Jahren. Ihren letzten Atemzug hauchte sie als sanftmütige und demütige Katholikin aus. In den osmanischen Archiven wurde sie als Orthodoxe mit reicher Mitgift erwähnt, und in den Jahrbüchern der Franziskaner setzte man neben ihrem Namen lediglich die verachtende Bemerkung: Zunächst Katholikin, dann Patarenin, hübsch aber scheinheilig!

Heute noch wird von Mostar bis Počitelj die Geschichte von der jungen Maria erzählt, deren Schönheit selbst die der Engelsblume überragte. Sie hatte Augen für die jungen Männer, doch ihren Glauben gab sie immer erst preis, wenn ihr eines der Gesichter und jungen Körper gefallen hätte. Die Älteren erinnern sich noch an die Worte mit denen die üppige und unbändige Maria von ihrer Stiefmutter Dragica verflucht wurde – Muslime solle sie gebären!

Im Jahr des Herrn 1463, als Bosnien sich vor der Macht des Sultans beugte, sah auch Maria ein, dass die Jugend zum Glauben des Stärkeren strömte. Sie versammelte ihre fünf Söhne und sagte:

»Da seid ihr und da ist der neue Glaube und meine Vergebung

für jeden von euch! Ich bete zu Jesus Christus, dass Allah der Allmächtige nicht von euch verteidigt werden muss!«

Cvitoje, Radun und Dabiživ nahmen den neuen Glauben an und wurden zu Zaim, Velija und Zahid. Drei Humos – ein Muslim neben dem anderen!

In der südöstlichen Hauswand hält Großvater Arif, eingewickelt in das gegerbte Fell eines weißen Widders – des ersten, den die Humos als Muslime geopfert hatten – eine vertrauenswürdige Nachricht versteckt, der zufolge alle drei Brüder in ein und derselben Ramadan-Nacht vom Arzt David Paro, einem Juden aus Mostar, beschnitten wurden. Dies war auch das einzige Blut, das meine Vorfahren, die Humos, für den Glauben vergossen hatten! Als später Skender, der Sohn von Mevlija und Salko, unter dem Pappelbaum beschnitten wurde, erwähnte Alun-Hodscha in lobenden Worten die christlichen Vorfahren und deren mutige Entscheidung. Augenzwinkernd fügte er hinzu, dass es damals bei den langlebigen Humos in der Unterhose anders aussah als bei den heutigen; bei Zaim, Velija und Zahid hätte man noch was abzuschneiden und beiseite zu legen gehabt, so habe auch David Paro seine Arbeit leicht und anständig verrichten und auch ordentlich was dafür verlangen können.

Die Zeit holt jeden ein, so auch die alte Maria. Ihre verflogenen Jahre holten ihr den Tod herbei, wie einen Ast, den man mit einem Haken heranzieht und sich dann über die bitteren Früchte wundert. Sie hauchte ihr gesamtes Leben in drei Atemzügen aus und starb voller Güte, als hätte sie das Fasten aller Religionen hinter sich.

Die muslimischen Humos, Zaim, Velija und Zahid, riefen ihre christlichen Brüder Ivaniš und Dabiživ auf, ihre Mutter gemeinsam auf ihrer letzten Reise zu begleiten. So würde es sich gehören und es wäre das Mindeste gewesen, was man noch zusammen hätte tun können, um abzuschließen und neu zu beginnen.

Man verrichtete alles in Stille und bei Nacht, so wie es der letzte Wille der Mutter gewesen war. Der Priester wurde bei Regen und Dunkelheit von weit her geholt. Man bezahlte ihn gut und bat ihn, über alles zu schweigen. Nachdem er seine Arbeit erledigt hatte, machte er sich auf den Weg.

Am Friedhof brach unter den fünf Humos ein schändlicher Streit aus und kurz darauf auch eine Schlägerei, weil sie sich nicht einig werden konnten, wo man die Verstorbene beerdigen sollte.

Später fanden sie einen kleinen, unansehnlichen Hügel zwischen dem christlichen und dem muslimischen Friedhof. Eine tiefe Grube wurde ausgehoben, so dass von einem hoch gewachsenen Mann, der darin aufrecht stünde, gerademal der Kopf zu sehen gewesen wäre.

In der Stille der Zarigrader Medressen ergriff mich zwei- oder dreimal der Wunsch, dass jener Streit auf Marias Grab der letzte gewesen sei, den die ruppigen Humos untereinander hatten, doch selbst heute noch schäme ich mich meiner damaligen Bitten an Gott, das Unmachbare zu machen, Seine vorzeitlichen Beschlüsse und Seinen geschehenen und vollbrachten Willen zu ändern und die im Streit verstorbenen zu versöhnen und ihre harten Herzen zu berühren. In den kaiserlichen Gartenanlagen berichtete ich Hasan voller Stolz von meiner Erfindung, einem neuartigen Bittgebet, welches in dieser Form von niemandem anderen davor ausgesprochen wurde – O Herr, verändere die Vergangenheit und versöhne diejenigen, die vor langer Zeit auf den Schlachtfeldern ihre Leben ließen; versöhne den, der tötete und den Getöteten!

Daraufhin drehte sich Hasan lächelnd zu mir und sagte:

»Ein hübsches Gebet! Du bist aber nicht der erste, der Gott mit Unmöglichem belästigt! Zum Glück kommt Gott nicht jedem gut gemeinten und auch nicht jedem schlecht gemeinten Gebet entgegen!«

Hasans Worte machten mich traurig. Ich durchwachte die ganze Nacht mit dem Gedanken daran, wie sich die Humos am Grab und noch lange danach hasserfüllt um die Form des Grabsteins stritten, welcher zum Haupt der im Schlaf dahingeschiedenen Maria gesetzt werden sollte – sollte es einer mit einem Halbmond oder einer mit einem Kreuz sein?

Die Überlieferung meiner Mutter beruht auf einem recht knappen und klaren Bericht aus jener Zeit, demzufolge sich Urgroßvater Zaim weitsichtig zeigte und es schaffte, seine muslimischen und christlichen Brüder still zu kriegen. Er forderte sie auf, sich das nötige Schamgefühl ins Herz zu rufen, dass man zumindest an einem bosnischen Grab zeigen sollte. Und wenn man kein Schamgefühl aufzubringen imstande sei, dann wenigstens Furcht, denn diese sei leicht zu finden, hier auf dieser bosnischen Erde, in der die verrotteten Knochen nicht tief vergraben liegen. Ein Streit um den Halbmond und das Kreuz sei völlig unangebracht, denn es seien keine Pflanzen, die sprießen und zur Reife gedeihen und deren

Samen von den Winden in alle Himmelsrichtungen verstreut werden. Was immer man auch ans Kopfteil des Grabes setze, es würde verkommen. Die Winde und der Regen würden es mit der Zeit zermalmen und aushöhlen und auch die Mutter würde allmählich zu Staub werden.

Man solle der Verstorbenen einen Grabstein aus leicht bearbeitbarem Stein errichten und an einer Seite einen Halbmond und auf der anderen ein Kreuz einmeißeln, und wenn es unbedingt sein müsse, dann soll das Kreuz auf der Innenseite sein. Der Vorschlag wurde angenommen, aber nur kurzfristig; Ivaniš und Milobrad fingen an zu streiten, ob das Kreuz zum Osten oder zum Westen zeigen solle und Zaim, Velija und Zahid rauften sich gegenseitig die Bärte um die wichtige Frage, zu welcher Seite die Mondsichel idealerweise geneigt werden sollte! Zwei von Ihnen wollten, dass die Spitzen nach Westen, nach Rom zeigen – »Dorthin wo sich das Licht unseres Glaubens bald ausbreiten würde!«, riefen sie mit heiseren Stimmen aus der tiefen Nacht! Einer wiederum bestand darauf, dass die Sichel nach Südosten deuten solle, zum geliebten aber fernen Arabien, zur Urheimat unserer Seele.

Der Augenblick war gekommen, wo Urgroßvater Zaim Weitsicht und Verstand zeigen sollte.

»Diese wichtigen Fragen lassen sich durch Würfeln lösen!«, sagte er, griff in seine Hosentasche und im Nu blitzte ein Würfel in seiner Hand auf. Man sagt, er soll ihn aus Izmir mitgenommen haben, als Andenken an das erste gute Geschäft, das er dort gemacht hat. Die fünf Humos besiegelten, dass sie die weise Entscheidung des Würfels respektieren würden, obwohl sein blinder und einseitiger Wille sie störe. Sie legten los und würfelten zuerst um die Frage des Kreuzes und anschließend um die des Halbmondes! Es zog sich in die Länge, immer wieder verlangte man Würfe zu wiederholen und so wurde bis ins Morgengrauen gewürfelt.

Danach sollten sich die Humos nie mehr wieder am Grab der Urmutter Maria versammeln, selbst dann nicht, als gehässige Menschen den Grabstein bei Nacht zerschlugen und bei Tag ihn jemand willentlich oder gegen seinen Willen wieder zusammengesetzt hatte, weil man wohl einsah, dass man entweder immer beide Seiten des Grabsteins wiederaufbauen, oder beide in Trümmern belassen sollte, damit alles verkomme und vom Gras bedeckt werde.

Marias Worte »Da seid ihr und da ist der neue Glaube« deuteten ihre muslimischen Nachkommen als einen Segen und überlieferten sie von einer Generation zur anderen. Sie besuchten die Stelle, wo sie begraben lag und tuschelten im Nachhinein über das Wunder, dass sich der Grabhügel innerhalb weniger Jahre völlig gelegt hatte. Der Kopfgrabstein trotzte dem Zahn der Zeit. Immer wieder aufs Neue wurde er zerstört und erbaut, zwei oder drei Jahrzehnte lang, bis schließlich Stürme und Regen das Kreuz ausgewaschen hatten und nur noch eine schlichte, unter der sengenden Sonne rissig gewordene Form übrig blieb. Bald war auch die Mondsichel verschwunden und grüner Moos bedeckte die Stelle.

Im Jahr 1519, dreißig Jahre nach Marias Tod, schnürte Urgroßvater Zaim den Geldsack auf. Er ließ Steinmetze von der Insel Brač holen, kaufte den besten Marmor und ließ das Grab mit einen anmutigen Bau überdachen – einem grünen Kuppelmausoleum, in dem seine jenseitigen Hoffnungen zu träumen sich selbst der Sultan nicht zu schade gewesen wäre.

Heute nennen wir diesen Ort Merjemas Grab. Hodscha Alun besuchte ihn nur selten. Er legte meiner Mutter nahe, mich nicht mit langen Geschichten zu verwirren. Es laufe auf nichts Gutes hinaus, wenn bei jemandem die Geschichte lang, aber der Hof klein sei. Und er wüsste nicht, wozu es führen würde, dass Urmutter Merjem seit so langer Zeit aus dem Jenseits die Gegenwart der Humos bestimme und umgekehrt, sie ebenso lang um ihre Vergangenheit mutmaßten.

Diese Erzählung, die sich mir von den Lippen Mevlija Pavlović ins Gedächtnis prägte und die, meines Wissens, die Einzige ist, in der Urgroßvater Zaim, der alte Humo, erwähnt wird, schreibe ich jetzt hier, in meinem Zimmer in der Gazi-Husrevbeg-Medresse, auf diese Seiten nieder.

Ein langes Kaufmannsleben wurde ihm beschert und aus den Geschäften die er machte hatte er ein beachtliches Vermögen angesammelt, welches er gut und gerne für Frauen und Alkohol ausgab. Für beides hatte er eine Schwäche und beidem frönte er heimlich, in der schützenden Abgeschiedenheit des Alleinseins; damals als Cvitoje der Christ, und später ebenso als Zaim der neugebackene Muslim.

Zaim Humo wechselte die Konfession, aber sonst kaum was. Auch in seinem neuen Glauben zeigte er sich gewieft; in nebensächlichen Büchern, die immer und zu jeder Zeit zahlreich sind, suchte er stets nach Gründen, Sündhaftes in seinen Augen weniger anrüchig erscheinen zu lassen. Er war darum bemüht, dass der Glaube ihm diene und nicht umgekehrt. Hartgesotten wie er war, eilte er zum neuen Glauben, um bei Gott zuallererst Gnade und Vergebung für den menschlichen Mutwillen zu finden! Anderes könne man auch später suchen, wenn einem Zeit dafür bleibe!

Offenkundige Sünden ließ sich Urgroßvater Zaim nicht anmerken. Wenn er durch Mostars Gassen lief, war er stets nüchtern und immer mit seiner anvertrauten Ehefrau Hanka, meiner Urgroßmutter, an die sich selbst Salko nicht mehr erinnerte. Zaim duftete immer nach Damaszener Moschus und sein Blick war demütig wie der eines Mevlevi-Scheichs, während er dem neuen Padischah den Säbel anlegt.

Hanka gebar dem alten Zaim Humo einen Sohn, meinen frommen Großvater Arif. Er wurde in der Nüchternheit der Monate Schaban und Radschab gezeugt, in einem der seltenen Anflüge von Reue, wenn alles in der Erwartung sanfter Ramadan-Nächte schwelgt.

Zudem hatte er noch fünf Töchter, denen er all seine Läden vermachte. Die gewieften Schwiegersöhne hatten den genügsamen Arif rumgekriegt, indem sie seine Rechtschaffenheit und Demut lobten, vor allem aber seine Fähigkeit, den weltlichen Dingen und dem verachtenswerten Diesseits zu entsagen. Arif lebte fortan vom Kleinhandel und verkaufte Gebetsketten und kalligraphische Replikas vor der Sandsteinmoschee in Tepa. Die flüchtigen Tage vergingen und er zählte sie nach dem Hidschri-Kalender[67], nach den Sicheln der Neumonde und im blassen Licht des Mondscheins.

Doch Gott der Allmächtige beschenkte Arif mit zwei Söhnen – Salko, meinem Vater, dem Verkäufer von Düften aus Damaskus und Venedig und Bekrija, der in Montenegro mit Pferden und trockenem Obst handelte.

Ich schäme mich heute, noch irgendetwas über meinen Onkel Bekrija zu sagen. Er war ein jähzorniger Mensch, der den Wein liebte und gern zum Messer griff. Er war auch den jungen Witwen zugeneigt, deren Männer auf nahen und fernen Schlachtfeldern in Slawonien und Ungarn als Soldaten gefallen waren.

Nur dies werde ich niederschreiben: Bekrija legte den Namen Humo ab und nahm den arabischen Namen Siradžudin. Er tat es aus Trotz, damit man unter den Orthodoxen in Montenegro das Wort *din* (Glaube) vernehme und aus dem Wunsch, durch den ungewöhnlichen Namen die Erinnerung an die einstige herbe Entscheidung der Humos aufrecht zu erhalten.

Ich folgte den Pfaden von Mevlijas liebevoll gewobenen Erinnerungen und setzte meine Fußstapfen in ihre Erzählungen, in unserem engen Garten, im Schatten der Bäume, im Mondlicht ...

Jedes Mal vor meiner Rückkehr nach Zarigrad, an drei oder vier Bajram-Festen, besuchte ich mit Mevlija Merjemas Grab. Gemeinsam rezitierten wir für sie die Sure *Ya-Sin*, die glorreiche Sure der Toten, die an sechsunddreißigster Stelle im Koran geschrieben steht. Ich lernte sie von den Lippen meiner Mutter. Wir trugen sie abwechselnd, in ihren sieben klaren Abschnitten vor, zuerst Mevlija, dann ich, als wären die Versbündel Geschenke, die wir uns gegenseitig darreichten. Mit ihrer rechten Hand zupfte Mevlija von der Stelle am Grabstein, wo einst die Mondsichel stand, etwas Moos ab.

»Hiermit soll dich Urgroßmutter Merjema segnen!«, sagte sie, während sie mir mit dem Moosfetzen über die Stirn strich.

Kurz vor meinem siebten Ramadan-Bajram sah ich aus Merjemas Grab eine bläuliche Flamme aufflackern. Auch Mevlija hatte sie gesehen und fing an zu weinen. Die Flamme schwebte über der eingesunkenen Erde des Grabes wie ein wohlduftendes Wölkchen, das sich in fünf kleinere Zungen teilte und gen Himmel entschwand.

Das gesegnete, leuchtende Gotteszeichen schien von der himmlischen Bleibe meiner Urgroßmutter zu zeugen. Wir berichteten Hodscha Alun davon, doch alles, was er darauf zu sagen hatte, war:

»Die Sache ist seltsam! Hände weg von Flammen! Das Paradies ist von der Hölle nur durch eine Mauer getrennt!«

Dasselbe sagte er nochmal an einem der Septembertage des Jahres 1563. Tepa war blumengeschmückt, die Läden in den Gassen leuchteten und der Duft von Beifuß, Josefskraut und Rosen lag in der Luft. Es war als wäre Bajram gewesen und als würde er zwei Wochen lang andauern.

Ich war sechs und ich hatte mir all die Ereignisse mit gleicher Sorgfalt eingeprägt wie die Namen von Mevlijas Heilkräutern. Es war die Hundertjahresfeier der Ankunft des Islam in unsere Gebiete! Die Sandsteinmoschee im Schein der Fackeln und der Duftkerzen. Am zehnten September, nach dem Abendgebet, waren die Moschee und sogar der Vorhof voll bis auf den letzten Platz; hätte man eine Nadel in die Luft geworfen, hätte sie nicht zu Boden fallen können. Kichernde Mädchen trugen süße Getränke aus und die jungen Männer boten Halva[68] aus ihren Läden an und verteilten es an die freudigen Leute auf der Tepa. Die Neretva war über Nacht zu einem blauen Strom geworden. Ihr Wasser war klar und ohne Schaum auf der Oberfläche. Von bosnischen Regengüssen angeschwollen, strömte sie kräftig Richtung Počitelj, hin zum Meer.

An jenem Abend voller Andacht waren die Worte Alun-Hodschas voller Entzückung.

»Das Licht des Islam hat uns erleuchtet und ich überlasse all jene dem Hohn, die fragen, was aus uns werden soll! Denn wieder müssen wir unsere Leben lassen, obwohl wir dachten, dass es nie mehr nötig sein würde! Hört nicht auf solche unter uns, die immer noch an dem Weg zweifeln, den unsere Vorfahren mutig gewählt haben und auf dem auch wir mit beiden Beinen, sicheren Blickes und frei von Wankelmut schreiten! Meine Brüder, unser Glaube ist hier unser einziger Besitz, unser unermessliches Gut, unsere ganze Habe und Heimat, unsere Luft, die wir zum Atmen brauchen und unser Sein, unser Fortgang und unsere Rückkehr!

Wir alle wissen, dass viele von uns ihre Leben lassen mussten. Unzählige Gräber haben sich nach Mohács und der Belagerung von Wien aneinandergereiht und auch nach vielen anderen Schlachten, die uns wie ein nicht enden wollender Dauerregen heimgesucht haben. Doch ich stelle mir und euch nur eine Frage, meine Brüder: Wären wir heute frei, hier in dieser Moschee, in diesem Glauben, auf diesem Flecken Erde, ohne unsere Toten von Mohács und Wien? Meine Brüder, Kriege und Schlachten sind eines, aber der Eintritt ins große Kaiserreich ist etwas völlig Anderes. Heute liegen Mostar und Mekka im selben Reich. Seine Weite hat uns vereint. Wir kämpfen nicht mehr sinnlos gegeneinander wie tollwütige Hunde, um nichts. Jetzt weiß man, wo die Grenze liegt und von welcher Art sie ist! Man weiß, wo und für was man stirbt! Man weiß, wer der Feind ist und wie er ist und man weiß, wo die Schlachtfelder und die Frontlinien liegen! Die Weisheit des Kaiserreiches hat uns den Ort des Kampfes eindeutig gezeigt! Meine Brüder, kein Leben ist frei von Versuchungen! Kriege kehren in die Welt ein nach uns unbekannten Gesetzen, wie der Regen – man weiß nie, wo er sich üppig ergießen, und wo lediglich den Staub wegspülen wird. Immer schon ist der Mensch für irgendwas gestorben, wir sind dabei keine Ausnahme, außer in einem: Wir haben die Ehre, unser Leben für ein Reich zu geben, wie es in dieser Größe die Welt bisher nicht gesehen hat, und für einen Glauben auf dem das Reich gründet, der uns ein Geschenk ist, den uns keiner nehmen darf! Diese Ehre wird nicht jedem zuteil! Entweder wir oder unsere Vorfahren haben sie uns irgendwie verdient! Auch wenn sie Christen waren, waren sie gute Christen, denn nicht von jeder Rebe schaffen es die Ranken, im Islam zu gedeihen!«

Ich stand in der Moschee in der ersten Reihe neben meinem Großvater, auf dem Kopf trug ich meine kleine weiße Gebetskappe, die auf den Basaren von Izmir gekauft wurde. Unverhofft drehte sich Alun Hodscha zu Großvater Arif und fragte ihn vor versammelter Gemeinde:
»Weißt du, wer wir sind, Arif?«
»Wohl Muslime, Alun-Effendi!«
»Und seit wann?«
»Ich nehme an, dass wir den Islam einige Jahre nach der Eroberung Bosniens durch Sultan Fatih, 1463 angenommen haben!«
»Siehst du, Hadschi-Arif, du weißt es nicht! Wir sind nicht erst seit Sultan Mehmed II dem Eroberer Muslime, sondern schon viel länger, seit achthundert Jahren mindestens! Wie soll ich es dir erklären? All die Jahrhunderte vor dem Jahr 1463 waren wir hier in Bosnien Christen, aber doch Muslime! Genau so war es! Als im siebten Jahrhundert nach Jesus von der Arabischen Halbinsel die Kunde vom Islam nach Bosnien kam, machten sich zwölf Anführer unserer Ehrwürdigen bogomilisch-christlichen Vorfahren auf den Weg in den Hedschas[69]. Vierzig Tage lang schauten sie die Gesichter der edlen ersten Muslime und lernten von ihnen den Islam! Deshalb sage ich dir, wir haben nicht von Sultan Mehmed dem Eroberer den Islam angenommen; wir haben ihn zu diesem Zeitpunkt lediglich offenkundig gemacht! Er war bereits früher in unseren Herzen und dann zeigte er sich auch auf unseren Gesichtern! Und damit du es weißt – unsere Vorfahren sind damals mit

einem großen Schiff aus Dubrovnik geradewegs nach Alexandrien gereist. Auch damals besaßen Menschen Schiffe, Hadschi-Arif, sogar noch größere als heutzutage!«

In der ersten Reihe der Sandsteinmoschee hörte Großvater Arif der Geschichte von Alun-Hodscha zu und hielt mit der rechten Hand seinen Stock aus Teakholz fest, den er 1547 vom Hadsch[70] mitgebracht hatte.

Florentiner Jahre

Die Nacht ist in Regen getränkt und der Garten der Medresse duftet.

Ohne einen mir erkennbaren Grund haben die Abreise nach Florenz vom Herbst 1580 und mein Studium der Astronomie den Weg in meine Gedanken gefunden. Ich frage mich, warum man mich an der Medresse nicht Astronomie unterrichten lassen will ...

Die junge Frau, die ich vor einigen Wochen im Laden von Safija und Mustafa getroffen habe, kommt mir in den Sinn. Letzte Nacht sah ich sie im Traum, hier in diesem Zimmer. Sie hatte die Gestalt von Nurunada, dem hübschesten von sieben Mädchen, die mir und Ragib Vrebac in Zarigrad Anfangs des Jahres 1580 in Wirklichkeit erschienen waren. Weder Nurunada noch ihre Wirklichkeit konnte ich jemals vergessen. All die Bittgebete aus alten Büchern, welche die größten Geister unseres Glaubens im Anflug sehnsüchtiger Wehmut ausgesprochen hatten, wiederhole ich ihretwegen, trotzdem will sie nicht aus meinen Gedanken weichen. In all ihrer Schlankheit sehe ich sie vor mir, unbeweglich, wie die Statue der jungen Frau in Florenz, an der Piazza links vom Palazzo Pitti. Nurunada – mein verbotenes Laster, meine Schande und Schmach! Wegen ihr ist die Träne, die ich so viele Male in Zarigrad und Florenz und auch hier, in dieser Nacht, in der Medresse von Sarajevo, zurückhielt und in meine Brust zurückdrängte. O Herr! Ich gestehe alles, obwohl ich weiß, dass dies für eine Vergebung nicht reicht. Und wenn doch, dann lass es mir durch ein Zeichen Gewissheit werden. All die Ereignisse und Orte werde ich vorbringen und die Wahrheit wird mir Maßstab sein, obwohl ich mich vor der Wahrheit und dem, was sich zugetragen hat, fürchte.

Vor meinem Jahr in Florenz war das schreckliche Zarigrader Jahr 1579. Am elften Oktober sollte eine Audienz beim Großwesir Sokolović stattfinden. Hasan bestand darauf, dass ich mitkomme, man würde über wichtige Dinge reden, über Wirtschaft und Geld und es wäre nützlich, wenn ich dabei sei. Ich brauche nur zuzuhören und still zu sein. Es sei ein Mal mehr die Möglichkeit zu erfahren, dass unser Glaube beide Welten belange, das Diesseits ebenso wie das Jenseits. Ohne Geld habe man am Diesseits keinen Anteil und das Jenseits bekäme man nicht ohne gute Taten. Auch Scheich Semnani würde bei der Versammlung dabei sein. Er hätte seinen Platz links neben dem Wesir, dort wo einst der verstorbene Scheich Birgivi immer saß.

Es mangelt mir an Geschick und doch verspüre ich immer noch das ungestillte Bedürfnis, über die Kerzenlichter am Wesirspalast zu schreiben. Über die tausenden grellen Zuckungen der Flammen, die sich in gegenseitigem Beschenken zu einem einzelnen, strahlenderem, in sich ruhendem Licht vereinen. Über den Augenblick, den es braucht, bis sich das Licht in den Gesichtern, den Wänden und in den Verknotungen der Zeichen in Scheich Semnanis Kalligraphien an den vier Seiten des Saals einnistet. Ich sehe seine Spiegelungen in den goldenen Rahmen der zwei Schrifttafeln an den zwei gegenüberliegenden Wänden der Empfangshalle. Die rechte trägt den Rat: Glaube und Macht sind Geschwister! Auf der linken die Warnung: Soll dem Menschen etwa jeder Wunsch vergönnt sein!

Jedes Mal wenn eine Kerze abbrannte, hörte man ein leises Knistern der erlöschenden Lunte. Sie meldete sich mit einer Stimme wie ein lebendes Wesen, ein hilfloses Küken, das im Augenblick, in dem es den Tod kostet, ein letztes, wimmerndes Lebewohl ausspricht. Die Pagen waren sofort zur Stelle und zündeten neue Kerzen an. Ein Licht ergoss sich ins andere, wie ein lautloser Fluss, der in alle Richtungen mundete.

An jenem Abend im Palast des Großwesirs Sokolović wurde über die überschüssigen Gelder der Waqfs und der Staatskassen gesprochen. Der Handel mit Venedig hatte sich verbessert, mit Florenz hätte es besser sein können. Es bestand Grund zur Hoffnung, dass der Fortschritt auch außerhalb Zarigrads zu spüren sein würde, zuerst in Anatolien und Rumelien und später auch in Mekka und Medina. Die Frage stand im Raum, ob man staatliche Gelder in Form einfacher Kredite an mittellose Handwerker vergeben, oder auch Anteile am Gewinn einfordern solle. Geld würde neues Geld gebären, wie eine Hündin neue Welpen, sagte vor versammelter Runde der stämmige Kadi Dimischqi. Der Großwesir war diesbezüglich für eine klare und eindeutige Haltung; ein kleinerer Teil des Geldes solle als Almosen an arme, aber fleißige Leute verteilt werden und den größeren Teil solle man als Kredit mit Gewinnbeteiligung vergeben, denn ein Staat sei keine Wohlfahrt, sondern Ordnung, die auf Geld beruht. Einem Herrscher ohne

Geld fehlt der wichtigste Komplize. Geld und volle Schatzkammern sind die besten aller Verbündeten, denn sie haben nur eine Bedingung – dass man sie besitzt und ja nicht ohne sie bleibt! Niemals!

Und dann geschah etwas, was ich und Hasan für etwas Nebensächliches hielten, denn sogar am Sultanspalast, an dem Hasan bis dahin sieben Mal gewesen war, kommt es gelegentlich zu beiläufigen Vorfällen mit beiläufigen Personen, die sich aber üblicherweise schnell klären und die Missverständnisse sich aus dem Weg räumen lassen. An diesem Abend im Palast des Großwesirs war die beiläufige Person ein Derwisch, ein unbekannter Ankömmling in zerlumptem Gewand. Er machte nur zwei oder drei Schritte, blieb dann vor dem Großwesir stehen, streckte seine rechte Hand zu ihm und sagte:

»Gütiger Pascha, hör mich an!« Er sprach bosnisch, sein Akzent verriet seine Herkunft aus der Gegend rund um die Stadt Zvornik. »Weise mich nicht ab, denn großes Unheil hat mich heimgesucht. Aufständisches Volk hat mein Haus angezündet. Nicht einmal Raben kreisen mehr über der Brandstätte meines Hauses. Großer und leuchtender Pascha, du kennst es, das bosnische Land, von dort her bin ich zu dir angereist und du weißt auch, wie wahr mein Leid ist. Auch weißt du, dass ich nicht der Einzige bin, der es dir von dort vorbringt.«

Die gehobene Hand des Großwesirs war den Wachleuten ein Zeichen, den Ankömmling vortreten zu lassen. Ich hatte alles genau gesehen. Der Derwisch machte noch drei, höchstens vier Schritte. Unterwürfig stand er vor dem Großwesir und hielt ein zusammengerolltes, vergilbtes Blatt Papier in der linken Hand. Die Rechte legte er in demütiger Geste ans Herz.

»Leuchtender und großer Pascha, alles was mich bedrückt, habe ich hier niedergeschrieben! Ich trage dir mein Unglück vor und die Ungerechtigkeit die mir und meiner Familie widerfahren ist!«

Und im nächsten Augenblick, der kürzer war als das Aufleuchten eines Blitzes und schneller als ein Säbel die Luft schneidet, platzte das Schicksal herein!

»Das Schicksal kommt auf schnellem Wege, nur wir sind es, die es träge empfangen!«, sagte mir später Scheich Semnani.

Sobald der Großwesir begonnen hatte, in dem vergilbten Blatt zu lesen, schnellte der Derwisch auf wie eine Sprungfeder und zückte aus seinem Gewand einen gekrümmten, einem Yatagan ähnlichen Dolch mit breiter Schneide und rammte ihn dem Großwesir geradewegs ins Herz! Er stach nur einmal zu und zog dann den Dolch geschwind aus der Brust des Großwesirs. Für ein paar Momente schaute er auf das Blut auf der Schneide und warf ihn dann von sich, auf den Kelim aus Isfahan. Sokolović stieß einen Seufzer aus und ein dicker Blutstrahl ergoss sich über sein Wesirsgewand. Er hielt sich mit beiden Händen an der Brust während er zu Boden fiel. Zwei Wachmänner versuchten ihn aufzurichten und drückten ihm Kissen auf die Wunde. Die anderen zwei Wächter hatten derzeit den Mörder niedergesäbelt. Prompt kam es zum Getümmel. Verstörte Menschen liefen in den Gemächern des Großwesirs orientierungslos umher. Inmitten des Menschenauflaufs kam eine Gruppe von zehn Pagen angerannt und brachten den zusammengesackten Sokolović fort. Hasan ging zum Wachhauptmann und fragte, weshalb der Mörder umgebracht und nicht am Leben gelassen wurde.

»Weil er mit dem Messer, welches er aus der Leber des Großwesirs zog und immer noch in der Hand hielt, vorhatte, auch auf andere loszugehen!«, antwortete der Wachhauptmann.«

»Ihr hättet ihn aber nur überwältigen können, ihn zu töten war nicht nötig!«

»Er hätte weitergemordet! Du wärst vielleicht als nächster dran gewesen!«

Vergeblich versuchte Hasan ihm zu erklären, dass ein hingerichteter Mörder auch ein zum Schweigen gebrachter ist. Wie solle man jetzt erfahren, wer ihn mit dem Mord beauftragt hatte?

Scheich Semnani weinte. Man befahl uns, unverzüglich den Empfangssaal zu verlassen. Draußen im Hof wurden wir durchsucht, aber bei keinem wurden weitere Messer gefunden. Wir ließen die prunkvolle Eingangspforte hinter uns und traten ein in das wogende Menschenmeer auf der Straße, in die Unbekümmertheit des abendlichen Getümmels, wo junge Menschen aus getrockneten Kürbisschalen heißes Helva aßen.

Das neue Jahr 1580 zog ein wie alle anderen Jahre davor auch. Die Januartage vergingen einer nach dem anderen und der Februar stand vor der Tür. Die Erinnerung an den Großwesir verblasste allmählich. Zusammen mit Hasan habe ich drei Mal sein Grab besucht und die Sure *Fatiha* für seine Seele rezitiert.

Seit Tagen schneite es in Zarigrad. Ich schaute aus dem Fenster der Medresse auf die hungernden Spatzen unter den Zypressen. Sie pickten nach den durchnässten und versauerten Brotkrümeln, die ihnen die Studenten vor die kleinen, durchgefrorenen Schnäbel warfen. Mir kam diese Wohltätigkeit der Studenten lächerlich vor. Es hatte einen gewissen naiven Hintersinn – sie erwiesen den durchgefrorenen Spatzen ihre Gnade und erwarteten im Gegenzug Gottes Gnade ihnen gegenüber, die sie dringend brauchten, um endlich die schwierigen Kapitel der arabischen Grammatik verstehen zu können.

Selbst heute weiß ich nicht genau, wie oft ich es bisher verdrängt habe, darüber nachzudenken oder zu schreiben, doch immer schon ahnte ich, dass es leichter wäre, die Erinnerung an einen Fehltritt zu ertragen, wenn man sie in Worte fassen, niederschreiben und zu den selten verwendeten Büchern weglegen würde. Aber nach den zwei aufeinander folgenden Nächten, in denen ich all dies zu Papier gebracht hatte, merkte ich jedoch nichts davon, dass dadurch auch nur irgendetwas aus meiner Erinnerung entwichen wäre – ganz im Gegenteil, die einstige Sünde ist nur aufs Neue in mir aufgeflammt und zu neuem Leben erweckt worden, wie Gras bei sanftem Frühlingsregen. Alles, was ich vom Schreiben hatte, waren beschmutzte Blätter und ein tintenbeflecktes Heft. Ich legte es zu den Büchern über die rechtschaffene Seele und die Wege sie zu bewahren.

Es würgte mich die schreckliche Frage: Hatte ich es damals am Bosporus wirklich getan? Ich hatte das dringende Bedürfnis, all die Dinge jemandem zu erzählen und anzuvertrauen, einem Freund vielleicht. Aber wer ist heutzutage noch Freund, und wen kümmert noch die Sünde des Anderen, angesichts eines andauernden Krieges und trügerischer Waffenruhen? In Zeiten, in denen man sich müht, den Kopf auf den Schultern zu behalten, denkt kaum jemand ans Gewissen, sagte einst Scheich Semnani. Dennoch fragte ich mich, ob es irgendjemanden gäbe, mit dem ich mein Leid hätte teilen können?

Zahid Sujoldžić war nicht mehr hier. Schon vor langem ging er zurück nach Travnik. Dort hatte er eine Stelle als Gehilfe des Kadis bekommen. Der Lohn soll gut gewesen sein und er brauchte keine Entscheidungen zu treffen – das war Sache des Kadis gewesen.

Mahmut Piškut, ein anderer Bekannter, hatte, nachdem er mit den Unterstufen der Medresse fertig war, begonnen, mit Juden aus Saloniki Bücherhandel zu treiben. Etwas später sollte er dort auch hinziehen.

Sifet Malkoč hatte einen kranken Vater. Als sich dessen Zustand plötzlich verschlechtert hatte, äußerte dieser seinen letzten Wunsch: Seinen Sohn mit der jungen Beystochter verheiratet zu sehen. Kurz nachdem die Hochzeitsfeierlichkeiten zu Ende waren, starb er. Viele Menschen waren bei seiner Beerdigung, darunter auch dreiunddreißig Hodschas.

Zekerija Jahić plagten schwierige Fragen der Mystik, die ihn schließlich in den Wahnsinn trieben. Man wies ihn in ein Zarigrader Irrenhaus ein und als er nach gewisser Zeit der Behandlung wieder etwas zu sich gekommen war, gab man ihm die Stelle des Archivars in der Handschriftensammlung der Naqschbandi-Tekke in Izmir. Seitdem ist er nicht mehr nach Banovići zurückgekehrt.

Ibraka Muminović ist zuerst aus der Medresse ausgetreten und kurz darauf auch aus dem Islam. Aus Trotz nahm er den orthodoxen Glauben an und nur wenige wussten davon. Er versuchte sich als Hesychast, warf sich eine Mönchsrobe über und hängte sich ein Kreuz um den Hals. Später erlernte er die Kunst des Zubereitens von siebzehn Arten von Räucherwerk und ging nach Vučevo, eine Einsiedelei an der Grenze zu Montenegro, und gab sein Bestes, um den Ansässigen zu beweisen, dass es keine Schande sei, als Orthodoxer den Namen Muminović zu tragen.

Arif Handžo, ein mittelmäßiger Dichter, besuchte vier Klassen der Medresse. Er versuchte es auch mit der fünften, doch als es nicht klappte, suchte er nach Arbeit, zuerst in Nevesinje, dann in Mostar und ließ sich schließlich in Imotski nieder und war dort als Schreiber für den Kadi tätig.

Vielleicht hätte ich meine Schandtaten dem armen Scheich Zelkanović anvertrauen sollen, doch er ließ sich schon seit Jahren an der kaiserlichen Medresse nicht blicken. Nach einer nächtlichen Streiterei mit Hamzawiten, aus der er verprügelt davonkam, fasste er seinen letzten Zarigrader Entschluss – von Hasan unterstützt, beschloss er, seine zahmen und die wilden Vögel aufzugeben, den seltsamen Garten mit den verdreckten Blumen zu verlassen und nach Bosnien abzureisen.

Vielleicht wäre Hasan der Philosoph der Einzige gewesen, dem ich mich hätte offenbaren können, aber er hatte in diesen Tagen Wichtigeres zu tun; er musste sich dem jungen Kadi Zade und seinen Angriffen auf die Philosophie widersetzen. Ermüdet von unzähligen Diskussionen mit Zarigrader Hohlköpfen und Besserwissern, ist er schweigsamer geworden. Zudem gelang es ihm nicht recht, die Sympathien des neuen Großwesirs zu gewinnen, weshalb er sich auch auf die Rückkehr nach Bosnien und den Kampf mit den Hamzawiten vorbereitete.

Und Ragib Vrebac – er war es ja, der mich zu dieser Sünde getrieben hat! Hätte ich ihn bloß niemals getroffen! Schon lange grüße ich ihn nicht mehr wenn ich ihn sehe, auch wenn mein Elend nicht allein seine Schuld war.

Es geschah am vierzehnten Januar 1580. Das orthodoxe Neue Jahr hatte gerade begonnen. Ragib Vrebac kam in der Medresse vorbei und lud mich auf einen Spaziergang zum Bosporus ein, um zu sehen, ob er eingefroren sei und die Boote bereits vom Eis eingefasst waren. Zuerst führte uns der Weg runter zum Ufer und dann zu den rechts gelegenen Gärten, die zum Marmarameer führten. Wir kamen zu einem imposanten Haus, folgten dem Weg entlang des prunkvollen Gebäudes und gingen durch das verzierte Eingangstor in den weiten, von Blicken versteckten Garten mit Obstbäumen, an deren Ästen der Schnee zunehmend anschwoll. Plötzlich trafen uns drei oder vier Schneebälle, die vom Rande des Gartens dahergeflogen kamen und wir hörten süße Mädchenstimmen lachen und kichern.

»Hab' keine Angst!«, sagte Ragib. »Sie werden uns schon nichts tun! Oder vielleicht doch ... wir werden sehen! Es sind ja bloß hübsche Mädchen! Wenn du sie jetzt nicht anschauen willst, wann dann?«

Im verschneiten Garten, an diesem wunderschönen Winterabend, scherzte und lachte eine Gruppe junger Mädchen, es waren fünf oder sieben, genau habe ich sie nicht abzählen können. An ihren Stimmen erkannte ich, dass es Türkinnen und Armenierinnen waren. Sie trugen blaue und orange Schleier. Wie auf ein Zeichen drehten sie sich alle gleichzeitig zu uns und eine neue Ladung Schneebälle flog durch die Luft, jetzt aus geringerer Entfernung. Gleichviele Schneebälle fielen auf Ragib und auf mich. Zu meiner Verwunderung waren sie weder kalt noch hart und sie dufteten nach Oleander. Es fühlte sich an, als würden weiße Spinnweben von einem versiegelten, jahrelang unberührten Schatz, der bald für immer mir gehören würde, auf mich niederfallen. Eines der Mädchen kam zu mir, zu Ragib gingen sechs! Ich weiß nicht, weshalb es so geschah und wer sich diese gerechte Verteilung ausgedacht hatte, aber ich sah – meine war die Schönste!

Ich werde alles wahrheitsgetreu wiedergeben; erstens, weil mir das Erzählen der Wahrheit einem Geständnis gleicht, von dem ich mir Erleichterung erhoffe, und zweitens, weil ich jene Ereignisse, während ich über sie erzähle, einmal mehr aufs Neue durchlebe. Andererseits scheue ich mich zu erzählen, nicht zuletzt aus Gottesfurcht, denn ich möchte die Wahrheit nicht dazu missbrauchen, um von offensichtlicher Sünde zu reden.

Mein Mädchen sagte, ihr Name sei Nurunada und schon war ich dabei, ihr ihn zu erklären – im Arabischen bedeute er Licht des Morgentaus auf einer duftenden Blume und nach dem Sprachforscher Shirazi sei es das vom Tau eingefangene Licht, bevor die wärmenden Sonnenstrahlen den Tau austrocknen und mit ihm auch sein Licht von der Blume weicht und sie einsam zurückbleibt. Ihr gefiel meine Auslegung, besonders das mit der Sonne. Auch mein Name gefiel ihr. Skender, sagte sie, ähnlich wie Alexander. Am letzten Bajram-Fest, während gefeiert und gesungen wurde, habe ihr Ragib von mir erzählt. Ich sagte, dass er für mich wie ein älterer sorgsamer Bruder sei und dass es mir Leid tat, dass er von der Medresse rausgeworfen wurde. Ob mir Ragib denn nicht von ihr erzählt hätte, fragte sie. Selbstverständlich, beteuerte ich, doch ich habe es aus dem Sinn verloren, weil ich für schwierige Prüfungen in Erbrecht lernen musste, doch zum Glück habe ich sie alle bestanden. Sie wollte wissen, ob mir das Erbrecht gefalle und ob ich ein Richter werden wolle, der in reichen Städten arbeitet, dort wo wohlhabende Leute lebten, die nach Regeln erben und über deren Angelegenheiten zu richten es leicht ist, weil sie der Reihenfolge nach sterben und selten umgebracht werden, da sie ja nie in den Krieg ziehen. Weder am Erb- noch am Eherecht habe ich Gefallen gefunden, antwortete ich, sondern an Büchern, die von heiteren Himmeln handeln.

Mir ist nicht bewusst, wie wir ins Haus gekomen waren – ich mit Nurunada und Ragib mit den sechs anderen Mädchen – ich kann mich nur, wie durch den Samum-Nebel der Nadschd-Wüste, daran erinnern, dass eines der Mädchen Wein einschenkte und uns ein Glas nach dem anderen reichte. Und ich entsinne mich der blitzenden Spiegelungen der Weingläser in den Augen der Mädchen, der Musik, der bezaubernden Stimmen, die zu den Klängen der Zurna liebliche Verse von Abu's-Samaqmaq und Al-Farazdaq, über die Vergänglichkeit der Welt sangen ...

Stück für Stück lässt Schaitan[71] einem das Verbotene und die Sünde schöner erscheinen. Er lockt aus dem Verborgenen, aus dem Hinterhalt, hinter üppigen, duftenden Gärten und dem Schaum verbotenen Tranks. Becher werden gereicht und die Münder nehmen leichtfertig an. Blicke lächeln sich zu und die Gesichter und das, was auf ihnen ist, nehmen leichtfertig an. Und dann verliert sich alles im Schaum des Weins, um nicht länger als jener zu dauern. Und alles strebt nach sündiger Einheit. In Paaren. Die unteren Welten und die Oberen.

Von scharfen Kanten und Spitzen und kargen Klippen hält sich Schaitan fern, denn er liebt Rundungen und Wölbungen! Sobald der Verfluchte etwas in Sünde vereint, lässt er es auf sich alleine gestellt ... Doch zu spät sind mir Scheich Semnanis Vorträge über die Verstrickungen des Teufels und über die Sünde eingefallen ... vorher hatte ich mich in wohlduftenden Gemächern verloren und mich aufgelöst, so wie sich Licht in einem Tautropfen auflöst.

Am fünfzehnten Januar 1580 war ich auf der Rückreise zu den kaiserlichen Medressen und Ragib Vrebac begleitete mich. Ich hatte Fieber und Kopfschmerzen. Die Kälte weckte mich auf und ließ mich im andauernden Zustand von Scham und in Gedanken an die verbotene Nacht aufwachen.

Es schneite immer noch. Ragib schaute zum Bosporus.

»Er wird bestimmt nicht einfrieren, du wirst sehen!«, sagte er.

»Vergiss den Bosporus, Ragib! Weshalb hast du mich letztens an diesen Ort gebracht?«

»Mein lieber Humo, schau, was aus unseren Medressen geworden ist! Man hat dir dort nicht beigebracht, stärker zu sein als die Sünde, die du begangen hast! Kopf hoch! Sag zu deiner Sünde: ›Was bist du schon? Wenn ich will, werde ich dich wieder und wieder begehen! Ich spucke auf dich, du Ekel!‹ So musst du über sie herrschen und nicht umgekehrt. Schüttle sie ab, unterwirf sie und mach sie zu deinem ergebenen Diener! Mein lieber Humo, wegen dir und Nurunada wird das Kaiserreich nicht untergehen. Ebenso wenig wie Lepanto unser Reich auszulöschen vermochte, wirst auch du von Nuranadas Umarmung nicht ausgelöscht werden!«

Seitdem wollte ich mich mit Ragib Vrebac nicht mehr treffen, weder im Februar noch im verschneiten und kalten März.

Der Frühling kam und verflog, dann auch der Sommer und mit ihm auch meine Lust nach Mostar zu reisen. Ich wusste, dass mir Mevlija alles ansehen würde, sofort, gleich am Eingangstor unseres kleinen Gartens – mir sieht man sogar die gedachte Sünde an, doch Ragib nicht einmal die begangene! Ich schrieb ihr und log, dass ich meine Ferien mit Scheich Semnani verbringen würde und dass wir vielleicht nach Isfahan gehen würden, damit ich meine Kenntnisse der altpersischen Philosophie auffrische. Während des Sommerunterrichts an der Medrese war ich mit den Gedanken woanders. Ich stellte während der Vorträge keine Fragen und meine Schweigsamkeit blieb von Scheich Semnani nicht unbemerkt.

»Was ist geschehen?«

»Nicht der Rede wert!«

»Worüber man schweigt ist sehr wohl der Rede wert.«

»Ich schweige, weil ich nicht vergessen kann!«

»Sprich! Nur das Reden heilt die Schweigsamkeit.«

»Ich habe etwas Schlimmes getan! Ich glaube, dass das, was ich getan habe, sündig ist, doch ich habe keine Schuld an meiner Tat!«

»Dein Glaube ist im Konflikt mit deiner Meinung und dein Vergehen mit deiner Schuld. Du wärst am besten dran, wenn du die ersten Zwei gegen die zwei Anderen vereinen würdest!«, sagte Scheich Semnani und nahm mich mit in die Qadiri-Tekke zum Mittags-Dhikr. Danach blieben wir im Garten der Tekke bis zum Abend. Wir waren unter uns und ich erzählte ihm alles.

Eigentlich sei nichts an mir gelegen, beteuerte ich, Nurunada sei es gewesen, die alles gemacht hatte – von ihr ging alles aus und in ihr endete alles. Ich hatte mich wie ein Vogel gefühlt, der über unbekanntes Gebiet flog und sich in einem verschneiten, duftenden Garten niederließ. Aus der Höhe betrachtet dachte ich, unter mir Strohblumen zu sehen, doch als ich unten ankam, erwies sich alles als dorniges Gebüsch und verbotenes Dickicht.

Scheich Semnani lächelte und schaute mir in die Augen.

»Jeder Mensch ist der Sünde zugeneigt«, sagte er. »Sie liegt vor ihm und wenn er sich ihr nicht widersetzt, dann folgt er ihr! Als das zwischen dir und Nurunada passierte, hast du all deine Glieder – deine Arme, Beine und alles andere – vor dir gesehen und du brauchst nicht glauben, dass es bei Nurunada anders gewesen ist. Nur die Starken werden von Gott mit Reue geprüft und Reue ohne Sünde gibt es nicht! Reue im Voraus ist nur ein Versuch, sich bei Gott einzuschmeicheln und wer das tut, ist ein Heuchler! Solche erfahren Gottes Liebe niemals! Sünde und aufrichtige Reue – nur so schließt sich der Kreis! Die Sünde begehst du allein oder mit anderen und bei der Reue ist Gott dein Gefährte. Deshalb erfreue dich seines Mitwirkens und überwinde damit deine Traurigkeit!«

Er nahm mich unter den Arm und wir gingen in Richtung der Eyüp-Sultan-Moschee.
»Du solltest aus Zarigrad fortgehen, irgendwohin, wo es genauso oder ähnlich schön ist wie hier. Wie gern hätte ich es, wenn du nach Florenz gehen und dort weiter studieren würdest! Du bist noch jung, deine Zeit liegt noch vor dir. Der Mensch geht leichtfertig mit seiner Zeit um, bis er anfängt mit Wehmut auf seine Jahre zurückzublicken. In den islamischen Wissenschaften hast du viel erreicht, aber jetzt solltest du bei den Christen die Astronomie erlernen. Sieh dir an, wie sie die Himmelsgewölbe betrachten. Erkundige dich, ob für sie die Welt unendlich ist, oder ob sie, außer der Unendlichkeit, auch noch etwas dahinter vermuten. Suche von ihnen diejenigen auf, die danach suchen, was hinter den Dingen liegt und deren Blicke weiter vordringen. Solche gibt es! Warum sollte es sie nicht geben? Finde dir Freunde unter ihnen. Von jenen, deren Herzen vom Geheimnis des Seins berührt wurden, geht keine Gefahr für uns aus! Florenz ist eine schöne Stadt. Ich habe dort die lateinische Kalligraphie gelernt und die arabische unterrichtet. Wenn du des Erforschens der unendlichen Himmelsweiten überdrüssig werden solltest, dann schau dir die Gebäude an, besuche die Plätze der Stadt, feilsche auf Arabisch mit den jüdischen Händlern – so wirst du die Sprache nicht verlernen. Aber schau dir nicht die Florentiner Frauen an! Sie sind die schönsten Frauen, die ich je gesehen habe! Manchmal kam es mir vor, als hätte sich die gesamte Schönheit des Unendlichen in ihnen gesammelt und auf ihren Gesichtern eingenistet. An die Florentinerinnen erinnere ich mich aus den kurzen Blicken, die unsere heiligen Bücher er-

lauben. Wessen Blick sie jedoch zu lange fesseln, dessen Herz verunglückt. Von genüsslichem Hinsehen bis zum verbotenen Gedanken ist es nur ein Augenblick! Du bist jung und das Herz eines jungen Mannes ist zerbrechlich. Ein Blick in das Antlitz einer jungen Frau ist für ein solches Herz vernichtend – schau nur, wie Nurunada deins in Trümmer gelegt hat! Auf diese Weise verwundete Herzen heilen nie und sie sind nicht fähig, in den Meeren der Wissenschaften zurechtzukommen. Mich hatte die Schönheit der Kalligraphie vor den Florentinerinnen beschützt – schütze du dich mit Astronomie und der fortwährenden Schönheit der Himmel vor ihnen! Richte deinen Blick nach oben – nachts zu den Gestirnen und tagsüber zu den azurblauen Weiten, oder halte ihn gesenkt, wenn du an den Piazzen der Stadt bist. Und bleib bei dem, weshalb du nach Florenz gekommen bist – bleib bei der Astronomie! Versuche dahinter zu kommen, wie man dort den Himmel betrachtet! Denke dieselben Gedanken über die Unendlichkeit, wie man sie dort denkt! Wenn man dir aber dort das Herz bricht, wirst du als Dichter zurückkehren und das wäre ein Jammer! Bosnien ist voll von Dichtern, du wärst nur einer von vielen, doch als Astronom wärst du der einzige! Und weshalb solltest du von Christen die Astronomie lernen? – damit du den Teil des Grenzenlosen kennen lernst, welcher ihnen zuteil ist: Den sternenbeschmückten, den uns zugewandten! Und damit das, was du siehst, deine Gedanken beflügelt, denn auch deren Gedanken sind keine Grenzen gesetzt und alles, was sie über die Unendlichkeit des Göttlichen ersinnen, ist durchaus wertvoll, ganz gleich in welcher Weise sie es tun – etwa, dass die Welt nirgendwo weder Anfang noch Ende hat, oder dass sie allerorts gleichsam beginnt und endet. Auch unter ihnen gibt es solche, die beweisen, dass Vögel fliegen, indem sie ihre Flügel am flackernden Licht ferner Sterne stützen, und dass es in den unendlichen Weiten solche Sterne gibt, die ihre Heimat an den Rändern des Seins haben, und dass Dichter kraft ihrer Verse Gestirne zu versetzen vermögen, und dass die Worte von Mystikern aus den blauen Tiefen des Himmels herabsteigen ... Skender, kannst du mir folgen?«

»Ich muss, Scheich Semnani, sonst verliere ich mich in dieser Grenzenlosigkeit!«

»Selbst dort muss man sich nicht verlieren! Man ist verloren, wenn man zugibt, allein zu sein und wenn man sich dagegen nicht wehrt! Nurunada hat dich in die Einsamkeit verbannt, obwohl das nicht ihre Absicht gewesen ist. Von allen Geschöpfen erträgt der Mensch die Einsamkeit am wenigsten! Die Fähigkeit zu denken und zu gedenken, Reue und Träume, Hoffnungen und Erinnerungen – all das sind Gottes Geschenke, mit denen der Mensch alte, beheimatete Welten bewahrt und sich neue erschließt. Mit ihnen flicht er sich neue Nester, wie es ein Vogel mit Grashalmen tut.«

»Und was ist mit Gott?«

»Gott ist dieses barmherzige Nest und die erbarmende Heimat!«

Später, in Florenz, in Momenten der Einsamkeit und der Sehnsucht, während sich mein Herz von den Wunden erholte, flüsterte ich oft die Worte Scheich Semnanis, meines Zarigrader Lehrers der Kalligraphie und des Tasawwuf. Ich wiederholte sie eines nach dem anderen, in derselben Reihenfolge, wie er sie ausgesprochen hatte und in meinen Träumen deutete ich unsere Gespräche, die wir einst in den Gärten der Sultan-Eyüp-Moschee und der Justinianskirche, der Hagia-Sophia-Moschee zurückgelassen hatten.

Noch am selben Abend suchte ich Hasan den Philosophen auf und erzählte ihm, dass Scheich Semnani mich nach Florenz schicken wolle und ich zugesagt habe. Scheich Semnani hatte alles, was für meine Reise nötig war, organisiert: Reisedokumente, Geld, einen Platz auf dem Schiff und ein Empfehlungsschreiben an Luca Firentini, seinen Freund aus der Schlacht von Lepanto. Hasan war darüber sichtlich erfreut. Er umarmte mich und sicherte mir zu, dass wir uns irgendwann in Sarajevo wiedersehen würden. Er war mit Scheich Semnanis Florentiner Jahren vertraut und auch, dass er damals seinen Ruhm nicht erst im Begriff war aufzubauen, sondern längst als Berühmtheit gegolten hat. Sein Ruf als Mystiker und Zarigrader Hofkalligraph eilte ihm voraus. Wegen seiner Vorliebe für die Nuancen blauer Farbe nannte man ihn in Zarigrad »die Himmelsfeder« und in Florenz hatte er den Beinamen »Blauer Hayruddin« bekommen. Im Jahr 1561 im Palazzo Pitti in Anwesenheit von Cosimo I. de' Medici nahm Scheich Semnani zusammen mit seinem Freund Luca Firentini an einem Kalligraphie-Wettbewerb teil. Er trug den Sieg in mehr als sieben Disziplinen davon. Für mehr als vier Jahre blieb er in Florenz. Einmal hielt er einen Vortrag über die Farbe blau und ließ gleich in der Einleitung wissen: »Von dieser Farbe gibt es unbegrenzt viele Abstufungen und ihre Zahl entspricht der Anzahl der Tage, aber nicht etwa der Tage eines Jahres, sondern aller Tage, wie sie Gott seit Anbeginn der Welt aus seiner Gnade erschaffen hat, um damit die Weiten dieser Erde zu erhellen. Mit jedem neuen Tag offenbart sich in den Himmelsgewölben ein neues, andersartiges Blau. Wenn es nicht so wäre, würden die Menschen aufhören, ihre Blicke zum Himmel zu richten. Die Ewigkeit ist blau gefärbt und es ist auch die sehnsüchtige Farbe des Unermesslichen!«, sprach er zu den begeisterten Adelsleuten und Künstlern von Florenz. »Deshalb sind es die entfernten Horizonte und die unüberschaubaren Weiten, die das Blau liebt. Dem Blau öffnet sich alles, was das Größte und das Weiteste auf dieser Erde ist – man sehe nur die Meere, die Ozeane und die blauen Gebirgszüge. Blau ist ein Heilmittel für engherzige Menschen. Wenn dich Schwermut überfällt, blicke in die Tiefen blauer Himmel!«

Dann präsentierte er einige seiner Bilder, unter denen auch solche waren, die einen zu Tränen zu rühren vermochten. Als er in der Ausstellung sein Bild *Winde im Licht* zeigte, konnte man so manches Wimmern im Palazzo Pitti vernehmen. Auch sein Freund, Bruder Luca Firentini, hatte an der blauen Farbe gefallen gefunden. Im ersten Jahr weihte ihn Semnani in die Geheimnisse der Zubereitung von tausendundsiebzig unterschiedlichen Blautönen und später von siebenhundert weiteren ein. Er schenkte ihm auch eine kleine goldene Waage aus Isfahan, die sich sogar vorzüglich zum Messen des Gewichts einer Mücke eignete. Er hatte sie von seiner persischen Mutter Fatima Semnani geerbt, die 1518 seinen Vater Yahya, einen türkischen Mevlevi-Scheich, geheiratet hatte. Hasan sagte mir, dass Scheich Semnani im Jahr 1520 geboren wurde, am selben Abend als Kanonensalven die Inthronisation von Sultan Süleyman dem Prächtigen verkündeten. Als Gegenzug für das Wissen über die blaue Farbe brachte Bruder Luca Firentini Semnani die lateinische Sprache bei.

Cosimo I. de' Medici hatte einmal ein Treffen von Künstlern und Kalligraphen einberufen, an dem auch Luca Firentini und Hayruddin Semnani teilgenommen haben und darüber hinaus als klare und überlegene Sieger hervorgegangen sind. Am Tag der Preisverleihung forderten sie alle Kalligraphen heraus. Luca Firentini verlangte, dass man ihm mit einer schwarzen Binde die Augen zubinde, woraufhin er zur allgemeinen Bewunderung und unter Beifall anwesender Florentiner Schönheiten in lateinischer Kalligraphie die Zehn Gebote niederschrieb, und zwar so, dass sie in aufsteigender Reihe einander folgten, jedes vorangehende zweimal so groß wie das nachfolgende bis hin zum letzten, welches kaum noch sichtbar war. Er setzte die einzelnen Buchstaben in strahlenförmigen Zügen, nach rechts kleiner werdend, in stetig abfallender Intensität von Blau und mit Vokalen unterlegt mit blauen Schatten. Während des Schreibens tunkte er die Feder siebenundsiebzig Mal ins Tintenfass und jedes Mal kehrte seine rechte Hand unfehlbar zu der Stelle zurück, an welcher der Strich neu angesetzt werden musste.

Danach verband man mit derselben Binde Scheich Hayruddin Semnani die Augen. Er nahm ein großes Blatt, hielt es sich hinter dem Kopf und in einer Körperhaltung, die man später als schier unmöglich beschrieben hatte und welche bei den hübschen Damen den Atem stocken ließ, zog er mit der rechten Hand in gekonnten Zügen den Schriftzug *Bismillahir-Rahmanir-Rahim!*[72] Auch er führte die Schreibfeder siebenundsiebzig Mal zum Tintenfass, um sie gleich wieder haargenau an dieselbe Stelle zu setzen, von der er sie zuvor abgehoben hatte, und er lavierte die Vokale in dreiunddreißigfachen Abstufungen. Durch den Palazzo Pitti schallten Jubelrufe, Ovationen und Seufzer. Ihre Werke verkauften Firentini und Semnani für jeweils neuntausend Dukaten und von Cosimo Medici bekamen sie zwei goldene Wappen der Stadt Florenz verliehen.

Hasan erinnerte sich auch an ein weiteres Zusammentreffen Semnanis und Firentinis. Nach vielen Jahren, als Semnanis Erinnerung an Florenz bereits zu verblassen begann und sein Briefwechsel mit Firentini nur noch spärlich, lediglich zum Fest des Ramadan-Bajrams oder zu Weihnachten stattfand, begegneten sie sich unverhofft zum zweiten Mal. In einem durch die Reibung großer Ereignisse entstandenen beiläufigen Strudel von Zufällen oder vielleicht auch durch göttliche Bestimmung, die niemals beiläufig ist, trafen sich die beiden in der blutigen Schlacht von Lepanto und mussten feststellen, dass sie zufällige Feinde waren. Im Garten der kaiserlichen Medresse erzählte Scheich Semnani Hasan, dass er immer noch nicht wisse, wer in wessen Schicksal eingetreten sei – er in Firentinis, oder Firentini in seins – doch es geschah, dass sich ihre Wege aufs Neue trafen und sie gezwungenermaßen gemeinsam durch das selbe Leid gehen mussten. In der Schlacht von Lepanto diente Scheich Semnani als Schreiber auf der muslimischen Seite. Er brachte die Befehle von osmanischen Admiralen zu Papier, übersetzte Verhöre von Gefangenen und die erbeuteten Schriftstücke und Pläne des venezianischen Feindes. In einer Florentiner Sondereinheit wiederum tat Bruder Luca Firentini dasselbe mit osmanischen Schriften. Eines nachts, als die See stürmisch und aufgewühlt und die Dunkelheit besonders tief war, platzten bei Semnani die eigenen Soldaten rein. Unsanft wurde er von der Hauptgaleere gezerrt, deren Admiral Kubrusi zu der Zeit woanders, bei seiner Geliebten war. Über Wellen so hoch wie Hügel wurde Semnani in einem Boot in unbekannte Richtung gebracht. Man erlaubte ihm nicht, zu fragen wohin es gehe. Durchgefroren und in durchnässten Derwischkleidern realisierte er erst im Morgengrauen, dass man ihn auf die Galeere gebracht hatte, auf der die venezianischen Gefangenen eingesperrt gehalten wurden. In schroffem Ton verbot man ihm zu fragen, weshalb er hier sei – morgen werde er Rede und Antwort stehen müssen, und zwar unmissverständlich und ohne seine dämlichen, verfluchten, sufischen Metaphern; der Grund, weshalb man ihn hergebracht habe, sei von größerer Wichtigkeit als der Kampf und sein Ausgang – auch für ihn selbst. Danach wurde er in einen Raum geworfen, in dem jemand bereits eingesperrt war. Als sich seine Augen an den vagen Lichtschimmer des anbrechenden Tages gewöhnten, erblickte er in durchnässtem Habit den verängstigten Franziskaner Luca Firentini! Sie fielen sich in die Arme und weinten wegen des überraschenden Treffens am Unort zur Unzeit – zu blutiger Schlacht auf flammender See. Im Zwiegespräch vergaßen sie vorsichtig zu sein und dann vergaß ihr Gespräch sie. Sie redeten laut, bald auf Latein, bald türkisch und italienisch, und vertrauten einander, aber auch den lauschenden Wänden an, dass kein Buch jemals die Netze hätte beschreiben können, welche das Schicksal einem im Laufe des Lebens zuwirft.

»Die abgefangenen osmanischen Befehle stammten aus deiner Feder, Scheich Semnani! Ich habe es meinen Leuten gleich gesagt – so schreibt nur Semnani! Er lebt für den Tasawwuf und die Kalligraphie. Sogar im blutigen Kampf kann er nicht ohne sie! Ich freute mich jedesmal, wenn eines eurer und deiner Blätter beschlagnahmt wurde. Auf jedem erkannte ich deine Handschrift und setzte den Vermerk ›Scheich Semnani‹ darunter!«

Sobald Firentini dies ausgesprochen hatte, stürmten kräftige Soldaten in den Raum, warfen ihn und Semnani zu Boden und legten ihnen Ketten an! Vergeblich versuchte Semnani sich zu rechtfertigen, dass er weder ein Verräter noch ein Spitzel sei, dass er niemandem Botschaften zugespielt habe und dass der gefangene Luca Firentini, bei dem die Blätter gefunden wurden, sein alter Freund aus Florenz sei, der zufälligerweise als Schreiber für den Feind in diesem verfluchten Krieg tätig war. Weinend wiederholte Semnani seine Beweise und rief, die Venezianer haben unsere Absichten und Befehle auf dieselbe Weise ausspioniert wie unsere Leute deren Botschaften in die Hände bekommen hatten, und dass diese möglicherweise eben von Luca Firentini geschrieben worden waren! Firentini sei lediglich ein Freund aus vergangenen Tagen und wenn sie es ganz genau wissen wollten, stünde er ihnen und dem gesamten Osmanischen Reich nur durch Zufall als Feind gegenüber! Vergebens beteuerte Semnani Firentini gut zu kennen, und dass dieser, vor allem ihm, niemals hätte feindlich gesinnt sein können, doch all seine Beweisversuche halfen nicht – den Soldaten genügte, dass auf den Blättern, die den Venezianern in die Hände gefallen waren, in lateinischer Schrift aus der Feder des zufälligen Feindes Semnanis Name geschrieben stand. Leuten, die im Namen einer Religion, einer Ideologie, eines Staates oder Kaiserreichs etwas anzweifeln, reichen meist nur geringe Beweise, um ihre Vermutungen bestätigt zu wissen! »Weshalb nach großen suchen, angesichts einer tobenden Schlacht und eines, von menschlichem Fleisch und Blut rot und schwarz gefärbtem, zu einem Festmahl für Fische gewordenen Meeres«, erklärte mir Hasan.

»Elender Derwisch!«, schrien die Soldaten Scheich Semnani an und fluchten auf die Türschwellen aller Tekken, die er je in seinem Leben übertreten und auf alle Scheichs, von denen er jemals gelernt hat! Semnani wimmerte, flehte darum, sich erklären zu dürfen und verlangte, vor ein Militärgericht gebracht zu werden. Was für Bruder Firentini heilig war und was ihn verletzen würde, wussten die Soldaten nicht, deshalb fluchten sie ihn nicht an, sondern traten und schlugen umso erbarmungsloser auf ihn ein. Dann aber überkam Semnani ein erlösender Gedanke: Wenn die Lage einem ausweglos erscheint und man erbarmungslos misshandelt wird, dann unterlasse man alle Erklärungsversuche und man fordere auch keine Erklärung – das wäre nur unnütze Kraftverschwendung – mit Schweigen und geduldigem Ertragen ist man immer besser dran. Im Schweigen liegt die Rettung, denn möglicherweise regt sich beim Peiniger dadurch ein Funken Mitleid, und wenn doch nicht – trotzdem gut – dann ist man immer noch umso gefasster für den Augenblick des Todes. Hatte er selbst nicht immer gepredigt, dass man dem Tod mit Fassung und Würde begegnen und ihm trotzend einen Kuss auf die Stirn geben solle? Doch weder hatten sich die Soldaten seiner erbarmt, noch ist der Tod eingetreten. In des Menschen schlimmster Stunde will der Tod nicht kommen!

Der Derwisch und der Franziskaner wären sicherlich noch weiter geprügelt worden, wenn nicht der Vizeadmiral der kaiserlichen Flotte, Sinan Cevlan, plötzlich aufgekreuzt wäre. Der verstörende Anblick der beiden, von erzürnten Soldaten blutig geschlagenen, weinenden und wehklagenden Männer hatte seine Aufmerksamkeit gefesselt.

»Weshalb schlagt ihr diese armseligen Leute?«

»Sie sind keineswegs armselig! Der eine ist ein Verräter und der andere ein Spion!«

»Befreit sie auf der Stelle!« Admiral Sinan Cevlan warf die Ketten eigenhändig ins Meer, spuckte auf den Boden und verfluchte jedes Kaiserreich, dem der Verrat eines Derwisches und die Spionage eines Franziskanermönchs Schaden zufügen könne. Er fluchte auf Soldaten, deren Tapferkeit sie dazu ermuntere, angekettete, verelendete Menschen zu schlagen, anstatt sich dorthin zu begeben, wo der wahre Kampf, Auge in Auge mit dem Feind, ausgetragen werde; dorthin, wo die See und die Schiffe brennen und wo die Genovesen und Venezianer bereits unseren zweiten Abwehrring durchbrächen. Dem Befehl des Admirals zum Trotz ließen die Soldaten die beiden Gefangenen nicht frei, doch zumindest hörten sie auf sie zu schlagen. So hat sich dem Derwisch und dem Franziskaner trotz all der Aussichtslosigkeit das Schicksal doch noch gnädig zugewandt. Von der Galeere, die ihnen in grausamer Erinnerung bleiben sollte, wurden sie auf eine andere, größere verlegt, mit der sie zusammen mit einigen wenigen venezianischen Gefangenen und den Verwundeten und Kranken noch am selben Tag Richtung Zarigrad ablegten. Sie haben niemals erfahren, weshalb man sie in Zarigrad nicht als feindliche Spitzel behandelte, sondern lediglich in ein Gefängnis für allerlei Diebe steckte, wo sie auf ein gerechtes Verfahren hoffen durften.

Beide, Semnani und Firentini, beteten zu Gott, dass es unter den verfeindeten Lagern zum Frieden und zur Einigung um die Fragen von Gewinn und Verlust und der territorialen Grenzen auf Land und auf See komme. Sie beteten morgens und abends, dass der neue Zustand Gerechtigkeit bringe und der vergangene Krieg für ungerecht und unnötig erklärt werde, dass die Schrecken der Kämpfe gleich einem schlimmen Traum vergessen werden und dass der Krieg öffentlich zu einem Gräuel erklärt werde, welches lediglich von einer streitsüchtigen Minderheit ausgehe, die auf allen Seiten vorzufinden sei und von welcher sich jede Seite distanzieren und befreien müsse. Und zuletzt baten sie Gott auch darum, die Regierenden all deren dringende Aufgaben erledigen zu lassen, um danach Zeit finden zu können, auch an die Eingekerkerten zu denken.

Wochen und Monate vergingen. Welcher Art Semnanis und Firentinis Schuld gewesen ist, war dem Blickfeld der Gefängnisobrigkeit längst entrückt. Aus Furcht abgewiesen zu werden, unterließen es die beiden, Fragen zu stellen. Sie wussten von der Warnung heiliger Bücher: Wer viele Fragen stellt, bekommt unerwünschte Antworten! Stattdessen verrichteten sie brav ihre Gefängnisarbeit und säuberten den Gefängnishof vom Laub. Nur ein einziges Mal baten sie darum, in die Werkstatt versetzt zu werden, wo sie den Gefangenen liebend gerne die Handfertigung von Gegenständen aus Holz, Kupfer und Seide beibringen würden. Man sagte ihnen, dass darüber entschieden werde, wenn die Zeit dafür gekommen wäre. Bis dahin gab man ihnen neue Besen, denn der Spätherbst des laubreichen Jahres 1571 stand vor der Tür.

Doch Gott verwehrt einem nicht etwas, ohne ihm etwas Anderes zu gewähren!

Eines nebeligen Morgens hatte ein älterer Dieb, der einsaß, weil er am Wesirspalast wertvolle Kunstgegenstände geklaut hatte, den Kalligraphen Hayruddin Semnani erkannt. Er brach in Tränen aus, heulte und rief lauthals durch den Gefängnishof, dass er verlange, dass man die Untersuchungen zu seinem Fall abbreche – er gestehe alles und möchte, dass man ihn mit einer langen und harten Strafe bestrafe! Er wolle gewissenhaft zugeben, wo er all die Meisterwerke Semnanis versteckt halte, die er jahrelang aus dem Palast des Großwesirs Mehmed-Pascha Sokolović entwendet hatte und er freue sich, in dem Müllmann des Kerkers Scheich Semnani erkannt zu haben. Er entschuldige sich bei Davud Trabzuni und der gesamten Gefängnisleitung, sowie bei Semnani und seiner Kunst.

Daraufhin wurde Scheich Semnani von den Obrigkeiten erkannt und noch am selben Tag zusammen mit Bruder Firentini freigelassen.

Ich erinnere mich, wie der dürre Scheich Semnani mit dem angehenden Frühling des Jahres 1572 an die Medresse kam und die glorreichen Lehren des Tasawwufs zu unterrichten begann.

Von dieser Begebenheit hörte ich von Hasan und auch von Scheich Semnani selbst. Als ich 1583 in Florenz im dritten Jahr meines Astronomiestudiums war, schrieb ich sie getreu nieder; es war an dem Tag, als ich von Hasan einen Brief bekommen hatte, in dem er mir mitteilte, dass Scheich Semnani plötzlich und unerwartet verstorben sei! Bei seiner Beerdigung sollen seine Kalligraphien von fünfhundert Derwischen getragen worden sein. Selten wurde ein Künstler in Zarigrad auf solch schöne Weise zu Grabe getragen. Sein Grab wurde mit blauer Erde bedeckt.

Als Firentini vom Tod des Freundes erfuhr, brach er in Tränen aus. Er soll erwähnt haben, dass das Einzige vom Islam, woran ihn Semnani immer erinnert hatte, nur eines war: Gott ist Gott, in den Himmeln und auf Erden!

Und was hatte ich in Florenz gelernt? Von den Himmeln viel, aber nicht genug, denn es war nur ein geringer Teil des Himmels, welchen das verunsicherte menschliche Auge bis dahin erspähen konnte. Und hatte ich von der christlichen Weise den Himmel zu betrachten etwas gelernt? Gewiss, aber ebenfalls unzureichend, denn es ist eine niemals ruhende Unendlichkeit, mit welcher wir allesamt konfrontiert sind und über die der Mensch kein verlässliches Wissen zu besitzen vermag, weil er von diesem Räderwerk umfasst ist.

Esztergoms Geschwister

Unsere Reise von Sarajevo bis zur Burg von Dschigerdelen dauerte zehn Tage und zehn Nächte. Es war Ende Juni, die Tage waren lang und die Luft schwer und dunstig. Häufige Regengüsse und tosendes Gewitter machten es, dass wir von Schlamm, Matsch und Mücken mit langen Flügeln und giftigen, nadelspitzenscharfen Stechrüsseln umzingelt waren. Zunächst versuchten unsere Männer, die Burg, in der sich der Feind verschanzt hielt, zu stürmen, dann wiederum griff dieser unsere Gräben an und wir waren es, die sich verteidigen mussten. Die Zeit floss in zwei entgegengesetzte Richtungen: Hinweg, wenn wir angriffen und heran, wenn wir uns verteidigten – so hatte ich es wahrgenommen und niedergeschrieben.

Ich frage mich, ob sich jemand findet, der mir aufs Wort glaubt, dass die Kämpfe bei Dschigerdelen schrecklich waren?

Hasan drückte sich mit Büchern die Ohren zu, während es aus unseren Reihen in beängstigenden Rufen »Allah! Allah!« dröhnte und von der Gegenseite die hasserfüllte Antwort zurückhallte: »Jesus! Jesus!«. Anfangs hörte man die Kampfrufe nur mittags, dann auch morgens und abends, manchmal sogar vor Tagesanbruch, wenn sich der weiße vom schwarzen Faden gerade zu unterscheiden beginnt ...

Die Berge und Täler empfingen die Rufe aus den Kehlen tausender Männer und sandten sie zurück als hässliches Getöse und verzerrten Widerhall heiliger Aufschreie – für den Sultan und für den Kaiser, für die Mondsichel und das Kreuzbanner, für den Glauben, für Gott ... Der Himmel antwortete mit seltsamem Schweigen und es galt beiden Seiten gleichermaßen. Es gab keine dritte, vierte oder fünfte Seite, weder kleine noch große Wildtiere, auch keine Vögel. Nichts. Alles war von diesem Ort geflohen, nur nicht die schwarzen Fliegen über den Leichen unserer und derer Soldaten.

Unsere Rufe donnerten über den Kampfgräben des Feindes und deren Rufe über unseren. Während der kurzen Kampfpausen flüsterten die Soldaten Gottes Namen, viele unter Tränen, denn der Tod wartete im Hinterhalt, auf jedem halben Schritt, nach jedem zweiten Fuß. Alle riefen Gott an und versuchten auf diese Weise seine Nähe zu erfühlen.

Aus was für Drecklöchern wir nicht alles Allahs Namen gerufen haben und unsere Gegner den Namen Jesu! Wir waren umgeben von Ratten- und Froschkadavern, faulendem Gras und dem morbiden Geruch von Adlerfarn der pannonisch-ungarischen Sümpfe. Und dann dieser abscheuliche Gestank aufgeschlitzter, unbeerdigter Körper! Alles hätten wir irgendwie verdrängen können, aber den Gestank verwesender Leichen junger Männer nicht! Er drang in unsere Lungen und verekelte uns das Essen und das abgestandene Trinkwasser. An Montagen, immer nachmittags oder abends, wenn es keine Angriffe von unserer oder deren Seite gab, wurde die gefallene Jugend begraben. Es konnte sich glücklich schätzen, wer die für ihn bestimmte Kugel oder den todbringenden Säbelhieb an einem Sonntag in die Brust bekam, oder noch besser am frühen Montagmorgen, wenn die kühlende Nacht vorüber war, weil er der Erde dann noch schmackhaft gewesen wäre.

Von welch dreckigen Orten wir nicht alles Gottes erhabenen Namen gerufen haben! Nur wenige werden mir glauben, dass ein frisch ausgehobenes Grab anziehender ist, als es unsere Schützengräben waren. Die tiefen und stinkenden Gräben, unsere und die des Feindes, einander gegenüberliegend – wie könnte es im Krieg auch anders sein? Unsere Brustpanzer den feindlichen zugewandt – im Kampf muss man dem Feind ins Gesicht sehen. Dazwischen das brachliegende Feld, auf dem wir von zwei Seiten den Tod säten, und hinter all dem – die Burg von Dschigerdelen.

Während ich zu später Stunde einer Augustnacht in meinem Medressenzimmer das Vergangene niederschreibe, ringe ich mit einem verschwommenen Bild, welches mir, verschleiert vom Rauch der getrockneten Tabakpflanze, des jüngsten Neuankömmlings hierzulande, in Erinnerung tritt. Ich kann es immer noch vor mir sehen, wie sich die Soldaten zum Rauchen versteckten. Damals hatte man nur zwei Freuden und man lebte von einer zur anderen – wenn man nach dem Angriff feststellte, dass man immer noch am Leben war und wenn man, nachdem die Kämpfe etwas abgeklungen waren, mit seinem Tabak ein Versteck zum Rauchen aufsuchen konnte. Ich wusste vom Tabak Bescheid und Hasan auch, doch wir hatten die Soldaten niemals verraten, aber der Sicherheitsdienst der Kampftruppen hatte seine eigenen Leute unter den Rauchenden und die wussten von allem Bescheid. Der Tabak wurde in den Ärmeln versteckt, wenn es nicht regnete und wenn doch, dann unter den Achseln, und die Feuersteine bewahrte man zusammen mit dem Tabak immer im Trockenen auf – das war die kürzeste und liebste Regel für die Soldaten. Die Überlebenden kennen sie nur zu gut.

»Je länger der Scheich-ul-Islam[73] die bedingte Zulassung für Tabak hinauszögert, umso mehr rauchen die Soldaten!«, sagte mir Hasan einmal inmitten eines wütenden Kampfes.

Während der Schlacht bei Janík war ich zusammen mit Scheich Zelkanović, Hasan dem Philosophen und Mustafa dem Künstler als Schreiber tätig. Janík war ein kurz andauernder, aber umso schrecklicherer Zusammenstoß, in dem innerhalb von wenigen Tagen und Nächten drei- bis viertausend junge Bosnier gefallen waren. Arslan Torlak – ein Befehlshaber unserer Truppen und ein Tyrann – erzürnt auf die eigenen Leute wegen der großen Verluste, bestellte Scheich Zelkanović, Mustafa, mich und zwanzig weitere Männer zu sich und befahl uns, Gräber für die Toten auszuheben und sie für das Jenseits herzurichten.

Tagsüber war unsere Beschäftigung, den gefallenen Soldaten mit der rechten Hand die Augenlieder zu schließen und die erkalteten Körper zur Sammelstelle des Todes zu tragen.

In einer klaren, ungeraden Nacht, während der Kämpfe um Erdély, als es von unserer Seite erneut »Allah! Allah!« und von derer »Jesus! Jesus!« über die Felder Pannoniens erschallte, war ich mit Hasan dem Philosophen zusammen und sah mir die sinnentleerte und doch bezaubernde Anordnung von Sternenschwärmen am Himmel an.

»Ob heute Nacht der Himmel über Sarajevo auch so schön ist?«, fragte ich. Hasan antwortete nicht. Ich hörte ihn nur die weise klingenden Worte eines Gebets sprechen, in dem sich auf seltsame Art sein Weinen, sein Bangen, seine Verzweiflung und seine Sehnsucht verwoben. Er flüsterte seine nackte Hoffnung aus sich heraus und den Wunsch, dass Gott, wenn dies ohne schlechte Folgen möglich sei, alle Kriege von der Erdoberfläche unwiederbringlich auf die Meere hinausverlege, auf dass zu Lande der Frieden einkehre! Und dass er dann die Kriege von den Meeren in die blauen Tiefen des Himmels hinauf hebe und sich der Frieden auch auf den Meeren ausbreite! Und zuletzt, dass er alle Kriege in die tiefsten Tiefen der Hölle verbanne und sie dort verbrenne, damit das Himmelsgewölbe friedlich, rein und klar bleibe und wir uns auf ewig der blauen Unüberschaubarkeiten erfreuen können!

»Der Himmel hat keine Heiterkeit für den, der ihn weinend betrachtet. Mit Tränen in den Augen sieht man die Welt verzerrt und verfälscht!« Das war Hasans Antwort auf meine Frage nach Sarajevo. Dann forderte er mich auf, eine Kerze anzuzünden, Schreibzeug zu nehmen und seinen letzten Willen aufzuschreiben, in dem er mir die Zusammenfassung seiner vierzig Bücher diktierte. Sie waren mir wohl vertraut; jede Seite und jede Zeile seiner Werke hatte ich sieben Mal abgeschrieben.

Seit der Schlacht von Eger konnte sich Scheich Zelkanović von der Beklommenheit und dem Todeszittern nicht mehr befreien, obwohl er tapfer war und dem Feind niemals den Rücken gekehrt hatte. Seine Furcht galt nicht dem Kampf und dem Krieg, sondern dem Tod. Damals bei Eger hatte sich die Schwelle des Todes vor ihm wie ein Ungetüm aufgerichtet, welches er mit nichts auszuhebeln vermochte. Seitdem verschreckt sie ihn mit der fürchterlichsten aller Erkenntnisse, dass alles menschliche unweigerlich und auf geheimnisvolle Weise mit dessen schrecklicher Rückkehr in die Erde zusammenhängt.

Von Scheich Zelkanovićs Todesfurcht, seiner treuen und grauenvollen Weggefährtin und verfluchten Gespielin, erfuhr Arslan Toprak, der in vielen Schlachten sein Befehlshaber gewesen war. Er hasste Scheich Zelkanović, weil er alle Derwische auf der Welt hasste. Er schickte ihn an die vorderste Front zu den rücksichtslosesten Kämpfern, die um einiges jünger waren als er selbst und für die der Krieg nichts weiter als ein Spiel war, zumindest während der ersten Kampfeinsätze.

In der blutigen Schlacht von Eger eröffnete der Feind das Feuer und Kanonenkugeln schossen zu tausenden durch die Luft, um letztlich inmitten unserer Reihen einzuschlagen. Körper lagen verstreut umher wie vom Unwetter umgeworfene Baumstämme.

Scheich Zelkanović fand sich auf einer engen Niederung mit nur wenigen Büschen, hinter welchen sich bereits jüngere Soldaten versteckt hatten. Ihm blieb nichts anderes übrig, als im feuchten Schilfgras Deckung zu suchen und er drückte sein Gesicht in das nasse Wurzeldickicht. Es hatte einen urigen Duft, der ihm noch aus der Zeit, als die Welt erschaffen wurde, anzuhaften schien. Der Kugelhagel wurde immer dichter, während Scheich Zelkanović immer schneller die neunundneunzig schönen Namen Gottes aufsagte.

Und dann geschah etwas Entsetzliches, noch schrecklicher als der todbringende Metallregen, welcher unsere Männer zerfleischte und den Feind erfreute; ein paar Schlangen schlichen aus dem Schilf, vielleicht verschreckt vom Röhren der Kanonen – denn auch Schlangen sind Gottes Geschöpfe, welche Angst empfinden können – und glitten geradewegs in Scheich Zelkanovićs aufgeknüpftes Hemd! Als er die kalten Kriecher an seiner Brust ertastete, verlor er augenblicklich das Bewusstsein und lag so eine ganze Weile da, ohne mitzukriegen, wann sich die feindlichen Kanonenrohre abzukühlen begannen. Irgendwann wurde er von Hasan und Mustafa gefunden. Sie entfernten ihm die ungiftigen Panzerschleichen aus dem Hemd, wuschen sein Gesicht und trugen ihn, nachdem es ihnen nicht gelang ihn aufzuwecken, im bewusstlosen Zustand ins Feldlager zurück.

Seitdem waren einige Wochen vergangen, doch Scheich Zelkanović hatte niemals begriffen, dass der Mensch von einem Übel und einer Angst durch eine andere, größere errettet werden kann!

Nachdem die überlebenden Soldaten aus der Ferne gesehen hatten, wie Hasan und Mustafa Schlangen aus Scheich Zelkanovićs Hemd holten, brachten sie nach Sarajevo die Nachricht von seiner augenscheinlichen Heiligkeit – Schlangen beißen ihn nicht und wärmen sich an seiner Brust!

Einen knappen Monat nach Scheich Zelkanovićs Rückkehr nach Sarajevo rief ihn Muvekit Ždralović zu sich und fragte ihn unter dem Mitwissen des Walis, des Kadis und des Muftis:

»Willst du für uns arbeiten, Scheich-Ibrahim?«

»An welcher Position?«

»Im Heiligenamt. Wir brauchen dich dort!«

»Bisher gab es dieses Amt nicht!«

»Dann werden wir es eben einführen! Vieles, was es früher nicht gab, gibt es jetzt!«

»Aber ein Heiliger bin ich auch nicht!«

»Natürlich bist du keiner, das ist uns klar, aber die Leute halten dich für einen. Wir brauchen dich wegen der Leute und dessen, woran sie glauben und du sollst auch die Witwen der gefallenen Soldaten betreuen! Sie kommen jeden Tag und verlangen Hilfe. Es wäre keine schwere Arbeit für dich – du würdest sie nur empfangen und ihnen sagen, dass sie am nächsten Tag wiederkommen sollen, daraufhin kommen manche und manche nicht. Die, die kommen, vertröstest du auf übermorgen und so weiter, bis sie schließlich aufgeben und die Zeit ihre Wunden verheilt!«

»Ždralović, hab Achtung vor der Tariqa! Hör auf, neue Ämter zu erfinden!«

»Es herrscht Krieg! Er ist es, der die neuen Ämter mit sich bringt – und auch neue Tariqas! Doch beides muss auf der Seite der Obrigkeit bleiben! Mann muss sein Tun stets mit Neuem auffrischen und mit den Bedürfnissen der Zeit Schritt halten!«

Scheich Zelkanović lehnte das Angebot mit der Begründung ab, er sei geschieden und es seien fast dreißig Jahre her, seitdem ihn Kunija Grošić aus Bistrik verlassen habe. Es zieme sich nicht, dass ein Junggeselle in einem so wichtigen Amt für unglückliche und trauernde Witwen arbeite.

Es ist Sommer. Man schreibt das Jahr 1587 und die Tage sind heiß.

Mit dem Bau der zwei Tekken hat man immer noch nicht begonnen. Jeden Abend versammeln sich Mevlevis und Naqschbandis an zwei gegenüberliegenden Enden der wiedererogrünten Brandstelle.

Der Mufti macht sich Sorgen, weil die Gelder aus Zarigrad immer noch nicht kommen. Zuerst war er sauer auf Hasan. Neider hatten in Sarajevo das Gerücht verbreitet, Hasan habe den Obrigkeiten in Zarigrad geschrieben, dass wir nur eine oder sogar gar keine Tekke brauchten. Später ist man dahinter gekommen, dass es Bergilis waren, die dem Scheich-ul-Islam mehrmals geschrieben hatten, dass es in unserer Stadt wichtigeres zu tun gäbe als Tekken zu bauen; es sei Krieg und das Volk verelende und ob es nicht nötiger wäre, ein Waisenhaus zu errichten? Und ob es nicht auch im Sinne unseres erhabenen Glaubens sei, dass man die bereits bestehenden Tekken zu Aufnahmestellen für unversorgte Waisenkinder mache, deren Väter bei Hrastuša, Janík, Buda, Nagykanizsa, Dschigerdelen und unzähligen anderen Schlachten, diesen schrecklichen Geschwistern Esztergoms, ihre Leben ließen ...

Hasan reiste seit Monaten durch Bosnien, meistens allein, und hielt jetzt noch entschlossener Reden gegen die Hamzawiten, Hunduris, Dandarawis, Hazdaris, Falenderis, Akidei-Sahihis, Galewis, Ulwetis, Besramis, Zamiris, Kudebalis, Kuschbrewis, Kaperunis, Zulmbaschen, Maznewis, Amelisuis, Fusejfisais, Melamis, Gawranis, Gurbinis, Malahis, Fukarais, Karaamelis, Hubimesihis, Kizilbaschen ...

Ich war an der Medresse damit beschäftigt, meine Vorträge über die Koran-Auslegung vorzubereiten. Vorletzte Woche fing ich an, Ebu-s-Su'uds berühmtes Werk *Anleitung zum gesunden Verstand* zu lesen ...

Nach Mostar reiste ich selten, obwohl mir Mevlija und Salko schrieben, dass sie beide krank wären. Die Einsamkeit suchte mich in meinem Zimmer auf, jedes Mal wenn Hasan und Mustafa der Künstler nicht in der Stadt waren.

»Der Tag ist ein Geschöpf, das nur einen Tag lang lebt und danach, überwältigt von der eigenen und der Ermüdung anderer, dahinscheidet. Andere Geschöpfe hoffen auf einen neuen Tag, doch dem dahingehenden Tag selbst wird kein neuer kommen. Zeit ist wie abgemähtes Gras – es entschwindet als Duft in den Himmel. Lass ab von Taten zu später Stunde! Hüte dich vor dem Besuch am späten Nachmittag! Nimm zur Abenddämmerung in Frieden Abschied von dem Tag«, riet mir vor einigen Tagen mit trauriger Stimme Scheich Zelkanović. Trotzdem wird man, manchmal zumindest, am späten Nachmittag besucht werden oder sogar selbst jemandem einen Besuch abstatten müssen und hin und wieder wird es auch unausweichlich sein, die eine oder andere Tat zu später Stunde zu verrichten – mit diesen seltenen Gedanken rang ich an diesem Spätnachmittag, während ich durch den Medressenhof zum Eingangstor ging, an dem ich jemanden mit dem Eisenring klopfen hörte. Die Strecke bis zum Tor war zu kurz, als dass ich in dieser Zeit eine Antwort darauf hätte finden können, weshalb die Besucher gerade jetzt, zu dieser Stunde, kommen mussten, und weshalb ausgerechnet zu uns, wo es doch auf beiden Seiten der Gasse genug andere Tore gab. Warum musste gerade ich es sein, der die schwere Tür öffnen und den Gründen der Besucher begegnen musste? Ich kann mich nicht erinnern, dass ich jemals für jemanden das Eingangstor der Medresse aufgemacht hatte – schließlich war es die Aufgabe von Zejnil Glamočak, dies zu tun. Meine Aufgabe war es, den jungen Leuten die Pforten des Wissens zu öffnen.

Auf den ersten Seiten von Scheich Semnanis *Schrift über das Schicksal* steht geschrieben, dass die Frage nach dem Schicksal der

Frage gleicht, welche *Tür* man als Eingang benutzt und welcher *Pfad* zu ihr führt. Die Absicht seiner Abhandlung war es nicht, den Sinn eines Weges und seiner Endlichkeit zu erörtern, sondern vielmehr der Frage nachzugehen, aus welchen Gründen sich die Menschen den Weg mit unzähligen Toren zwischen sich und der Welt verbauen, welche sie dann immer wieder aufs Neue öffnen und durchschreiten müssen, an denen sie sich begegnen und voneinander Abschied nehmen und von welchen sie jedes Mal zu neuen, entfernten Welten aufbrechen. Es gibt zwei Arten von Menschen, sagt Scheich Semnani, und ebenso zwei unterschiedliche Menschheitsgeschichten – eine diesseits und eine jenseits der unzähligen Tore. Auf welcher Seite der millionenfachen Pforten die Mehrheit der Menschen steht? – die Antwort auf diese Frage ist keine leichte. Es sind immer des Schicksals Tore, durch die man sich nach innen und nach außen begibt – dies scheint die einzig mögliche Schlussfolgerung. Wenn vor dem Menschen keine Pforten stünden, wäre die ganze Welt für ihn eine einzige Pforte. Jene, die viele Pforten zu durchschreiten haben, haben es nicht leicht, noch weniger aber die, denen die ganze Welt eine Pforte ist! Ein Gedicht Semnanis beginnt mit diesen Worten und endet mit einem Widerspruch:

> Ozeanen gleich sind des Schicksals unsichtbare Pfade.
> So lange man die Unendlichkeit auch besegelt,
> geebnet wird der Weg nicht werden.
> Auf unsichtbaren Pfaden hat der Reisende zu schreiten.

Dieses schöne Gedicht gab mir Trost, während ich das Tor zur Medresse aufsperren ging.

Zejnil Glamočak war nach Hause gegangen, zu seiner dicken Frau Hasna und seinen kleinen und etwas größeren Kindern. Es war nur gerecht, dass auch er mal freinehmen durfte. Schließlich ist niemand mit der Medresse verheiratet. Unter ihren Gewölben bin ich während der Sommerglut allein mit den Wänden, der Stille, den Handschriften und den Büchern als einziger Gesellschaft. Es herrscht Dürre und erdrückende Hitze. Die Ferien haben begonnen und der Krieg ist kurzfristig abgeflaut. Alle hoffen, dass der Frieden mit den frischen Erinnerungen an die vergangenen Kämpfe andauern wird. Es sind keine Schüler mehr da, nicht einmal die Vögel. Tagsüber suchen sie andere Orte zum Erfrischen auf. Erst am Abend fliegen sie wieder heran, um zur Morgendämmerung ihr Freudenlied anzustimmen, darüber dass Gott ein weiteres Mal den weißen vom schwarzen Faden des anbrechenden Tages voneinander trennt.

Das Knarren der schweren Eingangspforte war noch nicht verstummt, als mich zwei gut gekleidete junge Männer schüchtern begrüßten. Während sie über die Schwelle traten, sagte einer der beiden, dass es ihnen Leid tue, mich beim Schreiben zu unterbrechen, oder beim Lesen, oder beim Nachmittagsschlummer, doch Salih Kaukčija habe sie zu mir geschickt. Sie überbrachten mir einen Brief von ihm, auf dem in geschwungener Handschrift geschrieben stand: »An den hochverehrten Muderis Skender Humo«, und baten mich, ihn sofort zu lesen.

Er habe gehört, schrieb Salih Kaukčija in dem Brief, dass ich mit Hasan und Mustafa, seinem Schwiegersohn, heil aus der letzten Schlacht zurückgekommen war und hoffte, dass ich ihn unaufgefordert besuchen werde. Er vermute, dass mir der Grund für sein Schreiben bekannt sei und verlasse sich drauf, dass auch ich, genauso wie er als trauernder Vater, die Angelegenheit für wichtig halte. Die Nachricht vom Tod seines Sohnes in einem armenischen Viertel von Damaskus habe ihn schnell erreicht und etwas später sei auch die ganze Geschichte gefolgt. Er möchte mich wegen mehrerer Angelegenheiten sprechen, aber vorrangig wegen seiner Absicht, den Leichnam seines Sohnes aus dem fernen Syrien nach Bosnien zu bringen. Der betrübte Vater wisse zwar, dass der Sohn auch dort, in der Kalifenstadt beerdigt bleiben könne, ihm sei auch bewusst, dass der Tod die Gläubigen nur vorübergehend voneinander trenne, auf ewig jedoch diejenigen, die nicht glauben, und auch dass unsere Vorstellungen vom Räumlichen, die man sich im Diesseits angewöhnt, durch den Tod sinnentleert werden, doch nachts, kurz vor Tagesanbruch, erwache in ihm jedes Mal der Wunsch, dass Hilmijas Grab hier in seiner Nähe sei und dass sein Grabstein unsere Zeichen trage. Deshalb bitte er mich, ihn aufzusuchen. Er wäre selbstverständlich gerne zu mir gekommen, aber er sei alt und krank, die Gicht plage ihn und die Trauer habe ihm die Kraft geraubt.

Er wisse, dass ich die Einladung eines trauernden Vaters bestimmt nicht ausschlagen werde. Wir haben bisher zwar nie die Gelegenheit gehabt, uns länger miteinander zu unterhalten und es habe auch keinen Anlass dazu gegeben, da wir verschiedenen Berufen nachgingen und mit unterschiedlichen Leuten verkehrten, auch seien wir unterschiedlichen Alters, doch er habe mir über Mustafa den Künstler zwei oder drei wertvolle Schriften aus dem Osten geschenkt. Nun bitte er darum, mich umgehend zu sehen und wenn nicht sofort, dann bis heute Abend, solang es draußen noch hell sei. Wir werden uns lange unterhalten und keiner werde uns stören. Derzeit sei sein Haus ständig voll von angesehen Leuten, die auf einen Kaffee kommen und um ihr Beileid zu bekunden.

Ich könne mich gleich auf den Weg machen, oder auch später, wenn ich will, nur sei es besser, wenn mich die beiden jungen Männer begleiten würden und ich, der ehrenhafte und allseits berühmte Muderis, in Gesellschaft gesehen werde, denn die Straßen unserer Stadt sind nie ohne fremde Gestalten und wenn die Zeiten schlecht sind, entscheiden sich boshafte Menschen leichter zu übler Tat.

Salih-Beg Kaukčijas geräumiger Garten ist ein zu Form gewordener Willkommensgruß.

Es liegt etwas Ansprechendes in dem Atem, der ihn beseelt. In der Weise, wie er mit den Schatten des Anwesens emporwächst. Im verbliebenen Wohlstand von Gelassenheit erfüllter Zeiten. In der von Mauern eingefriedeten Ordnung. In der Stille. In seinem Frieden ... Inmitten des Gartens steht ein überdachter Šadrvan-Brunnen aus Stein, zu einer geöffneten Granatapfelblüte geformt. Wassertropfen besprengen den steinernen Trog. Mit den Jahren haben sie ihn ausgewaschen und blaue und gelbe Rinnen ausgehöhlt. Die Pappeln am Rande des Gartens waren schon längst in die Himmelshöhen hineingewachsen. Heute Abend werden ihre Wipfel dem Atem des Windes als Geschenk dargeboten.

Mich hieß Kaukčijas Garten mit der Abenddämmerung willkommen, welche die kühlenden Schatten der Pappelbäume ablöste. Zwei Stege verlaufen durch das Rosenbeet des Gartens. Der linke, der mit weißem Rundstein bepflastert ist, führt zum Frauenbereich des Hauses.

Die einstigen Baumeister scheinen sich die Idee des Spiegels als Vorbild genommen zu haben, als sie den bezaubernden Pfad in gleichmäßigen Steinen anlegten, so dass ihr Ebenmaß und ihre

Blässe ferne Gedanken von der Schönheit weiblicher Schritte und Füße hervorlocken, wenn sie in Holzpantoffeln zu ihren Gemächern schreiten.

Mein Blick und mein eines Medressenlehrers unwürdiger Gedanke folgten dem Pfad durch den Frauenbereich des Gartens bis hin zur verschlossenen Tür.

Rechterseits verlief der Steg für die Männer. Er war in braunen, etwas größeren Rundlingen angelegt. Ihm entlang werden mich meine beiden Begleiter zum Diwan führen, nachdem man Kaukčija von meiner Ankunft informiert hat. Bis dahin verweile ich unter den Pappeln und den Zypressen, atme die Luft des Gartens ein, schlürfe den süßen Trank aus Rosenblüten im Anbetracht der Sternenschwärme, den die frühen Abendstunden einem bescheren. Ich beobachte im Staunen die Abenddämmerung – O Gott, wie gleichmäßig Du nur ihre Lasten über den Berghängen unserer Stadt ausbreitest!

Plötzlich schoss mir der Gedanke durch den Kopf, was ich hier bei dem reichen Kaukčija überhaupt zu suchen habe? Mein und sein Ruhm laufen aneinander vorbei und es ist auch besser, dass sie von unterschiedlicher Art sind. Der beste Ruhm und auch der seltenste sei der, der frei von Neid ist, sagte mal Scheich Semnani.

Kaukčija ist ein wohlhabender Händler und Besitzer von vielen Gütern und ich ein Muderis an der Medresse und Besitzer von vielerlei Wissen. Er kommt zu seinem Ansehen durch den Umgang mit reichen Leuten und ich zu meinem, indem ich die Armen unterrichte. Mehr als vierzig Jahre ist er älter als ich. Seine Altersgenossen füllen schon lange die Gräber auf beiden Seiten der Stadt, doch ihm wurde von Gott ein langes Leben beschert und er nützt es dafür, um Geld zu machen. Wir hatten voneinander gehört, aber keiner hatte den anderen auf irgendeine Weise in seinem Tun behindert. Vielleicht war das auch der Grund, dass wir uns niemals länger unterhalten haben.

Weshalb ruft er mich dann zu sich? Trost wird er bei mir wohl kaum suchen – wem könnte ich auch schon Trost bieten? In der Stadt gibt es durchaus bessere Heiler als mich. Soll er doch zu Scheich-Ibrahim Zelkanović gehen, oder mit dem Hellseher Pervan und Zalikan dem Dichter sprechen, oder sich von Hodscha Tokatlija ein Amulett schreiben lassen, soll er die Franziskaner zu sich rufen, oder die Hesychasten des Episkopos Haralampije. Und schließlich wäre da auch noch Bula Puhalovka – sie ist von allen Heilern die beste! Soll er doch machen, was auch immer er will, nur von mir soll er fernbleiben! In schweren Zeiten ist es besser, von den meisten Dingen verschont zu sein!

Warum bin ich hier in Kaukčijas reizendem Garten, neben dem steinernen Šadrvan mit der Form einer geöffneten Granatapfelblüte? Warum bloß habe ich den zwei jungen Männern nicht gesagt, morgen zu kommen? Morgen hätte dann Kaukčija vielleicht nicht gekonnt, weil er anderen Geschäften an anderen Orten nachgehen musste, die er zuvor mit anderen Leuten ausgemacht hatte. Ich hätte sie auch für übermorgen bestellen können, bis dahin wäre dann alles vergessen worden, entweder von mir, oder von ihnen, oder von Kaukčija selbst. Oder sie hätten Zejnil Glamočak an der Pforte antreffen können mit der Nachricht, dass ich plötzlich nach Mostar abgereist sei, weil meine Eltern erkrankt waren.

Es gab noch viele andere ehrliche Ausreden, die ich hätte finden können, um diesen Besuch zu vermeiden, doch an der Medressenpforte war mir kein einziger eingefallen. Stattdessen überkommen sie mich jetzt in Kaukčijas schönem Garten, zum unangebrachtesten Zeitpunkt und am ungeeignetesten Ort.

Wer weiß, was für Ansprachen ich sonst noch vor mich hin gesponnen hätte, hätte ich nicht das Knarren der Holztreppe gehört, die der schlacksige Seidenhändler Solomon Alkalaj in Begleitung der zwei jungen Männer herabgestiegen kam. Wir begrüßten uns mit einem Händedruck und fragten einander nach dem Wohlbefinden, während die jungen Männer uns den Weg wiesen. Der eine brachte Solomon Alkalaj nach Hause und ich wurde von dem anderen in Kaukčijas Gemächer geführt, die vom Schein duftender Damaszener Kerzen erleuchtet waren. Der Raum war zugleich mit Licht und Wohlgeruch erfüllt, aus derselben Quelle, zu einem Preis. Kaukčija wartete im vorderen Teil. Er empfing mich, schüttelte mir die Hand, umarmte und küsste mich auf beide Wangen.

»Sei mir willkommen, Muderis Skender! Verzeih, dass du im Garten so lange warten musstest. Weißt du, Solomon Alkalaj ist nicht unseres Glaubens, ich konnte ihn nicht ohne Weiteres wegschicken und sagen, du wärst gekommen und er müsse jetzt gehen! Ich weiß, du wirst mir das nicht übel nehmen.«

»Dein Garten hat mir gefallen. Ich habe bei dem Steg aus Rundsteinen gewartet. Es duftete nach verschiedenen Blumen!«

Kaukčija war kahlköpfig. Sein Alter hatte deutliche Spuren auf seinem Hinterkopf hinterlassen. Er war von fettleibiger Statur und an diesem Tag wirkte er irgendwie speckig und aufgedunsen, so wie ich ihn auch von unseren seltenen Begegnungen zum Bajram-Fest am Hof des Muftis kannte. Er setzte sich auf den mit persischem Brokat überdeckten Diwan, strich sich mit der rechten Hand durch die wenigen langen und weißen Haare, die er am erröteten Hinterkopf noch hatte und wies mich mit einer Handbewegung an, zu seiner Rechten Platz zu nehmen.

»Muderis Skender, ich habe dich nicht zu mir gerufen, um über meinen Sohn Hilmija zu sprechen. Über seinen Tod habe ich bereits alles gehört und es waren Dinge, die ich nie hätte hören wollen. Die Liebe eines Vaters zu seinem Sohn ist groß – das wusste ich bereits – aber der Schmerz für den toten Sohn ist noch größer und das erfahre ich gerade. Dort, wo früher nur Liebe war, sind jetzt Liebe und Schmerz zusammen. Die Liebe ist Fülle und der Schmerz Leere. Wo Liebe ist, ist auch der Geliebte, aber wenn der Geliebte für immer fort geht, beginnen einen zwei Arten von Kummer zu plagen – die Leere, an der Stelle, wo einst die Liebe war und das Tal der Verbitterung, in dem man von Wehmut zerfressen wird.«

Kaukčija hielt inne. Vielleicht wartete er darauf, dass ich etwas sage, einen heiligen Grund, oder eine weise Erklärung hinzufüge. Doch was hätte ich schon sagen sollen? Am Schlachtfeld hatte ich so viele Male den Tod gesehen, dass mir alle Erklärungsversuche darüber langweilig geworden sind.

Kaukčija wartete aber weder auf ein Wort, noch auf eine Auslegung von mir, das war mir bewusst. Ich konnte ihm in seinem Haus nicht sagen, dass ich wusste, dass die Kaukčijas nicht in den Krieg zogen und ihr Geld es stattdessen für sie tat. Es mag zwar sein, dass Geld für jemanden in den Krieg ziehen kann, in den Tod aber gewiss nicht. Und es gibt den Tod auch ohne Krieg – so ist es von Gott bestimmt worden. Wäre der Tod nur im Krieg zu finden, würden die Menschen niemals Kriege führen. Diese Gedanken behielt ich für mich, ohne sie auszusprechen.

Dann erklang durch den hübschen Raum Kaukčijas Stimme:

»Ich höre, zwei Tekken sollen gebaut werden. Das freut mich! Ich habe einen Entschluss gefasst und möchte dich und Hasan den

Philosophen bitten, sich für mein Anliegen beim Mufti einzusetzen. Es soll eine gute Tat werden – beide Tekken werde ich finanzieren, noch größer als die alte sollen sie sein, wenn es sein muss. Aber ich bitte dich und Hasan um noch etwas: Zwischen den beiden Tekken soll ein grünes Turbe[74] stehen, nicht für mich, sondern für meinen Sohn Hilmija. Wir werden seinen Leichnam aus Damaskus herbringen, wenn die Zeit dafür reif ist, wenn das Turbe erbaut ist. Ich gebe dir heute, in dieser Nacht, mein Wort für die zwei Tekken. Kümmert du und Hasan euch darum, dass der Mufti sein Einverständnis gibt.«

»Salih-Beg, warum bittest du den Mufti nicht selber um Erlaubnis?«

»Es wird schneller und reibungsloser gehen, wenn er von euch, zwei anerkannten Gelehrten, geraten bekommt, dass es besser sei, wenn jemand von hier das Geld für die Tekken stiftet und man nicht mehr warten muss, bis es aus Zarigrad kommt. Und wenn das Geld aus Zarigrad auch kommen sollte, dann kann es der Mufti immer noch für andere Zwecke umleiten. Man findet immer irgendetwas. Außerdem haben auch Hadschi-Rizvan und sein Avdan ihre Finger im Spiel. Zugegeben, ihre Läden sind, ebenso wie meiner, unten auf dem Basar und wir pflegen gute Verhältnisse, aber ein kluger Mensch wird nicht zulassen, dass sich zwei Rivalitäten und zweierlei Neid vermischen – die geschäftlichen und die frommen. Versprich mir, Skender-Muderis, dass du dich mit Hasan beim Mufti für mein Anliegen starkmachen wirst. Ich werde es dir nie vergessen!«

»Ich verspreche es!«

Kaukčijas Männer haben mich bis zur Medresse begleitet. Vor lauter Freude habe ich gar nicht gemerkt, wie wir bis dorthin gekommen sind. Später konnte ich vor Aufregung nicht einschlafen!

Ich danke Dir, Gott, dass auch ich zum Frieden und zum Fortschritt dieser Stadt beitragen kann! In der Hand halte ich die Bürgschaft für den Bau zweier Tekken. Sobald Hasan zurück ist, werde ich ihn darum bitten, mit mir zum Mufti zu gehen und um seine Erlaubnis zu fragen, die zwei Gebäude mit weißen Wänden errichten zu dürfen, damit die Derwische in die neuen Räume einziehen und sich in ihre Bücher vertiefen können; damit sie einen Platz haben, um über das Göttliche nachzusinnen und sich über die wunderbaren Geheimnisse der Welt austauschen zu können. Nur Hasan werde ich von der großartigen Neuigkeit erzählen. Ich werde ihm sagen, dass sie ihm gleichermaßen wie mir, oder wenn er will, gänzlich ihm gehört, nur eins möge er mir gewähren – wenn der Mufti seine Zustimmung gibt, würde ich es gerne sein, der es dem Salih-Beg Kaukčija mitteilt. Und für Hilmijas grünes Turbe werden wir schon einen geeigneten Platz finden. Vielleicht wird Kaukčija sogar für die nächsten zwanzig Jahre für die Haltungskosten der beiden Tekken aufkommen! Gott, wie schön ist es, wenn das Herz eines reichen Mannes erweicht!

Die Nacht verbrachte ich in schierer Freude und glühend vor Begeisterung. Im Wachsein träumte ich davon, wie ich und Hasan in den zwei Tekken Vorträge halten. Bilder von glücklichen Tagen zogen an meinem inneren Auge vorbei: Zwei Tekken in einem gemeinsamen Garten, in der Mitte steht Hilmijas grünes Turbe und rundherum junge Derwische zweier Tariqas, die über delikate Fragen diskutieren, im gemeinsamen Ziel vereint!

Als es hell wurde, ging ich los, um nach Hasan zu suchen. Ich nahm den Weg durch die Obstgärten entlang der Miljacka. Plötzlich hörte ich die Stimme von Scheich Zelkanović nach mir rufen. Sichtlich erfreut kam er zu mir.

»Gut, dass ich dich sehe, Muderis Humo!«

»Ich freue mich auch, Scheich-Ibrahim!«

»Was meinst du, welcher der schönste Garten Sarajevos ist?«

»Wahrscheinlich jedem der seine, Scheich-Ibrahim.«

»Ich frage dich nach dem Garten, der neulich offiziell zum schönsten Garten der Stadt gekürt wurde!«

»Ich weiß es nicht, ebenso wenig wie dass es einen solchen Wettbewerb in dieser Stadt überhaupt gibt. Aber es ist auch nicht wichtig!«

»Es ist wichtig, denn gestern hast du nämlich in eben diesem Garten gesessen!«

Ich erstarrte! Was wenn dieser alte Derwisch von Kaukčijas Versprechen wusste? Zum Glück war es nicht der Fall. Er sagte nur, dass Kaukčijas Garten schon längere Zeit als der schönste der Stadt galt. Vor einigen Tagen habe er dort an der Feier teilgenommen und alles gesehen. Die feinsten Köstlichkeiten soll es zu essen gegeben haben, dann habe er ein Bittgebet gesprochen und zu guter Letzt wurde er von Kaukčija mit einem Umhang aus Damaskus beschenkt.

»Moment mal, Scheich-Ibrahim! Kaukčijas Sohn ist vor kurzem in Damaskus ums Leben gekommen! Er wird jetzt doch nicht etwa über seinen Garten nachdenken?«

»Hilmija ist bereits vor zwanzig Monaten gestorben! Du kennst diese Stadt nicht, weil du die Medresse selten verlässt. Du warst zwar mit uns bei Janík, Eger, Dschigerdelen und für kurze Zeit noch an ein paar Orten, aber das war dann auch alles, was du rumgekommen bist. Meistens verbringst du deine Zeit mit Hasan, und er wiederum seine mit den großen Fragen des Kaiserreichs und der Welt. Und die anderen Leute leben so, wie es sich gehört. Die scheren sich nicht um Esztergom und Nagykanizsa, oder um Hamzawiten und Hunduris.«

Scheich Zelkanović erklärte mir, dass es keine Rolle gespielt habe, ob Kaukčijas Garten wirklich der schönste war. Entscheidend sei die Stimme des Baumeisters Ivan Iveković gewesen. Sie war es, die Kaukčija den Sieg beschert hatte. Es soll ein interessanter Abend gewesen sein. Überall sollen hunderte von Duftkerzen geflackert haben, während inmitten des Gartens Iveković seine Ansprache hielt:

»Die Größe und die Schönheit dieser Steine zeugt davon, wie jeder einzelne dreihunderttausend Jahre lang von den wilden und strudelreichen Flüssen Bosniens auf sein Ebenmaß rund geschliffen wurde. Je länger der Stein vom Wasser bearbeitet wurde, umso harmonischer ist seine Form. In Spanien gibt es Gärten, deren Wege mit dreieckigen Steinen aus den dortigen Flüssen, vor allem dem Guadalquivir, gepflastert sind. Es gibt Flüsse, deren Gedächtnis vom Schöpfer die Dreiecksform auferlegt wurde und solche, die er mit runden Formen betraute. Aus ihrem Gedächtnis prägen dann die Flüsse die Formen in den Stein. Und da die Zeit für Gewässer anders verläuft als für den Menschen, ist es eine große Leistung eines Flusses, wenn er in dreihunderttausend Jahren aus einem Fels einen Kieselstein formt. Weder eilt der Fluss, die Form in den Stein zu prägen, noch hetzt der Stein, die Form vom Fluss zu empfangen. Es liegt auch keine Hast in den tausenden von Jahren, denn Zeit, Steine und Flüsse begegnen sich nicht, um einander zu überholen.«

Als sich die Preisrichter zur Abstimmung zurückziehen wollten, begann Iveković zur allgemeinen Verwunderung, die Rundlinge in Kaukčijas weiträumigen Garten zu zählen. Er rechnete und multiplizierte und als er auf die Zahl von zehn Milliarden und siebenhundert Millionen von Jahren gekommen war, sagte er:

»Meine Damen und Herren, sind sie sich bewusst, dass bereits die neuere Entstehungsgeschichte dieses Gartens des ehrwürdigen Salih-Beg Kaukčija an die zehn Milliarden von Jahren gedauert hat, in denen unzählige Flüsse und Steine einander begegneten? Zehn Milliarden von Jahren, wie man sie auf der Erde zählt! Ist ihnen überhaupt bewusst, über wie viele übereinander liegende Schichten aus Zeit sie laufen, wenn sie heute Abend in diesem Garten an ihrem Saft aus anatolischen Rosenblättern nippen?«

Die Rechnung von Meister Iveković ging auf – Kaukčijas Garten trug den Sieg davon ...

Scheich Zelkanović erzählte mir dies ohne Punkt und Komma. Er schwärmte, war völlig verzückt, zitierte Verszeilen von Sufi-Dichtern, so gut gelaunt hatte ich ihn lange nicht mehr gesehen. Plötzlich hielt er inne und sagte dann:

»Gute Neuigkeiten höre ich heut' Morgen! Du sollst letzte Nacht in Kaukčijas Garten den goldenen Apfel gepflückt haben!«

»Was für einen Apfel, Scheich-Ibrahim?«

»Man erzählt, dass du lange auf die Frauenseite geschaut haben sollst!«

»Ich weiß nicht, wovon du redest, Scheich-Ibrahim!«

»Es ist nicht gut, wenn du von nichts weißt! Es ist aber auch nicht gut, wenn du es weißt, aber verbirgst oder hinauszögerst!«

»Von wem hast du gehört, dass ich bei Kaukčija war?«

»Siehst du, du warst dort! Zejnils Hasna hat mir alles erzählt!«

»Also gut. Sag mir, was erzählt Hasna denn?«

»Sie sagt, dass Lejla eingewilligt hat!«

»Welche Lejla, Scheich-Ibrahim?«

»Sie ist wirklich eine Schönheit! Sie blond und du dunkel!«

»Ich weiß wirklich nicht, wovon du redest!«

»Verliebte müssen auch nichts wissen, die Liebe ist ihnen genug!«

»Warte, Scheich-Ibrahim, sag mir endlich, was sich hinter deinen Metaphern verbirgt?«

Und dann berichtete mir Scheich Zelkanović von der unglaublichen, aber vielverheißenden Andeutung:

»Mein glücklicher Humo! Vor einigen Monaten hat dich Lejla, Kaukčijas jüngere Tochter, im Laden ihrer Schwester Safija gesehen, und diese wiederum ist die Frau von Mustafa dem Künstler. Ihr Blick ist zwar an dir hängen geblieben, aber nicht lang genug. Sie hatte dich sitzend angetroffen, doch sie wollte auch deine Statur sehen und deine Stimme hören. Bis vor wenigen Tagen hatte sie ständig an dich gedacht, bis sie schließlich ihrem Vater vorschlug, dich zu sich nach Hause einzuladen. Wie du selbst weißt, geschah dem auch so und in der Abenddämmerung hatte sie dich von ihrem Fenster aus beobachtet, während du von dem alten Brunnen so fasziniert warst. Hinter der Tür lauschte sie eurem Gespräch und als du fort gegangen bist, sagte sie zu ihrem Vater, du gefallest ihr.«

»Sprich weiter, Scheich-Ibrahim! Wie geht es weiter?«

»Nun hat mich Hasna zu dir geschickt, um dich für morgen Nachmittag in Safijas Laden zu bestellen. Wenn du zusagst, wird Lejla dort auf dich warten.«

»Wie könnte ich eine solche Einladung nur ausschlagen, Scheich-Ibrahim!«

Scheich Zelkanović ging weiter in Richtung Begova-Moschee und ließ mich in den Obstgärten an den Ufern der Miljacka zurück.

O Gott! Lass diese Wendung in meinem Leben nur meine sein!

Im Apfelbaumgarten

Scheich Zelkanović ging weiter in Richtung Begova-Moschee. Ich blieb zurück in den Obstgärten an den Ufern der Miljacka.

Vor mir lag noch ein langer Tag. Warum habe ich Zejnils Frau Hasna bloß nicht ausrichten lassen, dass Lejla heute Nachmittag kommen soll? Dann fiel mir ein, dass da auch noch die ganze, lange Nacht war, die ich bis zum Morgengrauen in Gedanken an Lejla werde durchwachen müssen.

Kurz darauf traf ich Zejnil Glamočak. Hinkend und schnaufend kam er dahergeeilt. Er wirkte, als wolle er mir etwas Glückliches verkünden.

»Gut, dass ich dich treffe! Ich habe eine gute Nachricht für dich! Der Mufti ruft dich zu sich! Sei um elf Uhr bei ihm!«

»Was habe ich beim Mufti zu suchen? Du musst dich geirrt haben. Sicher werden sie nach Hasan gerufen haben!«

»Diesmal suchen sie dich und Hasan! Er kommt heute aus Gornja Tuzla zurück.«

Ich entschloss mich hinzugehen. So würde ich die Zeit bis zum Treffen mit Lejla leichter überbrücken, dachte ich mir.

Wir setzten uns der Reihe nach auf den runden Diwan: Der Kaufmann Rizvan, sein Gehilfe Advan, Scheich Zelkanović, Bilan-Effendi Kuskunović aus der Vučjaković-Moschee in Mostar, Sohn des verstorbenen Zihno-Effendi, Muvekit Ždralović und ich.

Muvekit Ždralović trug eine dicke vergoldete Brille, die ihm der Mufti aus Ägypten mitgebracht und vor zwei Jahren bei einem Empfang anlässlich des Bajram-Festes in Anwesenheit aller Würdenträger der Stadt geschenkt hatte. Bei der Überreichung sagte er ihm, dass ihm die neue Brille helfen werde, den islamischen Gebetskalender präziser zu berechnen. Als der alte Ždralović mit zitternden Händen und dankbaren Herzens das ägyptische Geschenk entgegennahm, sagte er in hüstelnden, schleimbelegten, aus den Tiefen seiner kranken Lunge herausgepressten Worten, dass es nicht seine Schuld sei, dass der Bajram zu uns immer verfrüht oder verspätet komme. Wenn die in Zarigrad und Teheran, Medina und Ghom es nicht wollen, dass der Bajram überall auf denselben Tag falle, weshalb hätte dann ausgerechnet er, der arme Muvekit Ždralović, sich darum bemühen müssen – hier, in dem abgelegenen und ärmlichen Bosnien, umkreist von zerstrittenen

Christen, die sich mit uns, um uns und ohne uns untereinander zerfleischten, und mit denen wir uns wie wild gewordene Hunde und besessene Bestien gegenseitig abschlachteten?

»Großer Mufti!«, sagte Ždralović mit schwacher Stimme, die es nur mühsam von der Brust bis zu den Lippen schaffte, »Großer Mufti, wenn wir schon aus berechtigten Gründen unter Qualen unsere Leben verlieren müssen, dann lass es zumindest nicht zu, dass wir wegen Kleinigkeiten verrückt werden! Ihr glaubensgelehrten Leute, zählt uns doch endlich einmal die Dinge auf, für die es sich wirklich sein Leben zu lassen lohnt!«

Seitdem Ždralović mitbekommen hatte, dass ich in Florenz Astronomie studierte, mied er Begegnungen mit mir. Aber was kümmert mich Ždralović? Morgen werde ich Lejla treffen! Die Zeit vergeht.

Die Besprechung hätte längst beginnen können, doch wir warteten während der Mufti in seinen wichtigen Blättern wühlte. Möglicherweise suchte er nach der Notiz, auf der der Grund für unser Zusammentreffen geschrieben stand. Schließlich sprach er:

»Manche von euch mögen es vielleicht gehört haben, manche nicht. Die, die es noch nicht gehört haben, sollen jetzt davon erfahren! Wir bekommen Besuch von unseren Brüdern aus Arabien, unseren Freunden in der Not, sie bringen Geld mit sich um unser Elend zu lindern, in dem wir seit der Schlacht von Lepanto ohne unser Verschulden stecken! Sie kommen in zwei Gruppen, aus dem Nadschd die Sahihis und die Dschilani-Sufis aus dem Hedschas. Vor einigen Tagen traf ich Hasan den Philosophen und er sagte: ›Wenn die Sahihis und die Dschilani-Sufis nicht zusammen anreisen, sollten wir sie auch hier bei uns voneinander getrennt lassen!‹ Ich denke mir, meine Brüder, die Tatsache, dass wir sie getrennt willkommen heißen, bedeutet nicht, dass wir hier in Bosnien uneins sind! Ganz im Gegenteil! Doch obwohl dem so ist, werden wir sie gesondert empfangen. Es ist in diesem entlegenen Stück Erde nicht unsere Aufgabe, große Fragen an den Tag zu bringen, mögen sie einem auch noch so sinnvoll erscheinen. Von den unsinnigen ganz abgesehen! Danach zu fragen, weshalb unsere Brüder getrennt anreisen, käme der Frage gleich, weshalb der Apfel rund und die Banane länglich sei! Dümmer als der, der solche Fragen stellt, ist nur jener, der darauf Antworten sucht! Das wäre reinste Zeitverschwendung und an Zeit mangelt es uns schon seit langem. Wir sind ein kleines Volk und unser Land ist ein beengter Fleck Erde, deshalb sollten wir uns nicht in die Dinge der großen islamischen Welt einmischen! Und jetzt möchte ich euch den Grund sagen, weshalb ich euch eingeladen habe. Ihr wisst, dass Scheich Zelkanović in den Ozeanen des Tasawwuf ein sicherer Segler ist, und ihr wisst auch, dass keiner vom heiligen Gesetz der Scharia so viel Ahnung hat, wie Bilan-Effendi Kuskunović. Also wird Scheich Zelkanović die Dschilani-Sufis empfangen und Effendi Kuskunović die Sahihis! Hasan der Philosoph, Muderis Skender und die restlichen von euch helfen mir, unseren Gästen zu zeigen, worauf wir Stolz sind. Erwähnt aber ja nicht den Bau der Tekken vor ihnen! Vor allem nicht vor den Sahihis! Wenn unsere Absicht gut ist, wird das Geld für den Bau beider Tekken schon irgendwie kommen.«

Es war spät, als ich zur Medresse zurückkehrte. Ich war glücklich, dass es Nacht war und der nächste Tag bald anbrechen würde.

Hinter dem Eingangstor, etwas weiter hinten im Hof, neben dem Trinkbrunnen, verdeckt von Schleiern trügerischer Dunkelheit, erblickte ich eine verschwommene, vielleicht männliche Gestalt. Dann hörte ich das Schluchzen, welches das Plätschern des dünnen Wasserstrahls übertönte. Es war nicht das erste Mal, dass ich an diesem Ort einem unbekannten, uneingeladenen Derwisch mit gebrochenem Herzen und demütigem Geist begegnete, dem man irgendwo anders, an einer anderen Tür den Eintritt verwehrt hatte, als es ihm in seiner Neugier und lodernder Sehnsucht danach verlangte, zumindest einen winzigen Teil des Geheimnisses beider Welten zu erschließen. Vielleicht war es ein unbekannter Derwisch, der sich zu einer Gottes gedenkenden Versammlung verspätet hatte, vielleicht hatte er sich in der Tür geirrt und ist auf eine fremde Tariqa und auf unbekannte Leute gestoßen, die bereits vor ihm da waren und alle Plätze besetzt hatten. Oder vielleicht war er in Scheich Zelkanovićs Halveti-Tekke gewesen, wo sein Herz von den wehmütigen Versen des Mystikers Lamustaqbali über die Vergänglichkeit der Welt gerührt wurde. Jetzt sitzt er hier in tiefster Nacht in unserem Hof und sucht den Weg zurück in die Realität. Er wird sich am kalten Wasser unseres Trinkbrunnens erquicken, dachte ich mir, und dann bis zum Morgengrauen im Vorhof um Vergebung und Trost bitten und heimlich und ausgiebig Tränen der Demut vergießen, während sich über den Dächern der Stadt die Rufe zum Morgengebet von den Minaretten herabsenken.

Doch es war kein Derwisch, der dort neben dem Trinkbrunnen kauerte! Nach bereits zwei Schritten konnte ich den Schnapsgeruch riechen und meinen damaligen Freund aus den Medressen von Zarigrad erkennen.

Ragib Vrebac!

Gütiger Gott! Ihn kann ich jetzt am wenigsten brauchen! Morgen muss ich rein und frei von Vergangenheit vor Lejla treten! Ich muss wie neugeboren sein und ohne Erinnerungen an Nurunada!

Ich trat an ihn heran, wollte ihn umarmen, ihn begrüßen, doch er wies mich ab.

»Lass mich, Humo! Siehst du nicht, dass ich weine?«

Ich setzte mich neben meinen alten betrunkenen Freund aus Zarigrader Zeiten. Das letzte Mal sah ich ihn im Herbst 1585. Damals war er nach Sarajevo gekommen und hatte Hilfsgüter für die Waisenkinder, deren Väter im Kampf um Hrastuša gefallen waren, gebracht, die seine Frau Cornelia aus Padova geschickt hatte. Es ist schön Menschen zu begegnen, deren Taten bekannter sind, als sie selbst.

An der Zarigrader Medresse war Ragib Vrebac ein vorzüglicher Schüler. Er glänzte in allem, besonders in Grammatik, später auch in Poesie und in Diskussionen über die Wege, welche die heutigen Muslime beschreiten. Doch dann gab er sich den Lastern hin. Zwei waren ihm besonders ans Herz gewachsen: das Trinken und die Frauen. Der Grammatik und der Poesie brachte er seine Vernunft und sein Herz entgegen und dem Alkohol und den Frauen seine Wollust und das Geld seines reichen Vaters. Es überwog aber das Sündige und Abwegige von Anfang an. Es dauerte nicht lang, und der Alkohol half ihm, die Grammatik und alle anderen Wissenschaften zu vernachlässigen und sich stattdessen den Anatolierinnen zu widmen, die ihrerseits wiederum an ihm ebenso Gefallen fanden. Sein zweites Jahr an der Medresse hatte er nur noch mit Mühe bestanden. Als er schließlich zur Mitte des dritten Jahres rausgeworfen wurde, versuchte er sich im Stoffhandel. Baumwolle und Stoffe, Seide und Geld, Schnaps, Wein, Frauen und ein Leben auf dem Irrweg – all das ist inmitten der kaiserlichen Residenzstadt zur neuen Welt von Ragib Vrebac geworden. Nur ab und an kam er zu den Medressenpforten, um aus der Ferne die Gewölbe zu sehen, doch mit der Zeit hat er auch das aufgegeben.

Ich erinnere mich, einmal hatte er mir ein Geschenk an das Eingangstor der kaiserlichen Medresse gebracht. Es war eine Abschrift von *Tausendundeine Nacht* auf ägyptischem Pergament. Er sagte, es seien schöne und lange Erzählungen über das Leben außerhalb der Medressenmauern. Die Geschichten würden den Schöpfer ehren, weil es Pflicht sei, sagte er, und den Menschen lieben, weil sie ihn bemitleiden. Beiden werde eine eigene Freiheit zugestanden und das Zusammentreffen dieser zwei Freiheiten nenne man Schicksal. Die Medressen haben Recht, ließ mich Ragib Vrebac wissen, weil sie von uns verlangen, Gott im Gebet zu begegnen, doch das Leben habe mehr Recht, denn es konfrontiere den Menschen mit der nackten Wahrheit, für die man nicht flehe, die einem nichts schenke und die alle Erklärungsversuche jeglichen Sinnes entledige. Im nackten Leben begegne der Mensch seinem Schöpfer durch das Schicksal, in welchem er sich seines Geschöpf-Seins bewusst werde – allerdings meistens zu spät. Auch der Gebete nähme sich der Mensch dann gerne an, wären sie nicht viel zu verspätet, als dass sie noch aufrichtig sein könnten. Tränen der Reue seien es dann, die einem das Gesicht erstrahlen lassen.

Ragib Vrebac reiste wieder nach Padova zurück, zu seiner schönen Christin Cornelia. Sie hatten sich ineinander verliebt, heirateten, sammelten ein beträchtliches Vermögen an und zeugten sechs Kinder, die sie auf Ragibs Initiative und seiner seltsamen Auslegung der Scharia folgend untereinander aufteilten – seiner Frau überließ er die zwei Töchter und ließ ihr offen, sie zu erziehen, wie sie wolle; die vier Söhne aber würden ihm gehören und sollten Muslime sein und seine Stammlinie weiterführen! Beim Gericht von Padova haben sie eintragen lassen, wie der Nachlass nach dem Verscheiden der Eltern an die Kinder zu verteilen sei.

Hier ist er nun, mein Freund Ragib Vrebac, im Garten der Gazi-Husrev-Beg-Medresse, in feinem Anzug, betrunken, gepflegten Gesichtes und mit Händen wie die eines kaiserlichen Finanzbeamten. Ich half ihm auf und brachte ihn in mein Zimmer.

»Humo, seit wie vielen Jahren bist du schon hier?«

»Bald werden es drei sein.«

»Alle Medressenzimmer sind gleich! Ein stummer Raum, stumme Bücher und später verstummst auch du!«

»Ich würde nicht gerade sagen, dass die heutigen Schüler schweigsam sind. Überall hört man sie lärmen: Hamzawiten, Sahihis, Malamatis, Kalenderis, Hunduris ...«

»Alle werden sie zur Ruhe kommen!«

»Wann wird das sein?«

»Wenn sie sich untereinander ausgerottet haben! Der Stärkste wird bleiben und für heilig erklärt werden!«

»Einem solchen Heiligen würde ich niemals begegnen wollen, Ragib!«

»Vielleicht wirst du ihm aber begegnen, jedoch nicht erkennen, dass er es ist!«

»Der Stärkste wird der Heilige sein, sagst du!«

»Für das einfache Volk ist es so. Immer!«

O Gott, was für ein Mensch ist nur dieser Ragib Vrebac?

»Humo, sei nicht verwundert über meine Worte und denk' nicht, dass ich so rede, weil ich betrunken bin. Unser Land leidet unter einer ansteckenden Krankheit! Deshalb gibt es so viele Wahnsinnige und von daher sind all die Unruhen! Für uns alle und für unseren Staat wäre es am Besten, wenn er augenblicklich verrecken würde. Doch Staaten sterben nicht wie Menschen, aber auch nicht ohne die Menschen, und sie werden nicht an einem, gemeinsamen Ort begraben!«

Ragib stand auf, lief schweigend den Raum auf und ab, nippte an seiner Schnapsflasche und sagte schließlich:

»Der Islam ist heute überall in einem elenden Zustand! Und der Grund dafür ist nicht etwa, dass Gott ihn vergessen hätte, sondern weil noch nie zuvor so viele Unwissende sich das Recht genommen haben, im Namen des Islams zu sprechen und solche Verbrechen zu begehen! Von überall hört man nur leere Worte, die wiederum doppelt so viele dumme Taten zur Folge haben. Dummheit ist dermaßen allgegenwärtig, dass wir uns mittlerweile an sie gewöhnt haben. Und wer ihr gegenüber gleichgültig geworden ist, der verliert auch bald sein Schamgefühl. Haben wir etwa die Botschaft vergessen, die uns Mohammed, Gottes Friede sei auf ihm, hinterlassen hat – dass Schamhaftigkeit die Hälfte des Glaubens ist? Gewiss! Deshalb sprechen die Schamlosen heute im Namen des Glaubens. Auf ihren Zungen liegen viele Worte, doch in ihren Köpfen sind nur wenige Gedanken. Sie sprechen auf unbedachte Weise über Glaubensgrundsätze und schüren Streit unter den Menschen. Und anstatt, dass sich das Volk am Glauben erfreut und an seinen edlen Quellen erquickt, ist ihm der Glauben zur Last und einem schweren Joch geworden! Zur Betrübnis und Bedrohung! Zum Hinterhalt! Und zur Anklage!«

»Nicht so laut, Ragib, die Studenten könnten dich hören! Deine flammenden Worte könnten sie verstimmen!«

»Welche flammenden Worte? Ich versuche doch nur, mir selbst zu erklären, dass es nicht die Aufgabe des einfachen Volkes ist, über Glaubensprinzipien zu diskutieren, sondern daran zu glauben, sich derer zu erfreuen und darüber genügsam zu schweigen!«

»Ich weiß, Ragib, doch du redest im Rausch. Gerade du, der du vor langer Zeit die Medressen verlassen und deines Vaters Wort mit Füßen getreten hast. Weder in Počitelj, noch in Stolac oder Mostar will jemand von dir etwas wissen. Die Leute schämen sich, deinen Namen auch nur zu erwähnen!«

Ragib schaute mich an und fing an bitterlich zu weinen! Er schluchzte, während die Tränen sein feines Hemd tränkten. Als er auf dem Regal einen Koran erblickte, nahm er ihn in die Hand, küsste ihn einmal innig und wischte die Tränen von dem braunen Einband weg. Daraufhin kam er zu mir, küsste mich dreimal und sagte:

»Ich liebe dich, Humo. Ich liebe dich wie einen Bruder, den ich niemals hatte. Dreimal küsse ich dich, einmal im Namen Allahs, zweitens im Namen unseres geliebten Mohammed und drittens küsse ich dich für all die armen und gequälten Muslime von Karlovac bis zum Himalaya. Und jetzt sage ich dir eins: Niemals hat Ragib Vrebac Gott vergessen! Nie! Ja, ich habe die Medressen verlassen und meines Vaters Wort mit Füßen getreten! Aus Mitleid mit mir selbst habe ich das getan, oder aus Mitleid mit ihm, oder auch mit dir, wenn du es so willst! Ich sah, dass nach Lepanto unser Glaube verkümmerte, aber nicht, weil wir ihn nicht weiter geglaubt haben, sondern weil wir außer unserem Glauben nichts anderes hatten. Und wir sind unserem Glauben, so wie wir sind, auch nicht gerade von großem Wert! Merk' dir eins, Humo! Unser Glaube ist uns in dieser Welt gegeben worden und nicht im Paradies! Reichtum, Macht, zahllose Meere, Städte und Täler – all das ist hier in dieser Welt! Der Islam sagt: Achtet beide Welten! Haltet sie mit beiden Händen! Stattdessen haben wir diese Welt vernachlässigt und uns aufs Jenseits gestürzt. Wir fallen über uns selbst her und schlagen uns die Köpfe darüber ein, wer das Jenseits besser interpretiert hat, oder wer vom Khidr schöner geträumt hat! Es herrscht Lärm in den Medressen, sagst du? Kein Wunder! Im Elend ist es nun mal so. Der Islam verliert an Ansehen und Ehre, weil er solche wie uns hat. Wenn er Pflanzen als seine Gemeinde hätte, wäre er besser dran! Wenn sich wilde Tiere an irgendeinem Hügel versammeln würden, um das Glaubensbekenntnis auszusprechen, wäre es für den Islam besser! Selbst wenn ihm die Steine die Treue schwören würden, sogar das wäre besser! O du, mein armer Islam! Viele belächeln uns, weil unser Glaube sich nicht im Reichtum, Kraft oder Wissen spiegelt. Nie zuvor ist uns der Name Gottes so leicht von den Lippen gegangen und nie zuvor waren wir dermaßen verelendet und von allen verachtet wie jetzt. Wir haben unseren Platz in der Welt verloren, weil wir Gott verraten haben ... Es stimmt, ich habe die Medressen verlassen! Ich sagte damals zu mir: Los, Ragib! Geh und verdiene Geld! Habe dreißig eigene Läden und beschäftige darin hundertdreißig Leute, damit auch sie reich sind und nicht im Elend leben müssen und sie sich, so weit sie können, am Glauben erfreuen und nicht schwer soll er ihnen sein. Nur Gott verleumden sollen sie niemals! Alles andere stehe ihnen offen. Weder sollen sie betteln müssen, noch aus ihrer Not über andere lästern und sollen sie nicht ihrer Armut wegen zu Neidern und Lügnern werden ...«

Ich hörte ihm zu. Obwohl er betrunken war, sprach er weise und fließend, ohne überflüssige Erklärungen. Ich wünschte, er würde Hasan kennenlernen, damit zwei geläuterte Geister zum Gespräch zusammentreffen.

»Ich muss jetzt los!«, sagte Ragib. »Dir überlasse ich das Geld. Die Hälfte ist für dich. Ich höre du heiratest, also wirst du es brauchen. Sei's dir in beiden Welten gegönnt. Macht und Ehe sind nur dann reizvoll, wenn man Geld hat! Bring die andere Hälfte zur Bula Puhalovka. Sie soll es an die Kinder der gefallenen Soldaten von Esztergom verteilen. Richte ihr von mir und meiner Cornelia Grüße aus. Puhalovka hat meiner Frau mit ihren Heilkünsten einmal sehr geholfen, als sie letztes Jahr bei der Tekke an der Buna von langhaarigen, bärtigen Hamzawiten verschreckt wurde!«

Ich begleitete Ragib hinaus und dachte über jenen kalten Tag am Bosporus nach, über ihn und über Nurunada.

Gott, wende meine Vergangenheit zum Guten!

Endlich war der glückliche Nachmittag gekommen. Ich eilte zum Laden von Safija und Mustafa. Lejla war bereits gekommen; dieselben blonden Locken, dieselben zweifellosen Zeichen von Attars Dichtung auf Ihrer Brust.

Als ich sie voller Schönheit vor mir stehen sah, meinte ich den Boden unter den Füßen zu verlieren. Ich betete zu Gott, er möge mich die Fassung behalten lassen. Neben Lejla wähnte ich mich den tausendfachen Gesängen aus Attars *Konferenz der Vögel* lauschen, während mir der Windhauch von des Anqa-Vogels goldenen Fittichen Kühlung spendete. Zwischen zwei Flüssen sah ich mich stehen, umgeben von Weinbergen und Palmgärten, die sich die Hänge hinab aneinanderreihten. Die Ufer würden sich bewegen, der ganze Raum würde mit den beiden Strömen dahin fließen, hin zu wonnigen Meeren und gesegneten Ländern. Und all das auf meinen Befehl. Ich betrachte Lejla, labe mich an ihrem Anblick, hier und jetzt. Gott wird mir vergeben, schließlich hatte Er sie ja für mich erschaffen. Ich wollte es ihr sagen, jetzt, vor Safija und Mustafa, doch Scheich Semnani hielt mich davon ab. Von den Toten sah ich ihn auferstehen und mit dem Winde vom Osten herbeieilen, unverhofft, über endlose Weiten hinweg. Wie ein Lichtfunke schien er mir aus seinem blauen Grab in Zarigrad zu uns gekommen zu sein. Kaum sichtbare Krümel blauer Erde lagen auf seinem Mevlevi-Gewand, als er, von der Baščaršija und der Ziegenbrücke kommend, ohne jegliche Anzeichen von Ermüdung mit dem rechten Fuß voran den Laden von Mustafa, dem Künstler betrat. Er lächelte mich an, umarmte und ermahnte mich:

»Schau nicht lang hin! Auch jetzt muss dein Blick gesenkt bleiben! Wenn du den ganzen Blick der geliebten Frau gewinnen willst, darf deiner nur zur Hälfte sein!«

Doch es war vergebens, ich schaffte es nicht, meinen Augen diesen Befehl zu geben.

Scheich Semnani stand dicht neben mir und sprach mir Mut zu, während er mich am rechten Ellbogen festhielt.

»Es gibt auch eine Welt außerhalb dieses Ladens!«, sagte er zu mir und zeigte mit der Hand auf sieben junge Frauen, die auf der Straße vorbeiliefen. »Eine schöner als die andere, blonde, brünette, als ob sie aus dem Paradies gekommen wären, um hier in den Gassen Sarajevos die Sehnsucht nach dem Jenseits zu entfachen. Soll ich eine von ihnen für dich in den Laden holen?«

»Nein! Bitte nicht! Lejla ist hier, siehst du denn nicht?« Ich küsste seine Hände, flehte ihn an, segnete ihn.

»Na gut!«, sagte er und führte mich zur Verwunderung aller Anwesenden zur rechten Wand, an der das Bild mit dem Titel *Sieben Mädchen im verschneiten Garten* hing! Im unteren Teil stand geschrieben: Für Lejla und Skender von Safija und Mustafa! O Gott, das Bild war bereits fertig und es war vollkommen! Und der Zeitpunkt hätte besser nicht sein können!

Lejlas Stimme erklang. Sie war ebenso reizend wie sie selbst. Sie sagte, ihr Wunsch sei es, dass Safija und Smiljana sie aus dem Haus begleiten und zu mir bringen, wenn ich zusammen mit Hasan und Mustafa im Hof auf sie warte. Die Verwandten würden auf der rechten Seite stehen und links die Gäste. Salih-Beg würde von den Männergemächern herabkommen, vorausgesetzt sein Knochenleiden erlaube es ihm.

Die Hochzeit war beschlossene Sache. Lejla hatte sich selbst vertreten und der Schatten Scheich Semnanis mich. Hasan wird der männliche Trauzeuge sein und Safija und Smiljana die zwei weiblichen. Am Abend vor dem nächsten Freitag soll die Hochzeitsfeier im schönsten Garten Sarajevos stattfinden.

Das nächste was mich erfreute war, dass Hasan wieder nach Sarajevo zurückgekehrt war! In meinem Medressenzimmer erzählte ich ihm alles. Zuerst berichtete ich ihm von Lejla und unserer bevorstehenden Hochzeit am Donnerstagabend und dass er unser Trauzeuge sein werde.

Er war erfreut und fand es gut, dass ich heiraten würde. Schließlich sei es auch Zeit, meinte er, und Lejla sei eine hübsche Frau. Er habe von Mustafa von ihr gehört.

»Ihr werdet ein schönes Paar abgeben. Zudem ist dein Wissen um zwei Stufen größer als ihr Reichtum. Wer das in dieser Stadt weiß, ist mit Sicherheit nicht reich! Wer aber reich ist, braucht dieses Wissen nicht!«

Dann erzählte ich ihm vom Wunsch meines zukünftigen Schwiegervaters, die zwei Tekken mit eigenem Geld bauen zu lassen und davon, dass er ein grünes Turbe für seinen Sohn Hilmija errichten lassen wolle.

Hasan schaute mich an und die anfängliche Freude in seinem Blick war plötzlich einem Ausdruck von Bekümmernis gewichen. Er schwieg, schien über Schlimmes nachzudenken, zweimal hörte ich ihn sich räuspern. Dann schaute er mich erneut an, lächelte und winkte mit der linken Hand ab, als würde er eine aufsässige Wespe vertreiben wollen. Dann erhob er sich, ging zum Fenster, schaute auf die dicken Schichten von Laub in dem engen Durchgang zwischen der Medresse und der Hanikah[75] und sagte:

»Siehst du, seit mindestens drei Jahren hat keiner dieses Laub weggeräumt. Warum gibt es in Bosnien nicht eine Tariqa, die sich um das Vorjahreslaub kümmert. Weshalb gibt es so eine Tariqa nicht, frage ich uns alle? Ich kann nicht mehr, mein Humo! Zu gar nichts taugen wir! Vor drei Tagen erst sprach ich in Gornja Tuzla mit reumütigen Hamzawiten. Ich sagte ihnen, es sei besser für sie, wenn sie sich anständiger Arbeit widmen würden. Sollen sie doch getrocknete Pflaumen verkaufen, ordentlichen Kalk herstellen und damit Handel betreiben, an windarmen Stellen nach Speisepilzen suchen und daraus gute Suppen zubereiten, Heu von den Wiesen sammeln und daraus Dünger für ihre Äcker herstellen, in Wäldern trockene Äste zum Heizen einsammeln, Schafe und Ziegen ausleihen und aus dem erlaubten Verkauf von Lämmern und Zicklein Gewinn schlagen, Mais anpflanzen und davon leben, sollen sie doch heiraten, Kinder kriegen und sich mit all den einfachen Dingen beschäftigen, mit denen es andere Menschen auch tun ... All das wäre besser für sie, denn es würde sie von Haarspaltereien über Glaubensfragen abhalten! Es wäre besser für sie als das, was sie zwei Monate zuvor in Zarigrad gemacht haben, wo sie in Deveoğlu am Grab von Hamza Orlović einen Dhikr gehalten und sich währenddessen Graberde über die Köpfe geschüttet haben!

Weißt du, Humo, was sie mir geantwortet haben?

Sie sagten: ›Wir möchten dich um etwas bitten, Hasan! Du bist bekannt, du könntest uns diesen Wunsch erfüllen!‹

›Welchen?‹, fragte ich.

›Lass uns die Gebeine von Scheich Hamza Orlović nach Bosnien bringen! Das Geld für ein Turbe haben wir bereits. Sogar mehr als nötig!‹

Vergeblich versuchte ich sie davon abzubringen: ›Meine lieben langhaarigen und langbärtigen jungen Männer, was ist nur mit euch los? Haben wir denn in Bosnien nicht genug angehäufte Knochen, als ob sämtliche Dämonen hier ihr Festmahl gehabt hätten?‹

›Das wissen wir, aber die Gebeine von Hamza Orlović sind besonders – er starb unter dem Säbel des Sultans.‹

›Wisst ihr denn nicht, dass Orlović gemordet hatte?‹, sagte ich zu ihnen und weißt du was sie darauf geantwortet haben? – ›Der Sultan mordet auch!‹

›Falsch!‹, sagte ich. ›Hamza Orlović mordete nach eigenem Belieben und deshalb haben ihn die Obrigkeiten nach Gesetz zum Tode verurteilt. Ihr kennt wohl den Unterschied zwischen Gewaltverbrechen und Staatsgewalt nicht! Eine gerechte Staatsmacht verurteilt niemanden nach eigener Willkür, sondern nach Gesetz, und so war es auch im Fall von Hamza Orlović. Wenn Orlović aus einer Laune heraus den Sultan verurteilt und in seiner Auflehnung anfängt, Menschen in den Moscheen zu ermorden, dann begeht er ein Verbrechen! Das leuchtende Gesetz der Scharia sagt: Die Staatsmacht wird unterstützt, solang sie für Gesetz, Ordnung und Sicherheit einsteht.‹

›Was aber unterscheidet das Gesetz des Sultans von einer willkürlichen Entscheidung eines Abtrünnigen?‹, fragten sie mich vorgestern in Gornja Tuzla. ›Wo liegt die Grenze zwischen dem Tod auf Erlass des Scheich-ul-Islam und jenes durch die Hand eines Aufwieglers?‹

›In der Welt gibt es immer die Macht des Gesetzes und die Gewalt der Gesetzlosigkeit!‹, habe ich geantwortet. ›Wenn eine rechtmäßige Regierung Strafen verhängt, um Ordnung und Gerechtigkeit zu wahren, dann ist das eine rechtmäßige Art, Macht zu demonstrieren; wenn sich jedoch Abtrünnige dagegen auflehnen, dann herrscht auf den Straßen Gesetzlosigkeit! Gewalt kennt weder Gesetze, noch respektiert sie diese, denn sie erhebt sich gegen die umfassendsten Werte und Güter des Menschen: Gegen Recht und Gesetz, gegen Ordnung, gegen Frieden und Freiheit, gegen Ehre und Würde, gegen das Geborgensein und gegen breite Wege! Das Gesetz setzt Gewalt ein, aber nur manchmal! Der Unmoral jedoch ist Gewaltsamkeit immer ein zwingendes Mittel! Wenn ein Staat auf Gerechtigkeit beruht, wird in ihm ein schlechter Gedanke selten zu einer schlechten Tat heranwachsen können! Wenn der Sultan zur Gewalt greift, dann deswegen, damit für alle Menschen der Weg frei wird, doch wenn Abtrünnige es tun, dann nur mit der Absicht, den Weg für sich allein zu haben!‹«

Hasan wandte sich vom Fenster ab, ging zurück zur Mitte des Raumes und setzte sich an dieselbe Stelle, wo gestern noch der betrunkene Ragib Vrebac gesessen hatte. Er seufzte und sagte:

»Ich fragte die Hamzawiten: ›Warum versammelt ihr euch nicht um den Koran?‹

›Das werden wir‹, sagten Sie, ›aber auf dem Grab von Scheich Orlović, wenn seine Gebeine nach Gornja Tuzla gebracht sind!‹

›Und warum wollt ihr nicht die Gebeine des Großwesir Sokolović herbringen?‹, fragte ich.
›Er hat bereits ein großes Turbe! Soll er doch dort bleiben!‹, haben sie geantwortet.«

Hasan schwieg wieder. Er schaute auf meine Bücher auf den Regalen. Zejnil brachte Preiselbeertee ins Zimmer.

Am Ausgang der Medresse sagte mir Hasan noch:

»Ich brauche dir jetzt nicht erklären, weshalb du niemandem erzählen sollst, dass wir Salih Kaukčija helfen werden, damit der Mufti sein Geld für die zwei Tekken und Hilmijas Turbe annimmt. Ich werde zum Mufti gehen und du kümmerst dich erstmal um Lejla und eure Hochzeit.«

Ich danke Dir, Gott, dass Du mich mit mehreren Freuden gleichzeitig beschenkst!

Am Abend vor dem Freitag begleiteten mich Hasan und Mustafa zu Kaukčijas Garten. Hasan flüsterte mir nebenbei die frohe Botschaft zu, er habe es arrangieren können, dass der Mufti frohen Herzens Kaukčijas Angebot annimmt. Er habe auch dem Bau von Hilmijas grünem Turbe zugestimmt und er würde zur Hochzeit kommen und Geschenke bringen.

Mevlija und Salko waren nicht gekommen. Sie waren krank und ließen deshalb die Geschenke für Ihre Schwiegertochter Lejla – einen Ring aus Zarigrad, einen venezianischen Kerzenständer und Seide aus Damaskus – von Ramo Čaluk, einem Student aus Cernica, überbringen.

Wir stellten alle Geschenke in den linken Teil des Gartens; das Gemälde von Safija und Mustafa, von Hasan drei Bücher, Süßigkeiten vom Wali, Feigen vom Mufti, von Hadschi-Rizvan Pantoffeln aus Krokodilsleder für Lejla. Scheich Zelkanović übergab mit Tränen in den Augen eine Schatulle aus Nussbaumholz, in der seine fertig geschriebene Abhandlung *Vom Verderben der Zeit* lag. Smiljana und Gavrilo Jevtanović beschenkten uns mit einem Federhalter und einem Tintenfässchen aus Elfenbein. Solomon Alkalaj kam mit seiner Tochter, der bezaubernden Rahela; sie hatte alle Blicke auf sich gezogen, als sie in einem seidenen Kaftan aus Asqalan den schönsten Garten Sarajevos betrat. Von ihnen bekam ich eine goldene Gebetskette und einen Gebetsteppich; Lejla schenkten sie ein Kopftuch aus Seide für die Moschee. Hasna und

Zejnil brachten einen Korb voll mit frischen Jeribasma-Birnen aus ihrem Garten. Bis Mitternacht spielte Musik unter den Linden und Pappeln. Danach gingen die Gäste allmählich heim.

Aus den Männergemächern hörte man den alten Kaukčija husten.

Lejla führte mich in den Frauenbereich. Ich betrachtete, wie ihr Gesicht im Mondlicht strahlte und den Efeu mit seinen über den weißen Wänden ausgebreiteten Ranken.

Der Vortrag über Gärten

Es folgte ein weiteres Jahr, die Tage vergingen, Zeit floss dahin wie trübes Wasser. Es war ein lieblicher Frühling mit Lejla an meiner Seite gewesen und auch der Sommer neigte sich dem Ende. Doch dann kam die Zeit der Trauer.

Mevlija und Salko starben kurz nacheinander. Sie zuerst. Der gerechte Tod kehrte in unseren Garten in Mostar zweimal ein und ließ die beiden nicht lange voneinander getrennt bleiben. Es war drei Jahre und ein paar Monate nachdem ich aus Florenz zurückgekehrt war.

Ich betete für sie das Totengebet, ohne dass eine sichtbare Träne meine Wangen befeuchtet hätte, doch selbst heute noch ist das trockene Schluchzen aus meiner Brust nicht entwichen. Vor Lejla verstecke ich es und bemühe mich, die Gleichgültigkeit der Humos zu demonstrieren. Als ich im Oktober nach Mostar gereist war und inmitten des Altweibersommers unseren Garten und den flüchtigen Schatten unter der raurindigen Pappel betrat, fand ich mich mit beiden Beinen auf Ablagerungen still gewordener, längst entschwundener und dennoch lebendiger Zeiten stehen, die mir die Brust mit einem Hauch von Schwermut belegten. Der verstummte Garten der Humos ließ in meiner Seele Traurigkeit aufkeimen, dort wo sie früher keinen Boden zum Wachsen gefunden hätte. Während meiner heiteren Lehrzeit in Zarigrad und Florenz war sie mir gänzlich unbekannt. Es ist nicht gut, wenn Erwachsene von Traurigkeit sprechen, denn unter Tränen werden ihre Worte zu denen von Kindern.

Ich wusste nur eins: Meine Eltern waren nicht mehr da und ich fühlte mich wieder wie ein Kind. Sie waren fort gegangen, um in meinen Zarigrader und Florentiner Jahren und den Tagen meiner Kindheit in Mostar für immer zu bleiben und nie mehr wiederzukehren.

Zuerst betete ich für Mevlija, die Kräuterheilerin und Dichterin, das Totengebet. Es war ein verregneter Tag im Juni. Während wir das Totengebet verrichteten, drehte ich mich dem Brauch bosnisch-muslimischer Trauerzeremonien nach zu den schweigenden Menschen in den Gebetsreihen um und fragte:

»Liebe Gemeinde! O ihr hier versammelten Muslime! Bezeugt ihr, dass die Verstorbene eine anständige Frau war?«

Bevor die Versammelten es schafften »Ja, wir bezeugen es und vergeben ihr alles!« zu sagen, trat Salko aus der vordersten Reihe heraus und sagte:

»Woher nimmst du dir das Recht, das zu fragen? Niemand, weder der Sohn noch die Nachbarn, haben das Recht über meine Mevlija ein Zeugnis abzulegen! Nur ich habe sie wirklich gekannt! Nur ich war es, der mit ihr zusammen all die Jahre hat kommen und gehen sehen. Vor euch allen bezeuge ich: Mevlija war eine anständige, gläubige Frau! Möge Gott, der Allmächtige, ihr zu allen acht Gärten des Paradieses Zutritt gewähren!«

Er wirkte gekränkt als er das sagte, dann verstummte er und trat gebrochen in die Menschenreihe zurück. Er bemühte sich nicht, die zwei Tränen an seinen Wangen zu verbergen oder abzuwischen. Von den Lippen der Trauernden vernahm man die leisen, bittenden Worte um Mevlijas Einlass ins Paradies.

Zwei Monate und siebzehn Tage später, während der mostarschen Septemberglut, folgte Salkos Begräbnis. Nachdem wir am Šarića-Harem-Friedhof von Salkos Grab Abschied genommen hatten, kehrte ich in unseren Garten zurück und stand wieder mit beiden Beinen auf den Schichten verstummter Zeit. An der Hauswand sah ich Großvater Arifs Gehstock aus Teakholz hängen. Vor langer Zeit hatte ihn Mevlija dort unter den Dachvorsprung hingehängt, als Erinnerung daran, dass ihr Schwiegervater auf dem rechten Bein gehinkt hatte.

Im Sommer 1547 hatte sich Arif zur Pilgerreise nach Mekka aufgemacht und als er nach zwei Monaten angekommen war, wurde ihm in der mekkanischen Hitze und inmitten der heiligen Ansammlung und des allgemeinen Gedränges von der Pilgerflut das Bein zerquetscht. Es sollen paschtunische oder indische Hadschis gewesen sein – genau konnte es damals nicht festgestellt werden – doch längst war diese ungeklärte Tatsache vom Nebel des Vergessens ins Belanglose gekehrt worden. Man erzählte, die Pilgerströme seien in Wallung geraten, es kam zum Aufruhr, zunächst aus heiliger Verzückung und frommer Begeisterung, doch dann entglitt das mekkanische Pilgermeer den heiligen Bahnen und den Richtungswünschen Einzelner und verwandelte sich in ein zielloses, knochenzerberstendes Chaos, in dem jeder nur noch versuchte, heil davonzukommen und den eigenen Kopf zu retten. In dem Wirrwarr verflog jeglicher milde Gedanke über göttliche Worte, gottgefällige Taten oder die Heiligkeit des Ortes.

Paschtunen oder Inder? – niemals wurde es genau geklärt. Dieses Ereignis soll zu den vergangenen Zeiten abgelegt werden, die man nicht aufs Neue durchwühlen, in die man nichts mehr hineininterpretieren soll und die zu erforschen keinen Nutzen bringt.

Es gab aber auch seltene Meldungen, dass es auch iranische Safawiden gewesen sein könnten. Wie eine Windböe sollen sie auf die bescheidene Gruppe bosnischer Hadschis getroffen sein und Großvater Arif war einer der Ersten, der ihnen unter die Füße fiel. Sein rechtes Bein zerbrach an zwei Stellen wie ein Eiszapfen. Die Ärzte im mekkanischen Lazarett leisteten schlechte Arbeit, so dass das Bein schief zusammenwuchs und Großvater Arif fortan hinkte. Aus Mitleid sagte man ihm bei seiner Entlassung, dass man eigentlich alles richtig gemacht habe und er sich nun in Bosnien so lang er lebt an die heilige Pilgerfahrt erinnern werde. Man schenkte ihm einen Stock aus Teakholz, dem edlen Holz, das im Schiffsbau verwendet wird und welches den heftigsten Stürmen und Wellen standhält.

Zu Hause in Mostar freuten sich einige über Großvater Arifs Verletzung, die er aus den heiligen Stätten mitgebracht hatte; am meisten aber wohl Derwisch-Hugalija, dem Hadschi-Arif ein einziges Mal auf den Fuß getreten war, als er ihm und seiner Hurufi-Clique verbot, in die Tuffsteinmoschee eine siebenunddreißig Unzen schwere Gebetskette mit dreitausend Kügelchen zu bringen, weil dies, seiner Meinung nach, eine unerlaubte Neuerung im Glauben darstellte. Hugalija hatte nämlich von den Muslimen in Tepa mehr Demut gefordert – die Perlen der Gebetsketten sollten sich in ihren Händen von vielem Beten abnutzen und er seinerseits würde für Nachschub sorgen.

»Schäm' dich, Hugalija! Willst du mit deinen Gebetsketten noch mehr Verwirrung in unserem Land stiften? Uns genügen die mit dreiunddreißig Perlen aus unserem heimischen Haselnussholz! Für unseren Glauben reichen uns unsere bosnischen Maßstäbe!«

Als er das sagte, war Großvater Arif sogar bereit, mit Hodscha Zarkan Alun die Gemeinde von Tepa gegen die hurufischen Nichtstuer anzuführen. Für lange Zeit wurde den Hurufis der Zutritt zur Tepa-Moschee verwehrt, doch bald schmiedete Hugalija einen Racheplan. In seiner Tekke erzählte er, Hadschi Arifs verheilte mekkanische Wunde sei geheiligt und bewirke Wunder – die Wunde entstand nämlich an den gesegneten Orten des heiligen Hedschas, wo erlittenes Leid und gütige Taten zehnfach belohnt werden. Die genesene Stelle an Hadschi-Arifs Bein heile siebenundsiebzig Beschwerden und lindere ebensoviel, wenn nicht gar mehr, ungestillte Sehnsüchte und unerfüllte Wünsche; unter anderem auch Stottern und Epilepsie, aber auch Unfruchtbarkeit bei Frauen, den jüngeren vor allem.

Wie der Morgentau mit den ersten Sonnenstrahlen – so verbreiteten die Hurufis die Nachricht – würde die Unfruchtbarkeit dem Unterleib entweichen, sobald die Unfruchtbare mit ihrer rechten Hand dreimal über das unbedeckte, verkrüppelte Bein des größten Heiligen von Mostar – Hadschi-Arif Humo – fahre!

Jahrelang musste meine Mutter Mevlija die unglücklichen Frauen, christliche, muslimische und auch manch traurige Jüdin, von der Schwelle unseres Gartens mit einem knappen und sanften Flüstern zurückweisen, gleichzeitig ergrämt darüber, dass wir Muslime nicht einsehen wollten, dass man ein Unglück nicht abschafft indem man eines anderen Unglückes gedenkt. Wer hat jemals gesehen, dass alte Narben und Furchen frische Wunden genesen lassen?

Als ich Ende Oktober wieder nach Sarajevo zurückkreiste, nahm ich Großvater Arifs Stock aus Teakholz mit und hängte ihn in mein Zimmer an der Medresse.

Auch ich werde älter und die Erinnerungen in mir fangen allmählich an aufzublühen.

Wie seltsam das Leben doch ist; ich habe Vater und Mutter verloren, dafür aber eine Frau bekommen. Seit letztem Jahr, seit jenem Abend vor Freitag, hatte sich vieles verändert.

Seit einiger Zeit bewohne ich nicht mehr mein Medressenzimmer, doch freigegeben habe ich es auch nicht. Ich hatte Hasan darum gebeten, es behalten zu können, weil ich dort besser an der Übersetzung seiner Bücher arbeiten konnte, welche ich dann in Jevtanovićs Buchladen verkaufte. Geld kann man immer gebrauchen, seien die Einnahmen auch noch so gering und selten.

Lejla ist mir eine hübsche Frau. Sie ist meine Ringelblume in dem schönsten Garten unserer Stadt. »Meine Liebste, für mich hat dich Gott erschaffen«, sprach ich auf die schmeichelnde Art der Humos zu ihr, »und ich hätte nichts dagegen, wenn du vor Gott dasselbe über mich feststellen würdest.« Sie sah mich freudig und schweigsam an, wie das schweigende Mondlicht, wenn es die

Wände erhellt und der Efeu seine holzigen und blättrigen Ranken über sie ausbreitet. Vom Fenster des weiß getünchten Hauses Salih Kaukčijas schaute ich jeden Morgen auf die Kuppeln der Gazi-Husrevbeg-Medresse herab. Stolzerfüllt ging ich durch die Gassen Sarajevos, manchmal mit Lejla, öfter aber mit Hasan dem Philosophen. Während der neunzehn Monate in Kaukčijas Garten lernte ich viele neue Leute kennen. Ich fragte mich, wo all diese Menschen die ganze Zeit waren. Ich fragte mich, wo ich all die Zeit gewesen bin.

Zejnils Frau Hasna kümmerte sich um die Sauberkeit der großen Räume im Haus und Zejnil machte die Besorgungen am Markt. Alles müsse frisch sein, sagte er immer. Jeden Abend brachten Leute dem ergrauten Salih Kaukčija die Tageseinnahmen aus seinen sechs Läden. Anfangs hatte ich ein- oder zweimal Haso, den Halbbruder des Walis, das Geld bringen sehen. Später kam er öfter. Jedes Mal stieg er die Treppe zum alten Kaukčija mit tastenden Schritten hinauf. Daraufhin ging Lejla in den Männerbereich des Hauses, zählte für ihren Vater das Geld ab und erledigte die Buchführung. An ihren Blicken konnte ich jedes Mal ablesen, wie die Geschäfte in der Stadt laufen.

Meine seltenen und kostbaren Bücher hatte ich aus meinem Medressenzimmer in Kaukčijas Haus gebracht. Lediglich Hasans Abhandlungen über die Staatsordnung eines gerechten und wohlhabenden Reiches – an deren Übersetzung ich noch arbeitete – und diese meine beschriebenen und unbeschriebenen Blätter hatte ich zurückgelassen. Den mit Geld gefüllten Beutel, den Ragib Vrebac mir hinterlassen hatte, habe ich in einem Loch unter den morschen Bodenbrettern in meinem Zimmer versteckt. Vor einigen Tagen hatte ich Bula Puhalovka ihren Teil des Geldes übergeben, als sie den alten Salih-Beg Kaukčija im Garten behandelte.

Als ihn neulich zur Mittagszeit der Schlaf überkam, träumte er von seinem Sohn Hilmija. Es war ein schwerer Traum, der sich in nicht möglicher Zukunft abspielte: Hilmija feierte seine Hochzeit, er führte Nizama, die junge Braut, die Tochter des Walis, in den Garten. Überall Gesänge und Klänge von Trommeln und Zurna[76].

Der Traum ließ Kaukčija in Freude aufwachen und vom Fenster erblickte er mich und Lejla, wie wir neben dem blütenförmigen Šadrvan saßen und Tee tranken. Sie schaute gelangweilt über mich hinweg zu der Pappel, deren Äste sich geschmeidig im sanften Wind wiegten, der von Bijambare wehte, während ich ihr Samarkandis Verse über sieben Arten der Stille von Gärten vorlas, und wie jede von ihnen ihre Form vom Schatten der blühenden Pflanzen empfängt.

Aus seinem Traum aufgewacht, fing Kaukčija zu wimmern an. Wir brachten ihn in den Garten und setzten ihn unter die älteste Pappel. Er verlangte nach Bula Puhalovka, man solle sie unverzüglich zu ihm bestellen. Scheich Zelkanović war es schließlich, der sie zu ihm brachte. Während sie auf das Blei Gebetsformeln sprach und in Richtung des Greises pustete, drehte sie sich zu Lejla und fragte:

»Du hast den Astronom-Effendi geheiratet! Bei Gott, ein hübscher Bauer aus Mostar ist er!«

Hamzawiten, Hunduris, Malamatis, Hurufis ... in meinem neuen Garten erschien mir all das belanglos, wie das Laub von vor zwei Jahren, das zwischen der Medresse und dem Hanikah lag, oder der Schnee vom Vorjahr, oder die vorgestrige Flut.

Salih-Beg wurde mit jedem Tag zunehmend kränker, doch vor einigen Monaten raffte er sich noch einmal auf und organisierte ein Fest zu meinen und Lejlas Ehren. Alle waren gekommen; der Wali und sein Halbbruder Haso, der Mufti, Hadschi-Rizvan und sein Gehilfe Avdan, Muvekit Ždralović, Scheich Zelkanović, Gavrilo und Smiljana Jevtanović, Solomon Alkalaj mit seiner Tochter Rahela, Hasan der Philosoph ...

Bei dieser Gelegenheit gab er, einfach so, nebenbei, als sei es etwas Nebensächliches, vor allen Gästen und in vollem Betrag das Geld für den Bau der zwei Tekken. Er bedankte sich bei allen, die in dieser Stadt den Wert von Wohltätigkeit noch zu schätzen wussten, die Fähigkeit hatten, sie zu erkennen und möglich machten. Ich und Lejla sollten mit ihm zusammen unsere Unterschriften auf den Vertrag setzen. Safija und Mustafa waren zur Bjelašnica gereist um dort sieben Sonnenuntergänge zu beobachten – das war zumindest das, was wir zu Kaukčija gesagt hatten – der wahre Grund war jedoch, dass Safija schwanger geworden war. Glück war in den Laden von Mustafa dem Künstler eingekehrt. Vor einigen Tagen hatte ich sie zusammen gesehen; sie waren fröhlich wie Kinder. Wenn es ein Mädchen werde, sagten sie, solle es sich der Poesie und dem Seidenhandel widmen; wenn es aber ein Junge werden sollte, könne er sofort den Laden und die Farben aus Isfahan übernehmen.

Der Bau der zwei Tekken ging zügig voran. Von der Baščaršija hörte man das Klopfen und Hämmern der Bauarbeiter, und das allmähliche Entstehen der beiden Gebäude mit dem grünen Heiligengrab dazwischen zog viele neugierige Blicke an.

Zeit verging und ich verging mit ihr. Nach und nach entschwanden aus meinen Gedanken die schönen Zeiten von Zarigrad und Florenz. In meinen Träumen erschienen sie mir oft als weit in die Ferne entfliehende Horizonte, mit denen zusammen ich mich immer mehr von mir selbst entfernte, während ich in der wärmenden Nähe des Körpers meiner jungen Frau schwelgte.

Anfangs plagte mich schlechtes Gewissen, weil ich Gott gegenüber nicht die nötige Dankbarkeit vorbrachte, mit der Zeit aber steigerte sich dieses Gefühl gelegentlich zu Angst.

Dennoch gebe ich nur ungern zu, dass das Glück des fremden Gartens und die Schönheit des Zusammenseins mit meiner Frau nicht lange währte.

Ich werde erzählen, was sich seit dem Oktober 1589 während einiger seltsamer Jahre in Sarajevo abgespielt hatte.

Selbst heute noch, wenn vieles längst vorbei ist und ich immer noch die Hoffnung hege, dass sich alle Ereignisse vollständig aufgeklärt haben, und ich überzeugt bin, dass es besser gewesen wäre, wenn ich mein Medressenzimmer niemals verlassen hätte, und ich jetzt zuverlässig weiß, mit wem ich einst gewesen und mit wem heute geblieben bin, selbst jetzt bin ich mir unsicher, welche glücklichen und unglücklichen Ereignisse ich eher niederschreiben soll. Eines nur kann ich mit Gewissheit sagen – es hat sich damals um Glück und nicht um dessen Trugbild gehandelt und ich will darauf, obwohl es längst verflogen ist, weder im Ganzen, noch in seinen Teilen verzichten. Es gehört mir heute genauso wie früher, auf dieselbe Weise, wie uns unsere vergangenen Jahre gehören, obwohl sie unwiederbringlich vorüber sind.

Nichts von dem Geschehen will ich auslassen, denn ich habe mich keiner Sache schuldig gemacht und niemandem bin ich etwas schuldig geblieben. Hinsichtlich Schulden bin ich meiner Mutter ähnlich, und anders als mein Vater Salko Humo.

Ich muss zugeben, dass ich mich für den Bau beider Tekken gleichermaßen eingesetzt habe und ich tat es um der armen Leute willen. Schließlich sind es unsere Armen und nicht die von jemand anderem. »Wende dein Herz nicht vom eigenen Elend und dein Gesicht nicht vom Elend anderer ab«, pflegte Scheich Semnani zu sagen. Ich wollte nur, dass unser muslimisches Elend, unsere eingekesselte Jugend, unsere zerrissenen Zeiten und vertriebene Hoffnungen einen Platz finden um zur Ruhe zu kommen. Ich wollte, dass es noch ein paar Orte mehr gibt, in denen man sich vor dem barmherzigen Gott ausweinen konnte. Mein Wunsch war unschuldig und meine Absicht aufrichtig, in einer Stadt jedoch, die so ist, wie sie ist und in einem von Kriegen umgebenen Land. Dass meine Absichten auf dem Weg des Schicksals Fehlgeburten erleiden mussten, stand auf einem anderen Blatt geschrieben und es lag am wenigsten an meinem Zutun, dass es kam, wie es kam!

Alles begann, als ich an einem kalten Novembertag an der Baščaršija zufällig Scheich Zelkanović begegnete. Er war traurig und den Tränen nahe. Ich lud ihn ein, mit in Kaukčijas Garten zu kommen, dort würden wir unter uns sein und Lejla würde uns einen Tee zubereiten.

»Ich nehme deine Einladung an, aber um eines bitte dich – halte für uns morgen in der Tekke einen Vortrag über Gärten.«

»Über Gärten? Was habe ich mit Gärten zu tun, Scheich-Ibrahim?«

»Der Mensch – ein gebildeter vor allem – hat auf gewisse Weise mit allem etwas zu tun, also auch mit Gärten!«

»Man wird uns auslachen! Es herrscht trügerische Waffenruhe, man weiß nicht, ob der Krieg wirklich zu Ende gehen wird und wir haben nichts Besseres zu tun, als über Gärten zu reden!«

»Gerade deshalb! In Zeiten der Angst muss man den Menschen etwas Ungewöhnliches erzählen, etwas, wovon sie denken, dass es nicht von ihnen selbst und über sie ist. Es soll heiter und leicht sein und es soll ihnen die Brust weiten. Etwas von außerhalb. Etwas, was sie erquicken und ihre Gedanken in andere Welten entführen wird. Wie ich höre, gehst du zusammen mit Hasan dem Philosophen umher und sprichst über den Krieg! Ihr wollt den Leuten den Krieg erklären, wobei der Krieg eines der schlimmen Dinge ist, die man zuerst und unverzüglich vergessen sollte! Wessen man überdrüssig ist, sollte vom Wurm des Vergessens ausgehöhlt werden! An Schönes erinnert man sich leichter, mag es noch so weit zurückliegen. Möge das Schöne der Erinnerung niemals entschwinden. Willst du den Derwischen einen Vortrag über Gärten halten? Alle würden kommen, alle würden sich freuen! Glaub mir. Schenk uns einen leichten und weiten Gedanken. Schließlich würde es dir selbst auch gut tun. Du solltest es vor allem dir selbst sagen. Die aufrichtigste Rede ist die, die der Mensch an sich selbst richtet. Rede zu dir selbst und wir werden so nebenbei deinen Worten lauschen.«

Scheich-Ibrahim Zelkanović wusste genau, dass ich seine Bitte niemals hätte ausschlagen können. Er wusste auch, dass ich wusste, weshalb er Gärten und Erzählungen darüber so sehr mochte.

Beinahe zwanzig Jahre bin ich jünger als er, ein ganzes junges Leben, eine unverbrauchte Leinwand aus Zeit, welche man sich in der Unbekümmertheit junger Jahre wie eine leichte Bürde auf die Schultern packt und deren Last man erst nach langem Weg zu spüren beginnt. Ich war nach Zarigrad gekommen, als er die Stadt verlassen wollte und er von drei Kriegen und acht Jahren beschwerlichen und erfolglosen Lernens des Mystizismus von den großen Scheichs Zarigrads Abschied nahm. Es war das zweite Mal, dass er nach Bosnien zurückkehrte und diesmal sollte es für immer sein. Für die erste Heimkehr entschloss er sich nach seinem fünften Zarigrader Jahr, nachdem seine Lernerfolge bescheiden ausfielen und Hunger in dieser Zeit sein ständiger Begleiter war. Er hielt sich über Wasser, indem er für reiche Leute die Gärten pflegte und die Obstbäume beschnitt. Getrieben von glühendem Enthusiasmus den Glauben zu erneuern, machte er sich im Jahr 1569 mit etwas Wissen und seinen Prüfungsbescheinigungen über Mystizismus, Recht, Rhetorik und Poesiewissenschaften auf den Rückweg in die Heimat. Doch kaum in Sarajevo angekommen, hatte er zwei Misserfolge erlitten – eine Ehe, die bald in die Brüche ging und eine Arbeit, die ihm nichts einbrachte.

Wie so oft bei jungen Leuten, heiratete auch er leichtfertig und überhastet. Er nahm sich Kunija zur Frau, die Tochter von Hamzalija Grošić, des Muezzins von Bistrik. Kunijas blühende Jugend konnte es nicht erdulden, wenn Scheich Zelkanović im *Munija* – dem langweiligsten Lehrbuch arabischer Sprache – las und die vergessenen Kapitel zu neuem Leben zu erwecken versuchte.

Nach zwei Wochen der Ehe ließ sie ihn schließlich mit einem Aufschrei des Protestes wissen:

»Entweder Kunija oder Munija! Eine wird das Haus verlassen! Die Entscheidung liegt bei dir, Scheich-Ibrahim!«

Lediglich um sich einen Spaß zu erlauben, sagte Scheich-Ibrahim, er würde die Munija bevorzugen, doch seine Frau schmetterte ihm seine scherzhaft gemeinte Entscheidung mit einem Fluch ins Gesicht zurück und schleppte ihre zertrümmerten Hoffnungen mit sich den Garten hinab als sie fortging.

Mit dem zweiten Hindernis trug es sich noch schneller zu. Innerhalb von nur wenigen Tagen und Nächten war alles vorbei. Er suchte in Sarajevo nach Arbeit, woraufhin der Mufti in seiner Großzügigkeit ihn nach Tešanj in die zentrale Moschee entsandte. Obwohl ihm die Würdenträger der Stadt dort einen herzlichen Empfang bereitet hatten und er an jenem Abend in der Moschee eine tiefsinnige, mit Gottesworten und Versen berühmter Dichter ausgeschmückte Predigt gehalten hatte, wurde er am folgenden Tag von einer kleinen Delegation wieder nach Sarajevo verabschiedet.

»Du bist eine Berühmtheit, Scheich-Ibrahim, deine Predigten sind leidenschaftlich und deine Worte die eines Gebildeten, aber du hast leider einen zu kurzen Hals und der Turban steht dir nicht besonders!«, bekam er zum Abschied gesagt.

»Mein Hals kann nicht erigieren, wenn es euch danach ist!«, fluchte er wütend zurück. Er bereue seine Worte nicht, obgleich ihm bewusst sei, dass sie hässlich, unangebracht und mit dem ehrenhaften islamischen Glauben unvereinbar seien, sagte er. Er tat es nur, um ihnen seinen Unmut zu zeigen, den er, anders als mit Worten, nicht in der Lage gewesen wäre, zum Ausdruck zu bringen. Schließlich entschloss er sich, das wenige Geld, welches ihm übrig geblieben war, für die Rückkehr nach Zarigrad aufzuwenden.

In der Thronstadt, in einer feierlichen Zeremonie und unter stolzen Klängen von Militärsmusik machte er sich zusammen mit wenigen Landsleuten aus Bosnien und zahlreichen Anatoliern auf den Weg zur Schlacht von Lepanto.

Dort wurde er unglücklicherweise im Kampf von den eigenen Soldaten verwundet, wonach er gezwungen war, nach Zarigrad zurückzukehren. Zwar hatte auch diesmal nicht das Glück dort auf ihn gewartet, aber immerhin eine Arbeit im Garten einer reichen Frau.

Er war ihr in einer Sommernacht zufällig begegnet, nach einer Feierlichkeit in der Süleymaniye-Moschee zu Ehren des Geburtstags des Propheten. Plötzlich hatten Wolken den Himmel über Zarigrad bedeckt und einen üppigen und lauen Regen über die Stadt ergossen. Scheich Zelkanović bot der unbekannten Frau seinen alten Regenschirm an, woraufhin sie ihn dankbar einlud, sie schon am nächsten Tag zu besuchen. Die folgende durchwachte Nacht und das Warten auf den glückbringenden Morgen sollte Scheich Zelkanović niemals mehr vergessen. Als er ihr den Regenschirm gereicht hatte, sah er mit klarem Blick, dass er eine alte Frau vor sich hatte und dass die Einladung nicht einer unkeuschen Absicht, sondern ihrem Mitgefühl entsprang.

Nach Mitternacht jedoch kam ihm der Gedanke, dass er möglicherweise nicht gut gesehen haben könnte. »Die Frau ist bestimmt bedeutend jünger gewesen als sie schien«, dachte er. »Ihre Hände waren hell und glatt und der Anschein von Alter auf ihrem Gesicht muss daher gerührt haben, dass wir uns an einem geweihten Ort und in demütiger Stimmung begegnet sind – schließlich beschert doch jeder heilige Ort Frauen und Männern gleichermaßen eine gewisse Ernsthaftigkeit und lässt sie glanzvoll älter wirken und in Erhabenheit erstrahlen.«

Bis zum Morgengrauen hatte er auch die letzte Hoffnung seines Herzens überzeugt: Die Frau war in Wirklichkeit viel jünger als sie aussah; vielleicht war sie eine junge Witwe, deren Ehemann in einer der zahlreichen Schlachten fürs Kaiserreich oder für den Glauben sein Leben gelassen hatte (Scheich Semnani sagte, es sei genug, für eines von beidem zu sterben).

Als die wärmenden Sonnenstrahlen die vom Regen durchspülte Stadt wieder aufsuchten, schloss Scheich-Ibrahim voller Zuversicht den Kreis seiner Erwartungen, glücklich darüber, dass es damals vor der Süleymaniye-Moschee so ausgiebig gegossen hatte. Er war überzeugt davon, dass der Schirm, den er einst zu freudigem Anlass vor einer Naqschbandi-Tekke in Aleppo gekauft hatte, die Andeutung unaufschiebbarer Ereignisse bereits in sich trug, wie es oft so selbst bei einfachen Dingen ist, die man von heiligen Orten mitnimmt. Wenn die Zeit gekommen ist, breiten sich die verborgenen Pfade unverhofft und durchsichtig vor einem aus und eine Fülle an Gaben wird einem dargeboten, wenn man die Pfade nur beherzt genug beschreitet. Sie sind dem Menschen, was dem Vogel die unsichtbaren Lüfte sind – nur mit schwingenden Flügeln vermag er sie zu erspüren.

Es war noch früh, als Scheich-Ibrahim sich aufmachte, sein

Glück abzuholen. Er klopfte an die Tür, doch bereits durch die morschen Bretter konnte er erkennen: Die Frau war doch eine Greisin! Dennoch kehrte er nicht um. Er betrat den Garten, geleitet vom kümmerlichen bosnischen Gedanken, dass alles, was man sich erhofft aber nicht bekommt, dennoch gut für einen ist, solange es durch sein Ausbleiben keinen Schaden anrichtet, oder einen mit unerwartetem Übel heimsucht.

Die reiche alte Dame führte ihn nicht ins Haus sondern in den großen Garten, der voll war von Blumen und Vögeln. Sie bot ihm an, für sie als Gärtner und Vogelpfleger zu arbeiten – an seiner Kleidung habe sie in ihm einen Derwisch erkannt und bekanntlich liebten diese ja Gärten und Vögel. Vor langer Zeit habe sie Ibn Arabis Behauptung gelesen, dass Vögel fliegende Blumen seien und Blumen wiederum ruhende Vogelschwärme, die sich an der Luft liebkosten.

Scheich-Ibrahim nahm ihr Angebot dankend an und bald zog er in die Hütte am Ende des Gartens ein. Ins Haus hatte sie ihn niemals hineingelassen und auch er hatte es nicht gewollt. Die Arbeit war seltsam und ungewöhnlich. Er fütterte die Vögel und reinigte von ihrem Kot die Blumen und die erblühten Rosen in ihren hundertundsiebzehn Farben. Auch die Pfauen musste er waschen und von ihrem bezaubernden Gefieder den Dreck entfernen, bis ihm einfiel ihnen beizubringen, nachts mit den restlichen Vögeln die Sitzstangen zu teilen anstatt unter ihnen zu schlafen.

Mit der Zeit hatte er sich an die seltsame Vorliebe der alten Frau gewöhnt und an die eigenartige Verbindung ihrer zwei Leidenschaften, deren Auswirkung er jeden Morgen aufs Neue in Form von vollgeschissenen Blumen zu sehen bekam. Aber die paar hundert Akças monatlich, die Scheich-Ibrahim für seine Arbeit von der Frau bekam, halfen ihm, die verworrenen Geheimnisse dieser Liebe zu begreifen. Er war froh, dass es keine zwei Gärten gab – einen für die fliegenden und einen für die sich ausruhenden Blumen. Ein ungeteilter Garten bedeutete nur einen Gärtner und nur einen Lohn!

Oben auf den verflochtenen Ästen der Obstbäume saßen Sperlinge, Wiedehopfe, Ringeltauben, zwei Kuckucke, die Scheich-Ibrahim aus Pridvorac bei Gradačac mitgebracht hatte, Nachtigallen, Pelikane, Singdrosseln und in den aufgehängten Vogelkäfigen allerlei Wildvögel, während unter ihnen Josefskraut, Alant, Myrte, Nieswurz, Moschuskraut und hie und da einige Stängel Mohrenhirse wuchsen.

Einige Jahre lang hatte Scheich-Ibrahim jeden Morgen und Abend fleißig gearbeitet. Vor jedem Sonnenuntergang stellte er sich dieselbe Frage, weshalb die Vögel zu singen aufhörten. Daraufhin würde er den Garten verlassen, um bis spät in die Nacht Vorträgen über Sufismus und Hesychasmus beizuwohnen, das Erste bei Muslimen und das Zweite gelegentlich bei orthodoxen Griechen. Zugegebenermaßen hatte er recht wenig von all dem verstanden, trotzdem hörte er es sich gerne an – irgendwann würde es vom Ohr bis zum Verstand vordringen, dachte er, man müsse nur geduldig sein. Als man ihn fragte, weshalb er sich die Vorträge über Hesychasmus anhöre – das sei doch die Mystik des orthodoxen Glaubens – antwortete er, dass es ihn an die schönen Hügel rund um seinen Heimatort Palivuk erinnere, besonders an Sommertagen. Er habe sie sieben Jahre hintereinander immer wieder aufgesucht und sei traurig gewesen, als er feststellen musste, dass die Blumen auf den Hängen immer nur für kurze Zeit blühten.

Obwohl die Bezahlung kümmerlich war, bot sich ihm durch die Arbeit die Möglichkeit, über Vögel und Gärten Neues zu lernen, Dinge von denen er bis dahin wenig wusste. Sein Wissen erweiterte er in den Vorträgen über Vögel und deren Gesänge beim Sufi Qalqashandi und über Blumen beim Sufi Fendereski. Zwei Jahre lang hatte er auch von Al-Bagdadi gelernt, dem berühmten Gelehrten und besten Kenner der Wissenschaften von Gärten, den der Sultan höchstpersönlich nach Zarigrad eingeladen hatte.

Über die Jahre hinweg erwies sich der eigenartige und manchmal auch schöne Garten der seltsamen alten Dame für Scheich-Ibrahim als hilfreich, seine philosophische Anschauung über das Nebeneinander von Schönem und Hässlichem zu formen, von Blumen und Gestank, von ekligen Exkrementen und hellen Toiletten aus Alabaster. Im Anbetracht des Zusammenseins verschiedenster Vogelarten – von Raub- und Singvögeln, von aasfressenden und zahmen – erkannte er diese philosophische Symbiose. Es waren immer die Lieder der wilden Vögel, die sich aus dem Chor lieblicher Vogelgesänge besonders hervorhoben. Er hörte sie jedes Mal, wenn ein Sperling über eine Nachtigall herfiel, oder ein Pelikan über einen Wiedehopf. Die kleinen Kuckucke, die er aus Bosnien mitgebracht hatte, fütterte er immer aus der rechten Hand. Es wurde ihm bewusst, dass all die wundersamen Unterschiede und Gegensätze des seltsamen Gartens im Dreck der Vögel vollkommen aufgehoben wurden, wenn es mit dem Wasser allmorgendlich zu den hungrigen Wurzelfäden prächtiger Blumen und liebreizender Rosen hinfortgespült wurde.

Ich hörte Scheich-Ibrahim zu, während er mir in Kaukčijas Garten seine Geschichte erzählte.
»Wie ich sehe, denkst du über meine wilden Vögel nach«, sagte er. »Lass es gut sein, es ist vorbei. Wirst du den Vortrag über Gärten für die Derwische halten?«
»Ich werde es tun, aber gib niemandem Bescheid. Du wolltest doch selbst, dass es ungezwungen und beiläufig sei und ich im Vortrag zu mir selbst spreche.«
»Abgemacht! Wir warten dann auf dich morgen in der Tekke. Alle Derwische werden da sein. Alle werden sich freuen. Glaub mir!«
Die Tekke war bis auf den letzten Platz gefüllt, als ich am späten Abend dort ankam. Mühsam schaffte ich es bis nach vorne, zu den ersten Reihen durchzukommen. Scheich Zelkanović ging sichtlich stolzerfüllt und glücklich vor mir her und bahnte mir den Weg durch die gedrängten Reihen, vorbei an den gestreckten Hälsen und verschwitzten Hemden der Derwische. Als ich gerade mit meinem Vortrag beginnen wollte, sah ich unter den Anwesenden Avdan Deronja, Hadschi-Rizvans rechte Hand, einen dicknasigen Ausbeuter und geizhalsigen Wollhändler, wie es ihn nicht einmal in Visoko ein zweites Mal gab. Ihm gehörte eine Herberge an der zum Trebević zugewandten Seite der Miljacka[77]. Seit neuestem trug er einen Fes auf dem Kopf, wie ihn die Qadiri-Derwische tragen. Neuerdings hatte er auch begonnen, den Kopf leicht nach rechts geneigt zu halten und mit strengem, eingeübtem Adlerblick zu gucken, den er von Asketen abgeschaut hatte, deren Gedanken niemals bei etwas anderem sind als bei Gott.
(Was kümmert's mich! Jetzt darf ich mir erlauben, über jeden erbost zu sprechen – jetzt, da ich meine Frau und ihren Garten habe!)
Zwanzig Monate zuvor war Šakir Dubravić und mir das Geld ausgegangen, weshalb wir uns etwas einfallen lassen mussten, um uns über Wasser zu halten. Also gingen wir zur Herberge von Avdan dem Wucherer, reumütig und untertänig wie es sich für

würdige und hungrige Gelehrte gebührt, und baten ihn, uns finanziell zu unterstützen, damit wir *Die goldenen Wiesen*, Al-Masudis[78] feinfühlige Geschichtsauslegung, aus dem Arabischen übersetzen.

Avdan schaute uns an, zuerst mich und dann den schmächtigen Dubravić und fluchte auf alle Bücher dieser Welt mit Ausnahme der heiligen!

»Krieg herrscht und die Muderisse haben nichts Besseres zu tun, als sich mit beschissenen Büchern zu beschäftigen!«, schrie er uns an.

Gekränkt und vor Scham erblasst standen wir da, während Avdan nicht aufhörte, uns mit heiserer Stimme anzuschreien:

»Vergesst die Übersetzungen! Was für Gelehrte seid ihr überhaupt? Wisst ihr nicht, dass die Mongolen, als sie 1258 Bagdad eingenommen hatten, alle Bibliotheken vernichtet und alle Bücher in den Tigris geworfen haben? Es waren so viele, dass der Fluss dadurch wie von einen Staudamm abgeschnitten wurde! Man konnte regelrecht über die Bücher von einem Ufer zum anderen laufen wie über eine Brücke! Es dauerte ganze zwei Stunden, bis der Tigris diesen Dreck aus schulischen Wahrheiten und Jahrtausende alten Blättern durchbrochen und zum Persischen Meer hinfort gespült hatte. Alles war für immer verschwunden! Da seht ihr, wie Wissen und unzählige Jahrhunderte gelehrten Eifers verenden! Verflucht sei es!«

So hatte uns Avdan damals beschimpft, doch jetzt sitzt auch er hier in der Tekke wie ein demütiger und fügsamer Derwisch, gekleidet in ein Qadiri-Gewand aus Bagdad und nach mekkanischen Düften riechend. Von der Gebetsnische aus beobachte ich ihn und denke mir, welchen Nutzen er wohl bei den ärmlichen Derwischen gewittert hat. War es billige Arbeitskraft, was er sich hier zu finden erhoffte?

Ich begann meinen Vortrag über Gärten.

»Meine Brüder, meine lieben Brüder! Welche Bedeutung haben Gärten in dieser vergänglichen Welt? Das Ehebett! Die Kleidung, die man trägt! Freunde! Eine treue und hübsche Ehefrau, weich wie der Blütenstaub der Ringelblume! Ein Krug aus Isfahan! Angenehme Worte! All dies sind Gärten!«

(Nachdem ich das sagte, sah ich einige Leute die Tekke verlassen und es kränkte mich. Drangen meine Worte nicht zu ihnen durch?)

»Eine Sammlung schöner Erzählungen gleicht ebenfalls einem Garten! Von deren Worten ist man ergriffen, sie beflügeln die Gedanken, wiegen uns in den Schlaf, schüren unsere Hoffnungen oder lindern unsere Trauer, von der wir nur allzu selten frei sind in diesem Jammertal, in dem wir leben. Selbst der Glaube, welchen uns Gott über Seine Gesandten verkündete, ist ein Garten, ebenso wie die heiligen Orte und die heiligen Sprachen! Das Gebet ist ein von Frische erfüllter Garten, den du betreten kannst und der dich das Gehetze der Welt vergessen lässt! Ebenso ist es das Bittgebet in Zeiten von Kummer und Leid! Es bedeckt dich wie ein kühlender Schatten und hilft dir, deine bevorstehende Bürde leichter zu tragen, bis zum nächsten Gebet und bis zur nächsten Bürde. Erinnerungen an Schönes; die Heimat; die Wiegen unserer Kindheit ... – all das sind allesamt Gärten!«

(Jetzt war die Tekke bis zur Hälfte leer. Schade! Vorträge über Gärten war man hier wohl nicht gewohnt!)

»Meine lieben Derwisch-Brüder! Jeder schöne Ort und jeder weitläufige Gedanke; eine sanftmütige Person und ein zerbrechlicher Grashalm; ein zutrauliches Tier und ein gezähmtes Raubtier; der heitere Himmel ... – auch das sind Gärten! Alles was uns die Gedanken vom Tod abwendet ist ein Garten! Habt zahlreiche Gärten! Sucht danach in euch selbst und außerhalb, legt neue an, wo immer sich euch die Gelegenheit bietet – es wird euch eure Zeit in dieser Höhle erleichtern. Sucht nach Gärten in den Klängen der Ney-Flöte und in Vogelgesängen! Selbst der Gesang wilder Vögel ist ein wundersamer Garten inmitten undurchquerbarer Wildnis. (Ich blickte zu Scheich-Ibrahim und sah ihn weinen.)

Doch welchen Grund hat mein heutiger Vortrag? Mit meiner Erzählung will ich eure Erinnerung an die Gärten des Paradieses wecken! Damit wir unsere zukünftigen Hoffnungen daran ausrichten! Damit ihr euch nicht fragt: ›Wenn man schon sterben und ins Jenseits gehen muss, weshalb bleiben dann die Gräber in dieser Welt zurück?‹

Meine Brüder, Gott ist seit jeher allmächtig! Und er wird es auch für immer bleiben! Wenn er gewollte hätte, hätte er unseren Urvater Adem und unsere Urmutter Hawa im Paradies bleiben lassen können und weder sie noch uns auf diese Welt herunterbringen müssen. Schließlich ist das Paradies überaus geräumig, größer als alle Himmel und Erden zusammen. Und wir hätten alle im Paradies geboren werden können – an Platz hätte es nicht gemangelt! Aber wären wir im Paradies geblieben, meine Brüder, würden wir weder erfahren können, was der Garten ist, noch hätten wir auf den Garten jemals hoffen und uns dessen erfreuen können!

Gott wollte jedoch, dass wir in dieser Welt für das Paradies heranwachsen! Obwohl diese Welt selbst nicht das Paradies ist, ist sie dennoch voll von Gärten, die uns den Paradiesgarten im Nebel erahnen lassen!

Doch was liegt dem Garten entgegengesetzt? Der islamischen Lehre nach ist es der Krieg! Der Krieg ist stets das Gegenteil des Gartens! Am Schlachtfeld werden Verbote aufgehoben, alles wird erlaubt, weil einem alles genommen und die Realität ihres Zweckes entledigt wird.«

Ich fuhr mit dem Vortrag fort, meine Worte schwebten hin zu den Wänden.

Während ich meine Gedanken über Gärten weiter ausführte, betrat ein jüngerer Derwisch in ungewöhnlicher Kleidung die Tekke. Er trug keine Kopfbedeckung und hatte den Bart und die Haare lang. In den Händen hielt er wie eine Schüssel einen umgedrehten, großen Turban. Durch die sitzenden Reihen stampfend, kam er direkt auf mich zu.

»Eine Frau ist kein Garten!«, rief er erregt. »Der Muderis redet schamlos! Der Schaitan hat ihm seine Zügel angelegt und benutzt ihn für seine Machenschaften!«

Plötzlich warf er den Turban auf mich und traf mich mitten auf die Brust. Über meine Weste ergoss sich vom Hals abwärts frisch angerührter, mit Wasser verdünnter Hundekot. Der Gestank breitete sich aus und füllte die ganze Tekke. Während die ersten Reihen der Derwische, beseelt von meinen Worten über Gärten, für einige weitere Augenblicke in den Höhen erlesener Gedanken schwelgten, erstarrten die anderen vor Entsetzen und fragten sich, ob es möglich sei, dass sich Bergilis und Hamzawiten unbemerkt in deren Halveti- und Naqschbandi-Reihen geschlichen hatten. Eine dritte Gruppe rief wiederum, dass Ramizaga der Pförtner für alles Schuld sei – taub wie eine Nuss, lasse er jeden in die Tekke rein; jedem traue er und glaube, dass Seele und Kleidung eins seien. Die Vierten verfluchten die Hubimesihis und Kalenderis, Tabrizis und Gulschanis, Nadschdis und deren Sprösslinge, die Akidei-Sahihis ...

Es gäbe keine richtigen Mevlevis mehr, riefen sie, keine demütigen Qadiris, keine aufrichtigen Naqschbandis! Die Tekken und Moscheen, die uns einander näher brachten, gäbe es nicht mehr! Ich starb beinahe vor Scham und Gestank, inmitten der unterschiedlichsten, zunehmend lauter werdenden Worte, die ich in der Tekke zu hören bekam. Kurz darauf gingen die Derwische auseinander und nahmen die Geschichte über das mit Köterdreck beschmutzte Gewand des Muderis Skender Humo mit sich mit.

Des Teufels Verbündeter

Scheich-Ibrahim begleitete mich bis zu Kaukčijas Garten. Den ganzen Weg lang heulte er und übergab sich.

»Verzeih mir!«, sagte er. »Wenn's vom Menschen ist, kann ich es noch irgendwie ertragen, aber vom Hund – da kommt mir alles hoch!«

Dass alles ausgerechnet in seiner Halveti-Tekke passieren musste, in der er als Aushilfsscheich tätig war, beschämte ihn. Er wünschte sich, die Erde würde ihn augenblicklich verschlucken und ich hatte keine Zweifel daran, dass er es aufrichtig meinte.

Er beteuerte, von nichts eine Ahnung gehabt zu haben. Jeder, insbesondere ich, wusste, dass Scheich-Ibrahim eher bei seiner Beerdigung von mir die Grabrede gehalten haben wollen würde, als dass er in seinem Alter noch erleben musste, wie man seinen Freund derart demütigt.

»Ich weiß nur zu gut, wie schmerzhaft und lang anhaltend Wunden brennen können, die man von den eigenen Leuten zugefügt bekommt!«, sagte er. »Diese Erfahrung habe ich bei Lepanto machen müssen, obwohl ich dort nur während der ersten Tage anwesend war, als die verfeindeten Seiten sich in kleineren Scharmützeln gerade erst abtasteten und prüften, ob der alte Feind mit neuen Waffen angekommen war. Auch in diesen Tagen waren viele Soldaten gefallen, aber man hatte sie nie zu den Helden gezählt, denn sie starben nicht in den Flammen des großen Gefechts, wenn die Kämpfe von den großen Befehlshabern und deren Stellvertretern geleitet und die Ereignisse akribisch protokolliert und in den Dienstarchiven gesammelt werden. Meine Geschichte ist bedrückend, ich habe sie jahrelang geheim gehalten, aber dir werde ich sie erzählen, damit dir die dreihundert Schritte bis zu Kaukčijas Garten nicht allzu schwer fallen.«

Scheich-Ibrahims Erzählung handelte von der verfluchten Schlacht von Lepanto. Gleich am dritten Tag nach seiner Ankunft wurde er verwundet. An den Fronten funkte es bereits heftig und es schien, als stünde die Schicksalsschlacht tatsächlich unmittelbar bevor und als würde sie sich bald in all ihrer Wucht über dem Ort des Geschehens ergießen. Es war ein nebliger und verregneter Abend – und solche haben auf dem Meer und während blutiger Kämpfe etwas Gespenstisches – an dem Scheich-Ibrahim im Kugelhagel der eigenen Truppen niedergemäht wurde. Doch jede Wunde, sei sie noch so tief, kann sich zum Glücksfall wenden.

Die Sturmgaleere, auf der sich Scheich-Ibrahim befand, war tief in die Vorhut der venezianischen Flotte vorgedrungen. An Deck hatten die Derwische unter Scheich-Ibrahims Kampfgefährten anfangs in leisen, sanften und beruhigenden Worten, *Ya-Hayyu, Ya-Hu* [79], Gott beschworen. Doch der innere Krieg unterscheidet sich vom äußeren und glücklich ist der, der nicht mit beiden geprüft wird!

Der Scheich erstarrte vor Furcht als er Zeuge wurde, wie sich der Klang der Worte *Ya-Hayyu, Ya-Hu* von demütiger Begeisterung plötzlich zu zürnendem, erbarmungslosem Angriffseifer wandelte, welcher die Soldaten den Befehl der osmanischen Admiräle, unverzüglich umzukehren und nicht sinnlos zu sterben, überhören ließ.

Zwei venezianische Schiffe hatten sie bereits versenkt und ein drittes beschädigt, als der Befehlshaber – ein Naqschbandi-Derwisch Namens Zekeriya aus Erzurum – anordnete, das Schiff zu wenden und zu den Stellungen der osmanischen Flotte zurückzukehren. Doch dann fanden sie sich zwischen Feuern: Unter dem der Venezianer – denn sie wussten wer sie waren – und unter dem der Osmanen, die sie für ein feindliches Schiff hielten.

Scheich-Ibrahims rechter Unterschenkel wurde von einer Kugel getroffen, die aus den eigenen Reihen abgeschossen wurde, in einem Gefecht, das erst abklang, als die osmanische Seite im Dunkel der Nacht auf der Flagge der Sturmgaleere die Mondsichel erkannte. Am nächsten Tag hatte man Scheich-Ibrahim mit den restlichen Verwundeten nach Zarigrad gesandt. Für ihn war damit die Schlacht von Lepanto beendet, ebenso wie die Geschichte, dass er von den eigenen Leuten niedergeschossen wurde. In der Thronstadt wurde zu Protokoll gebracht, dass er von einer verirrten Kugel der Genovesen getroffen wurde.

So hatte Scheich-Ibrahim Zelkanović die Lepantoer Blätter für immer geschlossen und in den feuchten Teil der Bibliothek abgelegt, damit dort alle Erinnerungen vermodern, welche ihn in seinen Träumen heimsuchten.

Scheich-Ibrahim schnaufte, während er mir am Brunnen in Kaukčijas Garten half, den Dreck weg zu waschen. Abartiger Gestank umgab mich inmitten des schönsten Gartens unserer Stadt. Ich war beschämt, erniedrigt und mir war bitter kalt. Auf meine schönen Erzählungen entgegnete man mit Hundescheiße! Schämen sollten sie sich! In beiden Welten sollen sie die Untersten sein! Nicht einmal im *Barzach* [80] sollen sie Frieden finden!

Dann hörte ich Schritte. Lejla stieg im Halbschlaf die Treppe hinab. Überrascht schrie sie vor Schreck auf, als sie uns sah! Ihr Schrei weckte auch Salih-Beg Kaukčija. Er stand oben neben dem hölzernen Wandschrank und beobachtete durch das Fenstergitter und den schwachen Schein der Öllampe, wie Scheich Zelkanović inmitten seines Gartens kübelweise Wasser über mich halbnackten ergoss. Ich wünschte mir, es wäre ein Traum gewesen – von Kot träumen soll Gutes bedeuten – doch es war keiner, denn ich hatte gesehen, wie Lejla und ihr Vater gerade aufgewacht waren!

Es fällt mir leichter, wenn ich es niederschreibe: Seit der Nacht, als ich meinen Vortrag über Gärten gehalten hatte, haben sich die Ereignisse in Sarajevo für mich überschlagen!

»Was ist passiert?«, fragte mich Lejla, als wir drinnen im warmen Zimmer waren.

»Ich wurde in Scheich-Ibrahims Tekke mit Hundedreck beworfen!«

»Die Derwische respektieren dich nicht?«

»Doch! Alle außer diesem einen und diejenigen, die ihn dazu überredet hatten.«

»Womit hast du sie verstört?«

»Ich sprach schwärmend über dich!«

»Über mich?«

»Ja! Ich sagte, die geliebte Frau sei wie ein wundersamer Garten, wie seine Stille, seine Ruhe und sein Schatten ... Wie das Flackern der Sonnenstrahlen auf duftenden Blättern. Ich entsinne mich nicht all meiner Worte und Gedanken, die ich in der Tekke über dich zu flechten begonnen hatte, meine Liebste. Meine Worte entsprangen grenzenloser Liebe und ich dachte, ich würde alle zu Tränen rühren. Ich dachte, der Derwisch brächte mir ein großes Bündel Geschenke in seinem Turban, doch stattdessen bekam ich Dreck und Unflat! Noch dazu verdünnt mit Wasser, damit's besser stinkt! Welch eine Schmach!«

»Warum kehrst du nicht all dem den Rücken? Der Medresse,

den Derwischen, Hasan dem Philosophen, den ständigen Diskussionen ... Allem! Wir haben Vaters Läden. Wir können vom Handel leben und ständig auf Reisen sein.«

Unglaublich! Lejla sprach in knappen Worten, weil sie es ernst meinte. Ich konnte es an ihrem Gesichtsausdruck erkennen. Ich hörte den Eifer in ihrer Stimme. Ihr Vorschlag entsprang ihrem Geschäftsdenken und ihrer Liebe zu mir, vielleicht. Ein Gedanke schoss mir durch den Kopf: Wollte sie mich etwa in ihren Dienst stellen? Wollte sie, dass ich für sie und ihren Vater arbeite?

Während sie sprach, räumte sie ihren Schmuck in eine Kiste aus Damaskus, die sie möglicherweise von ihrer ersten Reise mit ihrem Vater in die alte Kalifenstadt mitgebracht hatte. Sie war wütend. Auf den Gesichtern schöner Frauen offenbart Wut einen fremdartigen, zauberhaften Reiz, gleichzeitig streng und klar. Sie machte das Licht im Zimmer aus und wir setzten uns aufs Bett, beleuchtet vom schwachen Schein der Öllampe draußen auf der Veranda. Sie fragte mich, ohne die Stimme zu senken, warum ich ihr nicht antwortete und weshalb ich auf den Garten und den Frauensteg schaute.

»Du kannst nicht alles haben – einen prächtigen Garten und eine hübsche Frau und gleichzeitig den Derwischen Vorträge halten, wie sie mit vorsichtigen Schritten ihren Weg durch die Welt gehen sollen! Die Menschen wissen Bescheid und untereinander reden sie darüber. Viele denken, du wärst unaufrichtig und heuchlerisch. Mein Liebster, du wirst ein wahrer Derwisch, wenn du dich von den Tekken abwendest und vom Trösten verarmter Derwische ablässt. Wende dich dem Geldverdienen, den Geschäften und den Waren zu. Ich empfehle dir eine solche Entsagung. Wach endlich auf! Lass die Tekken und die Medressen. Wenn du sie verlässt, wird jemand anderer kommen. Es bleiben immer ausreichend Leute für die Tekken und Moscheen übrig. Ich rate dir: Wach auf! Die Welt ist weit und voller Schönheit und Reichtum! Ich sage nicht, dass du es Ragib Vrebac gleichtun musst, aber es wäre gut, wenn du die Medresse verlassen würdest!«

Ich schreckte auf!

»Woher weißt du, dass Ragib Vrebac die Medresse verlassen hat?«

»Bula Puhalovka hat es mir erzählt!«

O mein Gott! Was wenn Ragib in betrunkenem Zustand auch von meinen Sünden und meiner Begegnung mit Nurunada erzählt hatte? Soll er's doch tun, was kümmert's mich! Ich werde dazu stehen und sagen: Ja, es ist passiert! Ich habe gesündigt, aber schuldig bin ich nicht!

Lejla redete verlockend, ihre Worte dufteten süß. Sie erinnerte mich an Nurunada und die sündigen Erinnerungen aus Zarigrad, an die ich in Lejlas Anwesenheit nicht einmal zu denken wage. Ich drehte mich ohne Worte zur Wand, versuchte einzuschlafen. Es war gut, dass ich das Haus in Tepa und meinen kleinen Garten mit der raurindigen Pappel hatte, ebenso das Medressenzimmer und den Gehstock aus Teakholz, falls sich die Ereignisse auf ungünstige und unerwünschte Weise entwickeln sollten ... Nach einer Weile stand ich aus dem Bett auf und ging zum Fenster. Lange schaute ich auf den Garten und den Šadrvan, dann auf Lejla, die längst eingeschlafen war.

Ich schob die Gardinen zur Seite. Der Mond strahlte, wärmte beinahe und ließ den Frauensteg im Garten und die Hälfte der Mauerwand, die der Efeu noch nicht bedeckt hatte, in silbernem Licht leuchten.

Hasan der Philosoph hörte von der Erniedrigung, die ich in der Tekke erlitten hatte, und sagte mir, dass es nicht das Werk von Scheich Zelkanović gewesen sei. Niemals! Aber vielleicht von demjenigen, der ihn dazu überredet hatte, mich einzuladen.

»Das musst du aber so schnell wie möglich herausfinden, falls du zurückschlagen möchtest, worauf du volles Recht hättest!«, sagte er. »Wenn wir anfangen, vor ungehobelten Leuten zu schwächeln, werden bald schlimmere Dinge auf uns zukommen! Bald werden wir uns nicht mehr auf die Straße trauen können!«

Auch an den folgenden Abenden habe ich gesehen, dass Haso, der Bruder des Walis, die Tageserträge aus den Läden zu Salih Kaukčija brachte.

Zahlreiche Zweifel begannen, an mir zu nagen. Manche von allein, andere wiederum hatte Lejla geweckt. Sie genoss es, Geld zu zählen. An manchen Tagen blieb sie bis zu einer halben Stunde mit Haso bei dem Alten. Manche Zweifel entflammte aber auch der Alte selbst. Die vierte Art von Unruhe ließ deren gemeinsames Miteinander bei mir aufkommen. Jeden Abend wenn das Geld kam, zogen die drei sich zurück. In dieser Zeit war unsere einzige

Gemeinsamkeit die Tatsache, dass wir uns unter dem Dach des selben Hauses befanden.

Haso begrüßte mich stets freundlich, mit gütigster Stimme, beinahe als würde er sich damit den Zugang zum Frauenbereich des Hauses verschaffen wollen. Daraufhin machte er sich auf den Weg und Lejla kam zu mir.

Als mir all meine Zweifel die Luft wegschnürten, entschloss ich mich etwas zu unternehmen, einige Schritte zumindest. »Ein Vogel, der in den azurblauen Höhen die Flügel nicht schwingt, fällt! Und früher oder später verliert er sich in den Wolken!«, sagte einst Scheich Semnani.

Doch wo sollte ich anfangen, wohin den ersten Schritt setzen? Welches Ziel hätte ich mit meinem verschulten Kopf und meinen baren Händen ansteuern sollen?

An diesem Abend und an mehreren darauf folgenden bat ich Gott – ich tat es in wenigen und knappen Worten, weil ich nicht der nörgelnde und lästige Gläubige sein wollte – mir einen Verbündeten zu senden, ganz egal worin und in welcher Gestalt, damit ich mit seiner Hilfe herausfinde, weshalb man mich mit Dreck beworfen und derart erniedrigt hatte und was mir noch bevorstand und vor allem wann! Und weshalb all dies ausgerechnet mir, dem assistierenden Muderis an der Medresse, passieren musste, der außer Büchern nichts anderes kannte und dessen Gelehrsamkeit beispielhaft war und niemandem im Weg stand! Außerdem fiel ich niemandem zur Last. Ich wohnte im Haus und dem Garten meiner Frau. Das, was ich an jenem Abend in der zur Hälfte leeren Tekke gesprochen hatte, waren uralte Erzählungen aus der Medresse, mit denen ich niemanden beleidigen wollte, und auch wenn es so gewesen wäre, wäre kaum jemand da gewesen, der es hätte hören können. Und selbst wenn – wer hätte schon meine Worte ernst genommen! In den heutigen Zeiten, in denen das Übel allgegenwärtig ist, misst niemand mehr Worten besondere Bedeutung bei. Wir haben es verlernt auf Worte zu hören. Man betrachtet sie längst nicht mehr als kühne Tat. Die Ohren sind für sie taub geworden. Zu Worten wird wahllos gegriffen. Billig sind sie geworden. Ohne jeglichen Wert. Willkürlich. Es gibt sie nicht mehr, die Menschen, deren Worte rar aber erlesen sind. Die Schweigenden werden verkannt. Keine Rede vermag es, in uns Flammen der Begeisterung zu entfachen. Keine macht uns wütend. Wir sind gleichgültig geworden. Es ist traurig, dass sich die Auswirkungen von Reden und Schweigen heutzutage voneinander nicht unterscheiden! Wenn Scheich Hamza Orlović heute leben würde, würde keiner auf ihn hören, geschweige denn wegen eines Wortes den Kopf riskieren müssen!

In meinen Gebeten versuchte ich Mut und Kraft zusammenzubringen, denn ich wollte erfahren, was sich verändert hatte, dass Haso jetzt mit dem Geld zum Alten kam und Lejla jedes Mal nach oben zu ihnen in die Männergemächer ging, um beim schummrigen Geschehen dabei zu sein, wenn in der Ruhe des abklingenden Tages die Groschen von der Baščaršija ins Haus gebracht wurden und ich jedes Mal verlässlich mitkriegte, wie die Stimmung an diesem Tag in unserer Stadt war.

Mein erster Verbündeter im Kampf gegen die Erniedrigung war mein Besuch beim Mufti. Es war am Morgen, als mich Hasan der Philosoph zu dessen prächtigem weißen Haus führte.

Als ich Tränen in den Augen des Muftis sah, fühlte ich mich erleichtert – ich war also nicht der einzige, dem es nach Weinen zumute war. Außerdem, wenn er gehört haben sollte, was man mir in der Tekke angetan hatte, würde er mir sicherlich seine Hilfe erweisen. Ein Machthaber mit bedrücktem Herzen sei eher bereit zu helfen, besagt ein sassanidisches Sprichwort.

Dreierlei Gründe waren es, die den ehrwürdigen Mufti bittere und aufrichtige Tränen weinen ließen.

Als erstes wegen der Dschilanis, unseren Derwisch-Brüdern aus dem Hedschas, die sich auf den Weg nach Bosnien gemacht hatten, aber von Uskoken[81] bei Imotski überfallen und ausgeraubt wurden. Abgesehen davon, dass sie den Reisenden das gesamte Geld abgenommen hatten, verlangten die Plünderer für deren Freilassung zudem auch Lösegeld von uns, worauf man ihnen tausend Dukaten zusandte. Die Dschilanis wurden freigelassen und kehrten nach Dubrovnik zurück, von wo sie mit einem Schiff wieder nach Alexandria gebracht wurden. Sie hatten riesiges Glück, ihren Tribut an Bosnien nicht mit dem Leben bezahlt zu haben.

Des Muftis zweite Tränen galten den Sahihis aus Nadschd, über deren Ankunft in Novi Pazar er an diesem Morgen Nachricht bekam. Dort wurden sie von Bergilis aufgenommen, die ihnen die Lüge unterbreiteten, dass in Sarajevo immer mehr unnötige Tekken entstünden und dass es bei uns mehr unterschiedliche Derwisch-Brüderschaften gäbe als in Zarigrad selbst und dass manchen von ihnen sogar Christen beigetreten seien, so dass man gar nicht mehr wisse, wer in Bosnien welchen Glaubens sei, geschweige denn von welcher Tariqa oder Haqiqa[82].

Die Sahihis schenkten dieser Verleumdung Glauben und verärgert überließen sie all ihr Geld, welches sie mitgebracht hatten, den Bergilis aus Novi Pazar, damit diese die alten Gräber umpflügten um darauf Obsthaine anzulegen – dies sei für die Lebenden von größerem Nutzen, sagten sie und traten danach ihre Rückreise an.

Dann drehte sich der Mufti zu mir und sagte:

»Drittens weine ich wegen dir, Muderis Humo. Weshalb musste man ausgerechnet dir so etwas antun, und ausgerechnet in einer Tekke? Ich werde dich beschützen! Ich muss es! So darf man mit niemandem umgehen und schon gar nicht mit einem angesehenen Gelehrten! O Gott, wie soll man diesem verzogenen Pöbel nur entgegentreten? Aber etwas anderes möchte ich dich fragen, Humo. Du hast doch in Florenz Astronomie studiert?«

»Mufti, bitte verschone mich damit!«

»Ich meine es ernst! Hast du oder hast du nicht?«

»Ja, ich habe Astronomie studiert und allmählich beginne ich auch, sie zu vergessen!«

»Welch Glück wäre es für uns, wenn du dein Wissen auffrischen und die Saat dieser Wissenschaft auf bosnischer Erde säen würdest! Ich habe beschlossen, Astronomie als Fach an der Medresse einzuführen, damit den Studenten die Horizonte erweitert werden und sie ihre Gedanken von diesem Durcheinander, welches derzeit bei uns herrscht, abwenden können. Ich möchte, dass wir ihren Blick zu etwas anderem lenken, zu entlegenen Himmelssphären und deren endlosen Weiten.«

Dann mischte sich Hasan der Philosoph ein:

»Mufti, es ist an der Zeit, dass wir in den Moscheen und Tekken die Hamzawiten und Bergilis verbieten! Das muss vor allem durch deinen Erlass passieren! Man muss ihnen das Predigen verbieten! Sie sind zwar noch nicht zahlreich, aber es werden immer mehr. Vor allem bei den Armen und den Naiven finden sie ihre Anhängerschaft. Von deiner Stellung aus muss verkündet werden, in welche Richtung wir in Bosnien gehen müssen! Wir müssen unseren Weg deutlich aufzeigen! Gestern hatten Hamzawiten auf der Baščaršija eine Schrift von Hamza Orlović verteilt, in der er aus dem Totenreich verkündet, der Dienst an Gott und fürs Leben zu kämpfen sei nicht notwendig – er selbst würde sich um seine Anhänger kümmern und sie beschützen! Noch siebzehn weitere blödsinnige Behauptungen folgten einander, eine schlimmer als die andere!«

»Hasan, nichts kann man bei uns weder verbieten noch befehlen! Nichts! Ich weiß es! Als ich vor sechs Jahren eine Fatwa erlassen hatte, in der untersagt wurde, sich den schwarz gekleideten Hurufis anzuschließen, kamen innerhalb von drei Tagen fünf angesehene Bürger Sarajevos zu mir um sich zu beklagen. ›Mein Sohn ist bei ihnen!‹, rief der eine. ›Immer noch besser, als dass er sich dem Glücksspiel hingibt!‹ Der zweite schimpfte: ›Lass sie! In Buchstaben nach Prophezeiungen zu suchen, tröstet sie in der Zeit zwischen zwei Kriegen!‹ ›Wären sie nicht bei den Hurufis, würden sie irgendeiner anderen Tariqa beitreten!‹, sagte der dritte. ›Mufti, gründe du doch endlich die richtige Tariqa für die Jugend‹, forderte der nächste, ›und wenn du es nicht schaffst, dann bleib lieber bei deinen eigenen Angelegenheiten, anstatt sich in die der Jugend einzumischen!‹ Und so folgte eine Ausrede der anderen. Jeder hatte für sich eine Entschuldigung. Keinen Gegensatz gibt es, den wir in Bosnien nicht relativieren und kein Übel, an welches wir uns nicht gewöhnen würden!«

»Sollen wir dann weiterhin warten? Wie lange noch?«

»Wir werden uns bemühen, so weit es geht! Bei uns wurde nie etwas vollständig aufgelöst!«

»Man wird uns loswerden wollen!«

»Dann sollen sie uns doch vertreiben! Das wird ihnen aber auch nichts bringen, denn es werden andere kommen, die wiederum sie vertreiben werden!«

»Wie lange soll das dann so weitergehen, Mufti?«

»Bis zum Tode! Bis zum Tag des Jüngsten Gerichts!«

Als wir das Anwesen des Muftis verlassen hatten, sagte mir Hasan, dass unser Besuch zumindest etwas Nützliches gebracht hatte: Ich würde Astronomie unterrichten und von nun an mehr verdienen. Das würde mir – da ich eine hübsche und reiche Frau hatte – durchaus von Nutzen sein, denn die Schönheit einer Frau zu bekommen, bedeute nicht gleichzeitig an ihrem Reichtum Anteil zu haben, sagte Hasan. Zudem sei in dieser Stadt Wissen durchaus geschätzt, aber bei weitem nicht so sehr wie Geld.

»Hasan, ich brauche Lejlas Geld nicht!«

»Das stimmt, aber nur anfangs! Genauso wie dein Wissen sie anfangs daran hindert, deine Armut zu erkennen. Doch einige Jahre später werden sich in eurem Leben zwei Gegensätze gegenüberstehen: Ihr Reichtum und deine Armut! Du wirst ihre Schönheit nicht mehr sehen und sie nicht dein Wissen!«

Während wir zur Begova-Moschee gingen und ich Hasans Worten zuhörte, nahm ich mir vor, umgehend in mein Medressenzimmer zu gehen und in dem Versteck unterm Bretterboden nachzusehen, ob Ragibs Geldsack immer noch dort war. Einfach um sicher zu sein! Bisher hatte ich Hasan noch nicht gesagt, dass Ragib hin und wieder bei mir vorbeikam.

Hasan eilte zum Wali. Vorher schlug er mir noch vor, uns zum Mittagsgebet in der Begova-Moschee zu treffen.

In den ersten beiden von drei Unterrichtsstunden, die ich hintereinander an der Medresse gehalten hatte, erzählte ich von einer Erinnerung aus Florenz, als mir die Bibliothekarin Beatrice – die rechte Hand Lucia Levantinis – eine lateinische Handschrift vorlas, in der von der ungeheuren Eifersucht, die unter den Gestirnen vorherrschte, die Rede war.

Es ist, als würde ich Beatrices unschuldige und liebenswürdige Stimme, wie die einer Heiligen, immer noch hören:

»Hör zu, Alesandro! Dies ist ein wundervoller Traktat über die Himmel, als Joseph, der schönste unter Jakobs Söhnen, träumte, dass sich elf Sterne, die Sonne und der Mond vor ihm verneigten. Dies verstimmte und erzürnte die anderen Sterne und Gestirne dermaßen, dass blanker Neid zuerst aus ihrem Glanz und dann auch aus ihrem glühenden Innersten hervorquoll. ›Wie kommt es, dass nur ihr euch vor Joseph unterwürfig verbeugt?‹, sprachen sie. ›Und wo bleiben wir?‹ Ihr eifersüchtiges Geflüster und die schroffen Worte bahnten sich ihren Weg durch die endlosen Weiten. Blitze zuckten am Firmament, Funken flogen entlang der Himmelsbahnen und die Sphären bogen sich und bebten in drängendem Eifer. Daraufhin beschloss der gnädige Gott, zwischen den Sternen und Gestirnen unermesslichen, unvorstellbaren Raum zu erschaffen, den kein Verstand zu erfassen vermochte, damit er all jene Eifersucht verschlinge, vernichte, oder in Sehnsucht, in Anziehung, ja in Liebe verkehre. Doch, oh weh, selbst heute noch entfernen sich die Sterne und Gestirne voneinander und alles, was sie sich von weitem noch gegenseitig zuzusenden haben, ist ihr fernes Flackern und Flimmern, welches wir nachts auf der beschmückten, uns zugewandten Seite des Himmels zu sehen bekommen. Wir schauen auf dieses stumme Schauspiel und denken: Welch Frieden! Doch stattdessen – der Entfernung sei Dank – erreichen uns all der Verdruss und das Hadern, der Zwist, der Zank, das Grollen und der Neid der Sterne nicht. Es gibt keine Hoffnung, dass sich die Gestirne jemals wieder aufeinander zubewegen werden. Immer mehr entfernen sie sich voneinander, selbst heute noch. Das Universum dehnt sich mit jedem Augenblick immer schneller und halsbrecherischer aus. Nur Gott allein weiß, was das für eine Folge haben wird! Aus seinem grenzenlosen Mitgefühl heraus hatte Er sich entschlossen, immer neue Weiten zu erschaffen, damit all die Sternenschwärme Raum haben, sich zu bilden und all ihren Neid unterzubringen. Oh, wie schrecklich die Welt nur wäre, wenn Gott sich entscheiden würde, keine neuen Himmelsweiten mehr zu erschaffen! Alles würde sich zu Einem zusammendrängen; zahllose kosmische Engpässe entstünden, unzählige Schluchten, Schlunde, Abgründe und Kluften ...«

»Weshalb erfüllt Gott die Wünsche von Gestirnen?«, fragte ich, einfach so, um Beatrice eine Lesepause zu gewähren.

»Siehst du, Alesandro, Gott bat die Sterne, niemals die Frage über den Anfang zu stellen, die eine, einzige, törichte Frage: Was war, bevor es Gott gab? – die Narren fragen, weil sie meinen, damit glücklich zu werden und einen Beweis für ihren scharfen Verstand zu erbringen. Gestirne fragen eine solche Dummheit nicht und deshalb hat Gott sie mit grenzenlosen Weiten beschenkt, auf dass sie sich ausbreiten und sich der unermesslichen, himmlischen Ebenen und Täler erfreuen. Die Menschen aber – dumm wie sie sind – wagen sich derartige Fragen vom Anfang oder vom Ende zu stellen. Trotzig schreien und brüllen sie den Himmel an, jaulen und bellen den Mond an und sind dann verwundert wenn Bedrängnis ihnen die Luft abschnürt, Kriege sie heimsuchen und ihre Gräber zahlreich werden. Würden sie jedoch schweigen, würde Gott sie an der Unendlichkeit teilhaben lassen, wie er es mit allen anderen Geschöpfen getan hat. Wer viele Fragen stellt, legt sich selbst Ketten der Beklommenheit an.

In der dritten Unterrichtsstunde hielt ich einen Vortrag über Schaitan, den verfluchten Iblis,[83] als einer zu uns gehörenden, jedoch unerwünschten Nähe, von welcher der Mensch sich weder lossagen noch geheilt werden kann. Niemals! Ich sprach davon, dass der Teufel, unserem Glauben nach, Gott gegenüber machtlos sei, er dem Menschen aber umso mehr anhaben könne!

Ihn gibt es, seit es uns gibt; er ist unserem Blut inne; dort hat er sein Schlafgemach, seinen schattigen Garten, sein Essen, Trinken und Erquickung – verflucht sei er für alle Ewigkeit! Fürwahr, wir sind ihm die Toilette, in der er sich seines Drecks entledigt! Er spuckt und rotzt mitten auf unser Herz und erfreut sich jeder hitzigen Wallung unseres Blutes, denn dann vermehrt sich seine Brut und breitet sich aus wie Ameisen im Zucker, wie Würmer im Kot. Kein Mensch vermag es, Satans Sippe aus seinem Blut zu vertreiben! Außer man öffne dem Blut den Weg aus dem Körper und lasse es entströmen, doch das ist – muss man dringlich und unabdingbar eingestehen – vom Glauben verboten, denn es führt geradewegs zum Selbstmord.

Da es nun mal so ist, gilt es den Teufel in sich zu bändigen, zu hemmen, ihm die Arme und Beine zu fesseln und die Zähne aneinander zu pressen, damit er nicht züngeln kann, damit er schweigt und schlummert, dort im Blut, der Verfluchte. Langsam soll das Blut durch den Körper fließen und den betäubten Schaitan wie einen Toten auf einem Totenbrett durch all die Adern, Äderchen und Körperhöhlen des menschlichen Körpers tragen.

»Sind unsere Moscheen und Tekken oder die christlichen Kirchen und Klöster Bezwinger des verfluchten Schaitans?«, fragte ich, mehr um eine rhetorische Betonung in meine Rede einzubauen, ohne aber eine Antwort von den halbwachen Schülern zu erwarten. Ich versuchte nur ihren dösenden Verstand und die eingenickte Vernunft aufzuwecken.

Doch unerwartet, stellten mir Fazlo Šeremet und Hakija Kaltak zwei Fragen; Šeremet fragte: »Wenn Schaitan immer präsent ist, wie ein unerwünschter und boshafter Reisegefährte, kann man ihn dann zumindest im Kampf gegen das Böse, das sogar übler ist als der Teufel selbst, ins Joch spannen?«

»Kann man den Kot mit Urin abwaschen?«, fragte ich zurück.
»Manchmal kann man und manchmal muss man es sogar – wenn kein Wasser in Reichweite ist. Unreines Wasser wäscht den unreinen Esel und auch im Volksmund heißt es: ›Ein Nagel wird mit ei-

nem Nagel ausgeschlagen und nicht mit Amuletten!‹ Dort, wo ein Knüppel nötig ist, hilft das Gebet allein nicht!«

Daraufhin fragte Kaltak: »Lässt denn der Teufel vom Menschen ab, wenn dieser stirbt? Stimmt es, dass der Teufel Gräber nicht leiden kann und er einen weiten Bogen um sie macht, wie um das sprichwörtliche Kreuz, um es in den Worten von Pater Pejčinović zu sagen?«

Ich sagte, er könne den Pater gerne in der Medresse erwähnen, aber vom Kreuz solle er hier tunlichst etwas leiser sprechen und außerdem sei die Unterrichtsstunde bereits vorbei gewesen. »Ich werde in den alten Büchern nach der Antwort auf deine Frage suchen und sie fürs nächste Mal vorbereiten. Geduldet euch bis dahin, meine Schüler!«

Ich machte mich auf den Weg zum Mittagsgebet in der Begova-Moschee. Unterwegs traf ich Mustafa den Künstler. Er war gut gelaunt. Safija würde die Schwangerschaft gut vertragen, sagte er. Gestern habe er den Handelsreisenden aus Padua sieben Bilder für gutes Geld verkauft. Er würde sich freuen, wenn ich und Lejla ihn und Safija in ihrem Garten in Hrid[84] besuchen kommen würden; sie würden Zarigrader Reis zubereiten und Kompott von Feigen aus Balinovac. Er wolle mir auch auch seinen neuen Bilderzyklus zeigen: *Wolken im Abendrot*.

Dann kam Hasan der Philosoph zu uns. Er schien besorgt. Beim Turbe von Gazi-Husrevbeg nahm er mich zur Seite und betraute mich mit einer Nachricht, die schmutziger und schändlicher war als alles, was wir zuvor beim bekümmerten Mufti gehört hatten.

»Hast du jemandem von meinem neulichen Bittgesuch beim Mufti wegen der zwei Tekken und dem Turbe für Hilmija erzählt?«

»Nein, niemandem!«

»Ganz sicher?«

»Sicher!«

»Auch nicht Lejla?«

»Weshalb sollte ich ihr davon erzählen?«

»Wenn man frisch verheiratet ist, will man um jeden Preis die Zuneigung seiner Frau gewinnen. Ich dachte, ob du ihr nicht vielleicht mit Worten imponieren wolltest und dabei die Grenze überschritten hättest?«

»Habe ich nicht! Ich versuche sie mit Versen der Dichter aus Schiraz bei Laune zu halten.«

»Dann ist gut«, sagte Hasan, »gut, dass du niemandem was gesagt hast. Dann werde ich dir etwas erzählen. Es ist furchtbar. Behalte es für dich so lang du willst, aber erwähne mich niemals in diesem Zusammenhang. Es ist besser, wenn niemand weiß, dass wir beide die Wahrheit über die Umstände von Hilmijas Tod in Damaskus kennen. Vor einigen Tagen kam der Kazasker[85] nach Sarajevo, mein alter Freund aus meiner Jugendzeit in Zarigrad, jener, der Scheich Zelkanović vor dem sicheren Tod gerettet hatte, vielleicht erinnerst du dich. Er ist immer noch hier und jagt hamzawitische Gewalttäter und deren Anführer in Gornja Tuzla und Zvornik. Nebenbei überbrachte er mir eine schlechte Nachricht: Dass Hilmija, der Sohn von Salih-Beg, in Damaskus ums Leben gekommen sei, stimmte zwar, aber es sei eine Lüge gewesen, dass er von Armeniern in seinem Laden umgebracht wurde, während er sein Hab und Gut und seine Ehre verteidigte! Die Wahrheit ist, dass er in einem kurdischen Viertel gestorben war, während er im Vollrausch mit irgendeiner lotterhaften Araberin das Bett teilte. All diese warmen Betten, die Araberin, der Alkohol, das leichte Leben – all das ist ihm zu Kopf gestiegen. So etwas passiert auch stärkeren als Hilmija. Der Tod holt einen, selbst wenn man gar nicht an ihn denkt und man von sieben Teufeln gleichzeitig geritten wird. Wie Hilmija wirklich gestorben war, wussten nur zwei Kaufleute aus Sarajevo, Zajko Serhatlić und Hadschi-Sinan Murlak. Salih-Beg Kaukčija hatte in Zarigrad auf die drei gewartet, doch als Zajko und Sinan ohne Hilmija erschienen und ihm die schändliche und traurige Nachricht mit flüsternden Stimmen überbrachten und als sie ihm obendrein noch die unerbittlichen Bestätigungsschreiben des Damaszener Richters vorbrachten, brach der alte Mann in Tränen aus. Nachdem er sich ausgeweint hatte, bat er die beiden, darüber zu schweigen und die Schande zu verdecken. Doch das Schweigen der beiden Kaufmannsleute musste gekauft werden, also überschrieb er ihnen unverzüglich und vom Zarigrader Kadi beglaubigt jeweils einen Laden an der Baščaršija unter dem Vorwand, er würde alte Schulden begleichen. Und damit sie erzählten, Hilmija wäre in dem armenischen Viertel ums Leben gekommen, während er seine Ware und seine Ehre und Würde verteidigte, zahlte Kaukčija den beiden zusätzlich jeweils dreitausend Akçen in Silber. Er übergab ihnen das Geld gleich an Ort und Stelle.

Nun sehen aber Zajko Serhatlić und Hadschi-Sinan Murlak, was auch andere sehen: Die zwei Tekken und das grüne Turbe sind erbaut, Hilmijas Gebeine aus Damaskus hergebracht und der alte Kaukčija wird zunehmend kranker. Also entschließen sie sich, ihn zu erpressen und weitere zwei Läden zu verlangen, ansonsten werden sie alles erzählen, und zwar das Schlimmste zuerst. Noch weiß keiner davon; der Alte stellt sich stur, schweigt, mit dem Wali hat er eine Vereinbarung geschlossen, dass dessen Halbbruder Haso die übrigen sechs Läden führt. Der wiederum beklaut ihn, wo er nur kann und betrügt euch alle nach Strich und Faden. Du und Mustafa, die beiden Schwiegersöhne – der eine Lehrer, der andere Künstler – von euch hat der Alte nicht viel! Für den Handel und die Intrigen des Marktes seid ihr nicht gewieft genug. Keiner von euch beiden! Deshalb plant Kaukčija, zwei seiner Läden den neuen Tekken zu schenken. Jeweils zwei weitere will er seinen beiden Töchtern vermachen, was letztlich bedeutet, dass du und Mustafa sie bekommen. Ich habe Mustafa bereits einiges von dem erzählt und dass ihr versuchen sollt, zu retten, was noch zu retten ist. Zögert nicht! Zwar ist diese Welt vergänglich, doch wenn man sie besitzt, lässt es sich auch über die Ewigkeit und das zeitlose Jenseits leichter nachdenken. Zwar ist auch der Mensch nur ein vergängliches Wesen, dessen Menschlichkeit nur gelegentlich zum Vorschein kommt, aber mit etwas Geld in der Tasche lässt sich all dies leichter bewältigen!«

O Gott, wie seltsam der Mensch doch ist! Ich muss eingestehen, dass mir die Nachricht, die mir Hasan überbracht hatte, unter den neu entstandenen Umständen Gold wert war!

Wie ich dieses Mittagsgebet dahingebetet habe, weiß ich selber nicht mehr, nur weiß ich, dass ich mir währenddessen in der Stille der Begova-Moschee meinen gesamten Plan zusammengestrickt hatte. Es beschämt mich, das zu sagen, aber darüber zu lügen wäre weitaus beschämender. Ich eilte zu Kaukčijas Garten und traf dort Lejla an, wie sie die Blumen gießt. Sie wollte mir entgegenkommen, mich begrüßen.

»Bleib beim Šadrvan!«, sagte ich zu ihr ohne auch eine Spur von einem Lächeln, »ich gehe alleine zu Salih-Beg!«

»Was ist los? Du hast nie mit mir in diesem Ton gesprochen!«, sagte sie knapp und hörbar gekränkt.

»Ich würde es auch jetzt nicht tun, würde Haso nicht seit Monaten hier ein und aus gehen!«

Sie sagte noch etwas, aber ich konnte es nicht hören.

Als ich ins Zimmer kam, stand der Alte neben dem Fenster und beobachtete Lejla unten im Garten neben dem Šadrvan. Er konnte sich kaum auf den Beinen halten.

»Hör mir zu, Salih-Beg! Genug gespielt! Ich bin ein angesehener Gelehrter und ich habe meine Ehre! Ich weiß von allem Bescheid, seit langem schon, nur habe ich geschwiegen, um dir zu helfen, wie es sich für einen guten Schwiegersohn gehört!«

Das war das Erste, was ich zum greisen und vereinsamten Kaukčija gesagt hatte. Meine Worte erschütterten ihn. Fassungslos setzte er sich nieder. Ich ließ ihn gar nicht erst zu Wort kommen.

»Du hast drei Auswege! Alle drei musst du sofort angehen! Zuallererst: Beschuldige dringend Zajko Serhatlić und Hadschi-Sinan Murlak des Mordes an deinem Sohn! Jeder in der Stadt wird es glauben! Ich wundere mich, dass du das nicht bereits in Zarigrad gemacht hast. Du hättest bereits dort die Ordnungshüter bestechen und die beiden Übeltäter sofort einkerkern lassen sollen. Zweitens: Lass gleich den Kadi zu dir kommen und überschreibe zwei deiner Läden für die zwei Tekken und die restlichen vier an Lejla und Safija! Drittens: Hasan ist äußerst wütend auf dich. Du hast den größten Philosophen und Gelehrten Bosniens erniedrigt! Wir beide haben beim Mufti für deine vermeintliche Wohltat und die Grabstätte für deinen Sohn geworben, doch jetzt kommt es heraus, dass wir eigentlich das Turbe für einen Lüstling erbeten haben. Es gibt nur eine Lösung: Du wirst dieses Haus und den Garten, den Frauen- sowie den Männerteil, unverzüglich an mich und Mustafa überschreiben und nach unserem Tod soll es in den Besitz der Medresse übergehen.

Salih-Beg heulte bitterlich, er schluckte seinen Kummer runter und drückte ihn in die tiefsten Ablagerungen seiner Brust. Es erinnerte mich an das Atmen von Bali-Effendi, als ich ihn vor langer Zeit in der Medresse zum ersten Mal sah. Auch jetzt, bei Salih-Beg, kam es mir vor, als würde er die Luft wie trübes, schmutziges und dickflüssiges Wasser in die Brusthöhle einsaugen, um es von dort mühsam und noch schmutziger wieder durch unzählige dicke, von Krankheit verhärtete Adern aus sich herauszudrücken. Sein Gesicht war kreidebleich. Er zitterte am ganzen Körper. Sein Blick suchte Halt im Raum. Gebrochen. Hilflos. Er flüsterte, flehte um Hilfe, bat mich zu schweigen – das Schweigen war ihm das Wichtigste. Er nahm mich am Arm – seine Hand war weich wie Baumwolle – und sagte, er wäre mit meinen letzten beiden Vorschlägen sofort einverstanden. Den ersten überlasse er mir. Er zeigte zum Diwan rechts von uns, neben dem drei Beutel lagen. Ich solle alles nehmen, sagte er. Es seien fünfhundert Dukaten und es stünde mir frei, wem ich es geben würde, Hauptsache in der Stadt würde die Nachricht Runde machen, Serhatlić und Murlak seien für den Tod seines Sohnes verantwortlich. Und am Besten wäre es, wenn nur ich wüsste, wen ich für die Verleumdung bezahlen würde. Ohne zu zögern nahm ich die Beutel an mich und versteckte sie unterm Hemd und in den Innentaschen des schwarzen Umhangs. Salih-Beg ging zum Fenster und rief mit kraftloser Stimme nach Lejla. Er wies sie an, sofort zum Kadi zu gehen und ihn herzuholen. Beeilen solle er sich und seine Stempel und vier Blätter mitbringen, sagte er und warf ihr einen Beutel mit zwanzig Dukaten für den Kadi zu.

Die Dinge nahmen blitzschnell ihren Lauf. In Anwesenheit Salih-Begs händigte mir der Kadi ein goldgelbes, unterschriebenes und beglaubigtes Blatt aus, auf dem stand, dass ich und Mustafa – die alleinigen zwei Schwiegersöhne – den schönsten Garten unserer Stadt und beide Teile des geräumigen Hauses bekamen. Jetzt gestehe ich: In diesem Moment bereute ich es, dass am Ende des Briefes vermerkt wurde, dass nach unserem Tode das gesamte Anwesen in den Besitz der Medresse übergehen sollte. Was hatte mich nur dazu getrieben, dem Alten so etwas vorzuschlagen? Er hätte auch so eingewilligt – schließlich waren wir seine Schwiegersöhne, die ihm aus der Klemme halfen und ihm die Möglichkeit verschafften, mit reinem Gewissen die andere Welt zu betreten!

Als der Kadi gegangen war, rief Salih-Beg Lejla zu sich und übergab ihr das goldgelbe Blatt für ihre beiden Läden. Daraufhin ließ er Safija und Mustafa zu sich kommen und gab Safija ihr Dokument.

Und dann brach mein Schwiegervater in Tränen aus. Er heulte laut und bitterlich, als würde er Abschied nehmen. Mit trauriger Stimme sagte er, der Tod sei ihm vom Nacken mitten in die Brust gewandert und drücke ihm aufs Brustbein. Vor seinen Töchtern und Mustafa bat er mich, bei seiner Beerdigung in zwei oder drei Tagen, oder wann auch immer sie sein möge, noch am Grab die goldgelbe Schenkungsurkunde an Hadschi-Rizvan und an Scheich Zalikan zu übergeben, in der er den zwei Tekken jeweils einen Laden vermachte.

Lejla und Safija befeuchteten ihrem Vater mit Johanniskrautwasser das Gesicht, benetzten ihm die blassgelbe, halbtote Stirn mit weichen Tüchlein aus ägyptischer Baumwolle, während Mustafa verwirrt in einer bläulich verzierten Handschrift blätterte.

Ich sagte zu Lejla, dass ich in die Stadt müsse, um noch etwas zu erledigen. Es sei zwar schon dunkel, aber ich würde bald wieder zurück sein.

Ich versperrte die Tür meines Medressenzimmers hinter mir, zog die Vorhänge an den Fenstern zu und entfernte die morsche Bodenverkleidung, unter der immer noch unberührt der Beutel mit dem Geld lag, den mir Ragib Vrebac übergeben hatte. Aus den Manteltaschen und meinem Hemd nahm ich Salih-Begs fünfhundert Dukaten, legte dreißig davon zur Seite, wickelte die restlichen vierhundertsiebzig in ein schmutziges Hemd, welches ich vor langer Zeit in Konya gekauft hatte, und legte dann alles zusammen in das Versteck neben das Geld von Ragib. Vorsichtig und leise setzte ich die Bodenverkleidung wieder an ihren Platz, rückte die alte Sitzbank darauf und warf einen alten Teppichläufer drüber, den mir Zejnils Frau Hasna einmal geschenkt hatte.

Einen Plan, was ich in dieser Nacht machen würde, hatte ich schon geschmiedet, ich musste mich nur beeilen!

An der Pforte sagte ich zu Zejnil, ich wollte nach einem Schriftstück schauen, welches ich irgendwo verschmissen hatte und seit Tagen suchte. In Kaukčijas Haus könne ich es nicht finden, alles habe ich bereits durchwühlt. Ich mache einen Spaziergang, möglicherweise würde es mir unterwegs wieder einfallen. Später gehe ich vielleicht zum Mevlevi-Dhikr oder besuche Hasan den Philosophen, dann gehe ich wieder heim zu meiner geliebten Lejla – mal schauen.

Doch in Wirklichkeit hatte ich etwas ganz anderes vor. Die Wahrheit hatte ich Zejnil verschwiegen. Der Mensch ist nicht verpflichtet, immer die Wahrheit zu sagen, Hauptsache er hält sich von der Lüge fern.

Ich nahm den Weg zwischen dem Besistan und der Begova-Moschee. Es war duster. In der Dunkelheit konnte man nichts erkennen. Ich suchte den stets betrunkenen Naskan Čolo, den aufständischen Kämpfer von Hrastuša – ich brauchte ihn wie noch nie!

Dreimal habe ich das Gebäude des Waqf umrundet, danach ging ich zum Besistan, stellte mich hinter die Mauer ins Dunkel und wartete. Ich horchte, ob mir jemand gefolgt war. Es war niemand zu hören. Die Gassen waren leer. Die Kälte der Nacht hatte die Menschen in die warmen Häuser getrieben.

Zuerst hörte ich Schritte, dann jemanden husten. Zwei Männer liefen eilig in Richtung Baščaršija. Sie unterhielten sich in einem montenegrinischen Dialekt über den Weg der Hadsch-Pilger über Thessaloniki und über den Kauf von tscherkessischen Pferden, weil diese während der Schiffsreisen angeblich nicht erbrechen würden. Die bosnischen Pferde taugten nicht für die Pilgerreise. Die Wellen bekämen ihnen nicht, dadurch würden sie freudlos und müssen die ganze Zeit kotzen. Zudem seien sie ständig von Durchfall geplagt und viele würden während der Reise an einem heimtückischen, unbekanntem Fieber krepieren ...

Es wurde wieder still. Nur in der Ferne, irgendwo aus der Richtung von Sijavuš-Paschas Daire[86], hörte man, wie jemand gegen die Holzpfosten eines verriegelten Tores hämmerte.

Dann kam vom Gazi-Husrev-Begs Turbe ein Mann herbeigelaufen. Er fuchtelte mit den Armen und redete in fluchenden Worten von irgendeiner Mitgift.

»Einen unfruchtbaren Acker wollen sie mir andrehen! Als ob ich in Nahorevo nicht bereits vier solche von meinem Vater hätte! So wird das nicht gehen, nicht mit mir!«, sprach der Unzufriedene.

Wieder kehrte Stille ein. Vom anderen Ufer der Miljacka – es schien von Avdans Herberge zu kommen – hörte man das Jaulen einer Hündin und ihrer Welpen. Drei langhaarige, bärtige Bergilis kamen herbei. Sie unterhielten sich darüber, dass in Bosnien die Mauern um die Moscheen eine dreiste und bedrohliche Neuerung seien. Man müsse sie alle niederreißen und die nutzbaren Mauersteine an die Krieger verteilen, damit die sie für den Bau ihrer Häuser verwenden. Der Islam dürfe sich vom Leben und den Menschen nicht durch Mauern abschotten, rief einer von ihnen. Seine Stimme war heiser und grob.

Oh Gott, ich musste so schnell wie möglich Hasan von deren Absichten erzählen!

Und dann hörte ich die wohlvertraute Stimme Naskan Čolos. Zum Glück war er allein! Er rief zuerst jene fürchterliche Gottesbeschimpfung aus und fügte ihr sofort seinen völlig natürlichen Wunsch hinzu – welcher nicht nur seiner ist und welchen ich selber jederzeit unterschreiben würde – »Wenn ich jünger wäre, wüsste ich was ich tun würde!«

Ein weiterer glücklicher Umstand war, dass er nicht völlig betrunken war. So würde er sich zumindest an einiges von dem, worum ich ihn bitten würde, erinnern.

Als er an mir vorbeilief, rief ich ihm zu:

»Psst, Naskan! Komm her!«

»Wer ruft da?«

»Mein Name ist unwichtig. Du musst nicht wissen, wer ich bin. Wichtig ist, dass ich dein Freund bin. Ein Freund!«

»Was willst du von mir, seltener Freund?«

»Ich habe eine Arbeit für dich. Gutes Geld für wenig Aufwand!«

»Lass hören!«

»Hier, nimm für den Anfang diesen Beutel mit fünfzehn Dukaten, damit du siehst, dass ich es ernst meine. Geh unter die Laterne und zähl nach.«

Naskan kam näher, griff sich den Beutel, schaute sich vorsichtig um, ob auch ja kein Nachtwächter in der Nähe war und ging mit dem Geld zur Straßenlaterne.

»Huch, danke! So viel! Drei Jahre kann ich davon leben! Was muss ich tun, großzügiger Freund?«

»Zwei Sachen! Die Erste ist leicht – du sollst nur aufhören Gott zu verunglimpfen und in verdorbenen Worten über Ihn zu sprechen!«

»Ha! Gut, das werde ich! Gesegnet seist du, dass du mich der Sünde entreißt! Was ist das Zweite?«

»Du sollst in allen Wirtshäusern die Nachricht verbreiten, man habe herausgefunden, wer die Mörder von Hilmija Kaukčija, dem Heiligen, seien. Verkünde überall: In Damaskus ist er nicht von Armeniern, sondern von den beiden ausbeuterischen Kaufleuten Serhatlić und Hadschi-Murtlak umgebracht worden! Mach es sofort, alles was ich dir gesagt habe! Und komm morgen wieder hierher, damit du die restlichen fünfzehn Dukaten bekommst. Die selbe Zeit, der selbe Ort, der gleiche Abstand! Pass auf, dass dich keiner sieht!«

»Gut, mache ich! Serhatlić und Murtlak sind Betrüger, das weiß ich schon lange. Sie lassen uns Kriegern von Hrastuša nicht einmal Luft zum Atmen. Welch Glück, oh Gott, welch Glück! Endlich kann ich es ihnen gebührend heimzahlen!«

Naskan Čolo eilte sofort zur Baščaršija. Noch einmal vergewisserte ich mich, ob nicht jemand in der Nähe war, der uns hätte sehen können.

Es war still. Die Nacht hatte ihre Last über unserer Stadt ausgebreitet. Nichts Außergewöhnliches. Ich nahm den Weg in Richtung Avdans Herberge, als würde ich zur Miljacka gehen wollen, doch das war nicht meine Absicht, sondern ich machte einen weiten Bogen um Gazi-Husrev-Begs Besistan, um meine Spur zu verwischen. Es wäre besser, wenn keiner wusste, wo ich war. Es wäre besser, wenn ich selber nicht wusste, wo ich war.

Langsam kehrte ich zurück zu meiner Lejla, zu meinem Haus und dem Garten.

Als ich von der Careva-Moschee Richtung Baščaršija ging, sah ich auf einer Hochebene auf der Ostseite im Dunkeln etwa zwanzig oder mehr Pferde stehen, bewacht von trinkenden und rauchenden Männern.

Plötzlich kam mir in den Sinn: Vielleicht war mein Onkel Bekrija Siradžudin aus Montenegro angereist? Wenn er es war, würde er mich, seinen Neffen, endlich kennenlernen und mir ein Verbündeter sein.

Ein Heiliger der Vater, heilig auch der Sohn

Salih-Beg lag im Sterben. Heute Nachmittag verlor er das Bewusstsein.

Als die Nacht eingebrochen und die Dunkelheit am günstigsten war, machte ich mich auf in Richtung Bjelave[87]. Ich machte einen weiten und langsamen Umweg und ging hinunter zu jenem Ort neben Gazi-Husrev-Begs Besistan.

Im Dunkeln erkannte ich die Silhouette Naskan Čolos. Unter einem Dachvorsprung wartete er auf mich und drehte den Kopf ausschauend nach links und rechts wie eine Eule.

Ich zog mir den Umhang über den Kopf und jener schreckliche hamzawitische Dhikr, zu dem mich einst Scheich-Ibrahim Zelkanović in Zarigrad mitgenommen hatte, fiel mir ein, hier am Unort zur Unzeit. In der Finsternis trat ich an Naskan heran und fragte ihn mit flüsternder Stimme:

»Tapferer Mann, hast du etwas machen können?«

»Vieles, seltener Freund. Alles, was nötig war. Die Ordnungshüter warten auf den Befehl vom Kadi, aber wir Krieger werden nicht warten! Die Stadt muss von Übeltätern gesäubert werden. Heute Nacht werden wir uns die dreisten Mörder schnappen. Serhatlić ist gerade bei Murtlak, sie trinken und zocken in seinem Laden. Die Krieger haben sie umzingelt.«

»Du hast gute Arbeit geleistet. Hier hast du die restlichen fünfzehn Dukaten. Geh unters Licht, zähl nach!«

Naskan war in wenigen Schritten bei der Straßenlaterne und schaute die Gasse hinab – zum Glück war keiner in der Nähe! – dann kehrte er wieder in den rettenden Schutz der Dunkelheit zurück.

»Fünfzehn Dukaten, alle an der Zahl und alle nagelneu!«

»Naskan, hör zu, da wäre noch etwas!«

»Sprich, seltener Freund, Gott segne dich!«

»Verbreite auf der Baščaršija die Nachricht, Salih-Beg Kaukčija liege im Sterben, er sei unerwartet zusammengebrochen, als er erfuhr, dass Serhatlić und Murlak es waren, die seinen Sohn Hilmija, den Heiligen, ermordet hatten!«

»Oh Gott, welch unglücklicher Vater! Was haben diese kaufmännischen Banditen nur angestellt?«

Ich flüsterte Naskan zu, dass ich ihn wieder brauchen würde, immer am selben Ort würde ich ihn aufsuchen, neben dem Besistan, in dunklen Nächten ohne Mondschein, er solle achtgeben. Jedes Mal würde er von mir bezahlt werden.

Er eilte zur Baščaršija, während ich bei der alten Mauer zurück blieb. Die Dunkelheit war noch finsterer als in der Nacht davor.

Wie erwartet starb Salih-Beg Kaukčija noch am selben Abend zu später Stunde. Er hauchte seinen letzten Atemzug in den Armen seiner geliebten Töchter Safija und Lejla aus.

Am folgenden Tag nach dem Mittagsgebet wurde sein Leichnam vor der Begova-Moschee aufgebahrt. Der Wali, der Mufti und Hasan der Philosoph standen hinter dem Toten während ich und Mustafa der Künstler – die beiden treuen Schwiegersöhne – seitlich daneben standen.

Wenn ich überlege, war mein verstorbener Schwiegervater ein durchaus gütiger Mensch. Seine Beerdigung empfand ich als günstige und traurige Gelegenheit, mich all seiner edelmütigen Wohltaten zu erinnern, welche er mir so viele Male entgegengebracht hatte.

Erstens willigte er ein, mir seine Wünsche hinsichtlich seines toten Sohnes anzuvertrauen – mir zuerst! Er hatte Lejla erlaubt, mich zu heiraten und in seinem Haus zu wohnen, in dem Teil, der den Frauen vorbehalten war. Sein ganzes Haus samt dem Garten hatte er mir und Mustafa hinterlassen. Zudem gab er mir auch die fünfhundert Dukaten, von denen ich noch vierhundertsiebzig übrig hatte (nach der Beerdigung hatte ich vor, in mein Medressenzimmer zu gehen, um mich zu vergewissern, ob das Geld noch unter dem morschen Holzboden war!)

Während mein Blick auf der Totenbahre haftete, kam mir die Erinnerung an unser längst vergangenes Gespräch über den Bau zweier Tekken.

Wie vergänglich der Mensch doch ist! Kaum ist er gestorben, erscheint plötzlich alles, was ihn einst ausmachte, längst vergangen und im Eilschritt dem Dasein entschwindend, und all das in der Zeit, die es braucht, um lediglich einen Spaziergang von der Medresse bis zur Miljacka und zurück zu machen. Ein Toter Mensch ist ein völlig machtloser Mensch – meistens! Ein toter Mensch ist ein verelendeter Mensch. Als ich heute Morgen mit Scheich Zelkanović die Totenwaschung des verstorbenen Kaukčija durchgeführt hatte, sah ich seine leeren Hände, die geschlossenen Augen und die gelbliche, an manchen Stellen bräunliche Haut. Sein Körper war kalt wie Erde. Ich sah auch dies: Der dahingeschiedene Mensch schafft es nicht einmal bis zum Grabe ohne fremde Hilfe. Selbst nach seinem Tod ist er von anderen abhängig. Ein Toter ist wahrlich kein Mensch mehr.

Vom guten, jetzt toten Kaukčija ist nur noch eine Geschichte übrig geblieben. »O Mensch, sei eine gute Geschichte, nachdem du aufgehört hast zu sein!«, heißt es in einem arabischen Vers.

Dann fiel mir mein Treffen mit Naskan Čolo von letzter Nach ein. Ob er auch alles gemacht hat, wie ich es ihm gesagt hatte?

Ich schaute durch die Menschenreihen vor der Begova-Moschee. Weder Zajko Serhatlić noch Hadschi-Sinan Murtlak waren unter den Anwesenden. Auf die Krieger von Hrastuša ist immer Verlass, besonders in Friedenszeiten.

Bevor sich die Trauergemeinde zum Friedhof aufmachte, um Salih-Beg das letzte Geleit zu geben, hielt der hochwüchsige Wali für die Anwesenden eine Trauerrede. Seit Anbeginn sei es so bestimmt, sagte er, dass der Mensch dahinschwinde und vergehe. Wer lebe, müsse auch sterben. Selbst die noch ungeborenen werden einmal kommen und gehen. Was aber bleibe, ist die gute Tat und die Erinnerung der Hinterbliebenen guten Menschen an das, was man gemacht hat.

Mit seinen großen Händen zeigte der Wali auf die Friedhöfe links und rechts von der Miljacka.

»Alle unsere verstorbenen Wohltäter ziehen dorthin«, sagte er, »doch ihre Taten bleiben dieser Stadt erhalten, dem Land und seinen Menschen zum Stolz. Unsere Stadt und unsere Heimat haben Salih-Beg Kaukčija viel zu verdanken. All seine Wohltaten aufzuzählen, würde den Rahmen dieser Zeremonie sprengen und die Trauergemeinde hat nicht so viel Zeit. Aus diesem Anlass hat die Obrigkeit beschlossen, ihn neben den zwei Tekken, die er großherzig und ohne Kosten zu scheuen erbauen ließ, an der Seite seines Sohnes Hilmija beizusetzen, der in Damaskus von Armeniern ermordet wurde!«

Ich schaute zu den hinteren Reihen in Richtung Sarači[88] und sah die versammelte Menge weinen. Auf der rechten Seite neben der Sternwarte, unter der alten Linde, dort wo Mustafa der Künstler mit seinen wunderlichen Vögeln im Sommer immer den Schutz des Schattens sucht, gerieten – nachdem der Wali gesprochen hatte – einige der Menschenreihen in Wallung. Muvekit Ždralović war nicht zu sehen. Aus dem drohenden Stimmengewirr vernahm man hässliche Rufe und grobe Stimmen.

»Die Derwische müssen gefragt werden, wen man wann bei einer Tekke beerdigt!«, riefen die einen.

»Haben wir etwa die verstorbenen Begründer der Tariqas und die Deuter von Wahrheiten vergessen?«, brüllten die anderen.

Man solle dort die Gebeine des vor langer Zeit verstorbenen Wohltäters Milavić beisetzen, forderten die Dritten, während die Vierten mit schroffen Worten dem Wali drohten:

»Soll denn etwa in den Garten der Tekke einer beerdigt werden, der kaum jemals einen Fuß in eine Moschee gesetzt, geschweige denn eine Tekke aufgesucht oder einem Dhikr beigewohnt hat?«

Dann erhob sich ein stämmiger Naqschbandi mit grüner Damaszener Kappe und dünnem Bart und sagte:

»So wird das nicht gehen, lieber Wali! Ihr habt den Hof der Begova-Moschee! Begrabt den toten Salih-Beg hier, neben den Muftis und den Kadis! Lasst die Tekken den armen Derwischen! Wir Naqschbandis haben beschlossen, die Gebeine des ehrwürdigen Heiligen Scheich Zulkaid neben den Märtyrer Hilmija Kaukčija umzubetten!«

Ich hörte zu und senkte den Kopf vor Scham, in Hoffnung, der Lärm würde aufhören, doch er tat es nicht.

Auf der linken Seite vor dem Turbe des Gazi-Husrev-Beg hatten die Krieger von Esztergom ihre Flaggen ausgebreitet und verkündeten lauthals, dass drei Plätze zwischen den beiden Tekken bereits für ihre tapferen Befehlshaber vorgesehen seien, wenn die Stunde des Todes sie heimsuche. Jeder wisse, dass auch sie nicht unsterblich seien, obwohl sie an Tapferkeit im gesamten Kaiserreich ihresgleichen suchten. Man könne nicht so einfach über die Verteidiger dieses Landes hinwegsehen. Wenn es sie nicht gäbe, riefen sie, würde es auch unsere Moscheen und Tekken nicht geben – so viel sei zumindest klar! Und wenn jemandem dies nicht einleuchte, solle er tunlichst aus dem Rausch seiner Ignoranz aufwachen – je eher umso besser!

Ich versuchte Hasans Blick zu fangen, doch vergebens. Er war damit beschäftigt, sich mit dem Wali und dem Mufti abzusprechen.

Für einen Augenblick kehrte wieder Ruhe ein. Man hörte das Plätschern des Brunnens und das brausende Geräusch des Wassers, wie es in den flüchtigen Moment bedrückenden Schweigens mündete. Das alles trug sich vor der Begova-Moschee zu, bei der Erweisung der letzten Ehre einem verstorbenen Menschen.

Doch dann sah ich, wie inmitten des Moscheehofes um den Brunnen herum sieben Reihen auflodertern. Naskan Čolo! Ich war mir sicher, dass er es war, hier am helllichten Tag! Ich erkannte seine nächtliche Gestalt und den verschwommenen eulenhaften Schatten. Bei Tage war er ein blonder junger Mann, hochgewachsen, braungebrannt und von grober Schönheit. Bei Salih-Begs Beerdigung führte er die Krieger von Hrastuša an.

»Edler Wali«, sprach er, »nur dein Wort muss erfüllt werden! Der große Wohltäter Salih-Beg wird dort beerdigt, wo du angeordnet hast! Jemandem, der dieser Stadt zwei wunderschöne Tekken geschenkt hat, kann man doch wohl ein einfaches, schmales Grab gönnen?«

»So ist es!«, riefen einige von Naskan Čolos Gefährten. »So muss es sein!«, bestätigten andere.

Und wieder ging der Lärm los. Die Krieger aus diversen Schlachten und Derwische verschiedenster Tariqas skandierten ihre Forderungen. Es war die reinste Schmach, was sich da vor der Begova-Moschee und dem Leichnam meines Schwiegervaters abspielte.

Hasan der Philosoph stand nur da und schaute beschämt vor sich hin. Der Mufti schaute zum Wali und dieser zu den Wachmännern, die auf dreiunddreißig Pferden neben der Sahat-Kula[89] aufgereiht standen.

Gut, dass Lejla und Safija nicht da waren, dachte ich mir. Gut, dass sie mit Bula Puhalovka daheim geblieben sind, um für den toten Salih-Beg die *Ya-Sin* Sure zu lesen. Besser, wenn sie nicht hörten, was die Derwische Sarajevos über ihren edelmütigen Vater riefen. Eine Menge Geld hatte er für den Bau der zwei Tekken gespendet, doch nun lag er da, der tote Wohltäter, und seine letzte Ruhestätte war noch immer ungewiss!

Für kurze Zeit – so lang, wie eine Ringeltaube braucht, um zweimal die Miljacka zu überfliegen – setzte wieder Todesstille ein. Alle warteten darauf, was der Wali sagen würde; ob er an den Verstand appellieren und zur Achtung und Wertschätzung der Wohltat und des Wohltäters aufrufen würde, jetzt zumindest, wo dieser nicht mehr unter uns weilte und wir ihn zu seiner letzten, fernen und ewigen Reise begleiteten.

In diesen wenigen Augenblicken, die es braucht, damit eine Ringeltaube zweimal die Miljacka überfliegt, kam mir in den Sinn, was mir vor langer Zeit in Zarigrad Ragib Vrebac über unsere Menschen erzählte, nachdem ich ihm gesagt hatte, dass ich Bosnien und unsere Leute vermisste.

»Weißt du, wie der bosnische Mensch ist?«, fragte Ragib, »Weißt du es? Eins zeichnet unseren Bosnier vor allem aus – man kann es ihm einfach nicht recht machen! Hilfst du ihm, beginnt er herumzustänkern, du hättest es schon lange machen können, nur wolltest du Charakterschwein nicht! Hilfst du ihm ein zweites Mal, sagt er, es sei aus Eigennutz gewesen! Gibst du ihm etwas, verkündet er, du hättest es nicht von dir aus getan, sondern man hätte dich dazu überredet! Beschenkst du ihn, fragt er, was du wohl im Gegenzug dafür von ihm verlangen wirst! Hilfst du ihm ein drittes Mal, lästert er, du hättest anderen mehr geholfen als ihm! Gibst du ihm die volle Hand, fragt er: ›Warum jetzt erst?‹ Tröstest du ihn, bewirft er dich mit Schmutz und sagt: ›Wenn er mir schon so viel gibt, wie viel hat er dann für sich übrig gelassen?‹ Stehst du ihm in der Not bei, ist er sauer und denkt, du würdest es aus Mitleid tun! Wischst du seine Tränen ab, stellt er dich in eine Reihe mit denen, die ihm Leid zugefügt haben! Baust du ihm ein Haus, sagt er: ›Na klar – er hat ja das Geld!‹ Ziehst du ihn aus dem Dreck, verkündet er, er hätte dir schneller geholfen, wärst du in derselben Situation gewesen! So sind wir – meistens – und noch vieles mehr!«

Ich wünschte mir, Ragib Vrebac wäre jetzt hier gewesen, um mir nochmal von all den Dingen zu erzählen, die er über unser Wesen weiß.

»Ach, lass gut sein, ich kenne uns nur allzu gut!«, würde er jetzt sagen und Tränen würden seinen Seufzer begleiten.

Die kräftige Stimme des Walis ließ mich zusammenzucken.

»Liebe Brüder! Die furchtlosen Krieger von Hrastuša sprechen recht! Wir müssen unsere Verstorbenen in Ehren halten! Lasst uns Salih-Beg Kaukčijas Leichnam hoch über unsere Köpfe heben, meine Brüder, und ihn stolz durch die Stadt zu seiner ewigen Ruhestätte tragen – zu den Tekken die er uns so großzügig geschenkt hatte und zu seinem Sohn, der als Märtyrer sein Leben gelassen hatte. Mit seiner Großzügigkeit ist uns Salih-Beg Kaukčija das beste Beispiel, wie man der hamzawitischen Seuche begegnen muss!«

Als Erste hoben der Wali, der Mufti und der Kadi die Totenbahre hoch und Hasan folgte hinterher. Die Menge rückte zur Seite um ihnen Durchgang zu gewähren. Das Stimmengewirr wurde leiser. Der Leichnam wurde vom Menschenstrom in Richtung Baščaršija getragen, während lediglich einige kleinere Gruppen den Weg durch die Seitengassen nahmen. Alle Läden, bis auf den letzten, waren geschlossen.

Links von der Baščaršija in Richtung Miljacka sah ich wieder Wachmänner auf Pferden. Es waren dreiunddreißig Männer und sie waren in Bereitschaft.

Verwundert über die bewaffneten Wachleute ging ich zu Hasan und fragte ihn, wozu all dies sei, woraufhin er mir von Neuigkeiten erzählte, die mir den Magen durchbohrten, den Atem stocken ließen und mir den Boden unter den Füßen wegrissen!

Ich hörte ihm zu und tat so, als wäre ich die Ruhe selbst. Ich nickte zustimmend, mimte den Verwunderten, fragte mit leiser Stimme, ob das wirklich alles geschehen, ob wirklich etwas Derartiges in Sarajevo passiert sei und wenn ja, was könne man dann von anderen, kleineren Städten erwarten, die nicht so viele Gelehrte, Moscheen und Tekken hätten?

Ich löcherte Hasan mit Fragen und konnte dabei meine eigene verängstigte Stimme kaum wieder erkennen. Ein Glück, dass Hasan die Angst in meinen Worten auch als Trauer über den Tod meines Schwiegervaters hätte deuten können!

Er sagte mir, dass die Wachleute auf Befehl des Walis da seien, weil ein gewisser Naskan Čolo – ein Krieger von Hrastuša – letzte Nacht siebzig seiner Kriegsgefährten zusammengetrommelt und ihnen zehn Dukaten gegeben hatte, damit sie Murlaks Laden stürmen und ihn und Serhatlić festnehmen. Sie übergaben die beiden dem Kadi, doch dieser verlangte eine Begründung – schließlich könne man Menschen nicht einfach so verhaften, es müsse eine rechtliche Grundlage bestehen und ein begründeter Tatverdacht vorliegen, mit zwei Zeugen mindestens! Naskan Čolo verwies darauf, dass Salih-Beg Kaukčija gestorben sei, als er gehört habe, dass diese zwei Ausbeuter es waren, die seinen Sohn ermordet hatten – und welcher Beweis hätte eindeutiger sein können, als Salih-Begs plötzlicher Tod? Irgendwann gegen Mitternacht hatten sich dann im Garten der Begova-Moschee die Kaufleute Sarajevos versammelt, um mit ihrem Leben und allem, was sie besitzen, dafür zu bürgen, dass Serhatlić und Murtlak unschuldig seien und dass die wahren Mörder des Märtyrers Hilmija Kaukčija die Armenier aus Damaskus waren.

»Serhatlić und Murtlak haben auf den Koran geschworen, dass sie die Wahrheit sagten!«, sagte Hasan mit einem leisen, spöttischem Lächeln.

Ich hörte seiner feierlichen, kühnen Stimme zu und jetzt – zum ersten Mal, seitdem ich vor vier oder fünf Jahren nach Sarajevo gekommen war – spürte ich nichts als blanke Furcht, die mir bis in die Knochen vordrang. Gott sei Dank wusste niemand, wo ich in jenen zwei Nächten gewesen bin! Gott, ich danke Dir, dass Du der Nacht gewährst, unsere Stadt in ihre dunklen Schleier einzuhüllen! Welch Glück, dass nicht einmal Naskan Čolo wusste, wer ich war! Und das größte Glück von allen war, dass Naskans Krieger in den Tumulten letzte Nacht auf der Baščaršija niemanden umgebracht hatten – noch nicht!

Ich drehte mich zu Hasan und sagte leise und unschuldig:

»O Gott! Es ist unfassbar! Kaum zu glauben, dass sich jemand eine derartige Verleumdung gegen Serhatlić und Murtlak ausdenken konnte! Was es nicht alles für Menschen gibt und was sie nicht alles für Absichten haben! Wenn die Menschen sich erst einmal ein Ziel gesetzt haben, ist es für sie ein Leichtes, die Wege dorthin zu finden! Im Grunde sind die Menschen unwichtig – was zählt, sind deren Absichten und Ziele. Es ist nicht der Verstand, der die Menschen leitet, auch werden sie nicht von anderen Menschen geführt, sondern nur von den eigenen Vorsätzen. Die Menschen wechseln sich, sie sterben und vergehen, doch die Absichten und Ziele bleiben. Nur selten ändern sie sich!« – all das sagte ich zu Hasan, bemüht meine Angst zu verbergen – »Ich würde nicht sagen, dass jemand aus Salih-Begs engstem Kreis oder seiner Familie die Verleumdungen in die Welt gesetzt hat. Möglicherweise steckt mehr dahinter. Vielleicht haben der Kadi, der Wali oder der Mufti etwas damit zu tun! Wer weiß? Der alte Kaukčija ist jetzt tot. Vielleicht passt es ihnen ja besser, dass sie jetzt ohne ihn die Ereignisse entwirren können. Vielleicht ist es für sie so leichter, jetzt da auch Salih-Beg im Tod Erleichterung gefunden hatte.«

Doch dann kam mir ein Gedanke, der mich wie ein Blitz traf und regelrecht niedermähte!

Seit vier oder fünf Jahren war ich nun hier an der Medresse und unterrichtete andere in den wunderbaren und bewährten Wissenschaften ewiger Wahrheiten. Ich beschritt die geebneten Pfade des Glaubens und richtete mein Handeln nach den vorbildlichen Beispielen edler Männer unserer Geschichte. Stets war ich vom grundlegendsten Wissen Zarigrader Medressenbücher geleitet (und neuerdings auch von Florentiner Sternkunde). Jahrelang ist das so vor sich hin gegangen, ohne einen nennenswerten oder bemerkbaren Erfolg oder Misserfolg. Auch hat mich in der Stille der Medresse niemals jemand über den Erfolg oder Misserfolg meines Werkes und meiner Worte gefragt! Es war, als hätte die Miljacka meine an der Medresse gesprochenen Worte wie nasses Laub oder nimmerwiederkehrende Gischt oder schmutzige, unwiederbringbar dahintauende Eisbrocken zum Schwarzen Meer hinfort getragen.

Doch sieh nur, was ich in Gang gebracht hatte, als ich in jener Nacht mit bösartiger Absicht und gefährlichen und verlogenen Worten Naskan Čolo, den Nachtadler von Hrastuša, zur üblen Tat überredet hatte!

Für dreißig Dukaten folgte er meinen Anweisungen, ohne sie im Geringsten überprüft zu haben – noch schlimmer! – heute vor der Begova-Moschee waren es seine Worte, auf die der Wali gehört hatte!

Die Lüge und die Verleumdung, die ich in die Welt gesetzt hatte, offenbarten sich bei keiner geringeren Gelegenheit als bei einem Begräbnis vor versammelter Menschenmenge und in Anwesenheit aller Würdenträger dieser Stadt und dieses Landes! Heute auf der Baščaršija war die einzige Wahrheit die, dass Salih-Beg Kaukčija tot war! Alles andere, was all die anwesenden Menschen dachten und zu wissen meinten, war nichts als Lug, Täuschung und Trug!

O Gott! Wie unberechenbar und forsch diese Welt doch ist! So willkürlich und so leicht zu verleiten! O Gott!

Ich winkte ab (welch Glück, dass es eine solche Handbewegung gibt, die einem eine gewisse Ernsthaftigkeit verleiht und ihn gleichzeitig unschuldig wirken lässt). Hasan schaute mich an. Ich war mir sicher, dass er dachte, dass meine große Unruhe immer noch von der Trauer um meinen Schwiegervater herrührte.

»Der Wali hat heute Morgen mit dem Muselim[90] gesprochen, nachdem dieser Naskan Čolo verhört hatte«, sagte Hasan. »Auf die Frage, woher er wisse, dass Serhatlić und Murlak die Mörder von Hilmija Kaukčija seien, gab Naskan die dürftige Antwort, dass irgendein Hamzawit vor der Sinan-Tekke ihm das gesagt habe. Man ließ es überprüfen und stellte fest, dass er gelogen hatte, weil Hamzawiten – ähnlich wie Bergilis – alte Tekken aus Verachtung meiden. Der Museleim hat ihn gefragt, wo er die Dukaten, die er an seine Kameraden verteilt hatte, her habe, und er sagte, er habe sie in einem Beutel vor Sijavuš-Paschas Daire gefunden, die dort angeblich jemand verloren haben soll.«

Augenblicklich wurde mir alles klar, weil plötzlich alles noch ernster geworden war! Ich wurde kreidebleich. Unbeholfen wandte ich mein Gesicht ab Richtung Trebević und versuchte meinen bitteren Speichel hinabzuwürgen. Von Weitem schaute ich nach vorn, zur Totenbahre, auf der Salih-Beg Kaukčija getragen wurde und betete für seine Seele. Ich flehte Gott, den Allmächtigen, an:

»Errette mich! Jetzt! Sofort! Befreie mich von meiner Sorge und erlöse mich aus meinem Unglück und meiner Beklemmnis! Bedecke meine Schande und lass meine Gedanken nicht offenkundig werden! Lass meine Gebete aufrichtig sein und gestatte mir, Dich aus Vertrauen zu Dir anzubeten!«

Eines wusste ich mit Gewissheit und für alle Ewigkeit: Naskan Čolo würde ich niemals wieder im Dunkeln ansprechen! Und bei Tage schon gar nicht! Unser düsteres Bündnis war ein für alle Mal beendet!

Und auch den tapferen Kriegern von Hrastuša galt mein tausendfaches Lebewohl.

Doch dann begann der Zweifel an mir zu nagen. War ich etwa gerade dabei, einen Rückzug zu machen? Weshalb rügte ich mich selbst? War es denn etwa nicht gut, dass ich Serhatlić und Murlak daran hinderte, Kaukčija zu erpressen, wo sie es doch offensichtlich taten? Selbst Hasan hatte es mir gesagt! Doch, es war gut, was ich tat! Nach dem Tod des alten Kaukčija würde die Wahrheit über den Tod seines Sohnes für Serhatlić und Murlak nicht länger von Nutzen sein! Oder vielleicht doch?

Plötzlich kamen mir der Wali und sein Halbbruder Haso in den Sinn. Wo war Haso eigentlich? Beim Begräbnis habe ich ihn nicht gesehen! War er vielleicht zu Lejla gegangen, um ihr sein Beileid mitzuteilen? Wem würde Haso jetzt jeden Abend das Geld aus Kaukčijas Läden bringen, mir oder Lejla? O Gott!

Offen – wie es sich für einen ehrlichen und aufrichtigen Menschen gehört – ließ ich all diese Gedanken zu, während ich in dem grandiosen Trauerzug auf der Baščaršija meinen toten Schwiegervater begleitete. Gleichzeitig wiederholte ich für mich selbst immer wieder, was ich mit Gewissheit wusste: Dass ich Naskan Čolo nicht mehr brauchen werde!

Ich war mir sicher, dass ihm mein Gesicht verborgen geblieben war und uns niemand zusammen gesehen hatte, denn es war finster und tiefste Nacht. Zudem bin ich zu unserem Treffpunkt beim Besistan einen weiten Umweg gegangen und ebenso hatte ich ihn auch verlassen.

Außerdem hatte mich keiner gesehen, als ich die Dukaten unterm Diwan neben dem halbtoten Salih-Beg Kaukčija genommen hatte. Die einzigen Dukaten, die an diesem Tag gesehen und laut erwähnt wurden, waren jene zwanzig, die Lejla dem Kadi gebracht hatte, damit dieser sich beeile, den Willen des dahinscheidenden Wohltäters in gute Tat umzusetzen.

Die Totenbahre wurde friedlich durch die Baščaršija getragen. Kinder standen still vor den Läden. Sie hatten für kurze Zeit ihr Spiel unterbrochen und ich glaubte in ihren Gesichtern ein schreckliches Staunen vernommen zu haben, als würden Sie denken: »Sterben die Menschen denn etwa? Gibt es tatsächlich den Tod?« Diese Kinder wissen, dass der Tod kein Spiel von Erwachsenen ist. Sie sehen, dass manche Menschen weinen, doch die Kinder – diese klugen Geschöpfe – wissen, dass es kein Spiel gibt, bei dem man weinen muss.

Ich sah auch viele Frauen. Sie warfen verstohlene Blicke aus ihren Gärten und bestaunten die große Menschenmenge.

Neben den Schmieden hatten sich die Krieger von Hrastuša der Totenbahre angenommen. Sie trugen sie auf ihren kahlen Schädeln und hoben sie auf den Händen empor. Allen voran ging Naskan Čolo. Heroisch führte er die Krieger von Hrastuša an. Von weitem konnte ich seinen kurzgeschorenen Kopf erkennen. Er wandte sich hin und her, rief laut Gottes Namen. Das Hemd trug er aufgeknüpft, seine Arme waren kräftig und der Blick voller Leidenschaft. Es war sein Tag und er wusste genau, was zu tun war.

Als man den Leichnam mit Erde zugeschüttet hatte, trat ich ans Grab heran, räusperte mich siebenmal und sagte kurz mit dünner Stimme (damit Naskan Čolo mich nicht wiedererkenne):

»Vor drei Tagen hat mein Schwiegervater Salih-Beg Kaukčija bei vollem Bewusstsein, beflügelt durch den Glauben, in dessen Namen er es tat, und bestärkt von der Hoffnung für die Stadt und die Menschen, für die er es tat, die zwei wertvollsten seiner sechs übrig gebliebenen Läden vor dem ehrwürdigem Kadi diesen zwei stolzen Tekken vermacht. Einen davon samt all der Baumwollstoffe darin schenkte er den Naqschbandis und den anderen mit all seiner Seide den Mevlevis. Hadschi-Rizvan nahm die Schenkungsurkunde im Namen der Naqschbandis entgegen und für die Mevlevis tat es der Dichter und Scheich Zalikans.«

Daraufhin gratulierte ihnen der Wali und nach ihm auch der Mufti. Der Kadi schien besorgt, während er wartete an die Reihe zu kommen. Der Philosoph Hasan schwieg währenddessen. Er stand unterhalb des Grabes von Kaukčijas Sohn. Etwas weiter, neben dem Kopfgrabstein, stand Mustafa der Künstler. Beide schauten stumm auf das frische Grab von Salih-Beg Kaukčija.

Im Vorhof waren Naqschbandi- und Mevlevi-Derwische, währenddessen füllten die Derwische anderer Tariqas den Garten und die umliegenden Gassen. Die Worte ihrer gemeinsamen und einzelnen Gebete stiegen zum Nachmittagshimmel über Sarajevo empor, unter die Flügel der Tauben, zwischen die Baumkronen der Pappelbäume.

Scheich Semnani sagte immer, die Erinnerung an einen verstorbenen Menschen schwinde im Eilschritt dahin. Wenn er reich gewesen ist – umso besser, denn sein Reichtum vermag es, den Trauerschmerz seiner Erben zu lindern. Tagelang beschäftigen sie sich mit dem Aufteilen kleinerer und großer Güter und Geschäfte, während sich allmählich zwischen ihnen und dem ehemaligen Besitzer Bauwerke des Vergessens auftürmen.

Nach dem Tode ist das Vergessen Linderung und Seelenfrieden zugleich. Der Verstorbene vergisst ohnehin alles, wenn sich im Augenblick des Todes die unermessliche Kluft auftut und ihn für immer von seinen Hinterbliebenen trennt.

Güter und Geld haben weder eine Seele noch die Fähigkeit sich zu erinnern. Leicht wechseln sie ihre Besitzer. Sie sind wie der Säbel, dem es gleich ist, wen er schneidet, unwissend über die Auswirkung der Schärfe seiner Schneide.

Wenn aber der Verstorbene arm war, verfliegt die Erinnerung an ihn noch schneller, denn es ist nichts da, was einen an ihn erinnern könnte.

Wie auch immer – das Vergessen haftet dem Toten an. Unabwendbar. Es schwillt an wie die Flut, immer schneller, immer mehr, von allen Seiten.

Ich kehrte zurück zu Lejla und Safija. Mustafa der Künstler war mit Hasan auf der Baščaršija geblieben.

Lejla sagte mir – zuerst verletzt, dann beunruhigt und bekümmert – dass kurz zuvor des Walis Ermittler bei uns gewesen waren. Sie kamen in Begleitung zweier Wachmänner, welche draußen auf der Straße auf sie warteten. Der Grund ihres Kommens waren irgendwelche Dukaten, die neu aufgetaucht waren und jetzt suchten sie nach einer Erklärung dafür. Sie sagten zu Salih-Begs trauernden Töchtern, man sei einem gewissen Krieger auf die Spur gekommen – allem Anschein nach handele es sich um einen abtrünnigen Hamzawiten, einen Unruhestifter, der auf der Baščaršija viel Lärm macht und unberechtigt Leute beschuldigt. Außerdem soll er ein maßloser Säufer sein. Doch all das sei nebensächlich, denn heutzutage ist ein solches Verhalten nichts Ungewöhnliches. Was ihnen Sorgen machte war, dass der hamzawitische Krieger plötzlich angefangen hatte, Geld auszugeben und die unzufriedenen Krieger von Hrastuša einzuladen und vor allem, dass er in seiner Tasche zwei Dukaten von derselben Sorte hatte, mit denen vor mehr als einem Jahr der verstorbene Salih-Beg Kaukčija die Abschlussarbeiten an den Dächern der zwei neuen Tekken bezahlt hatte. Die Wachmänner und die Ermittler entschuldigten sich – sie wüssten, dass die Angehörigen trauerten, doch sie seien gekommen um zu fragen, ob Salih-Beg auch jemandem anderen von den Dukaten gegeben hatte. Lejla sagte daraufhin – ohne zu zögern oder darüber nachzudenken, ob sie damit möglicherweise einen unschuldigen Menschen beschuldigen würde – dass erst drei Nächte zuvor Salih-Beg sie zum ehrenwerten Kadi geschickt habe, um diesem zwanzig Dukaten zu überbringen und ihn zu bitten unverzüglich zu kommen, damit er in seiner Anwesenheit die Schenkungsurkunde unterschreibe.

Als die Ermittler das gehört hatten, rannten sie – selbst zur Verwunderung der Wachmänner – wie wild gewordene Hunde Hals über Kopf aus dem Haus, ohne sich zu verabschieden. Ich hatte das Gefühl, als fügen sich die Fäden von selbst zu einem Gewebe zusammen und dass die ganze Angelegenheit anderswo als bei mir zum Abschluss kommen würde. Dass das Ende ein glückliches sein würde, davon war ich fest überzeugt.

»Vor der Wahrheit müsst ihr euch nicht fürchten«, tröstete ich Lejla und Safija, »In der Wahrheit liegt Kraft. In der Wahrheit liegt Macht und Stolz. Wahrheit ist euch in eurer Trauer ein guter Verbündeter und Beschützer. Jeder weiß, dass der verstorbene Salih-Beg edle Taten der Obrigkeiten offenkundig zu beschenken pflegte. Ich bin Zeuge, dass Lejla persönlich die zwanzig Dukaten dem Kadi überbracht hatte – daran sei nichts, was man verbergen oder vertuschen müsste! Um Himmels Willen! Leben wir denn in einer Zeit, in der man die guten Taten von Wohltätern verstecken muss? Der Glaube verbietet uns, gute Taten zu verbergen oder darüber zu schweigen! Ob und auf welche Weise aber der Kadi dem hamzawitisch-abtrünnigen Krieger Dukaten weitergegeben hatte, das soll uns nichts angehen! Wer in der Stadt was wem gibt, das weiß Gott allein!«

Mit diesen Worten versuchte ich den Schmerz der betrübten Schwestern zu lindern und gleichzeitig auch mich selbst ruhig zu stimmen. Seltsamerweise empfand ich keinerlei Reue wegen der Unwahrheiten, ja geradezu Verleumdungen, die ich von mir gab.

Ich wollte raus aus der ganzen Affäre, weg von dem dornigen Holzweg auf dem ich mich befand. Ich wollte die bekümmerten Schwestern beschützen und das Kind verschonen, welches Safija im Leib trug. Außerdem hatte ich den Kadi zwar verleumdet, aber er würde sich dagegen schon zu verteidigen wissen, zumindest besser als unsere trauernden Frauen und wir, deren Ehemänner.

Als ich heute Morgen vom Besistan in Richtung Miljacka spazierte, dachte ich über die Ereignisse der vergangenen Tage nach.

Ich bat Gott drum, Salih-Begs Beerdigung nicht zum Stadtgespräch werden zu lassen und die groben Worte aus dem Garten der Begova-Moschee aus der Erinnerung der Menschen zu tilgen.

»Salih-Beg ist tot, also sollten wir ihn der Erde und dem Vergessen überlassen und uns seiner Wohltaten erfreuen!«, war in den darauf folgenden Tagen meine Antwort, jedes Mal, wenn mich jemand auf der Straße anhielt und danach fragte, ob es um die Schande leiser geworden sei und die Schmach sich wieder gelegt habe.

Ich bat Gott darum, mich hin zu anderen Geschehnissen zu leiten und in meinem Leben glücklichere Tage aufkommen zu lassen. Das Erinnern an verstrichene Zeit hatte mich müde gemacht. Ich wünschte mir, ich müsste mich an nichts mehr erinnern, denn woran ich keine Erinnerung habe, ist, als wäre es nie da gewesen.

Ich bat Gott, der Stadt neue Ereignisse zu geben, damit die Geschichten der Menschen sich in derer Richtungen ranken, damit Millionen an Worten zu neuen Schwärmen zusammenfließen und sich zu wiederum neuen, andersartigen aufmachen.

Ach, wie sehnte ich mich nur nach dem Alleinsein meines Medressenzimmers!

Ich schaute in der Medresse vorbei und machte mich, nachdem der Unterricht vorbei war, in Richtung Bistrik auf, nach Jarčedoli, um in der Abgeschiedenheit einen Blick auf die Stadt zu werfen, alleine, von oben, von der anderen Seite. In der Ferne, aber klar und deutlich sah ich die zwei Tekken mit den grünen Dachziegeln. Der wahre Grund, weshalb sie gebaut wurden, all die Geschehnisse, alle Absichten und Ziele – all das, was sich zu vielen Knoten unlöslich und dauerhaft miteinander verknotet hatte – musste ein für alle Mal dem Vergessen übergeben werden. Ohnehin gehörten die Tekken den kommenden Generationen und nicht denen, die sie erbauten.

Und dennoch gab es keine Hoffnung, dass ich sie jemals mit derselben Ehrfurcht betreten würde, wie einst jene alte Qadiri-Tekke in Asqalan, in die mich Scheich Semnani eines Sommers mitgenommen hatte und in der mich, während ich in der vordersten Reihe saß, der Schlaf übermannte. Im Traum erschien mir Scheich Nablusi, der Begründer der Tekke, und erzählte mir eine Geschichte vom Wasser, der Luft, der Erde und dem Feuer.

Gott erschuf das Wasser, und das Wasser wehklagte: »Oh Herr, erschaffe in mir auch Fische, damit ich nicht einsam bin!« Dann erschuf Gott die Erde und die Erde weinte: »Oh Herr, erschaffe Würmer in mir, damit ich mich nicht langweile!« Als Gott die Luft erschuf, klagte diese: »Erschaffe auch Vögel, damit ich mich in deren Flügeln wiederfinde!« Als das Feuer an der Reihe war, wies Gott dessen Bittgesuch ab und verfluchte es: »In dieser Welt soll es deine Ozeane nicht geben! Jedes Mal, wenn du etwas verbrennst, wirst du auch selbst in den eigenen Flammen sterben und erlöschen!« So war es Gottes Wahl, dass das Feuer in der Hölle, im Jenseits wohne. Ein Glück, dass die Ozeane des Feuers nicht in dieser Welt sind! Außer in den Herzen der Menschen, Gott bewahre!«

Während ich von Bistrik runter in die Stadt ging und an Sijavuš-Paschas Daire vorbeilief (lange war es her, seitdem ich das letzte Mal diesen Weg genommen hatte), trug ich noch lange und voller Ehrfurcht die alte Asqalaner Tekke in Gedanken.

Vor einem jüdischen Laden traf ich auf den vollleibigen und rotwangigen Frater Augustin Pejčinović. Er trug eine lateinische Handschrift mit sich, über die er sagte, sie handle von Hähnen und deren frühmorgendlichem Krähen.

»Diese Abhandlung ist für Muslime sehr interessant, da ihr euer Morgengebet habt«, sagte er.

»Es muss sich wohl um eine Übersetzung aus dem Arabischen handeln!«, antwortete ich.

»Möglicherweise. Aber was, wenn es auch so wäre?«

»Was immer man mit dieser Abhandlung auch zu beweisen versuchen würde, auf Hähne ist kein Verlass! Sie kündigen nicht immer den Tagesanbruch an. Manchmal krähen sie auch mitten am Tage!«

»Wie, mitten am Tage?«

»Einmal erlebte ich in Izmir eine totale Sonnenfinsternis. Als sich die Sonne wieder zeigte, hörte man aus den Gärten Hähne krähen. Es war kurz vor Mittag! Sie hatten gehofft, ein neuer Tag würde anbrechen!«

Ich begleitete Frater Pejčinović noch hundert Schritte und erzählte ihm, dass vor drei Monaten eine weitere von Hasans philosophischen Abhandlungen über den Verfall des Staates ins Lateinische übersetzt wurde. Gavrilo Jevtanović soll in Venedig siebenundzwanzig Abschriften davon verkauft haben. Gutes Geld soll er dafür bekommen haben. Lateinische Schriften waren dieses Jahr teurer als arabische.

Zum Abschied sagte mir Frater Pejčinović, dass er nicht nur die letzten Monate, sondern einige Jahre am Stück über die Muslime nachdenke:

»Ihr legt eine Tekke in Schutt und Asche, erbaut aber kurz darauf zwei neue! Im Frieden breitet ihr euch aus, aber ebenso im Streit! Unglaublich seid ihr!«

In einigen darauf folgenden Tagen habe ich mich von unserer Unglaublichkeit auch selbst überzeugen können.

Nach und nach verließ die Trauer um Salih-Beg unser großes Haus. Lejla begann wieder mit mir nach draußen zu gehen. Wir schauten wieder öfter in ihren zwei Läden vorbei, wo ich mich bemühte, die verworrenen Wege des Geldes zu durchblicken, die nur ein einziges Ziel hatten: Neue, einträgliche Geschäfte zu machen. Ich wurde Zeuge des behaglichen und falschen Lächelns, wenn die Ware in schöne Form gepackt und dem Kunden übergeben wurde.

Vom Handel hatte ich nie viel verstanden, doch schon nach drei Monaten wusste ich, dass Lejlas beide Läden in kurzer Zeit pleitegehen würden. Der gesamte Umsatz durch Seide und Baumwolle lief jetzt über die zwei großen Läden, die den zwei Tekken geschenkt wurden. Es konnte kein Zufall gewesen sein, obwohl es danach aussah. Meine Warnungen, dass der edle Gönner niemals die Absicht hatte, durch seine Wohltat jemandem zu schaden, vor allem nicht seinen Kindern, liefen ins Leere. Man antwortete mir, die Läden seien für jedermann offen, und dass die Leute in den Läden meiner Frau weniger kauften, war nicht deren Schuld. Auch mein Staunen nutzte mir nichts, als ich erfuhr, dass unter beiden Tekken ohne das Wissen des Stifters zwei große Warenlager errichtet wurden. Wenn keine Ware die Keller füllte, dienten sie als Schlafstätte für Derwische aller möglichen neuen Tariqas, deren Namen ich mir nicht einmal merken konnte.

Ich fragte Scheich Zelkanović, ob er sich mit dem Handel auskenne – wir würden ihm unsere Läden anvertrauen – doch er brauchte Zeit zum Nachdenken und zwei Tage später sagte er, er sei für den Handel mit Wolle und Seide zu alt, der Rücken tue ihm weh, Seitenstiche seien für einen alten Menschen wie kalte Schlangen und außerdem könne er auch nichts Schweres mehr heben. Doch es gäbe da eine Art von Geschäft, welches in Sarajevo bisher noch keiner betreibe: Den Großhandel mit wilden und zahmen Vögeln! Er selber kenne sich mit allen Arten von Vögeln aus, besonders den östlichen. Ich solle mir das nur mal vorstellen, meinte er, nirgendwo in ganz Sarajevo könne man auch nur einen einzigen Pfau kaufen! Doch es könnte in jedem Garten einer sein! Der Pfauenschweif sei eine Inspiration für Künstler; von Chorasan bis Antiochien habe die ausgewogene Farbenpracht seiner Federn die Derwischdichter beflügelt. In so vielen Versen wurde er erwähnt, doch bei uns wisse man nicht ein Wort über ihn zu sagen.

Nur Schweigen. Eine Schande sei es! Persische Nachtigallen seien besondere Wesen, direkt dem Paradiese entsprungen und eine unerwartete Gelegenheit für uns, auf leichte Weise viel Geld zu machen. Alle Kinder lieben sie wegen ihrer lieblichen Gesänge und weil sie wenig Nahrung brauchen. Ein kostbarer Vogel, der wenig kostet, mit einem kleinen Schnabel und noch kleinerem Hals. Er ernähre sich ausschließlich von kleinen Körnern und man brauche sich nicht viel um ihn zu kümmern. Es gäbe viele unterschiedliche Arten von Nachtigallen, auch solche, die mitten in der Nacht, bei Vollmond zu singen beginnen, wohl weil sie in ihrer Verträumtheit nach ihrer Partnerin rufen, vielleicht aber auch aus Verwirrung, wer weiß?

Auch den Qata-Vogel können wir besorgen, fuhr er fort. Zwar sei Bosnien zu kalt für ihn, aber was soll's, er solle sich dran gewöhnen und sich dichteres Gefieder zulegen. Wir haben uns schließlich auch an Bosnien gewöhnt, selber Schuld!

Ich brachte Scheich Zelkanović zu Safija und Lejla, um ihnen von seinem aufregenden Vorschlag zu erzählen. Plötzlich meldete sich Mustafa der Künstler schnaufend hinter dem Vorhang – er war gerade dabei, Farben aus Isfahan anzurühren – und rief wütend:

»Auf gar keinen Fall! Vergesst die Vögel! In Bosnien hält keiner Tiere, die man nicht anbinden kann. Das Geschäft würde niemals laufen!«

Scheich-Ibrahim verließ uns und lief traurig die Gasse hinab.

Zehn Tage vor dem diesjährigen Ramadan kam ein Pilger aus unbekanntem Lande nach Sarajevo gereist. Er war mittleren Alters und trug einen langen, ausgekämmten Bart, der ihm bis zum grünen Taillengürtel reichte, das Haupthaar mit Henna hellbraun gefärbt und um den Hals eine lange Gebetskette aus Sandelholz.

Alles in allem wirkte dieser unbekannte Reisende befremdlich, andersartig, von weit weg. Zejnil Glamočak sagte mir, dass es gut wäre, wenn ihn jemand in einer der Tekken unterbringen würde, vielleicht bei Scheich Hadschi-Rizvan oder bei Scheich Zalikan. Die Nächte seien kalt, man müsse dem Menschen helfen.

Immer schon waren unbekannte Pilger wie dieser durch Sarajevo gereist und selbst die neugierigsten Ansässigen hätten die Ankunft dieses Fremden bereits nach zwei oder drei Tagen vergessen, hätte der Ankömmling nicht regelmäßig am zentralen Platz auf der Baščaršija inmitten von Tauben übernachtet, gekleidet in gelbes Gewand und mit einem schwarzem Käppchen auf dem Kopf, welches er mit einer gelben Stecknadel aus Kupfer am dichten Haar befestigt trug.

Anfangs rätselten die Leute, wer der Ankömmling wohl sein mochte, doch das Staunen hielt nur für fünf oder sechs Tage an. Zuerst sprach man davon, dass der Pilger nichts esse, oder dass ihn zumindest keiner jemals dabei gesehen hätte, aber auch dieses Gerücht wurde widerlegt, als er dankend ein Stück Brotkruste und einen Zitronentee aus Ahmed Plastos Wirtschaft annahm.

Man erzählte, der Dahergereiste sei bestimmt ein jüdischer Einsiedler aus Jerusalem oder einer anderen, kleineren und weniger bedeutsamen Stadt.

Andere behaupteten, er sei eigentlich ein jüdischer Flüchtling aus Spanien, dessen Familienangehörige und Ahnen sich dort seit 1492 erfolgreich versteckt gehalten haben, aber sich dennoch entschlossen, das ferne Andalusien zu verlassen und sich stattdessen in Bosnien zu zeigen. Dass der Fremde Pilger ein Jude sei, beweise die prangend gelbe Farbe seines Gewands, aber auch das Käppchen mit der möglicherweise goldenen Stecknadel, hieß es. Als man Gavrilo Jevtanović fragte, ob es sich tatsächlich um einen Juden handle, winkte dieser nur ab und sagte, dass es keiner sei, sondern vermutlich ein Perser aus dem Norden Chorasans, der nach Sarajevo gekommen war, um einen neuen Derwischorden zu gründen, oder irgendeinen alten, längst erloschenen und vergessenen zu erneuern, einen, der hierzulande keine Wurzeln zu schlagen vermochte. Sei es den ehrwürdigen Lehrern an der Medresse überlassen, meinte er, die Ursachen dessen zu erforschen und der Welt eine weise Erklärung zu geben, weshalb die chorasanische Art geistige Glaubenslehren auszukosten mit der bosnischen unvereinbar sei.

Dritte wiederum verkündeten in den Wirtshäusern, dass der Unbekannte ein Anhänger einer mystischen christlichen Gemeinde aus Antiochien sei und dass die Tatsache, dass er in Bosnien aufgetaucht war, ein Vorzeichen eines bevorstehenden Krieges sein müsse.

Der Fremdling wurde von der Obrigkeit in Ruhe gelassen, was anfangs wiederum bei den Leuten Misstrauen erweckte, denn jeder in unserem Land wusste, dass es immer schon, seitdem es

Staaten und Kaiserreiche und in ihnen Kleriker und Glaubensgelehrte gab, am leichtesten war, Spione in den Reihen derer zu haben, die sich mit heiligen und unvergänglichen Dingen befassten. Sie sind es, bei denen die einfachen und gebrochenen Menschen Zuflucht suchen und denen sie all ihre Angelegenheiten, ihre geflüsterten Worte der Trauer und ihre Stimmen der Freude und der Wut anvertrauen. Sie sind es aber auch, die das Anvertraute an die Obrigkeiten ausliefern.

Das Rätselraten, wer der seltsame Fremde sein möge, hielt in unserer Stadt für fünf oder sechs Tage an.

Am siebten Tag fand man seinen leblosen, blutbedeckten Körper – er war durch zwei Messerstiche ermordet worden. An seinem verdreckten und blutigen gelben Mantel klebten nasse Taubenfedern.

Sein Tod brachte für kurze Zeit Unruhe in die Stadt, was mich wiederum erfreute, denn endlich war der Tod meines Schwiegervaters Salih Kaukčija nicht mehr im Mittelpunkt der Stadtgespräche und auch die bösen Stimmen gegen die zwei prächtigen Tekken waren plötzlich leiser geworden.

Scheich Zelkanović kam zu mir in die Medresse und sagte beunruhigt, dass der dahergereiste Landstreicher von jenen ermordet wurde, die wussten, wer er war und zu welchem Zweck er hier war. In Bosnien würden sich Religionen und Gläubige untereinander bekämpfen, sagte er, weil sie einander kennen! In diesem Land bestünde unser Unglück unter anderem auch darin, dass Verbrecher unsere Häuser niederbrennen und uns vertreiben, weil sie uns kennen. Dem seltsamen, gelb gekleideten Fremden auf der Baščaršija habe anfangs keiner was getan, weil keiner ihn kannte! Als man erfuhr, wer er war, habe man ihn ermordet! Sein Tod sei nicht versehentlich passiert – die wenigsten Morde in Bosnien würden aufgrund eines Versehens oder eines Fehlers passieren.

Während der zittrige Scheich Zelkanović die Pfade erläuterte, auf welchen der Tod den ermordeten Einsiedler aus fernem Lande ereilt habe, kam Zejnil Glamočak mit Neuigkeiten herein:

»Man sagt, es sei kein Jude gewesen, auch kein Christ oder ein Derwisch aus Chorasan! Nichts von all dem! Er war Buddhist, ein demütiger und armer Gläubiger aus dem fernen Indien! Man erzählt auch, er habe sich selbst umgebracht, vielleicht aus Verzweiflung über den eigenen Zustand, oder über den Ort, an den er gekommen war. Er soll seltsame, traurig klingenden Laute von sich gegeben haben, während er schluchzend auf die umliegenden Hügel und die kahlen, schneebedeckten Berggipfel deutete.«

Der Philosoph Hasan bestätigte Zejnils Geschichte. Ordnungshüter sollen gesehen haben, wie sich der Unbekannte selbst einen Dolch links in die Brust rammte – zunächst nur einmal. Soweit schien alles klar; die Kraft für so etwas vermag ein Selbstmörder durchaus aufzubringen – aber dann stach der sich an sich selbst vergehende Gewalttäter ein zweites Mal zu, diesmal mitten in den Magen! Woher er die Kraft für den zweiten Stoß genommen hatte, war die Frage, die nicht nur die Ordnungshüter, sondern auch viele andere in der Stadt beschäftigte.

Wie gewonnen, so zerronnen

Es lügt, wer behauptet, dass man die Welt nur durch Bücher kennen lernen könne!

Zehn Hidschri-Monate waren seit dem Tod von Salih-Beg Kaukčija vergangen und als der elfte antrat, bekamen Mustafa der Künstler und ich eine überraschende Aufforderung vom neuen Kadi, – der alte war abberufen und zurück nach Zarigrad beordert worden – am Mittwoch zusammen mit unseren Frauen im Gericht zu erscheinen, weil es gewisse Dinge hinsichtlich der Erbschaft gab, die noch dringend geklärt werden müssten.

Der unverhoffte Aufruf erschien uns äußerst merkwürdig. Zunächst dachten wir, dass das Gericht möglicherweise erst jetzt erfahren hatte, dass Safija und Mustafa einen Sohn bekommen hatten (sie gaben ihm den Namen Hilmija). Wer weiß, vielleicht hatte der verstorbene Salih-Beg bei Gericht einen Nachlass für seinen erstgeborenen Enkel hinterlegt!

Doch nichts von all dem. Es waren schlechte Neuigkeiten, die im Gericht auf uns warteten. Salih-Beg Kaukčija hatte sowohl das Haus als auch den schönsten Garten in unserer Stadt den Scheichs der Naqschbandi-Tekke geschenkt, damit ihnen während ihrer Amtszeit ein ordentlicher Platz zum Wohnen und zum Empfangen all der verschämten Besucher aus aller Welt zur Verfügung stehe, und damit sie es nicht weit zur Tekke und ihren Muriden haben, dem Volke immer zu Dienste.

Laut Schenkungsurkunde habe der selbstlose Wohltäter Salih-Beg Kaukčija bei vollem Bewusstsein und fernab jeglicher tödlicher Krankheit, frohen Herzens und zur Freude der Allgemeinheit das große Haus samt Garten der Stadt und der Naqschbandi-Tariqa vermacht.

Zur Mitte des Textes verkündet Salih-Beg, dass er den Töchtern Safija und Lejla, die seine einzigen Nachkommen waren, aus freiem Willen jeweils zwei seiner Läden hinterlasse; beide seien glücklich verheiratet und seien des Hauses ihres Vaters nicht bedürftig. Ganz zum Schluss preist er in zwei oder drei Zeilen Gottes unermessliche und unerschöpfliche Gnade, die er dem Schenker und seinem toten Sohn Hilmija, der in Damaskus durch die Hand eines grausamen Armeniers zum Märtyrer wurde, zuteil werden ließ.

Mit dem größten Zorn, den ich jemals habe unterdrücken müssen, zeigte ich dem ehrwürdigen Gericht und dem hohen Kadi die Schenkungsurkunde, die mir Kaukčija drei Tage vor seinem Tod übergeben hatte.

Der neue Kadi gab mir lediglich in einem höflichen und ruhigen Ton zur Antwort, dass der Wille des Schenkers, in Krankheit und angesichts des Todes ausgesprochen, nicht gelte, und dass die Schenkungsurkunde, die Salih-Beg mir übergeben hatte, gerade mal drei Tage vor seinem Tod verfasst worden sei. Das Ringen mit dem Tod sei dem Sterbenden, um Gottes Willen, vorrangig! Dadurch sei sein Wille getrübt und er selbst sei nicht frei. Er könne in solch einer Verfassung keine brauchbaren Entscheidungen treffen. Man müsse ihn in diesem Zustand zum Gottgedenken ermuntern, und nicht dazu, sein Hab und Gut zu verteilen und ungültige Schenkungsurkunden zu unterzeichnen.

So sprach der hohe Kadi und fügte noch hinzu:

»Außerdem, jemand kann nicht ein und dieselbe Sache zweimal verschenken! Die Welt würde im Chaos untergehen, wenn so etwas ginge! Und drittens, zu dieser Verwirrung ist es nicht nur durch das Versäumnis des benebelten Greises gekommen, sondern auch durch die natürliche Unachtsamkeit des früheren Kadis und des Gerichtes. So etwas kann der Staatsverwaltung in seltenen Fällen durchaus unterlaufen, und der Grund dafür ist die mangelnde Aufrichtigkeit und die Skrupellosigkeit der Menschen. Aber ich, der neue Kadi, weiß um den ganzen Fall Bescheid. Ich habe ihn gründlich untersucht und mit meinen Beratern besprochen. Zudem ist das Gericht im Besitz einer Abschrift der ungültigen Schenkungsurkunde. Der frühere Kadi ist abberufen worden – nicht ausschließlich wegen der zwei unterschiedlichen Schenkungsurkunden für ein und denselben Besitz, aber selbstverständlich hauptsächlich deswegen.

Es bleibt nichts anderes übrig, als den ersten Willen des Schenkers zu befolgen. Dieser ist für das hohe Gericht rechtsgültig und heilig, fast so heilig wie das Wort Gottes! Und selbst im römischen Recht gebührt dem zeitlich ersten der Vorrang!

Das Gericht wird – und das ist jetzt das Wichtigste – Nachsicht gegenüber Skender Humo und Lejla Kaukčija walten lassen, und ihnen eine angemessene Frist gewähren, um aus dem verschenktem Haus auszuziehen. Denn alle Beteiligten in dieser Angelegenheit verdienen es, gleichermaßen vom Gericht beachtet zu werden:

Der verstorbene Gönner und seine Hinterbliebenen, die seinen Willen und sein Opfer zu schätzen wissen, ebenso wie die Naqschbandi-Scheichs, die für ihre Geduld bekannt sind und die bald in das ihnen vermachte Haus einziehen werden, um in dem weitläufigen, schönsten Garten unserer Stadt, in unmittelbarer Nähe ihrer Tekke der Wahrheit und der Tariqa zu dienen, und damit zu guter Letzt auch dem Gönner die Belohnung aus den Quellen des Paradieses zuzufließen beginnt, an dessen unaufhörlicher und unerschöpflicher Fülle er sich gewiss längst zu laben begonnen hat.«

Selbst jetzt, während ich diese Zeilen niederschreibe und die schmutzigen Vorkommnisse und die unrühmlichen Taten auf diese reinen Blätter bringe, weiß ich immer noch nicht, wie ich damals das Zimmer des Kadis verlassen habe. Ich entsinne mich auch nicht, durch welche Gassen sich Lejla und Safija, die zwei niedergeschlagenen, in Tränen aufgelösten und gedemütigten Begumen[91] fortmachten. Sie versteckten sich vor den Menschen, als wären sie die allerletzten Personen dieser Stadt, die sich jedem gegenüber schuldig gemacht hätten und jetzt allen aus dem Weg gehen müssten.

Ich kann mich nicht mehr daran erinnern, über welche Gassen ich mit Mustafa dem Künstler zur Medresse, bis zur Tür von Zejnil Glamočak gekommen bin. Ich weiß nur, dass mir in all dem Kummer eingefallen war, mich noch einmal zu vergewissern, ob jene vierhundertsiebzig Dukaten und das Geld, das mir Ragib Vrebac geschenkt hatte, immer noch in meinem Zimmer unter den morschen Brettern des Fußbodens waren!

Als Zejnil mich – so kreidebleich und am Boden zerstört wie ich war – zu Gesicht bekam, muss er wohl gedacht haben, dass mir beide Eltern, Salko und Mevlija, plötzlich verstorben sein mussten, doch dann muss ihm eingefallen sein, dass sie schon längst tot waren (und auch, dass im Diesseits noch keiner jemals zweimal gestorben ist). Rasch kam er uns mit vollen Bechern heißen Preiselbeertees entgegen.

Er brauchte nicht lang, um aus der Unterhaltung mit Mustafa und dessen Entsetzen über die Ungerechtigkeit der Welt und der Menschen auf die Gründe für unseren bekümmernden Tag zu schließen, woraufhin er uns bat, seiner Geschichte zuzuhören – vielleicht würde das unser Elend lindern.

»Menschen reden um sich Erleichterung zu verschaffen. Würden sie nicht reden, würden sie wie Flöhe in sieben Teile zerplatzen! Gute Gedanken sind einem Menschen, was die Knospen für die Pflanze sind – wenn sie anschwellen, müssen sie erblühen, denn durch das Erblühen verschafft sich die Pflanze Erleichterung. Und schlechte Gedanken sind wie Kot, der den Trieb hat, sich vom Reinen zu lösen und einen eigenen Weg einzuschlagen! Wenn sich in der Seele des Menschen schlechte Geschichten anhäufen, und er sie ausspricht und aus sich hinausreihert – verschafft er sich ebenfalls Erleichterung!«, sagte Zejnil der Pförtner und wiederholte, »Worte können einem schwer auf der Brust liegen, ähnlich wie der unbrauchbare und stinkende Inhalt im Bauch. Wütende Worte dringen durch den Mund nach außen, während es der Kot durch den Darm tut – oft ist das auch der einzige Unterschied.«

Zejnil der Pförtner sprach beherzt. Seine Stimme war lauter als sonst. Wortgewandt und kühn trug er seine weise Erzählung vor, als würde er zu Ebenbürtigen sprechen. Als wäre das, was er uns sagen wollte, dermaßen wichtig, dass wir ihm dafür hätten dankbar sein sollen. Vielleicht hoffte er, dass das Gesagte mich und Mustafa ermutigen würde, die Dinge in eine andere Richtung zu wenden, oder uns zumindest helfen würde, zur Ruhe zu kommen.

»Seit dem Tag, als du, Skender Humo, deine Lejla aus Sarajevo geheiratet hast und in ihr Haus gezogen bist, habe ich, der verlässliche und gutmütige Zejnil Glamočak, auf deine Einladung hin die häuslichen Besorgungen für Kaukčijas Haus erledigt und stets frisches Obst und Gemüse für euch vom Markplatz geholt.

Soviel ist dir bekannt. Doch es gibt vieles, was du nicht weißt. Zugegeben, über den alten Kaukčija weiß selbst ich nicht alles – wie könnte auch jemals jemand über ihn alles wissen? – doch das, was ich oft durch den Türspalt der halb geschlossenen Tür erlauschen konnte, weiß ich mit Gewissheit!

Eines Tages – und es war ein gewöhnlicher und sich zäh dahinziehender Tag, wie es nun mal alle Tage in einem reichen Haus sind – kamen plötzlich der Wali und sein Halbbruder Haso hereingeplatzt und betraten in hastigen und langen Schritten Salih-Begs Diwanhane[92].

Die Unterhaltung begann und ich fuhr fort – damit mir auch ja nichts entgehe – die Blumen spärlich zu begießen und das vertrocknete Efeulaub vom Treppenaufgang zu jäten.

Mit schneidender Stimme sprach der Wali zum alten Kaukčija,

dass er erfahren habe, dass die gestrige Baumwolle und die Wolle für Kaukčijas Läden von Händlern aus Gornja Tuzla stamme! Daran, dass die Ware in seine Läden gekommen war, sei an sich nichts auszusetzen – schließlich sei es kein Geheimnis, dass das Kaiserreich den Handel fördere und es niemals zulassen werde, dass dessen Wege versperrt würden, denn der Handel sei für den Staat, was der Blutkreislauf für den Körper ist! Dann sagte er mit noch kräftigerer Stimme, dass Salih-Beg für sein händlerisches Geschick jede Anerkennung verdiene, mehr noch sogar, und dass die Obrigkeit solches zu belohnen wisse – wem sie will und wann sie will! Doch der Wali vermute aber ebenso, dass der aufrichtige Salih-Beg Kaukčija ganz genau wisse, wer die Händler aus Zvornik und Gornja Tuzla waren.

Er erinnerte ihn daran, dass die Zeiten nach der Schlacht von Lepanto schwierig seien, und dass selbst nach so vielen Jahren keine Ruhe einkehre.

›Das Kaiserreich schafft es nicht, sich aufzuraffen, die Kämpfe und Schlachten dauern immer noch an und unsere Feinde wissen das. Unruhe herrscht in den bosnischen Städten und Dörfern. Läden, ja sogar ganze Besistane gehen über Nacht unter. Und als sei all das nicht genug, tauchen überall verkehrte Händler und Strömungen auf, die alle möglichen Waren in Umlauf bringen, ohne nach deren Ursprung und Zweck zu fragen. Selbst mit dem Glauben wird Handel betrieben. Ungebildete, unaufgeklärte, ungehobelte und grobe Menschen maßen sich an, den Glauben nach eigenem Bemessen auszulegen.

Händler können niemals voneinander getrennt sein, und selbst während sie wetteifern, ist es doch immer derselbe Schauplatz, auf dem sie um den eigenen Vorteil rangend kaufen und verkaufen, ihre Siege feiern und Niederlagen erleiden. Leider ist es dem Vorgehen böswilliger Händler zu verschulden, dass wir oft nicht mehr zu unterscheiden wissen, was Glaube und was Handel ist. Aus deren Worten wissen wir nicht Schlüsse zu ziehen, was welchem Zweck dient – ob der Handel nun um des Glaubens willen ist, oder der Glaube um des Handels willen! Und sollen überhaupt der Glaube und der Handel dem Kaiserreich als Hilfe und feste Stütze dienen? – nicht einmal das wissen wir mehr!‹

Der Wali sprach in strengem Ton. Ich hörte Salih-Beg husten. Anfangs hatte er kein einziges Wort gesagt. Erneut lobte der Wali dessen Rechtschaffenheit – zwei Tekken seien beinahe fertig erbaut, es sei ein großer Beitrag für die Stadt, Ordnung würde zwischen den Naqschbandis und Mevlevis einkehren (und an einem Ort versammelt, könne sie die Obrigkeit besser beaufsichtigen) – doch er müsse ihn als Freund, und aus keinem anderen Grund, als um derer Freundschaft willen, die sie eng und unzertrennlich verbinde, darauf hinweisen, dass Geschäfte und der Handel mit Leuten aus Zvornik und Gornja Tuzla niemandem, und vor allem ihm nicht, zur Ehre verhelfen würden! Er bezweifle es, dass er, der erfahrene Händler Salih-Beg Kaukčija, nicht gewusst haben soll, wer die besagten Händler waren.

›Heutzutage weiß man über Menschen alles! Man weiß, wer sie sind und wem sie angehören! Die Zeiten stehen so, dass durch unsere schweren Niederlagen auf dem Kampffeld alles und jeder unfehlbar enttarnt wurde. Alle Taten – die guten, die schlechten, und die, die dazwischen liegen – stehen jetzt öffentlich zur Schau! Und obwohl das Gute und das Schlechte oft Hand in Hand gehen, ist es für Menschen von Verstand ein Leichtes, den Unterschied zwischen dem Schlechten und dem Guten zu erkennen, vor allem in den Taten von rechtschaffenen Leuten. Wenn die Schlechtes tun, fällt es sofort auf, weil man es bei ihnen nur selten oder nie antrifft, und deshalb lässt es sich bei ihnen auch leichter beseitigen! Wäre Salih-Beg nur ein- oder zweimal den Handel mit den Leuten aus Zvornik und Gornja Tuzla eingegangen, wäre es nicht weiter schlimm gewesen und man hätte über seine Unachtsamkeit hinwegsehen können‹, sagte der Wali, ›schließlich ist diese Welt ja, um Gottes Willen, nicht das Jenseits, wo man Menschen für jedes Vergehen gleich bestraft! Doch es ist das siebte Mal, dass Wolle und Baumwolle zu unzulässig niedrigem Preis den Weg in Salih-Begs große und saubere Läden gefunden haben. Das Geld, das die Händler aus Zvornik und Gornja Tuzla daran verdienen, wird sofort an hamzawitische Übeltäter weitergegeben, sodass auf diese Weise der Handel dazu missbraucht wird, die Fundamente des Kaiserreiches zu untergraben. Doch selbst wenn dadurch nur das Reich bedroht wäre, käme die Obrigkeit damit zurecht – schließlich ist nichts von Dauer, schon früher gab es Kaiserreiche, die kamen und gingen – doch viel schlimmer ist es, dass die Hamzawiten den Glauben bedrohten, und unser Reich besteht ja um des Glaubens und nicht um seiner selbst Willen. Der ehrwürdige Kaukčija weiß dies, und der Obrigkeit ist bewusst, dass er es weiß.

Aus Zarigrad ist die Anweisung gekommen, diese Angelegenheit schleunigst zu klären, denn der Obrigkeit ist ebenso bewusst, dass Salih-Beg ebenfalls weiß (und niemals vergessen hat!), was sein Sohn Hilmija gewesen ist und wie er in Wahrheit damals in Damaskus gestorben war (und nicht ermordet wurde!). Dies ist aber von geringerer Wichtigkeit, aber man vermutet, dass der trauernde Vater auch weiß, dass der Sohn jahrelang hamzawitische Kaufleute in Zarigrad um sich versammelt hatte, dass er ihr Imam[93] und ketzerischer Anführer war und dass sie sich kreuz und quer durch Rumelien und Anatolien herumgetrieben und Orgien gefeiert hatten. Deshalb ist es für den untröstlichen Vater vielleicht auch besser, dass sein Sohn auf diese Weise verendete – obwohl es ein schändlicher Tod war und es besser ist, nicht zu erwähnen, wie es dazu kam! – als dass man ihn nach Tahtakale gebracht und dort öffentlich als einen Ketzer und Aufwiegler hingerichtet hätte, so wie man es mit manch anderen Aufwieglern gemacht hatte, zur Schande ihrer Familien und zur Schande ganz Bosniens.‹«

Ich hörte den Worten Zejnil Glamočaks zu. Die unglaubliche Geschichte war vollkommen und schrecklich zugleich, als Ganzes und in all ihren Teilen. Er hatte sie sich nicht ausgedacht, keinesfalls, denn Salih-Beg hätte aufgemuckt, einen Schrei von sich gelassen, oder sogar den Wali und seinen Halbbruder Haso angegriffen!

Mustafa dem Künstler war schlecht geworden. Er stand auf und ging unter die Pappel im Garten der Medresse um sich zu übergeben.

Zejnil goss Preiselbeertee nach und fuhr fort:

»Dann sagte der Wali zu Salih-Beg, er habe ihm eine Lösung und einen Ausweg anzubieten. Es sei nicht das erste Mal, dass er auf diese Weise angesehenen Leuten und Freunden aus der Klemme helfe. So sei es überall gewesen, wo er im Dienst war, und er habe vor Sarajevo in sieben anderen großen Städten seinen Dienst geleistet, stets zu Ehren des Kaiserreiches, des Glaubens und des allmächtigen Gottes. Überall wo er war, sei sein Handeln stets von selten gesehener Aufrichtigkeit geprägt gewesen, und sein Selbsttadel habe ihn zur Wertanlage des Kaiserreiches gemacht. Er vermute auch, dass Salih-Beg genau wisse, wie sehr ihm der Wali auch zuvor uneigennützig geholfen habe; und die Ergebnisse seiner Selbstlosigkeit seien offensichtlich: Zwei Tekken seien erbaut, der tote Sohn sei aus Damaskus heimgebracht worden, das grüne Turbe stünde und keiner wisse, dass darunter ein hamzawitischer Ketzer-Imam liegt! Außerdem würde man an jedem ersten Montag im Monat in allen Tekken Sarajevos Koranverse für Hilmijas Seele beten (denn wenn der Wille da sei, sei es sogar möglich, den vom Weg abgekommenen sogar nach ihrem Tod zu helfen!). All dies wisse Salih-Beg ganz genau und auch, dass es all das nicht gäbe, wäre nicht vor allem der gute Wille der Obrigkeit, aber nicht zuletzt auch der des Walis und seiner Amtskanzlei gewesen.

Und dann hörte ich einen gewaltigen Seufzer der breiten Brust Salih-Begs entweichen:

›Was brauchst du, Wali?‹

Das war seine Frage. Eine einzige.

Der Wali sagte, es wäre gut, wenn Salih-Beg sein großes Haus den Naqschbandis schenken würde, unverzüglich, für die ehrenwerten Naqschbandi-Scheichs und deren Gäste aus aller Welt, zu Ehren seine Sohnes, des Märtyrers Hilmija.

Und zweitens wäre es gut gewesen, sagte der Wali, wenn sein Halbbruder Haso sich eine Zeit lang um Kaukčijas Läden kümmern würde. Somit würde man die Zweifel um die Herkunft der Wolle und der Baumwolle aus dem Weg schaffen – nicht deren Zweifel, sondern die des einfachen Volkes. Er wisse ja selbst, wie die einfachen Menschen seien. Es fehle ihnen an allem und in diesem Zustand würden sie alle möglichen Geschichten erfinden. Man wisse nie, wann sie jemanden verleumden oder etwas anzweifeln würden.«

Ich konnte es nicht länger aushalten. Ich fiel Zejnil dem Pförtner ins Wort:

»Mein guter Zejnil, ich kenne den Ausgang der Geschichte! Sie hatten den damaligen Kadi rufen lassen, er solle noch am selben Abend zu ihnen kommen! Stimmt's?«

»Nein! Der Kadi kam gleich. Lejla hatte ihn geholt. Kaukčija hatte ihr vom Fenster zwanzig Dukaten für den Kadi zugeworfen, damit er sich beeile! Als dieser eintraf und alles niedergeschrieben und unterzeichnet war, kam Hadschi-Rizvan und küsste den alten Kaukčija dreimal. Der Wali wies ihn an, Salih-Begs großzügige Seele und seine gebende Hand zu schätzen, und wenn dieser sterbe, solle ihm ein Grab an der Seite seines Sohnes Hilmija gesichert sein – so sei es gerecht und richtig!«

An diesem Nachmittag versuchte ich Lejla zu trösten. Ich sagte ihr, sie solle sich keine Sorgen machen. Unsere Liebe sei das, was zähle. In Sarajevo habe ich immer noch mein Medressenzimmer und in Mostar das etwas verkommene Haus und den kleinen Garten. Ich sagte, wir müssen so schnell wie möglich aus dem Haus, das uns nicht mehr gehöre, ausziehen. Was einem nicht gehöre, sei verflucht und teuflisch, pflegte Scheich Semnani zu sagen.

»Warum hat mir Vater nichts davon gesagt?«

»Er war überzeugt davon, dass du mit mir und deinen zwei Läden zurechtkommen würdest. Und so wird es auch sein!«

Ich ging wieder in die Stadt. An den Menschen konnte ich keine seltsamen Blicke erkennen, was darauf schließen ließ, dass sich noch nichts herumgesprochen hatte. Es war auch gut so. Es war gut, wenn niemand herumerzählte, dass mein Schwiegervater selbst nach seinem Tod großzügig zu den Derwischen war und die Tekken, in denen man das subtile, innere Wissen unseres Glaubens vermittelte, freigiebig beschenkte.

Ich suchte nach Hasan dem Philosophen. Unser Gespräch in der Medresse kam mir in den Sinn, jenes, in dem ich ihm erwähnte, dass ich – wie es Bula Puhalovka scherzhaft ausgedrückt hatte – von Lejla geheiratet werden würde.

Ich kann mich noch gut erinnern, als sei es erst heute gewesen, wie er auf meine Worte hin verstummte. Er stand auf und während er sich die Stirn und die Augenbrauen rieb, schaute er auf das verdreckte Vorjahreslaub, das immer noch den Boden zwischen dem Hanikah und der Medresse bedeckte. Dann fing er an, lange über Hamzawiten zu sprechen. Er erwähnte auch Gornja Tuzla.

O Gott! Wollte er mir damit etwa mitteilen, dass Lejlas Bruder ein Hamzawite war? Und wenn schon! Selbst wenn Hilmija ein Hamzawite war, Lejla ist es jedenfalls nicht! Sie weiß nichts von all dem, weder vom richtigen noch vom falschen Tasawwuf. Sie betet und fastet nur so viel, wie es von Gott verordnet wurde. Mehr interessiert sie nicht. Und selbst wenn sie eine Hamzawitin sein sollte – ich werde nicht zulassen, dass ihr irgendjemand etwas antut! Ich werde aus dem Haus, das mir nicht gehört, ausziehen, aber Lejla wird mir keiner anrühren! Und dem Halbbruder des Walis, Haso, werde ich es früher oder später schon irgendwie heimzahlen – wenn's sein muss mit Hilfe von bösen Amuletten von Bula Puhalovka!

Ich traf Hasan bei den Gebäuden der Gazi-Husrev-Beg-Stiftung. Er sagte, er habe alles erfahren, und er würde am liebsten auf alles spucken, aber was nütze es!

»Wir stehen einer großen Schande gegenüber, wie sie größer nicht hätte sein können! Darüber darf nicht einmal gesprochen werden; wegen des Vaters und des Sohnes nicht, wegen des Vaters und der Töchter, wegen des Bruders und der Schwestern und auch wegen euch beiden Schwiegersöhnen nicht – der eine ein Gelehrter und der andere ein Künstler, beide angesehen in der Stadt! Die Beziehungen sind zahlreich, umso mehr bedarf es äußerster Umsicht. Die Stadt hat tausend Augen und tausend Ohren! Jetzt wird mir auch klar, weshalb Salih-Beg von dir und mir verlangt hatte, den Mufti um Erlaubnis für den Bau der zwei Tekken zu bitten – weil der Wali ihn dazu überredet hatte, denn wenn wir uns zuerst für den Bau stark machen, können wir später niemals dagegen sein! Das ist der eine Grund. Die zweite Sache ist die, dass sie dir, indem sie dir das Haus wegnehmen, damit noch eine andere Botschaft mitteilen wollen. Dir, Mustafa, mir und auch jedem sonst wird damit verkündet: Die Scheichs sind uns wichtiger als der Humo aus der Medresse, dessen Schwager der tote Hamzawit Hilmija ist! Furchtbar!«

Hasan sprach aus Verzweiflung, aber dennoch voller Entschlossenheit, als würde er eine Predigt halten, deren einziger Zuhörer ich war. Er sagte, er sei gerade in Mustafas Laden gewesen, wo Safija aus Scham immer noch weinte. Er frage sich, wo Muderis Humo und seine Lejla jetzt wohl hinziehen würden, habe er zu Mustafa gesagt, und er soll geantwortet haben:

»Der Sommer kommt bald. Sollen sie doch ein bisschen nach Mostar gehen, dann können sie in unser Sommerhaus auf der Bjelašnica kommen, oder in unser Haus in Hrid.«

Hasan der Philosoph führte mich ganz nah an die Mauer (wieder würde ich etwas Furchtbares hören, etwas Schändliches und Widerwärtiges!).

»Aber auch die Derwische sind nicht gehorsam, ganz gleich wie sehr man sie bestechen mag!«, sagte er. »In den kommenden Monaten werden fürchterliche Dinge zwischen der Obrigkeit und den Derwischen passieren. In Zarigrad wurde das leere Grab des Scheichs Hamza Orlović aufgebrochen. Nur du und ich wissen, dass es leer war, seit jener Nacht als wir den Leichnam Hamza Orlovićs von Deveoğlu und Tahtakale mit Hilfe der Wachleute des Heeresrichters runter zum alten Friedhof brachten, weißt du noch? Unsere Absichten waren rein. Wir wollten nicht, dass bosnische Derwische ein Grab mit verwesten Knochen anbeteten. Der Islam verbietet die Verherrlichung von Menschen, vor allem von Toten.

Nun denn, vor einem Monat wurde bekannt, dass eine hamzawitische Gruppe aus Konjević Polje das leere Grab ausgehoben hatte, und nachdem sie darin nichts gefunden hatten, füllten sie einen Sack voll mit Erde aus dem Grab. Später, auf ihrem Rückweg nach Zvornik, öffneten sie irgendein altes bogumilisches Grab, nahmen die Gebeine eines Unbekannten mit und brachten alles zusammen nach Gornja Tuzla. Dort organisierte man einen geheimen Empfang und es wurde Geld für den Bau eines Turbes eingesammelt. Sie sind überzeugt davon, das alles was sie tun und woran sie glauben im Namen des wahren Glaubens ist. Sieben neue Derwischorden an der Zahl – von den Hamzawiten bis hin zu den Hunduris und Maznewis – glauben daran, dass die Gebeine und die Erde, die gebracht wurden, von Scheich Hamza Orlović stammen.

Was ist jetzt zu tun?«, fragte Hasan, während sein Blick auf den zerrupften Nebelfeldern über Trebević haftete. »All das jemandem zu erklären zu versuchen wäre zwecklos! Einen Kampf anzufangen – dafür sind wir sind zu wenige, uns fehlen die Leute! Aufzugeben wäre aber eine Schande! Vor der Dummheit einen Rückzieher zu machen, wäre kein kluger Ausweg!«

»War das die schreckliche Nachricht, von der du gesprochen hast?«

»Nein, leider nicht!«

»Dann erzähl', Hasan! Ich habe heute mein Haus und meinen Garten verloren. Schlimmer kann es nicht werden!«

»Doch, kann es, und es ist dir bereits passiert, in jener Nacht in der Tekke.«

Hasan behauptete, dass der Derwisch, der mich mit Hundekot beworfen hatte, ein Bergili war. Er stamme aus dem Dorf Hrvatina. Dort lebe er auch heute noch.

»Er ist jung und noch grün hinter den Ohren. Man hatte ihn dazu überredet. Scheich Zelkanović wusste von nichts, aber am Tag vor deinem Vortrag rühmte er sich in der Stadt, was für ein großer Kenner des Sufismus er sei, und wie nur er in der Lage sei, die angesehenen Gelehrten aus der Gazi-Husrev-Beg-Medresse in die Tekke zu holen, und wenn er wolle, würde er sogar Hasan den Philosophen bringen können.

Du musst wissen, dass man den zu Brei verrührten Dreck nicht auf dich geworfen hatte, weil man deinen Vortrag nicht mochte, sondern weil viele Bescheid wussten, dass Lejlas Bruder in Wahrheit ein hamzawitischer Anführer war. Man spricht aber in der Stadt noch nicht darüber. Ich muss zugeben, dass der Grund, weshalb man dich mit Kot beworfen hat, jetzt keine Rolle mehr spielt – es hätte gleichermaßen auf deinem Umhang gestunken, ob man dich nun aus diesem oder jenem Grund beschmutzt hätte!«

»Soll das bedeuten, dass man über mich und Lejlas toten Bruder eine Verbindung zwischen den Hamzawiten und der Gazi-Husrev-Beg-Medresse beweisen will?«

»Noch nicht! Aber man will, dass ich und du zu diesem Schluss kommen! Und sie wissen das ganz genau! So will es der Wali, der Mufti, der Kadi – alle! Sie halten uns in Schach! Währenddessen halten sich die Kaufleute raus aus der ganzen Sache. Sie bleiben bei ihren eigenen Angelegenheiten. Es hat ihnen genug geschadet, dass jemand den Krieger Naskan Čolo bezahlt hatte, die Händler Serhatlić und Murtlak anzugreifen. Die Krieger sind eine harte Nuss. Der Wali hat Angst vor ihnen. Sie haben ihre Waffen niemals zurückgegeben und viele von ihnen sind in allen möglichen Derwisch-Brüderschaften. Jemand scheint ganz genau zu wissen, dass man sie mit Dukaten schnell und unverzüglich in Bewegung versetzen kann!

Die Händler sind der Meinung, dass der einzige Ausweg darin bestünde, dass man Glaubensangelegenheiten vom Handel und vom Marktplatz trenne. Das, was mit dem Glauben und dem Islam zu tun hat, solle sauber bleiben, und alles andere, selbst wenn es verunreinigt werden sollte, könne man mit Almosen und anderen Gaben leicht wieder reinwaschen!

Es gibt sogar auch solche, die sagen, dass es richtig wäre, die Angelegenheiten der Derwische und den Handel voneinander zu trennen. Doch wie soll das gehen? Wir sind nicht viele hier in Bosnien. Man kann hier nicht auf der einen Seite nur Kaufmann sein und auf der anderen nur ein Moslem, und auf der dritten wiederum nur ein Mevlevi.«

Hasan redete verbittert. Zweimal flüchtete sein Blick zum Trebević, der immer noch im Nebel lag.

Wenn Kummer dich heimsucht, bekämpfe ihn mit Erinnerungen!

So lautete der Rat von Scheich Semnani. Lang ist es her, seitdem ich ihn in Zarigrad vor der Sultan-Beyazit-Moschee gehört hatte.

Und es hat mich nun Kummer heimgesucht, aber nicht nur mich, auch Lejla, Safija, Mustafa den Künstler, den Philosophen Hasan – uns alle! Ich werde mit Erinnerungen dagegen ankämpfen.

Ich kann mich erinnern, wie schön Florenz ist, sogar wenn es in Strömen regnet. Ich erinnere mich, dort habe ich folgende Seiten niedergeschrieben:

Noch seit gestern Nacht liegt das schöne Florenz unter einem tiefen Wolkenschleier. Durch die in Tropfen gehüllte Stille ziehen sich Strähnen lauwarmen Regens und steigen über Myriaden unsichtbarer Himmelsstufen auf die Straßen und Gärten hinab, in zärtlichen Umarmungen die Häuser der Stadt streichelnd, mit Berührungen, die ich mir geschmeidig vorstelle, ähnlich den Liebkosungen seidener Hemden aus Isfahan, wenn sie sich an die Körper junger Frauen schmiegen. Mit dem ersten Schimmern des anbrechenden Tages löst den segensreichen, milden Regen ein Schauer ab, den zuvor ein vom Meer kommender Wind mit einem einzigen Blitz und einem kurzen, weit entfernten, grollenden Donner angekündigt hatte.

Heute befinde ich mich in der Bibliothek der Familie Medici, wo ich die junge Lucia Levantini treffen werde, eine gelernte Bibliothekarin und Ordensschwester des Benediktinerordens. Gute Hoffnungen spornen mich an, ihr im Gespräch zu begegnen und mich mit ihr in arabische Handschriften zu vertiefen.

Es wird langsam Zeit, dass sie mir eine Handschrift über den Waffenstillstand zwischen Christen und Muslimen findet, irgendeine Arbeit über den Weg und die Regeln, wie Waffenruhe zu erlangen ist und wie man sie andauern lässt. Tagelang habe ich nach Werken geforscht, die vom Abflauen kriegerischer Wucht und des Zorns funkenspeiender Waffen handeln. Mir war es ganz egal, aus welcher Zeit sie waren, es konnten auch unbekannte Autoren sein, nur um den Waffenstillstand sollte es gehen.

Es waren bereits zwei Monate vergangen, seitdem ich Lucia Levantini um die Handschrift gebeten hatte. Sie hat genug Zeit gehabt, in ihrer oder in einer anderen, benachbarten Bibliothek, von welchen es im schönen Florenz etliche gab, nachzuschauen.

Doch an diesem verregneten Morgen erschien die Bibliothekarin Lucia nicht. Sie war nicht da mit ihrem schwarzen Kopftuch, ähnlich dem der Jungfrau Maria, wie sie in den Fresken orthodoxer Kirchen der Levante dargestellt ist. Die Studenten im Lesesaal wurden an diesem Morgen nicht vom Blick Lucias grüner Augen empfangen. Scheich Semnani hatte einmal gesagt, dass Frauen mit schönen Augen auch schönes Haar haben. Bei ihnen sei die eine Schönheit Vorbote der anderen. Während man flüchtig in die eine schaut, stellt man sich die andere vor (aber nur kurz, um keine Sünde zu begehen), dann stößt man einen Seufzer aus und senkt den Blick, weil es sich für tugendhafte Männer so geziemt.

Ich bin mir sicher, dass Lucia Levantini irgendwo in der Nähe sein muss. Vielleicht war sie kurz weg, um nachzusehen, ob das Dach den frühmorgendlichen Platzregen heil überstanden hat, oder in der Kammer, in der die seltenen Handschriften aufbewahrt werden und die sie immer alleine betrat, vielleicht wollte sie nach den Namen der Studenten, die Bücher bestellt hatten, schauen oder auf dem nahe gelegenen Marktplatz leere Blätter von jüdischen Händlern kaufen ...

Hier in der Bibliothek, an dem Ort, wo ich ihr in all meinen Florentiner Jahren von 1580 bis 1585 immer wieder begegnete, fielen mir jetzt zum ersten Mal Dinge um mich herum auf. Inmitten von verschwommener Langeweile, die zwischen den Büchern hervorlugte und sich wie wehmütige Leere anfühlte, rückten sie allmählich in den Vordergrund meiner Wahrnehmung und quollen in meine Realität hinein. Ich sah die noch schläfrigen Studenten, die mit Handschriften gefüllten Regale, die aufgeschlagenen, in Leder eingebundenen Hefte auf den Lesetischen, den gelb gewachsten Dielenboden aus toskanischem Eichenholz ...

Dennoch lagen auf meinem Tisch drei Manuskripte, von Lucia Levantinis geschmeidigen Händen eigens für mich hinterlegt. Es schien, als sei der Staub von dem olivgrauen Ledereinband erst gestern Abend, vielleicht sogar heute Morgen weggewischt worden. Ich wusste es, weil ich bisher tausende an Manuskripten in den Händen gehalten hatte, die mir allesamt ihre Seele geöffnet und offenbart haben. Ledereinbände, von denen man den Staub von zwei Jahren wegwischt, entfalten einen besonderen Duft, einen, der seltene Zeiten wachruft, auf denen die verschwommene

Wehmut nach all den Blicken lastet, denen sich die Seiten über die Jahre preisgegeben hatten.

Ich fand es bedauerlich, dass keine der drei Schriften von christlich-islamischem Frieden handelte. Nachdem ich die ersten Seiten gelesen hatte, stellte ich fest, dass es sich nicht um drei verschiedene Manuskripte handelte, sondern um drei Abschriften ein und desselben Werkes; der Autor war der gleiche, aber die Schreiber, die es niederschrieben, drei unterschiedliche. Nur einer von ihnen war wirklich schriftkundig und in arabischer Grammatik bewandert. Ungebildetheit lässt sich leicht ausmachen – für den Verstand ist das Lesen eines Textes mit grammatikalischen Fehlern wie ein barfüßiger Lauf über Dornen.

Ich vermute, dass zumindest eine der drei Abschriften in Kairo, und mit ziemlicher Sicherheit in der Zeit vor 1320 nach Christus entstanden sein musste, geschrieben wahrscheinlich von Schreibern aus der Zunft von Scheich Izudin Misri, eines namhaften Kalligrafen und Lehrers, der im Jahr 1320 gestorben war und dessen Zunft sich kurz nach seinem Tod, nicht einmal einen Monat später, aufgelöst hatte.

Weshalb mir die Bibliothekarin Lucia gerade dieses Werk in dreifacher Abschrift gebracht hatte, war mir nicht klar. Vor langer Zeit aber hatte mir in Zarigrad der Kalligraf Trabzuni erzählt, dass man die Schriften des Kairoer Scheichs Izudin Misri nicht nur anhand der besonderen olivgrauen Tinte erkennen könne, zu deren Herstellung man neben anderen Bestandteilen auch kleine Mengen übrig gebliebener Asche aus pharaonischen Öfen beimengte, sondern auch an dem Einband aus Kalbsleder, welches mit geschmolzenem Gämsenfett gegerbt wurde, dem man zuvor die nötige Menge Moschusöl zumischte. Es war und blieb ein Geheimnis, in welchem Verhältnis welche Zutaten in den großen Gerberkesseln vermengt wurden, doch die auf diese Weise gegerbte Kalbshaut behielt Geschmeidigkeit, Glanz und Zweckmäßigkeit für mindestens sieben Jahrhunderte, vorausgesetzt, dass den Bibliotheken, bis zu welchen die Bücher Scheich Izudins gelangten, das Glück zuteil wurde, von Bränden, Kriegen, Erdbeben, Bücherwurmbefall und Überschwemmungen verschont zu bleiben.

Die Boshaftigkeit von Neidern war der Grund, weshalb in der Zunft des ägyptischen Scheichs Izudin die Manuskripte in derart bearbeitetes Leder gebunden wurden, weshalb man sie mit olivgrauer Tinte schrieb und weshalb man ihre Ecken in fünfzig Jahre altes Moschusöl eintauchte.

Einmal, vor langer Zeit, hatten verachtenswerte Neider der Zunft Izudin Misris ihm in seinem Laden in Kairo eine Handschrift über die Aussprüche der islamischen Mystikerin Rabi'a al-Adawiyya untergeschoben (so wie der Kuckuck sein Ei in ein fremdes Nest ablegt).

Rabi'as weise Aussprüche aus dieser Sammlung behandelten ehrfürchtig ausschließlich die frommen Handlungen von Frauen. Männer blieben darin völlig außen vor, gänzlich dem Vergessen überlassen.

Die schamlosen Frevler überredeten die Schüler Gazanfers, des rechtgläubigen und in eine Million Überlieferungen eingeweihten, blinden ägyptischen Muftis, in den Laden Scheich Izudins einzubrechen, um diese schrecklich schändliche Herabwürdigung der Männer aufzudecken und auszurotten.

Die Absicht wurde unverzüglich in die Tat umgesetzt! Alle sieben Kairoer Läden Scheich Izudins wurden bis auf die Grundmauern zerstört.

Doch der Scheich erneuerte seine Zunft, und um sie vor Fälschungen zu schützen, führte er seine geheime Erfindung der olivgrauen Tinte und des in Gämsenfett gegerbten Leders ein (die Gämsen dafür jagten für ihn asketische Sufis auf den Berghängen des Sinai-Gebirges). Scheich Izudin fasste den Entschluss, dieses Geheimnis niemals jemandem anzuvertrauen.

Fortan führten seine Läden ausschließlich Handschriften, die mit seiner olivgrauen Tinte geschrieben waren.

Das dreifach abgeschriebene Manuskript auf meinem Tisch sprach gleich zu Beginn von Schwertern aus Damaskus und vom Missbrauch und der Fehlinterpretation des Ausspruchs Jesu: »Ich bin nicht gekommen, Frieden zu bringen, sondern das Schwert!«

Der unbekannte Autor behauptete, dass Kreuzritter – zwar nicht alle, aber manche – den Ausspruch auf die Klingen ihrer Schwerter schmiedeten, bisweilen in wunderschöner lateinischer Kalligrafie. Er vergoss Tränen über die Vergewaltigung eines solch wunderbaren Gedankens, mit dem Jesus die Menschheit auffordern wollte, das Schwert im gleißenden Sonnenlicht gegen die der menschlichen Brust innewohnenden Begierden zu erheben, die ihre heimtückische Saat in der Seele des Menschen verankern.

Die Hand, die das geschrieben hatte, war wahrscheinlich eine muslimische. Möglicherweise hatte die Person in Jerusalem während der Belagerung der heiligen Stadt und deren Einnahme durch die Kreuzritter im Jahr 1099 gelebt. Aber ebenso kann es ein Jude oder auch ein christlicher Mystiker und Hesychast gewesen sein, dem es im Sturm des Krieges nicht möglich war, zu seiner Tempelzelle in der schroffen Einöde des Sinai heimzukehren.

Auf der sechsten Seite war ein einschneidiges Schwert abgebildet, mit Angaben zu Länge, Breite und Gewicht, sowie einer Beschreibung des goldenen Griffes und insbesondere der Edelsteinarten, die in der Schwertscheide eingearbeitet waren.

Der Autor wandte sich auf der siebten Seite erneut Jesus und der Frage nach dem Glauben und seinem Missbrauch zu. Seine Gedanken gingen in ein langes Klagen über:

»Nur Gott allein missbraucht und verkehrt den Glauben nicht! Der Mensch aber tut es. Leider. In allen Zeiten und innerhalb aller Konfessionen tut er es. Irgendwann muss er dann in seinem Kummer angsterfüllt feststellen – eine ähnliche Furcht lässt ihn wohl auch seinen eigenen Namen verschweigen – dass an den alleinigen Gott nur Gott selbst auf gebührende Weise glauben kann! Die Menschheit kann es nicht, und wenn doch, dann nur für kurze Zeit. Die Tatsache, dass Gott den Menschen den Glauben an Gott offenbart, ist ein Zeichen Seiner Güte, aber auch eines großen, heiligen und für unseren Verstand unerreichbaren göttlichen Wagnisses mit dem Menschen! Denn der Mensch bleibt immer der heimtückische Mensch und, da er niemals Gott werden kann, kann er an Gott auch nicht glauben, wie es Gott tut! Sein Glaube an Ihn ist der eines sterblichen, zerbrechlichen Menschen!«

Der Meinung des gelehrten Autors dieser Handschrift nach, haben die Kreuzritter den Ausspruch Jesu »Ich bin nicht gekommen, Frieden zu bringen, sondern das Schwert!« zweifach missbraucht. Zum einen, weil sie die Worte wörtlich nahmen (Krieger interpretieren immer nur wörtlich!), und zweitens, weil sie damit ihre abscheulichen Gräueltaten rechtfertigten, die sie in der Levante und in Jerusalem begangen haben.

Als ich glaubte, am Ende angekommen zu sein, merkte ich, dass der Text weiterging, aber seinen Anfang musste man auf der gegenüberliegenden Seite des Buches suchen. Ich drehte es um und erblickte eine zweite Abhandlung, die als Gegenstück zur ersten geschrieben war, als ihr Spiegel gewissermaßen. Sie wurde vom frommen islamischen Prolog eingeleitet: »Im Namen Gottes, des Erbarmers, des Barmherzigen!«

Gleich darauf hatte der selbe Autor, im selben Stil den Ausspruch des Propheten Mohammed angeführt: »Ich wurde vor der Stunde mit dem Schwert entsandt!«

Der unbekannte Autor entpuppte sich nun als ein Derwisch des Qadiri-Ordens (oder er versuchte bewusst als einer zu wirken). Er sprach zunächst davon, dass ein Schwert keins sei, wenn sein Träger den Baum des Grolls in seinem Herzen nicht gefällt, die Ranken des Hasses in seiner Seele nicht ausgerodet und die faule Frucht der Bosheit aus seiner Brust nicht verbannt habe. Die Hand, die nicht bis auf die letzte Wurzel den Zorn aus ihrer Seele herausgerissen hat, habe kein Anrecht darauf, weder ein Schwert zu halten, noch Schreibfeder, Tinte, oder weiße Blätter!

Nur jene Schwertkrieger können Gräuel verüben, sagte er, deren Befehlshaber niemals die geistigen Schwerter entdeckt haben, jene mit zwei Schneiden – einer, mit der man die Laster der Seele niedersäbelt, und der zweiten, für die im Blute wallende Begierde.

Nach jedem Abschnitt wiederholte der Verfasser:

»Meine Brüder! Verflucht sind das Schwert und die Hand, die aus Hass, Zorn oder der Freude und des Spieles wegen töten!«

Die Schritte Lucia Levantinis unterbrachen mich beim Lesen der Abhandlung vom Schwert und dem Krieg. Sie kam an meinen Tisch, setzte sich auf meinen Stuhl und sagte auf Arabisch:

»Alessandro! Es gibt nicht eine einzige, weder arabische, noch lateinische Handschrift, die vom Frieden zwischen Christen und Muslimen handelt. Zumindest in unserer Bibliothek nicht. Ich habe alles durchsucht, auch beim Franziskaner Johannes Ignatius habe ich nachgefragt. Nichts! Das Manuskript, dass ich dir gefunden habe, ist eine naive Abhandlung über den Krieg, die von einer naiven Person stammt. Ich glaube, einer eurer muslimischen Mystiker hat sie geschrieben, der entweder nichts vom Krieg oder nichts vom Frieden versteht! Oder nichts vom Menschen!«

»Dennoch, seine Gedanken über das Führen geistiger Schlachten sind beeindruckend!«

»Geistige Schlachten sind nur gut, wenn sie uns auch nur auf geistigen Kriegsschauplätzen belassen!«

Lucia Levantini mochte Kriege nicht, auch nicht Geschichten über Kriege. Als zehnjähriges Mädchen hatte sie bereits die Schlacht von Lepanto im Jahr 1571 in Erinnerung behalten. Ihr Vater war in der Schlacht gefallen und er ertrank in denselben blutgetränkten Wellen, von denen auch tausende unserer muslimischen Soldaten verschlungen wurden.

Als ihre Mutter kurz darauf wieder heiratete, wurde Lucia zusammen mit anderen elterlosen Mädchen von Ordensschwestern des Benediktinerordens in ihr Kloster aufgenommen. Sie wuchs in Obhut von Schwester Naila auf, einer Araberin und libanesischen Katholikin. Von ihr lernte sie Arabisch und Aramäisch. Freundinnen gaben Lucia den Nachnamen Levantini, nachdem sie eines Abends Gedichtsverse auf Aramäisch vorgetragen hatte.

Sie fand Gefallen an der arabischen Sprache – sie sagte, sie sei symmetrisch – aber auch deswegen gefiel sie ihr, weil das Arabische reich an Kehlkopflauten ist, die in den Tiefen des Brustkorbs erzeugt werden, vielleicht sogar im Herzen selbst, oder zumindest knapp darüber.

Das Innere der Lunge lässt sich am besten mit arabischen Kehlkopflauten streicheln!

»Alessandro, hast du bisher als Soldat im Krieg deinem Kaiser gedient?«, fragte Lucia.

»Bisher noch nicht, wenn ich die kurze Teilnahme an der Schlägerei vor den Medressen Sultan Mehmed Fatihs nicht dazurechne. Aber ich habe Bücher über grausame Kriege gelesen.«

»Und eure Soldaten, sterben sie auf den Schlachtfeldern mit Koranversen auf den Lippen?«

»Manche ja, und manche bleiben am Leben! Mein Freund Scheich-Ibrahim Zelkanović hat an der Schlacht von Lepanto teilgenommen. Er behauptet, der Koran habe ihm das Leben gerettet.«

»Wenn sich Muslime untereinander bekämpfen, hört man auch dann Koranverse auf beiden Seiten?«

»Oh ja! Dann tragen sie den Koran nicht nur auf ihren Lippen, sondern auch in ihren Herzen!«

»Also machen unsere Krieger mit der Bibel dasselbe, was eure mit dem Koran machen! Von den Bastionen rufen sie: ›Jesus! Jesus!‹«

Ich erzählte Lucia, wie Scheich Semnani uns einmal gesagt hatte, dass Gottes Bücher und Offenbarungen nicht herabgesandt wurden, um Kriege aus der Welt zu schaffen. Durch Seine Bücher entledigt Gott den Menschen nicht all seiner Übel. Nicht weil Er nicht kann, sondern weil Er es nicht will!

Wenn aus allen Körperhöhlen des Menschen jegliche Neigung zum Übel verbannt wäre, würde der Mensch aufhören, Mensch zu sein. Er würde zu einem Ungeheuer verkommen, ähnlich einem Bär, dem man alle Zähne herausgerissen und die Tatzen abgehackt hatte, oder einem Adler, dem der Schnabel abgeschnitten, die Flügel gestutzt und die Krallen verbrannt wurden.

Gott hat manche Arten von Übel dem Menschen lediglich erklärt. Andere wiederum hat er ihm überlassen, damit er sie sich selbst erklärt – wenn er es vermag. Wenn er aber nicht kann oder nicht will, dann liegt die Schuld einzig und allein bei ihm selbst!

Der Krieg ist ein solches Übel. Weder der Koran noch die Bibel sind dazu da, um den Krieg abzuschaffen, sondern um den Menschen zumindest ein wenig Trost zu spenden, wenn es zum Krieg kommt. Kriege werden von Religionen nicht ausgelöscht, aber ohne Religionen wären die Kriege weitaus verbitterter. Ohne sie blieben wir ohne die Blätter, von denen sich unsere Seelen mit Reue speisen. Wir hätten nichts oder nur wenig, um Tränen des Bedauerns in uns zu erwecken!

Lucia trat näher an mich heran, bis auf nur einen Schritt weit entfernt, und fragte:

»Hat dein Scheich Semnani denn auch erwähnt, dass gelehrsames Reden über den Krieg den Krieg nicht beendet? In der Schlacht von Lepanto kamen tausend Genovesen und fünfhundert Venezianer ums Leben! Auch mein Vater, der unter den Genovesen war!

Fernab von ihnen liegen jegliche Erklärungen von Kriegen, und jeglicher Sieg, ganz gleich ob muslimisch oder christlich!«

»Nein, Scheich Semnani war kein Befürworter von endgültigen Deutungen der Welt!«

Ich stehe unter dem Vordach vor dem Laden von Mustafa dem Künstler und schwelge in Erinnerungen an das schöne Florenz und die Gespräche mit Lucia Levantini, der Bibliothekarin in der Bücherei der Familie Medici.

»Alessandro, ich denke, dass es besser wäre, wenn du dich wieder der Astronomie widmen würdest«, riet sie mir. »Deshalb bist du schließlich nach Florenz gekommen. Voller Anmut sind all diese fernen Welten. Von uns aus gesehen wirken sie so still und vollkommen. Die Schönheit des nächtlichen Himmels vermag es, unserer Seele Gedichte zu entlocken. Selbst wenn es unter den entlegenen Gestirnen Kriege geben sollte, sind sie zu weit von uns entfernt, als dass sie uns belangen würden. Zu fern sind sie, dass wir sie hören könnten.«

Damals wollte ich nichts zu ihrer guten Hoffnung in den entlegenen Frieden ferner Welten sagen, doch ich hätte ihr vieles, was ich von dem Astronomen Vatimo über das Verglühen ganzer Galaxien gelernt hatte, sagen können, und darüber, dass gewaltige Teile des Himmels untergehen und zu Nichts werden. Ich wollte ihr auch nichts von der furchtbaren Lehre erzählen, der zufolge sich die Himmelskörper immer weiter von einander entfernen!

Auch in Sarajevo habe ich niemanden, dem ich etwas über ferne Gestirne erzählen könnte.

Den wahren Glauben wollen wir

Lejla und ich zogen aus dem Haus aus, das ihr Vater der Tekke gestiftet hatte. Es war an einem Sonntag im letzten Monat. Wir übergaben die Schlüssel an Hadschi-Rizvan, während Hadschi-Avdan Deronja und Haso, der Halbbruder des Walis, unseren Auszug als rechtmäßige Zeugen beaufsichtigten.

Am Tag darauf wurde das Protokoll ordnungsgemäß dem neuen Kadi übergeben.

Als wir gerade die Diwanhane verlassen wollten, sagte Lejla zu mir, dass ihr Vater gleich dort unten auf der rechten Seite immer fünfhundert Dukaten für Notfälle versteckt hielt.

Wir kehrten um, um unter dem Diwan nachzuschauen, doch es war nichts da!

»Seltsam«, sagte Lejla traurig, nachdem sie alles noch einmal durchsucht hatte, »ich kann nicht glauben, dass es weg ist!«

»Ich kann es auch nicht glauben«, antwortete ich.

»Aber keiner hatte die Diwanhane betreten. Den einzigen Schlüssel habe ich, und die Tür wurde nicht aufgebrochen!«, erklärte Lejla.

»Du musst dich getäuscht haben!«

»Nein, ich glaube nicht, dass ich mich getäuscht habe!«, wiederholte sie.

»Na gut, ich glaube es auch nicht, aber Zweifel wäre jetzt nicht angebracht. Es ist nie gut zu zweifeln und den Glauben zu verlieren, Lejla, besonders jetzt nicht, wo wir unser großes Haus verloren haben!«

So geschah es, und bald war alles vorbei. Ohne die Sache in die Länge zu ziehen, zogen wir aus. Wenn wir länger geblieben wären, hätte uns deswegen trotzdem niemand mehr bemitleidet, und solches zu erwarten, widerstrebte auch unseren Wesen. Unser verletzter Stolz sträubte sich dagegen, den Auszug hinauszuzögern, oder von jemandem Mitleid zu erhoffen! Manche Leute entdecken erst in der Niederlage ihren Stolz, sagte Scheich Semnani einmal.

Das Haus haben wir auch um des verstorbenen Wohltäters Willen verlassen – seine Seele sollte nicht wegen uns auf die Früchte ihrer Wohltat warten müssen. Und auch diejenigen sollten es nicht, die auf dieser Welt die Nutznießer seines gnädigen Schattens waren.

Es kam die Zeit, in der ich mich zu trösten suchte. Zeit hatte ich im Überfluss und auch Trost erfuhr ich zur Genüge. Trost ist wie ein Freund, der einen besuchen kommt: Er isst nichts, trinkt nichts, es ist leicht ihn willkommen zu heißen und leicht ihn zu verabschieden.

Glücklicherweise fand ich zahlreiche Gelegenheiten, um auf andere Gedanken zu kommen, und zum Glück ist die Welt voll von kleinen Dingen, die uns zu erfreuen vermögen.

Der alte Kaukčija war erpresst worden, was jetzt weniger von Belang ist, außer der Tatsache, dass es Leute aus dem Umfeld des Walis waren – allen voran Scheich Hadschi-Rizvan –, die ihn davon überzeugten, dass das Diesseits vergänglich ist.

»Unsere Trauer gilt dem Diesseits, weil es vergänglich ist!«, sprach Scheich Semnani in seinen Zarigrader Tasawwuf-Unterrichtsstunden zu uns. »Wäre diese Welt unvergänglich, wäre sie im Überfluss vorhanden und keiner würde ihr mehr nacheifern. Jeder wäre nur noch darum bemüht, jeden Tag etwas von ihr an andere zu verschenken. Es würden sich in solch einer Ewigkeit Tage häufen, in denen keiner etwas annehmen wollen würde. Weshalb denn auch? Wenn man die Ewigkeit innehat, leidet man weder Hunger noch Durst. Keiner kann einen umbringen, da man ja unsterblich ist, und alle um einen herum wären ebenso unsterblich, so dass man ihnen umgekehrt auch nichts anhaben könnte. Keiner würde von dir oder von sonst jemandem etwas wollen. Güter, Reichtümer, Besitztümer, Läden ... alles würde jedem gehören, von jeher bis in alle Zeiten.«

Wenn Du, o Gott, diese Welt so erschaffen hättest, wie würden die Menschen dann Kriege führen? Ich bin überzeugt, dass es dann kein Esztergom, kein Dschigerdelen, kein Janík, Buda, oder Hrastuša geben würde. Keine Schlachten! Denn die Ewigkeit würde alle Grenzen aufheben, und jegliche Auseinandersetzung und Hass auslöschen. In solch einer Ewigkeit würde der Seele niemals der Wunsch entspringen, auch nur einen einzigen Strich ziehen zu wollen, der sie von anderen Menschen trennt, ganz gleich wie andersartig, nahestehend oder entfernt sie seien.

Dennoch musste ich lernen: Diese Welt ist vergänglich.

Mit Lejla zog ich nach Hrid, zu Safija und Mustafa und ihrem kleinen süßen Sohn Hilmija. Wir bewohnten ein winziges Zimmer, das sich mit einem kleinen hübschen Fenster zum Garten öffnete.

Ich beobachtete die Spatzen, wie sie auf die unterste Sprosse des alten, von der Sonne rissig gewordenen Tischrahmens aus Kirschholz im Garten herabflogen. Oft brachten sie ihre aufgesammelten Grashalme oder machten sich ein Festmahl dort. Und so ging es den ganzen Tag flatternd hin und her, in alle Richtungen, unermüdlich. Ihr Flug inspirierte mich zu einem Gedicht über die Lindenbäume im Garten der Begova-Moschee, welches ich bereits zuvor aus Erinnerungen an die Kindheit in Tepa und meine Lehrerin Zarfa in drei Anläufen versucht hatte zu schreiben. Einige Verszeilen blieben auf einem Blatt erhalten. Irgendwann, wenn ich Zeit finde, werde ich sie fertig schreiben ...

Die wertvollen Handschriften, die ich hatte, trug ich wieder in mein Zimmer an der Medresse zurück. Was zu verkaufen war, brachte ich zu Smiljana Jevtanović, und sie zahlte mir das Geld sofort aus. Es war nicht viel, aber zumindest für das nächste Bajram-Fest würden wir was in der Hand haben. Nicht, wieviel Geld man hat sei wichtig, sagte Scheich Semnani, sondern die Bedrängnis, in der man es braucht. An Freunden und Geld solle es nicht mangeln, erwähnte er einmal in den Gärten der Medressen in Zarigrad.

Mustafa der Künstler versuchte die Schwestern Safija und Lejla in ihrem Kummer zu trösten und riet ihnen, über das, was passiert ist, zu schweigen.

Schweigen ist Gold in jeder Lage. Manchmal ist es sogar ein wahrer Reichtum, unermesslich wie die Schatzkammern *Qārūns*[94]. Man kann einem alles nehmen, nur die versiegelten Lippen nicht. Nur nicht das zurückgehaltene Wort. Niemals!

Eins sollen Safija und Lejla wissen: Der Vater bleibt immer der Vater und der Bruder immer der Bruder, vor allem, wenn sie nicht mehr unter den Lebenden sind und sie nebeneinander unter der Erde liegen. Indem Safija und Lejla schweigen, bewahren sie deren Würde und auch die eigene!

Man soll sich mit vergangenen Ereignissen und Personen nicht unnötig belasten, und damit, wer sich über wessen Recht weshalb und in welchem Maß hinweggesetzt hat!

Wären die Dinge nicht auf die eine Weise passiert, wären sie es auf eine andere, und die wäre möglicherweise weitaus ungünstiger. Wie sich in Wirklichkeit alles zugetragen hatte und weshalb, das war zum derzeitigen Zeitpunkt nicht mehr von Belang, und Belangloses lässt sich auch schneller vergessen. So wird es für alle leichter sein.

Indem man seine Gedanken von Ursachen abwendet, umgeht man auch die Gedanken über die Folgen. Neue Tage und Nächte brechen an. Ihr Wechsel ist auch deswegen, damit den Menschen nicht langweilig wird. Auf diese Weise schreiten wir voran. Es wäre nicht gut, wenn die Welt stehen bleiben würde, denn der, dessen Welt zum Erliegen kommt, ist tot, stehen geblieben in der Welt, im Grabe für alle Ewigkeit angehalten.

Zwischen dem Vergänglichen und dem Tod entscheide man sich immer für das Vergängliche. Während die Welt in ihrer Unbeständigkeit voranschreitet, ergeben sich neue Hoffnungen und mit ihnen auch neuer Trost. Und so sucht jeder und immerfort, tagaus, tagein, das ganze Leben lang, die Quelle seines eigenen unerschöpflichen Glücks in neuem Trost.

Fünf Tage nach dem Kurban-Bajram-Fest wurden Hasan und ich zu einem Treffen mit dem Wali vorgeladen. Wichtige Leute waren an den Hof gekommen: Der Kadi, der Mufti, Scheich Hadschi-Rizvan und sein Helfer Avdan, Scheich Zalikan der Dichter, Bilan-Effendi Kuskunović, Muvekit Ždralović, die beiden Kaufleute Serhatlić und Murlak, und zum ersten Mal wurde auch Scheich Zelkanović eingeladen. Es war auch eine Gruppe kräftiger, kahlköpfiger, junger Männer mit dunklem Teint anwesend, die ich weder in Tekken noch in der Begova-Moschee jemals zuvor gesehen hatte.

Haso, der Halbbruder des Walis, brachte den Gästen Tee. Drei ältere Mädchen halfen ihm dabei. Der ganze Raum duftete nach Amber. Der Wali wollte, dass uns der betörende Wohlgeruch und der Geschmack der Nelken im Tee fortan an den Tag erinnert, an dem wir bei ihm willkommen geheißen wurden.

Wir setzten uns und das anfängliche Gehuste legte sich nach einer Weile. Während wir uns von den Diwanen gegenseitig musterten, ergriff der Wali das Wort. Er sagte, dass während der segensreichen Bajram-Tage der Frieden wieder den Weg in unsere Seelen gefunden habe und mit ihm auch neue Hoffnung, dass man dem Gift der Hamzawiten und der Hunduris endlich ein Ende bereiten würde.

»Der Bau der neuen Tekken zeigt bereits Früchte. Sie sind ein Zeichen unseres Wissens und Erfolgs und der Fortschritt kommt schneller, als wir es uns erhofft haben. Die Jugend versammelt sich, begeistert von der Offenheit des beflügelten Geistes, der in den Tekken Einkehr gefunden hat. Es dauert zwar seine Zeit, bis alles richtig anläuft, aber wichtiger ist, dass es zur allgemeinen Zufriedenheit gedeiht. Obwohl es auch misstrauische Stimmen gab, hat es sich als richtig erwiesen, dass wir Salih-Beg Kaukčija die Gelegenheit gegeben haben, sein Geld zu spenden und die zwei Tekken zu erbauen. Man muss immer neuen Raum für Gutes öffnen! Es empfiehlt sich, auch die anderen Tekken zu renovieren, vor allem die alten, zumindest sollte man die Wände neu kalken. Das frische Weiß verzückt die jungen Leute und es scheint, als würden sie in frisch gestrichenen Räumen dieselben alten Worte unseres Glaubens, die sie zuvor hunderte Male gehört haben, wieder zum ersten Mal hören.«

Dann übergab der Wali das Wort an alle, und es kam mir vor, als würde er es vor uns auf den Tisch legen, neben die üppig gefüllte Obstschale mit allerlei Früchten aus Bosnien und der Levante, auf dass sich jeder nach Belieben bediene.

»Jeder soll sagen, was er denkt und meint!«, sagte der Wali. »Und falls einer über das Erreichte bisher nicht nachgedacht oder unsere Erfolge nicht bemerkt hat, soll er seine Vorschläge für die Zukunft vorlegen. Unser aller Dasein ist nur flüchtig und alles was wir tun, ist nur um der Zukunft willen: All die Häuser, die wir bauen, die Läden, die wir an die Tekken koppeln, die Tekken, die wir an unsere Jugend binden und die wiederum an unseren Glauben und vor allem der Handel, den wir durch all das vorantreiben! Unsere Hoffnungen liegen in unserer Zukunft, zweimal muss man das nicht sagen! Nur die Zukunft ist uns sicher, sie wird kommen, jemandem früher und jemandem später. Wenn nicht zu den Toten, dann zu den Lebenden. Und selbst der Tod kommt zu uns aus der Zukunft – woher auch sonst? Die Vergangenheit ist unwiederbringlich dahingeschwunden; soviel weiß auch jeder einfache Mensch aus dem Volke. Wie seltsam die Vergangenheit doch ist, kommt mir gerade in den Sinn! Man kann sich an sie erinnern, aber niemals greifen!

Vor einigen Tagen ging ich mit Muvekit Ždralović entlang der östlichen Friedhöfe Sarajevos und wunderte mich, wie viele verstorbene Menschen es gab. Mindestens die Hälfte von ihnen habe ich persönlich, beim Namen gekannt, manche sogar beim Nachnamen. Jetzt sind sie alle tot, aber bis gestern noch liefen sie durch die Straßen dieser Stadt eifrig ihren Zielen hinterher. Manche von ihnen – ich weiß es noch ganz genau – waren sogar ständig in Eile! Während wir neben dem Grab Haškija Ćorhodžićs, des Büchsenmachers, standen, sagte ich zu Muvekit Ždralović: ›Siehst du, die Vergangenheit existiert gar nicht! Sie ist nur Lug und Trug! Die Gegenwart wiederum ist nicht erwähnenswürdig, denn sie ist leidvoll, bitter und beschwerlich. Und von kurzer Dauer! Sie ist wie ein Flussbett aus Worten, der vom Strom weggerissen und in die Vergangenheit hinfortgespült wird. Nichts von Bestand, nur Vergängliches – das ist Gegenwart!‹

Ždralović sagte mir daraufhin, dass er irgendwo gelesen habe, dass die Gegenwart des Menschen unsichtbarer Schwanz sei, dem er wie ein zahnloser hechelnder Köter ständig im Kreis hinterherläuft, den er aber niemals fangen kann. Ehe er sich umdreht, sei alles Vergangenheit geworden.

Als wir durch Alifakovac[95] gingen, sagte ich zu ihm, dass man zu den Menschen über die Zukunft reden müsse. Zukunft gibt es im Überfluss, man muss nur wissen, wie man für sie arbeitet und wann der richtige Zeitpunkt ist, für sie aufzuspringen. Ebenso muss man aber fähig und willig sein, sie entgegenzunehmen!«

Der Wali fügte noch hinzu – und das sei jedem von uns, so hoffe er, klar und jeder würde es gewiss in beiden Welten, dem Diesseits und im Jenseits, bezeugen – dass er alles tue, den kommenden Generationen dieses wundervollen Landes Bosnien zu ermöglichen, all diese Zukunft zu empfangen! Nachdem er dies sagte, hielt er inne. Keiner der Anwesenden ergriff das Wort. Verstohlen schaute ich zu Hadschi-Rizvan und seinen Helfer Avdan. Beide schwiegen. Auch jedes Mal zuvor, wenn ich sie beim Wali getroffen hatte, haben sie geschwiegen. Dann hörte ich, wie sich der Dichter und Scheich Zalikan räusperte und so das Wort übernahm.

»Edler Wali«, sagte er, »die Mevlevis dieser Stadt warten schon seit langem darauf, dass du mich empfängst. Zwei Gründe sind es mindestens – die anderen werde ich diesmal nicht vorbringen, denn ich hoffe, dass diese sich von alleine erledigen, wenn die ersten beiden erst einmal gelöst sind. Mit den weisen Entscheidungen aus Zarigrad, und selbstverständlich auch deinen eigenen, wurden auf der Brandstätte von Scheich Zulkaids Tekke zwei neue Tekken erbaut, doch es ist, als wären sie es gar nicht! Die Mevlevis sind bedrängt worden, weil Scheich Hadschi-Rizvan mit den Naqschbandis alles übernimmt: Die Keller- und die Speicherräume, das Holzlager, die Küche, den Obst- und Gemüsegarten, die Stiftungen in Ilidža – einfach alles! Und zumal die Mevlevis im Handel nicht äußerst bewandert sind, sind wir auch ohne unseren Seidenladen auf der Baščaršija geblieben. Hadschi Rizvan und sein Busenfreund Avdan haben ihn übernommen! Was ist nun zu tun? Wir hatten vor, unseren Laden zu vermieten. Soll doch jemand, der des Handels kundig ist, darin Geschäfte machen und der Mevlevi-Tekke davon ihren Anteil zukommen lassen. Von dem Geld könnten wir uns Bücher kaufen, oder Tinte aus Zarigrad und Papier aus Saloniki besorgen, um unsere Poesie-Abende zu veranstalten. Wir bitten deshalb dich, als einen Mann der Zukunft, uns unseren Besitz, der uns geschenkt wurde, zurückzugeben, damit auch die Mevlevis Mittel haben, um für diese Stadt und dieses Land etwas beizutragen.«

Hadschi-Rizvan und Avdan schweigen weiterhin, als hätte keiner ihre Namen erwähnt und als ginge sie all dies gar nichts an. Ich schaute herüber zu Hasan dem Philosophen und sah die angeschwollene Ader auf seiner Stirn.

Als sich plötzlich Muvekit Ždralović zu Wort meldete – er saß links neben dem Wali – blickten wir alle überrascht zu ihm. Keiner hatte erwartet, dass der alte Sterngucker etwas sagen würde.

»Seht, ich unterstütze die Absicht Hadschi-Rizvans, beide Tekken zu einer zu vereinen – zu einer Naqschbandi-Tekke! Wir haben allzu viele Spaltungen in unserem Land. Die Menschen wollen keine weiteren Spaltungen. Soviel sei klargestellt! Außerdem ist es nur gut, dass Hadschi-Rizvan zahlreiche Mevlevis Sarajevos zu sich aufnimmt. Wir alle wissen, was Hadschi-Rizvan anstrebt: Die Einheit von uns Muslimen! Und dafür gebührt ihm jeder Respekt! Wenn sich doch nur alle Tariqas zu einer zusammenschließen würden! Die Liebe untereinander wäre größer, die Kosten geringer und es würde mehr Geld für die Armen und die Waisenkinder der gefallenen Krieger, vor allem der von Hrastuša, übrig bleiben. Ich verlange nicht, dass der Mevlevi-Scheich Zalikan gleich ein Naqschbandi wird, sondern dass er Hadschi-Rizvans ausgestreckte Hand mit Liebe und Wohlwollen annimmt, denn seine Naqschbandis sind gewieft im Handel und offen für das, was die Zukunft bringt. Ich sage auch nicht, dass die Mevlevis von der Poesie abkehren sollen, sondern ich meine nur, dass es um die Poesie in dieser Stadt am einfachsten bestellt ist, ganz im Gegensatz zum Handel. Auf Poesie stößt man, wo man sie am wenigsten erwartet: im Garten, unter den Linden der Begova-Moschee, neben dem Brunnen, vor dem Lehrsaal, neben dem Grab Gazi-Husrev-Begs, während man über vertrocknetes Herbstlaub läuft, wenn man die Tauben mit dem durchnässtem Gefieder vor Ahmed Plastos Wirtshaus anblickt, in der Menschenmenge auf der Baščaršija ... Der Handel aber, kommt nie so ohne weiteres zu einem!«

Muvekit Ždralović beendete seine Rede und schaute zunächst zu dem weinenden Scheich Zalikan und dann zu Hadschi-Rizvan. Walis Halbbruder Haso stand auf und goss allen neuen Tee ein (die drei Mädchen die ihm zuvor dabei halfen, hatte er nach Hause geschickt).

Das Wort übernahm Bilan-Effendi Kuskunović.

»Ich bin erfreut über die großen Schritte, die Sarajevo in Richtung unserer muslimischen Einheit unternimmt, und muss zugeben, dass der Wali in diesen unruhigen Zeiten das bestmögliche dafür tut. Heutzutage ist es schwer, auf dem richtigen Kurs zu bleiben und es ist, als müsse man durch die Dunkelheit und den Nebel durch, um zur Lichtung zu gelangen! Was die Vereinigung der beiden Tekken anbelangt, würde ich als Scharia-Rechtsgelehrter gerne wissen, ob deren Zusammenschluss auch im Sinne des Stifters Salih-Beg Kaukčija geschehen würde. Als sie mit seinem Geld erbaut wurden, baute man sie als zwei Tekken. Wir alle wissen das. Ich frage nicht um des verstorbenen Kaukčijas willen, sondern wegen der ewig gültigen Rechtsprinzipien der Scharia. Und der Wille des Verstorbenen ist ein Teil der Scharia geworden, als er die Schenkungsurkunde unterschrieben hat!«

Die Worte von Effendi Kuskunović ermutigten Scheich Zalikan und es schien mir, als sei er voller Hoffnung gewesen, dass die Hilfe ihm aus seiner Geburtsstadt Mostar zukomme. Er wischte sich die Tränen ab, richtete den Kopf auf und schaute strahlenden Gesichtes zum Wali. Der aber warf seinen Blick dem neuen Kadi zu. Das war ein Zeichen, dass dieser zum Wort greifen soll, dass da vor uns auf dem Tisch neben der Obstschale angeboten lag.

»Dieser ehrenwerten Versammlung ist sicher wohl bekannt, dass vor einiger Zeit einer weiteren Schenkungsurkunde des verstorbenen Kaukčija Folge leistend angeordnet wurde, dass sein Haus einschließlich des schönsten Gartens dieser weitaus berühmten Stadt den Naqschbandi-Scheichs und ausschließlich ihnen zur Verfügung gestellt wird, damit sie es auf unbegrenzte Zeit bewohnen und darin dem Glauben, der Tariqa, der Wahrheit, ihren Schülern, der Stadt und den gelehrten Reisenden, von denen manche auf der Suche nach dem Wissen des Tasawwuf sogar den weiten Weg aus Chorasan nach Sarajevo auf sich nehmen, ihren Dienst leisten können.

Es steht hier in der Abschrift der Schenkungsurkunde im vierten Artikel zweiter Absatz, dass der Wohltäter Salih-Beg Kaukčija sein Haus und den Garten als eine Einheit den Naqschbandi-Scheichs schenkt. So steht es Wort für Wort geschrieben und die Betonung liegt auf ›Einheit‹. Deshalb, obwohl das Haus einen Bereich für die Männer und einen für die Frauen hat, und obwohl zu jedem der Bereiche ein eigener Weg durch den großen Garten führt, hat der Wohltäter in der Schenkungsurkunde alles zu einem Ganzen vereint – so wie die Seele und der Körper in einer Person vereint sind – und als solches der Naqschbandi-Tariqa Sarajevos hinterlassen. Als Kadi bin ich veranlasst, seinen Willen zu interpretieren und die Schlussfolgerung zu ziehen, die in keiner Weise im Widerspruch zu den leuchtenden Prinzipien der Scharia liegt: Durch die Schenkung des Hauses hat der Schenker selbst darauf hingewiesen, dass ihm eine Vereinigung der beiden Tekken unter der Führung der Naqschbandis am Herzen lag! Seht doch ein, wir Muslime müssen endlich beginnen, die Dinge zu interpretieren. Wir sind schwach, weil wir es nicht tun. Andere tun es, vor allem die Christen und die Juden, deshalb liegt die Welt offen vor ihnen!«

Wieder schwiegen wir. Wenn sich jetzt keiner meldet, wenn keiner den Mut zusammenbringt, die Stimme zu erheben, wird der Wali das Treffen für beendet erklären und die feierliche Zeremonie der Vereinigung zweier Tekken zu einer Naqschbandi-Tekke ankündigen.

Es meldete sich Hasan der Philosoph. Die Ader auf seiner Stirn war noch stärker angeschwollen.

»Ehrwürdiger Wali, ich begrüße es, dass du von uns verlangst, der Realität in die Augen zu schauen. Soweit ich es verstanden habe, war dies auch der Grund für dieses Treffen. Und die Realität ist so, dass sie immer unterschiedlich wahrgenommen wird, es bedarf nur des genauen Hinschauens um dies zu erkennen. Doch indem man die Realität betrachtet, wird sie nicht zu unserem Eigentum! Über sie haben wir kein Besitzrecht. Durch das Betrachten des Himmelsgewölbes werden die Sterne nicht zu unseren! Das muss der Ausgangspunkt sein, wenn man über die zwei Tekken diskutiert. Es genügt nicht, sie anzusehen oder sie für sich zu wünschen, damit sie einem auch wirklich gehören. Deshalb sage ich: Wir können nicht über die zwei Tekken debattieren, ohne auch über die Vergangenheit zu sprechen! Als Philosoph kann ich dir in mancher Hinsicht zustimmen, dass es keine Vergangenheit gibt, doch wir haben Spuren aus der Vergangenheit, Gebäude aus der Vergangenheit, ganze Vermächtnisse, Lieder, Studien ... Menschen aus der jüngeren Vergangenheit der beiden Tekken sitzen hier unter uns, sie kommen nicht von nirgendwoher. Auch wir selbst kommen aus derselben Vergangenheit und wir erinnern uns an alles, als wäre es gestern gewesen. Die Menschen können die Vergangenheit nicht einfach abstreifen, wie die Schlange ihre Haut. Scheich Hadschi-Rizvan wird sich noch gut daran erinnern können – damals war er noch ein Händler mit Lammfellen –, dass es zuerst nur eine Tekke gab, die von Scheich Zulkaid, die dann von jemandem in Brand gesteckt wurde. Scheich Zulkaid starb vor Trauer noch am selben Tag. Dann wurden mit Kaukčijas Geld zwei Tekken erbaut, mit dieser Entscheidung hatte man Streit zwischen den Naqschbandis und den Mevlevis verhindert, was auch gut war. Dann hat Kaukčija auch sein Haus verschenkt, aber nur an die Naqschbandis und kurz darauf ist er gestorben, was nicht gut war, aber in Gottes Angelegenheiten möchte ich mich nicht einmischen. Und jetzt äußert Scheich Hadschi-Rizvan – der mittlerweile mit Baumwolle und neuerdings, wie ich sehe, auch mit Seide Geschäfte macht – die Forderung nach der Vereinigung der beiden Tekken, und dass seiner Vorstellung zufolge die Mevlevis fortan seine Gäste sind. Und längst schon hat Scheich Hadschi-Rizvan die Läden auf der Baščaršija vereint. Dafür hat er nicht einmal auf dieses Treffen gewartet! Soweit ich die Realität verstehe – sei es die unsere oder die von jemand anderem oder gar von niemandem –, ist das der Stand der Dinge, was die zwei neuen Tekken, beziehungsweise die ertragreichen Läden auf der Baščaršija anbelangt. Mir als Philosophen ziemt nicht, einer Sache nachzutrauern, dennoch muss ich leider feststellen, dass unsere Tekken von Anfang an vorrangig, wenn nicht sogar gänzlich, dem Handel zugetan waren! Es ist ein faules Geschäft! Zudem frage ich euch alle: Kann denn Tasawwuf das Eigentum von jemandem sein? Sind denn die Tariqas nicht öffentliches Gut, welches, vom Wissen der Gelehrten getragen, jedermann zugänglich ist, und deren Tekken durch die Großzügigkeit und Selbstlosigkeit von reichen und anständigen Leuten unterstützt wird?«

»Hasan!«, meldete sich mit kräftiger Stimme der bis dahin schweigsame und schlecht gelaunte Mufti. »Eine Tekke gehört immer irgendjemandem, Hasan, und zwar dem, der sie leitet. Eine Moschee gehört dem, der sich um sie kümmert. Eine wohltätige Stiftung gehört immer dem, der die Aufsicht über sie hat. Die Predigt gehört jenem, der sie hält. Gebäude, Wege, Brücken, Moscheen, Tekken, all das gehört immer jemandem. Sogar der Staat und große Kaiserreiche gehören irgendjemandem! Du willst doch nicht etwa behaupten, dass Tekken und Moscheen niemandem gehören? Wer soll dann die Schlüsselaufsicht über sie haben? Hasan, wenn der Islam niemandem gehört, wenn er nur ein erdachtes Wort ist, wo stehen wir dann und wohin führt uns das? Wer wird dann den Islam verteidigen, wenn er niemandem gehört? Wer wird dann für ihn seine Stimme erheben, wenn er nur ein fiktiver Gedanke ist?«

»Eine Tekke zu betreiben ist eine Sache, aber Handel mit einer Tekke zu betreiben, eine ganz andere!«, antwortete Hasan der Philosoph.

»Der Handel hält die Tekke aufrecht!«, brüllte der Mufti.

»Aber für Hadschi-Rizvan haben die Tekken den Zweck, den Handel aufrechtzuerhalten!«

»So ist es, unser lieber Hasan!«, rief Scheich Zalikan. »Scheich Hadschi-Rizvan hat nur Seide, Baumwolle und Dukaten im Sinn, anstatt des Tasawwufs, der Gedichtsverse des *Mathnawi*[96] und des Glaubens. Und ich will euch noch sagen, dass die Tekken voll von Hamzawiten aus Zvornik und Gornja Tuzla sind! Jede Nacht schaffen sie neue Baumwolle heran und übernachten in den Tekken! Ihr Geschnarche hört man sogar drei Straßen weiter die ganze Nacht hindurch!«

Hadschi-Rizvan und Avdan sprangen auf, verabschiedeten sich vom Wali und sagten ihm, dass sie wichtigeres zu tun hätten, als das leere Geschwätz eines Philosophen aus Prusac[97] und das Gefasel eines gescheiterten Mevlevi-Dichters anzuhören: »Hätte der eine was getaugt, wäre er in Zarigrad geblieben! Und der andere –

wäre er seiner Stadt Mostar nützlich gewesen, wäre er nach Sarajevo gar nicht erst gekommen!«

Nachdem sie das gesagt hatten, gingen sie. Nach ihnen ging auch der Wali.

Scheich-Ibrahim Zelkanović schaute durchs Fenster auf die trüben Wässer der Miljacka.

Meine und Hasans Befürchtungen, dass der Wali und seine mächtigen Leute die Medresse nicht in Ruhe lassen würden, haben sich bewahrheitet.

Ich habe mich davon überzeugt, dass sich Befürchtungen anders erfüllen als Träume; für Befürchtungen braucht man keine seherischen Fähigkeiten.

Es geschah alles, was nur geschehen konnte, es geschah schnell und es war hässlich und abstoßend. Ich werde es wahrheitsgetreu auf diese Blätter niederschreiben, um Hasans des Philosophen und um meiner selbst willen, damit es eine Lehre bleibt, obwohl es schmutzig und nicht mehr reinzuwaschen ist. Niemals!

Am Nachmittag kam Hasan in der Medresse vorbei. Wir standen im Hof unter der stämmigen Pappel und sprachen darüber, ob es denn gut sei, und wenn ja, zu welchem Zweck, an der Medresse Poesie zu unterrichten, wenn in den Vorlesungen nur wenige Schüler sitzen. Und selbst die tun es widerwillig, sie langweilen sich, strecken ihre Hälse, als würden die Verse sie würgen. Es sei besser, man würde neue Fächer einführen, sagte ich zu Hasan, etwas, was die Schüler zumindest halbwegs interessieren würde, etwa das Veredeln von Obstbäumen, oder Imkerei, das Trocknen von Pflaumen, das Schreiben von Schutzamuletten, Möbelherstellung, weiße Magie, Friedhofspflege ... Irgendetwas, was ihnen in den heutigen Zeiten von Nützen wäre.

Zejnil brachte uns Hagebuttentee und sagte, er habe unser Gespräch gehört und sei sehr erfreut darüber. Seit Jahren beobachte er die Zustände an der Medresse, einfach so für sich, als ein greiser Pförtner und einfacher Mensch aus dem Volk, und er sei aufrichtig überzeugt, dass es am besten wäre, wenn man neue Fächer einführen würde. Somit würde man mit der Zeit Schritt halten. Außerdem, so meinte er, sei die heutige Zeit anders als die Jahre davor. Es komme ihm vor, als hätte auch sie ihr Haupt erhoben, grimmig und mit finsterer Miene, und sich unverfroren auf die eigenen Beine aufgerichtet, um – als wäre sie selbst in Eile – alles niederzuwalzen, was sich ihr in den Weg stellt; als würde sie kopflos und aufs Geratewohl wie trübes Gewässer hinfortfließen um alles zur Vergangenheit zu kehren. Er könne dies an den Menschen ablesen, wenn er sie tagtäglich, während er vor der Medresse sitzt, beobachte, oder wenn er vom Fenster seines kleinen Zimmers auf die Sarači-Gasse schaue. Er sehe sie an und staune, wie sie alle irgendwo hineilen. Selbst ihre Notdurft würden sie, wenn sie könnten, im Laufen verrichten! Alle! Ganz gleich ob Mann oder Frau! Als er noch jung war, vor fünfundzwanzig Jahren etwa, habe er niemals jemanden sagen hören, dass er keine Zeit hätte, doch heute sagt das jeder. Seit Jahren frage er sich, wie man bloß Mensch sein, aber keine Zeit haben könne, wo es doch gerade die Zeit ist, die man im Überfluss hat – und zwar bis zum Tode! Dass die Menschen keine Zeit haben, sei kein gutes Zeichen!

Zejnil der Pförtner erzählte weiter, während er traurig mit seinen blauen Augen blinzelte. Er beklagte sich bei Hasan, dass an der Medresse noch nie jemand einen Vortrag über die Zeit gehalten habe. Er wisse dies ganz genau, denn er lausche immer – da er ja sonst nicht viel zu tun hat – durch die halb geöffnete Tür dem Unterricht in den Klassenzimmern. Etwas sei mit dem Menschen passiert. Nicht mit der Zeit selbst sei etwas faul, so meinte er, denn sie sei nicht wie Milch, dass sie verderben, oder Spülwasser, dass sie zu stinken anfangen könne. Mit dem Menschen, stimme etwas nicht, und nicht mit der Zeit.

Plötzlich hörten wir Rufe von der Baščaršija und den Klang hastiger Schritte auf dem Kopfsteinpflaster, die von einer Menge zu stammen schienen. Etwa vierzig Leute näherten sich der Begova-Moschee.

Ich stand auf, um mich zu vergewissern. Es war noch nicht Zeit für das Nachmittagsgebet, die Moschee war noch leer. Ich fragte mich, was sie zu dieser Zeit dort wollten. Doch die Meute bog rechts in den Hof der Medresse ein. Die meisten von ihnen waren junge Sufis, aber es waren auch einige schmächtige Schüler aus unserer oder aus anderen Medressen dabei. Nie zuvor hatte ich derart vor Zorn errötete Gesichter gesehen. Man konnte ihre Wut an ihren Augen ablesen.

Eine Gruppe ging zur Tür des Hörsaales und verschloss sie,

während die andere Hasan und mich unter der hohen Pappel umzingelte.

Eine große Ansammlung junger Männer – inzwischen waren es um die siebzig geworden – versperrten augenblicklich den Weg zwischen dem Eingangstor der Medresse und der Tür zum Hörsaal. Es war Wut, die sie verband! Ich wusste zwar nicht, weshalb sich diese gegen Hasan und mich richtete – sie schienen nicht alle der selben Tariqa anzugehören – doch irgendetwas hatte sie dazu gebracht, sich zusammenzuschließen, und es schien nicht älter als ein paar Tage oder Wochen gewesen zu sein. Ich konnte es an ihren zornigen Blicken und den erhobenen Fäusten erkennen.

So stand ich mit Hasan auf eine Fläche zusammengedrängt, die kaum größer war als vier Fuß. Wir waren bestürzt und wussten den Grund nicht für das, was geschah. Wir hatten keine Ahnung, wer die aufgebrachte Meute versammelt und auf uns gehetzt haben könnte. Anhand der Kleidung konnten wir nicht erkennen, welche muslimische Gruppe es war, die uns umzingelte. Doch dann trat ein stämmiger junger Mann hervor und stellte sich vor Hasan.

»Wir sind Bergilis!«, sagte er. »Wir werden uns nicht länger verbergen!«

»Das habt ihr auch niemals nötig gehabt!«, antwortete Hasan. »In Bosnien ist heutzutage alles öffentlich und offenkundig.«

»Unsere Tariqa ist die einzig wahre und wir brauchen keine Tekken! Zu uns kommen die, die den Tekken den Rücken gekehrt haben. Wir fordern einen Sufismus ohne Tekken!«

»Zwölf Tariqas sind es, die von unserem Kaiserreich als rechtgeleitete anerkannt werden. Eure ist nicht darunter!«, konterte Hasan.

Daraufhin riefen zwei von ihnen mit heiseren Stimmen:

»Unsere Verluste auf den Schlachtfeldern sind keine Niederlagen, sondern flüchtige Versuchungen, die aber bald vergessen sein werden, wenn wir nur standhaft bleiben! Gib zu, dass Lepanto keine Niederlage ist!«

Hasan bemühte sich, sie zu besänftigen, mit Vernunft auf sie einzureden.

»Meine lieben, jungen Männer! Der Ausgang einer längst vergangenen Schlacht hängt nicht von meiner Bezeugung ab, die ich heute, hier vor euch machen würde. Meine oder eure Haltung zur Vergangenheit wird diese niemals ändern können, unserer Gegenwart jedoch kann dadurch durchaus geschadet werden! Sie kann erschlaffen! Ich bin kein Märtyrer, sondern einer der seltenen Überlebenden von Lepanto. Wer weiß, vielleicht bin ich deshalb noch am Leben, um euch zu belehren? Als sich diese Schlacht ereignete, wart ihr noch Kinder ohne Vernunft! Vielleicht sogar nicht einmal das. Deshalb lernt von mir! Hier und jetzt! Ich warne euren Verstand vor den todbringenden Folgen, wenn eine unerfahrene Hand nach der giftigen Schlange greift; wenn einer, der des Schwimmens unkundig ist, den reißenden Fluss herausfordert; wenn ein Narr, im Glauben den Propheten Abraham nachzuahmen, sich freiwillig auf den Scheiterhaufen wirft; wenn ein Phantast nach Höhlen sucht, die zahlreich auf dieser Welt sind, wenngleich in nur einer der Prophet Mohammed vom Erzengel Gabriel aufgesucht wurde und die erste Sure des Koran offenbart bekam! Und selbst Gabriel kehrt längst in keine Höhlen mehr ein und er wird es auch nie mehr, denn die göttlichen Offenbarungen wurden längst kundgetan und auf Blätter niedergeschrieben! Die Bücher sind geschlossen, die Zeichen gezählt und die Wunder Gottes bereits geschehen! Jetzt liegt es an uns und unserem Verstand!«

Hasan redete und hielt währenddessen meinen rechten Oberarm fest. Wir standen allein gegenüber siebzig, oder mittlerweile neunzig jungen Bergilis und anderen Derwischen. Schon seit einigen Jahren wussten wir von den Bergilis, dass es sie gibt, doch nun standen wir ihnen direkt gegenüber. Sie offenbarten sich und verkündeten, sie wollen die ganze Welt zu ihrer Tekke machen! Ob etwas derartiges jemals zuvor jemand vollbringen konnte, ist mir nicht bekannt, doch ich wusste: Die hier werden es mit Sicherheit nicht! Sie hatten den Namen des ruhmreichen Scheichs Birgivi missbraucht, der stets der Überzeugung war, dass Güte aus jedem Menschen hervorquellen kann, es brauche nur seine Zeit. Güte sei wie klares Wasser, welches selbst nach dürstenden Lippen und der ertrockneten Leber sucht, um sich dort niederzulassen.

Ich erinnerte mich an das Gespräch am Hof von Großwesir Sokolović in Zarigrad. Hasan forderte damals: »Gesetze und Staat!«, und Scheich Birgivi: »Moral und Anstand!«

Doch jetzt waren wir von Bergilis umzingelt, die weder das eine noch das andere anerkannten; den Staat ebenso wenig wie den Anstand! Es ist gut, dass Hasan keine Anhänger hatte, dachte ich mir. Besonders schlecht ist es, Anhänger zu haben, die für einen zu sterben bereit wären, denn die sind die schlimmsten!

Etwas weiter entfernt, neben der Mauer der Medresse, stand Zejnil Glamočak und weinte. Er konnte weder zu uns durchkommen, noch Mustafa dem Künstler Bescheid geben, dass wir in der Medresse festgehalten werden, damit dieser die Nachricht in der Stadt verbreite.

Nach und nach traten Leute von der Straße, einer nach dem anderen, an die Gartenmauer heran und verfolgten durch die Gitterstäbe das unerhörte Schauspiel. Sie sahen die unfassbare Szenerie: Der Philosoph Hasan, umzingelt von wütender Jugend, muss ihnen Rede und Antwort stehen. Plötzlich brüllten drei junge Männer, die ganz vorne standen, Hasan direkt ins Gesicht:

»Lepanto war eine Versuchung für all die Neuerungen im Glauben! Die Gelehrten und die Medressen sind deren Brutstätten! Wir wollen den reinen Glauben! Ohne Beimischung!«

»Meine Kinder, der Mensch selbst ist eine Beimischung im reinen Glauben! So war es Gottes Wille!«

»Wir wollen den reinen Glauben und nichts anderes!«

»Aber ihr verlangt das Unmögliche! Diese Welt besteht nicht nur aus Glauben. Es gibt außer ihm noch andere Dinge, die ihm sogar opponieren!«

»Willst du damit etwa behaupten, dass es den reinen Glauben nicht geben kann?«

»Mir gefällt der reine Glaube, aber nicht der bereinigte! Reine Zustände sind bereinigte Zustände, meine Kinder, und oft sind sie die Folge von Gewalt!«

»Wir wollen, dass uns der Glaube erneuert!«

»Durch den Glauben an Gott zu neuem Leben zu erwachen heißt nicht, dass wir jemals eine Garantie für unsere Taten haben werden, so wie es Gott für seine hat! Junge Männer, wenn uns Gott befohlen hat, an Ihn zu glauben, ist das noch lange keine Einladung, ohne Verantwortung zu handeln! Verschwiegenheit und Nicht-Tun sind besser als so manches Gerede und Tun!«

Wie hätte ich Hasan und mir selbst aus dieser Lage helfen können?

Hasan hielt sich wacker. Er blieb standhaft und antwortete mit Verstand und ohne zu zögern auf die Fragen. Ich hoffte nur, dass seine Antworten auf Vernunft und nicht auf Zorn bei den Bergilis stoßen würden.

Plötzlich kam mir in den Sinn: »O Gott, diese jungen Männer fordern Antworten auf weltumfassende Fragen, die von Bagdad im Osten bis nach Florenz im Westen reichen!«

Einmal hat Scheich Semnani vor der Sultan-Süleyman-Moschee zu mir gesagt:

»Lass ab von großen Fragen! Eine große Frage ist wie ein großer Bissen, der zuerst im Verstand und dann im Hals stecken bleibt!«

Doch die erzürnten jungen Männer ließen nicht ab. Erneut griffen sie Hasan an:

»Wir möchten, dass der Islam eine Einheit ist! Wir wollen, dass der Sultan und die Regierung den ganzen Islam anwenden!«, schrie einer mit dürren Wangen und Pluderhosen mit auffallend weitem Hinterteil.

»Der Islam ist eine Einheit, aber du selbst bist keine! Und der Sultan ebenso wenig!«, sagte Hasan. »Viele Menschen können die Einheit nur leise erahnen, und manche nicht einmal das. Der Mensch ist zwischen Traum und Wachsein hin- und hergerissen, zwischen Leben und Tod, zwischen sich selbst und dem Rest der Welt. Obwohl Gott dem Menschen seine Bücher und Offenbarungen herabgesandt hat, hat er ihn deshalb nicht gleichzeitig zu einer Gottheit gemacht. Das war auch nicht Sein Wille! Wie soll denn den Glauben in seiner Ganzheit jemand empfangen und anwenden können, der ein Drittel seines Lebens im Schlaf verbringt? Komm zur Vernunft, junger Mann!«

»Der Koran ist ein göttliches Buch! Er ist unser Maßstab!«, riefen gleichzeitig mehrere junge Derwische mit braunen Mützen.

»Der Koran ist ein göttliches Buch, aber er wurde zu uns als Menschen gesandt, und nicht als Gottheiten!«, sagte Hasan mit ruhiger Stimme.

Die jungen Männer mit den braunen Mützen schienen verwirrt. Sie hielten inne und für einen kurzen Augenblick kam es mir vor, als würden sie über Hasans Antwort nachdenken. Doch dann rief ein langhaariger und bärtiger Mitstreiter, der hinter den beiden stand und dessen Stimme sich wie das Geschrei eines Esels anhörte:

»Es ist kein richtiger Islam, wenn sich die Rechtsprechung nicht nach dem Islam richtet! Die Sultane führen Gesetze ein, mit denen sie die Scharia einengen! Deshalb kam auch die schreckliche Prüfung von Lepanto!«

»Eine gerechte Gesetzgebung verfolgt eine Regel der Scharia: Das, was der Scharia nicht entgegensteht, erfüllt durch gerechte Anwendung die Ziele der Scharia!«, erwiderte Hasan.

»Bestätigst du damit nicht den abwegigen Gedanken, dass der Islam auch außerhalb des Islam zu finden sei?«, riefen drei Bergilis in schwarzen Umhängen.

Hasan der Philosoph lächelte sie an und warf einen Blick zum Trebević, oder zumindest kam es mir so vor. Ich vernahm seine schnelle Antwort:

»Der Weg des Islam wurde offenbart, doch Gott hat weder die anderen, dem Islam nahen oder fernen Wege abgeschafft, noch hat er den Menschen zu irgendeinem Glauben gezwungen! Der Weg ist eine Sache, aber das Gesetz auf dem Weg eine völlig andere! Der Weg ist einer, aber zahlreich und unterschiedlich sind die Menschen, die ihn Generation für Generation beschreiten! Vielfältig sind die Zeichen der Zeiten, die sich auf dem Weg abwechseln.

Auf dem Weg wird das Gesetz zeitgemäß aufgefrischt, und somit auch der Weg selbst. Kein Gesetz der Welt, nicht einmal das islamische, kann jeden einzelnen Wimpernschlag des Menschen regeln, jeden seiner Träume, jede Gemütsbewegung und jede Falle, die auf dem Weg lauert. Der Islam ist nicht dazu da, um dich jedes Mal zu kratzen, wenn es dich juckt. Dir sind Hände gegeben worden – kratz dich selbst! Jedes Gesetz ist islamisch, wenn es nicht das Erlaubte unterdrückt und das Verbotene billigt, und wenn es den Geboten der Gerechtigkeit unterliegt und nach ihnen angewandt wird. Und was gerecht ist, erkennen wir mit unserem Verstand. Wenn es im Koran steht: ›Sag zu deinen Eltern niemals ein mürrisches Wort!‹, das bedeutet, dass es noch schlimmer wäre, sie zu schlagen. Aber bis zu dieser verborgenen Botschaft musst du mit deinem Verstand vordringen!«

Daraufhin sagte der kräftigste der drei Bergilis:

»Wir verkommen, weil wir Gottes Wort nicht gänzlich anwenden! Uns wurde der Koran von Gott offenbart, deshalb haben wir die Vollmacht, ihn voll und ganz anzuwenden! Hier und jetzt!«

»Junger Mann, der erste und allerhöchste Grundsatz des Islam lautet: Gott ist einer! Aber den zweiten Grundsatz muss der Mensch selbst erkennen: Dass er sich selbst als einen Menschen bezeugen muss und dass ihm der Koran als einem Menschen und nicht als einer Gottheit oder einem Engel offenbart wurde! Ich sagte bereits zuvor: Dass Gott uns den Koran herabgesandt hat, bedeutet nicht, dass er die Menschen damit zu Gottheiten erhoben hat. Der Koran verlangt von uns, rechtschaffene Menschen zu sein, und nicht falsche Gottheiten! Wenn Gott von uns verlangt, unsere Gebete an Ihn zu richten, heißt das nicht, dass wir dafür bitten sollen, keine Menschen mehr zu sein, sondern vielmehr, nicht zu vergessen, dass wir Menschen sind! Der Koran ist ein Buch Gottes, doch wir lesen es mit menschlichen Augen und empfangen es mit unseren bangenden, menschlichen Herzen! Der Koran ist von Gott, doch der Mensch wendet ihn nicht an als ein Gott, sondern als ein menschliches Wesen, denn als solchem wurde er ihm anvertraut! Gott wendet den Koran im Namen des Menschen nicht an – in keinem Staat, in keinem Kaiserreich bisher tat er es!«

Es folgte Stille. Ich dachte, es bestünde Hoffnung, dass Hasans Worte den Verstand der jungen Männer erreichen, doch ich hatte mich getäuscht. Es war eine bedrohliche Stille und sie hielt nur kurz an. Ein bergilischer Jüngling mit rot gefärbtem Bart und weiblicher Stimme fragte vorwurfsvoll:

»Philosoph, willst du damit sagen, dass der Koran von Gott bis zu uns und zwischen uns untereinander nicht ein und dasselbe ist?«

»Ich will damit nur sagen, dass uns unsere Verantwortung Gott gegenüber als sterblichen Wesen innewohnt! Nach unserem Glauben, nach Gott, nach dem Koran und dessen Botschaft richten wir uns mit der Verantwortung sterblicher, mit göttlichen Worten konfrontierter Wesen! Der Koran selbst gesteht ein, dass der Mensch ein schwaches und zerbrechliches Geschöpf ist!«

»Wir verlangen, dass jedem nach dem Koran gerichtet wird!«, rief ein langhaariger junger Mann, der wie ein Kalenderi-Derwisch gekleidet war.

»Ach, mein Kind! Dass ihr an Gott glaubt, bedeutet nicht, dass ihr in der Lage wäret, wie Gott zu richten! Er ist allmächtig, wir sind es nicht! Er ist unvergänglich, wir nicht!«

»Das wissen wir!«

»Wenn ihr es wüsstet, würdet ihr nicht viele schreckliche Dinge, die im Namen Gottes getan werden, billigen: Bestrafungen ohne Gerichtsprozesse, Verurteilungen wegen Absichten, Beschuldigungen ohne Beweise, Handeln ohne Vernunft!«

»Aber, Muderis-Effendi, das Kaiserreich ist schwach, deshalb muss jemand das Übel bekämpfen!«

»Nicht jedem Übel begegnet man mit gezogenem Schwert, und nicht jedes Übel ist gleich! Gegen das, welches dem Menschen selbst anhaftet und von ihm ausgeht, muss er auch selbst ankämpfen, und dazu darf man ihn nur mit behutsamen Worten in den Moscheen und Tekken anregen! Ein Übel in der Gesellschaft soll die Gesellschaft selbst verhindern, und das beginnt mit freundlichen Worten! Um das Übel im Staat soll sich der Staat selbst kümmern! Unordnung und Chaos entstehen, wenn einer sich anmaßt, das Übel der Gesellschaft selbst zu bekämpfen, oder wenn sich die Gesellschaft gegen den Einzelnen richtet und ihn unrechtmäßig und ohne Beweise verdächtigt und verfolgt!«

Das Gegröle dauerte an. Man konnte es bis zum Waschbrunnen der Begova-Moschee hören und es übertönte das Plätschern des Wassers.

Hasan rieb sich die Stirn. Ich konnte drei angeschwollene Adern darauf erkennen; sie glichen Furchen auf weißem, gehauenem Stein. Furchtlos sprach er zu der aufgebrachten Menge und hörte sich jede Frage der Bergilis und der Anhänger anderer Tariqas an. Er zeigte Verständnis für ihre Suche nach einem Platz in der Gesellschaft und versuchte die Art und Weise zu korrigieren, wie sie diesen forderten. Er hörte sich ihre wuterfüllten Geschichten an, gab Antworten auf ihre wie Pfeile abgeschossenen Fragen, versuchte mit ihnen ins Gespräch zu kommen, doch es war zwecklos, über große Fragen auf beengtem Raum zu diskutieren, zusammengepfercht zwischen den Mauern der Medresse und der Sattlergasse.

Ich sah ihre Gesichter, beobachtete den Zorn in den jungen Augen und fragte mich (diese Frage habe ich später auch Hasan gestellt): wo und von wem lernten diese jungen Menschen, jegliche Heiterkeit von ihren Gesichtern zu verbannen? War ihre Interpretation des Glaubens etwa diese Beklemmnis? Will die heutige Jugend etwa den gesamten Glauben auf eine Handvoll komplizierter Fragen reduzieren? Wollen sie etwa wieder Gottes Wort auf die Spitzen ihrer Speere stecken, so wie es einst die Anhänger Muawiyas im Kampf gegen Ali in der Schlacht von Siffin machten?

»Wenn Hasan mir erlauben würde, mich in dieses Geschrei

einzumischen«, dachte ich mir, »würde ich ihnen genau diese Fragen stellen! Meine jungen Männer«, hätte ich ihnen gesagt, »Gott hat sich uns nicht kundgetan, um uns eine armselige Beschäftigung aufzuerlegen, sondern um uns anzuspornen! Wer schwierige Fragen stellt, bekommt noch schwierigere Antworten, die einen nicht glücklich machen! Und was dann?«

Doch die jungen Männer hörten nicht auf! Ein Kalenderi in weitem Umhang und Pluderhose schrie Hasan regelrecht an:

»Willst du damit sagen, dass Bittgebete dem Menschen ausreichen, um sein eigenes Übel zu heilen?«

»Das Gebet dient dazu, damit wir vor Gott unsere Hingabe bekunden!«, antwortete Hasan. »Mit Gebeten bitten wir Gott nicht darum, aus uns überhebliche Starrköpfe zu machen, sondern dass wir, indem wir Seinen Ratschlägen folgen, unseren Charakter veredeln!«

»Das zeigt, dass du zu den Gelehrten gehörst, die mit ihrer Interpretation die Botschaft des Korans erschlaffen wollen!«, grölten zwei Hunduris in schwarzen Kutten.

»Meine Kinder, ich lehre euch das, was ihr schon längst hättet lernen sollen: Kein Mund vermag es, einen Fluss zu sich zu lenken und kein Rachen einen Wasserfall auszutrinken! Es gibt keinen Menschen, aus dessen Darm es nicht faul riecht! Es liegt keine Frömmigkeit in der Prahlerei! Es nützt nichts, mit Gott Frieden zu schließen, aber gleichzeitig mit der ganzen Welt zerstritten zu sein!«

Die Passanten auf der Straße hielten an, beobachteten das Geschehen, wunderten sich und gingen wieder weiter. Vielleicht dachten sie, wir würden uns in dem engen Garten amüsieren, oder uns beim müßigen Plausch die Zeit vertreiben oder vielleicht Verstecken spielen ...

Ich schaute zum Besistan, dann zur Herberge und zur Armenküche, ob uns nicht von irgendwoher Wachleute zur Hilfe herbeieilen würden. Ich sah Zejnil den Pförtner. Er stand besorgt da und ruhte sein Holzbein aus.

Die Fragen nahmen kein Ende.

»Wir verlieren Kriege und Territorien weil der Sultan mit den Ungläubigen Friedensverträge macht!«, rief ein Schüler mit weißem Turban.

»Auch wegen euch schließt der Sultan die Friedensverträge, damit ihr nicht unnötig euer Leben lassen müsst! Kriege führt man nur, wenn man muss, verhandeln tut man jedoch, wann immer man kann!«

»Der Frieden mit den Ungläubigen macht die Ungläubigen stärker!«, warf ein kleinwüchsiger Student mit dürrem Gesicht und spitzem, dünnem Kinnbärtchen ein.

»Vielleicht! Aber der Sultan schließt Frieden, damit auch unter den Muslimen Frieden einkehrt!«

»Frieden mit den Ungläubigen bestätigt sie!«, grölte einer mit rotem Turban.

»Richtig«, sagte Hasan, »es bestätigt sie in nichts anderem, als in dem, was sie auch sind, denn im Koran steht nicht geschrieben, dass nur Muslime die Erde bewohnen werden! Moses traf sich mit dem Pharao, Jesus mit Pontius Pilatus, der Prophet Mohammed mit Abu Sufyan! Wenn Gott es anders gewollt hätte, hätten sie ihnen nicht begegnen müssen!«

»Aber außerhalb des Korans gibt es keine Wahrheit!«, rief ein asketischer Student.

»Der Koran lehrt, dass wir überall nach der Wahrheit suchen sollen!«, erwiderte Hasan, »Er ist für uns die Pforte auch für andere Wahrheiten! Steht es nicht geschrieben, dass wir auf die Zeichen schauen sollen, die auf Himmel und Erde zu sehen sind? Es sind nicht allein die Seiten des Korans, die vor dem Menschen ausgebreitet sind! Alles, was im Koran erwähnt wird, ist bis zum jüngsten Tage eine Seite im Buch dieser Welt; die, die nicht an Gott glauben, dann die verschiedenen Glaubensformen: die Christen, die Juden, die Sternenanbeter, die Feueranbeter ... Der Koran fordert nicht, dass sie von der Erdoberfläche verschwinden, sondern dass wir im Dialog mit ihnen das Einfachste suchen: Ein gleiches Wort über Gott, welches wir und sie gemeinsam haben! Wenn wir dieses Wort finden, werden wir den Krieg vermeiden. Vielleicht!«

»Philosoph! Verbergen deine Worte nicht die Meinung, dass der Islam nicht über die ganze Welt herrschen wird?«, riefen drei rüstige junge Männer.

»Wollt ihr etwa durch den Glauben zu Herrschern werden? Und Unterdrückern? Nicht Religionen herrschen über die Welt, sondern Gott, und vorübergehend auch die kläglichen menschlichen Regierungen. Religionen sind nicht gekommen, um zu herrschen, sondern um zu trösten, den rechten Weg zu weisen und zu erziehen! Und damit die Herzen kurzfristig Erquickung finden und dazu ermuntert werden, sich Gottes und seiner Botschaft von der Ewigkeit zu erfreuen!«

»Du sprichst von mehreren Religionen und nicht von einer! Heißt das, dass du auch andere Religionen als Möglichkeit, sei es auch nur als Trost, anerkennst?«, meldeten sich erneut die zwei mit den roten Mützen.

»Der Koran spricht davon, dass es auch vor dem Propheten Mohammed gute Menschen auf der Erde gab, und dass es ebenso nach ihm welche geben wird – über alle Zeiten hinweg und in allen Religionen!«

»Ist der Islam nicht die einzig wahre Religion?«, hörte man vier Männer von rechts wie aus einem Mund rufen.

Ich wandte mich zu Hasan und sagte mit leiser Stimme: »Bitte, Hasan, sag einfach, dass der Islam der wahre Glaube ist! Jeder in Bosnien hat seinen wahren Glauben, deshalb ist es nur richtig und gerecht, wenn es für uns der Islam ist!«

Doch Hasan sagte nur: »Der Mensch kann zwar meinen, dass sein Glaube der einzig richtige und wahre ist, aber er darf nicht glauben, dass er selbst einzig und allein richtig und wahrhaftig ist! Viele Grausamkeiten wurden aus der Überzeugung begangen, dass nur manche im Recht sind und sonst keiner!«

»Bedeutet das etwa, dass die Muslime in der Vergangenheit Fehler gemacht haben?«

»Nicht nur, dass sie in der Vergangenheit Fehler begangen haben, sondern dass sie es auch heutzutage reichlich tun! Viele Dinge, die manche Gläubige aus allen Religionen anstellen, sind für jeden Menschen mit Verstand nur beschämend!«

»Du redest in milden Worten über den Feind!«, rief eine Gruppe Malamatis, die in bergilische Schalwar-Hosen verkleidet waren.

»Es gibt unterschiedliche Arten von Feinden, deshalb sind meine Worte über manche von ihnen mild! Unsere Worte über den Feind dürfen weder bei uns, noch bei ihnen die Feindschaft vergrößern!«

»Du willst die Feindschaft bekämpfen, indem du dich freundlich gibst!«, fauchte eine Gruppe Kalenderis mit braunen Turbanen.

»Ich möchte durch die Freundschaft nur auf den koranischen Grundsatz hinweisen: Erwidere die schlechte Tat mit einer guten!

So wird derjenige, mit dem eine Feindschaft bestand, zu einem engen Freund! Das ist die Botschaft im Koran, was aber nicht bedeuten soll, dass wir zu unserem Nachteil zu Wohltätern für unsere Feinde werden sollen!«

»Behauptest du damit, dass der Einzelne im Islam nicht nach eigenem Ermessen handeln darf?«

»Ich behaupte lediglich, dass es keine Reise gibt, bei der man mit einem Blick den ganzen Weg erfassen kann! Entweder sieht man die zurückgelegte Strecke nicht, oder das, was vor einem liegt!«

»Heißt das, dass ein Muslim, der sich auf den Koran verlässt, nicht die gesamte Wahrheit erlangen kann?«, kreischte ein Bergili links von uns.

»Gott erschuf eine Unzahl an Dingen, aber nicht alle hat Er dem Menschen gezeigt, und noch weniger erklärt. Manches überließ Gott dem menschlichen Glauben, anderes wiederum dessen Verstand, drittes seiner Phantasie, viertes der Mutmaßung, fünftes seiner Liebe. Jedoch der größte Teil der göttlichen Unendlichkeit geht den Menschen nichts an! Der Mensch soll nicht alles wissen!«

»Wir wollen den ursprünglichen Glauben! Den ursprünglichen Islam!«

»Wenn Du an Gott und Seinen Propheten glaubst, glaubst du an den Ursprung!«

»Wir möchten den Islam, wie er zur Zeit der ersten Kalifen war!«

»Der Islam ist derselbe geblieben, nur die Kalifen gibt es nicht mehr, sie sind tot! Und auch du wirst sterben und ich ebenso. Eines Tages werden alle, die jetzt hier in diesem Medressenhof sind, sterben!«

»Willst du damit sagen, dass der Islam das Prinzip Auge um Auge, Zahn um Zahn aufgehoben hat?«

»Ja, das will ich!«

»Und aus welchem Grund?«

»Meine Kinder! Weshalb macht ihr aus dem Glauben ein Ermittlungsverfahren?«

Hasan der Philosoph wiederholte seine Frage.

Daraufhin wurde es still.

Er machte einen Schritt nach rechts – soviel war es ihm nur möglich – und drängte mit den Händen vier Bergilis zur Seite, die am nächsten bei ihm waren, und sagte:

»Meine jungen Männer, ihr mästet euren Geist mit grobem Wissen! In den Moscheen und Tekken seid ihr trotzig und das auf Kosten von anderen! Wissenschaft empfindet ihr als einen Angriff! Ich frage mich, wo ist eure Erziehung und euer Benehmen geblieben? Wo ist euer Anstand? Man hat euch den Glauben als Übermut und Arroganz beigebracht und nicht, wie man mit dem Glauben und über ihn nachdenkt! Ich empfehle euch das Fasten und das Schweigen; bändigt mit dem ersten das Tier in euch, und lasst mit dem zweiten eure Worte zur Ruhe kommen! Das Denken ist nichts für euch, solang ihr nicht lernt, dass Worte eine Kostbarkeit sind! Den grenzenlosen Glauben habt ihr in ein Dutzend Schreiparolen verwandelt! Ihr habt den Glauben zwischen Hammer und Amboss gezwängt; so kann er auch keine Barmherzigkeit hervorbringen, sondern nur Funken! Aus euch schreit und heult der Glaube! Und jeden eurer Schritte macht ihr zu einer Bedrohung für euch selbst und für andere – jetzt ist es noch so, doch schon in ein paar Jahren werdet ihr euch an die Läden heranmachen und nach Geld und Macht greifen, und ihr werdet andere junge Männer dazu verleiten, euren fehlgeleiteten Schritten zu folgen ...«

Nach diesen Worten fielen die Bergilis über Hasan her. Vor der Medresse warfen sie zuerst ihn, dann auch mich zu Boden, zerrten an unseren Gewändern und zerrissen unsere Hemden.

Während sie heftig auf uns einschlugen, fiel mir die Geschichte von jener Galeere bei Lepanto ein, auf der Scheich Semnani und Bruder Firentini von kaiserlichen Soldaten zusammengeschlagen wurden. Mit den Armen versuchte ich, Gesicht und Zähne zu verdecken; der Rest des Körpers soll ruhig in blauen Flecken sein, mit Verbänden aus Hammelleder würde ich es schon auskurieren.

Zejnil der Pförtner lief zur Sattlergasse und schrie: »Ruft die Wachleute! Ruft den Mufti und den Kadi! Zwei unschuldige Lehrer werden draufgehen!«

Kurz darauf kamen durch den Westeingang des Medressenhofes zwanzig kräftige Ordnungshüter gestürmt und drängten die erzürnten Jugendlichen von Hasan und mir weg. Der Wachhauptmann befahl, dass alle den Medressenhof verlassen – ob wir denn nicht wissen, dass es ein geschäftiger Tag sei, fragte er, und dass die Zeit für das Nachmittagsgebet kurz bevorstünde.

Wir gingen in die Medresse. Am Waschbrunnen vor dem Hörsaal säuberten wir unsere verdreckten Mäntel, benetzten mit Wasser die blauen Flecken auf unseren Gesichtern und Armen, rieben uns die Nacken und versuchten, allmählich wieder zu uns zu kommen.
Voller Leid keuchten wir in die Stille des Raumes. Zejnil der Pförtner brachte uns Thymiantee. Er weinte und sagte schnaufend:
»Viele Jugendliche sind heutzutage so! Bis zu ihrem neunzehnten Lebensjahr wechseln sie von einer Tariqa zur anderen, von einer Moschee oder Tekke zur anderen, und begeistern sich für allerlei Geschichten über den Glauben. Aber sobald sie über zwanzig sind, fangen sie an, dem Handel nachzugehen, rennen dem Geld und der Macht hinterher, sind mit ihren wechselnden Läden beschäftigt. Überall sind sie gleich. Alles wollen sie über Nacht erreichen, unverzüglich, sofort, wie wenn man Wasser in einen Bottich schüttet! Den Worten von euch Gelehrten lausche ich seit Jahren durch die halbgeöffnete Tür des Klassenzimmers. Alles, was ihr den Schülern sagt, habe ich mir gemerkt. Ihr lehrt sie den Glauben aus Büchern alter Meister, als eine längst beschriebene Freude, eine vor langer Zeit geschaute Schönheit und weit zurückliegende Labsal. Sie aber sehen in der Stadt die Dinge von heute, was hier und jetzt ist! Mit meinem Verstand eines einfachen Menschen aus dem Volk denke ich mir: Den Glauben sollte man nicht so auslegen, damit sie ihn voller Entzückung genießen! Nur wenige Menschen können das! Manchen Menschen muss der Glaube als Pflicht auferlegt werden, für andere wiederum als Schrecken, für dritte als Hoffnung, für vierte als Zwang ...«
Zejnil, der alte Pförtner sprach mit trauriger Stimme, aus der jegliche Hoffnung verbannt war. Er schaute zuerst zu Hasan dem Philosophen, der wortlos dasaß, und dann zu mir.

Drei Tage lang machte in der Stadt die Geschichte die Runde, dass Hasan der Philosoph und ich im Hof der Medresse von Bergilis verprügelt wurden.
Am vierten Tag kam ein Sturm auf. Drei Stunden lang goss es

wie aus Kübeln. Die Miljacka schwoll an und riss drei hölzerne Brücken mit sich. Am fünften Tag half ich Fazlo Šeremet und Hakija Kaltak den Medressenhof vom Schlamm zu säubern. Dadurch würde sich mein Rücken etwas lockern, dachte ich mir, und die schmerzenden Stellen von den Schlägen würden schneller heilen.

Heute Morgen ging ich früher zur Medresse. Drei Schüler hatten sich für den freiwilligen Unterricht in Mawerdis *Poesie des Diesseits und des Jenseits* angemeldet.

Es machte mich glücklich und gab mir Antrieb. In dem großen Hörsaal waren nur die drei Schüler und ich. Ich genoss es, dem Klang meiner eigenen Stimme zu lauschen, während sie in Worten der Wahrheit von den Wänden und den Bücherregalen widerhallte.

Später, vor dem Morića-Han, traf ich Hasan und den in Tränen aufgelösten Scheich-Ibrahim Zelkanović.

»Was ist passiert?«, fragte ich ihn. Er schwieg, wischte sich die Tränen aus den Augen, vergoss neue, wischte dann auch diese weg, schwieg weiter und schaute vor sich hin. Vielleicht hatte er erst heute davon gehört, dass Hasan und ich von Derwischen geschlagen und getreten wurden. Vielleicht weinte er aus Mitleid um seine treuen Freunde.

»Was ist mit ihm los?«, wandte ich mich jetzt an Hasan.

»Ich weiß es nicht genau. Er will es mir nicht sagen. Vielleicht ist er wütend auf jemanden. Vielleicht hat ihn aber auch irgendeine alte Erinnerung aus Zarigrad überwältigt, oder die Trauer um die verflogene Jugend, was aufs selbe hinauskommen würde.«

Scheich Zelkanović verabschiedete sich misslaunig von uns und lief weinend die Gasse hinab.

»Er weint seit gestern, als er sich mit dem Kazasker getroffen hatte, der vor sieben Tagen aus Zarigrad hergereist war, um zu untersuchen, weshalb Baumwolle in Bosnien so billig ist. Scheich Zelkanović wollte sich mit ihm treffen und ich arrangierte es. Ich vermutete, dass er sich beim Kazasker bedanken wollte; schließlich hatte dieser ihm das Leben gerettet und das ist keine kleine Sache.

Der Kazasker hatte damals nur mit dem Finger gezuckt und Scheich Zelkanovićs Leben blieb verschont und er landete nicht am Grund des Bosporus, mit einem Sack voll Steine um seinen dickköpfigen Nacken gehängt!

Doch Scheich Zelkanović hatte sich nicht mit einem einzigen

Wort beim Kazasker bedankt! Als sein einstiger Retter ihn empfing, fing er stattdessen zu blinzeln an, wurde rot im Gesicht und als er schließlich zu Wort kam, fragte er nach dem Schicksal jener alten Dame aus Zarigrad, bei der er einst beschäftigt war.

Diese Frage erstaunte und verdutzte den Kazasker! Der weitere Verlauf des Gesprächs war unerwartet und hastig, mit unvorhersehbaren Fragen:

›Du fragst nach der Alten, um deren Vögel du dich gekümmert und deren Blumen du gegossen hast?‹

›Genau um die!‹, antwortete Scheich Zelkanović.

›Die, welche dir geraten hat, nicht an dieser Welt festzuhalten?‹

›Genau! Das hat sie mir stets geraten!‹

›Nicht am Weltlichen festhalten! Tausende Male hatte sie es zu dir gesagt! Aber kein einziges ihrer Häuser hat sie für wohltätige Zwecke gestiftet! Nie! Nicht einen Garten hat sie den Waisenhäusern geschenkt, oder den verwundeten Kriegern, einer Moschee, oder einer Tekke! Niemandem! Niemals! Das Geld, das ihr von ihrem bei Lepanto als Märtyrer gefallenem Mann – dem sie übrigens aufrichtig nachgeweint und nachgetrauert hatte – hinterblieb, gab sie für seltene Vogelarten aus. Sie kaufte sie aus allen Ländern der Levante, bestellte sie von weit her, manche sogar aus Ceylon. Das Weltliche sei herb, trügerisch und nichts als Schein, sagte sie zu dir am Ende jeden Monats. Aber den Lohn hat sie dir nie, nicht um eine Akçe erhöht! Nicht einmal zum Spaß!‹

Scheich Zelkanović räusperte sich, zuerst einmal und kurz darauf ein zweites Mal. Der Kazasker ließ ihn sprechen.

›Ist dem leuchtenden Kazasker bekannt, ob die alte Frau noch am Leben ist? Wenn nicht, was ist dann mit all ihrem Reichtum geschehen? Wer hat all das Hab und Gut bekommen? Allein die Vögel waren zwanzigtausend Akça wert und die Garteneinrichtung und die Blumen mindestens weitere zehntausend! Dann die Gärten unten zum Bosporus hin, und die Läden unweit der Sultan-Bayezid-Moschee!‹

Der Kazasker war von Scheich-Ibrahims Rede gelangweilt. Er unterbrach ihn und sagte, er wisse nur wenig vom Schicksal der alten Frau, aber auch das, was er weiß, würde dem Scheich von Nutzen sein, oder zumindest ein Trost, wenn es ihm danach sei.

›Die Greisin endete im Zarigrader Irrenhaus. Als wir dich nach Bosnien verabschiedet hatten, fand sie einen neuen jungen Gärtner. Jahrelang hat er ihre Vögel und Blumen gewissenhaft gepflegt. Eines Nachts ging sie ihre Freundinnen besuchen und währenddessen lud der Gärtner seine Freunde ein. Sie zockten, sangen und feierten bis zum Morgengrauen. Irgendwann öffnete einer der jungen Männer unbedacht alle Vogelkäfige. Die wilden, stärkeren Vögel stürzten sich augenblicklich auf die zierlichen und schwächeren, sanften und zutraulichen Vögel mit liebreizenden Stimmen und bezaubernder Farbenpracht im Gefieder. Ein Blutbad und Abschlachten sondergleichen setzte ein, als würde es sich um eine erbitterte Schlacht bei Persepolis zwischen Griechen und Persern handeln! Es dauerte nicht lang, bis alles verwüstet war und es wirkte, als hätte ein Wirbelwind zwei Stunden lang durch den Garten gewütet, um ihn zu vernichten. Die Blumen wurden bereits in den ersten zehn Minuten des Kampfes, des Gemetzels und des unbarmherzigen Mordens zerstört. Alles, bis auf die letzte Rose! Federn, Flaum, Schnäbel, Überreste von Krallen, Knochen, Blut, all das vermengt mit Rosenblüten wurde in die feuchte, fruchtbare, jeden Tag gedüngte Gartenerde eingestampft. Am Schluss überlebten nur drei Habichte aus Täbris und zwei Falken aus Kars, aber auch sie verreckten kurz darauf. Sie krepierten an übermäßigem Fressen von Fleisch und blutgetränkten Federn.‹

›Was wurde aus dem Kuckuck aus Pridvorci? Was ist aus ihm geworden?‹

›Was für einem Kuckuck?‹, fragte der Kazasker verwundert.

›Dem kleinen bosnischen Vogel, ganz zierlich, weißt du, ein ganz einfacher Vogel. Nur so groß, dass er auf der warmen Handfläche einer mittelgroßen Hand Platz hat! Ich hatte ihn eines heißen Sommers der alten Frau als Geschenk aus dem Ort Pridvorci bei Gornji Vakuf gebracht! Ich glaube, dass es im Jahr 1572 gewesen sein muss, etwa elf Monate nach Lepanto.‹

›Ich weiß, dass die Adler aus Anatolien die kleinen Vögel am Stück, samt Schnäbel und Knochen verschlungen haben. Der Kuckuck war unter den ersten, die gefressen wurden. Da es sich bei dem verstorbenen Mann der Greisin um einen hohen Offizier des Kaiserreiches gehandelt hatte, wurde der Fall untersucht und es wurde festgestellt, dass alle Vögel verunglückten oder krepierten und die Besitzerin verrückt wurde.‹«

Die Welt seltener Freunde

Zu Beginn des Sommers des darauffolgenden Jahres passierten furchtbare Dinge, die bereits seit jenem Treffen bei dem Wali loderten, und sich nun wie eine Flut über die Baščaršija ergossen und durch die Stadt wüteten wie ein Unwetter.

Ich wünschte, ich wäre fähig, alles mit leichter Feder und wachen Sinnes niederzuschreiben, so wie ich es einst in Zarigrad und Florenz konnte. Doch während ich jetzt im Garten in Hrid alles auf Blättern festzuhalten versuche und mir über das, was ich vergaß oder versäumte, an den Rändern der Blätter Notizen mache und in Gedanken alles nochmal auf Korrektheit überprüfe, kommt mir der Gedanke, dass zu viele Menschen in die Ereignisse verwickelt sind; manche aus eigener Absicht, manche wiederum durch Zufall, weil sie vielleicht im Vorbeigehen etwas gesehen hatten und dachten, dass es sie möglicherweise etwas angehe und sie auf diese Weise an das Geschehnis herantraten.

Doch ich ließ von dem Gedanken ab und schrieb stattdessen nieder: Es sind nur wenige Schritte, die wir im Leben aus eigener Kraft machen!

Und so hatte es sich ereignet:

Sieben Nächte zuvor war ich in der Medresse und las bis tief in die Nacht, als kurz vor Mitternacht jemand von der Seite, die zum Hanikah schaute, ans Fenster klopfte.

Es war Ragib Vrebac!

Ich hatte ihn längere Zeit nicht gesehen und konnte mich nicht erinnern, wann er das letzte Mal hier war. Er kam rein und setzte sich. Zum Glück war er nüchtern! Es war mir jedes Mal unendlich peinlich, wenn er in meinem Medressenzimmer trank. Ich schämte mich für ihn, doch ich konnte ihn nicht rauswerfen, schließlich war es auch seine Medresse. Außerdem, wenn er trinkt, trinkt er zu seinem eigenen Nachteil! Jeder wird seine eigenen Sünden verantworten und seine eigene Bürde tragen müssen!

»Irgendein Unbekannter hatte mich beim Bezestan angehalten. Ich bin ihn fast nicht mehr losgeworden!«, sagte Ragib. »Er war plötzlich aus dem Dunkeln aufgetaucht und sagte: ›Sei gegrüßt, seltener Freund! Lange Zeit habe ich dich nicht gesehen! Ich bin in großer Geldnot!‹, und ich antwortete ihm: ›Bleib mir bloß fern! Ich bin nicht der, nach dem du suchst!‹ So habe ich ihn abgewimmelt!«

»Nicht alle Bettler sind gleich!«, sagte ich zu Ragib, »Viele sind Betrüger!«

»Schlimmer sind die, die in großen Häusern wohnen!«, erwiderte er, »Schau mich an – ich schaffe aus Zarigrad Baumwollstoffe an, aber die Geschäfte laufen schlecht. Eigentlich laufen sie gar nicht! Voriges Jahr hatte jemand im Baumwollgeschäft längere Finger als sonst. Jemand besorgt ihn zur Hälfte des üblichen Preises, oder er klaut ihn irgendwo und betrügt auf diese Weise! In zu großem Maße!«

»Pssst! Ich muss nachsehen, ob wir auch allein sind!«

Ich rannte aus dem Zimmer und überprüfte, ob nicht jemand im Leersaal oder im Garten war. Ich schaute auch in den engen Durchgängen zwischen dem Hanikah und der Medresse nach.

Zejnil Glamočak war nirgendwo zu sehen und auch sonst keiner! Zum Glück!

»Vor wem hast du Angst?«, fragte Ragib.

»Vor niemandem! Oder zumindest vor wenigen!«

»Als ich die Baumwolle erwähnte, bist du aus dem Zimmer gerannt! Weshalb?«

»Ich hatte etwas über die Geschäfte mit Baumwolle und Wolle und die hamzawitischen Kaufleute erfahren!«

Dann erzählte ich Ragib Vrebac mit leiser Stimme alles der Reihe nach. Er schaute verwundert, während er mir zuhörte: »Wirklich? Ich wusste es! Sie waren schon immer Abschaum!« Er rieb sich die Stirn, ging den Raum in großen Schritten auf und ab und sagte wütend: »Sprich du nur, Humo! Ich höre dir zu!« Als ich erwähnte, dass Haso, der Halbbruder des Walis, den alten Kaukčija mehrmals erpresst hätte, sagte er mit belegter Stimme: »Oh ja, natürlich! Von ihm hätte ich so etwas auch erwartet! Aber, jetzt ist das Fass übergelaufen, Wali! Das war das letzte Mal!« Er schlug mit der Faust auf die Holzwand, als ich erzählte, wie der Wali sich vor der Begova-Moschee dafür einsetzte, dass der alte Kaukčija neben seinen Sohn Hilmija beerdigt wird.

»Du sagst also, der Wali verteilt großzügig sogar Grabplätze! Aber mit Sicherheit nicht mehr lange! Du erwähnst den verstorbenen Hilmija! Ach, Hilmija! Ständig habe ich ihm geraten, er soll keine nachträglichen Totengebete für Scheich Hamza Orlović verrichten, doch der naive Hilmija wollte es einfach nicht sein lassen.

Vor acht Jahren in Zarigrad sagt er zu mir: ›Wenn ich für ihn das Totengebet verrichte, werden meine Geschäfte mit Baumwolle und Seide besser laufen. Hamzawiten sind sogar am Hof des Großwesirs!‹ Darauf sagte ich: ›Hilmija, lass die Verstorbenen in Ruhe verrotten! Versuch nicht, mit ihnen deine Umsätze zu steigern! Es kann dich den Kopf kosten!‹ Doch es nützte nichts. Er wollte nicht auf mich hören. ›Bleib beim Handel!‹, riet ich ihm, ›Am besten ist es, wenn der Handel fern von jeglicher Tariqa bleibt!‹ Und er antwortete: ›Ich tue mich mit den Hamzawiten und den Hunduris leichter! Die Geschäfte gehen so einfacher und schneller vonstatten!‹ Doch was hat er einfacher gehabt? Was hat er schneller verdient? Nur dass er nach seinem Tod seinen Vater zu Grunde gerichtet hat – das ist ihm schneller gelungen! Gütiger Gott, was für ein Volk sind wir? Bei uns gelangen die Toten an die Macht, ziehen aus ihren Gräbern die Fäden und scheißen auf das bisschen Leben, was uns auf dieser Welt noch geblieben ist!«

Es waren noch zwei Stunden bis zum Morgengrauen.
Ragib konnte sich nicht mehr zurückhalten; er fing an, von seinem Kummer zu berichten und holte seine Schnapsflasche heraus und trank. Er hörte sich auch alles der Reihe nach an, was ich zu erzählen hatte und fluchte, ebenfalls der Reihe nach, auf jede einzelne Person, die ich erwähnte.
»Hör auf, in der Medresse zu fluchen! Die Schüler könnten dich hören! Außerdem ist es schlecht und abscheulich!«
»Ich weiß, aber es ist mir herausgerutscht!«
Ich ging wieder nach draußen und prüfte nach, ob uns nicht jemand belauschte. Später ging Ragib hinaus um nachzuschauen.
Kurz vor Sonnenaufgang sagt er zu mir:
»Ich weiß, was ich machen werde! Hast du etwas Geld hier bei dir? Wenn du nichts hast, weißt du dann, wer was haben könnte?«
»Ich hab immer noch den Beutel, den du mir vor langer Zeit gegeben hast.«
»Lass mich sehen, was für ein Wohltäter ich damals gewesen bin!«
Ich bat ihn, zur Seite zu rücken, weil der Stuhl, auf dem er saß genau über der morschen Holzdiele stand, unter der das Geld versteckt lag.
Ich hob die Diele an, tastete vorsichtig, machte dabei einen Bo-

gen um Salih-Begs Dukaten, die ich in ein Hemd, welches ich 1579 in Konya gekauft hatte, eingewickelt habe und ertastete schließlich den Beutel mit Ragibs Geld.
»Hier! Zähl nach!«
Eilig zählte er das Geld nach und sagte:
»Tausend Akçen! Es ist zu wenig!«
»Wieviel brauchst du?«
»Siebenmal soviel!«
»Wie wär's mit fünfhundert Dukaten?«
»Vierhundert reichen auch!«
»Sind vierhundertfünfzig in Ordnung?«
»Ja, aber woher das viele Geld?«
Ich bat ihn wieder zur Seite zu rücken und holte das zweite, größere Bündel raus.
»Hier! Zähle es!«
Wieder zählte er.
»Vierhundertundsiebzig Dukaten! Und alle neu! Hervorragend! Und interessant!«
»Lass zwanzig davon für mich übrig, für schlechte Zeiten!

Ich sah zu, wie Ragib die Dukaten und Akçen zählte und allesamt in die Innentaschen seines Kaufmannsmantels stopfte. Mit glühenden Augen, lichter Stirn und Händen flink wie die Fittiche von Nachtigallen aus Shiraz eilte er hinaus, ohne sich von mir zu verabschieden. Er sagte nur noch, ich solle auf mich aufpassen wenn es hell wird. Es sei viel Dreck draußen, und wenn es viel davon gäbe, würden sich damit sogar die beschmutzen, die sonst völlig rein sind.

Er verschwand im Dunkel der Nacht. Ich sah ihn nur noch in Richtung Gazi-Husrev-Begs Bezestan hinfortlaufen.

Nach dem Morgengebet in der Medresse sank ich in kurzen Schlummer.

Im Traum sah ich schwarze Schafböcke. Von überallher. Mit verschwommenen Markierungen gezeichnet und in zwei Herden aufgeteilt. Auf der rechten Seite die einen, auf der linken die anderen. Ein Kampf bricht aus. Man hört das Donnern und Krachen aufeinander prallender Hörner. Inmitten des Geschehens ein Feuer. Die Flammen strecken sich hoch zum Himmel. Dicke Rauchschwaden, wie hunderte von gekämmten, weißen Hammelfellen, die man an sonnigen Julitagen im Bergwind des Vlašić oder der Bjelašnica zum Trocknen aushängt. Die beiden schwarzen Herden machen einen Bogen um die Flammen, durch sie hindurch können sie nicht. Die Flammen trennen sie voneinander und verbinden sie gleichzeitig. Keine Herde gibt auf. Jede ist erfreut über das, was sie bis dahin erreicht hat und hofft auf baldigen Sieg. Schwarze Böcke in wildem Hetzen! Von ihren schrecklichen Hörnern fliegen Funken und entzünden ein weiteres Feuer, ein noch größeres. Ich sehe Flammenzungen, klar wie gebündeltes Regenbogenlicht, die am tiefblauen Himmel angebunden zu sein scheinen. Von irgendwoher kommt eine dritte, dann auch eine vierte schwarze Hammelherde herbeigestürmt. Ich weiß nicht mehr, welcher der beiden ersten Herden sie zu Hilfe kommen würden. Oder werden sich die zwei neuen, jede für sich selbst, gegen die ersten zwei stellen?

O Gott, was nicht alles im Traum möglich ist! Wie leicht überzeugen uns Träume davon, dass es außer dieser Welt, in der wir all die Jahre aufwachen, noch andere Welten gibt!

Ich wachte schweißgebadet, angsterfüllt und verstört auf, nahm die zwanzig übriggebliebenen Dukaten und machte mich auf den Weg nach Hrid.

In der Stadt war es ruhig.

Ich sagte zu Mustafa, er soll in den Laden gehen und die wertvollen Sachen und seine Bilder woanders hinbringen. Er soll sich dort nicht lange aufhalten.

Safija und Lejla riet ich, zu Hause zu bleiben. Ich streichelte dem kleinen Hilmija übers Haar, doch das Kind bemerkte mich nicht einmal, es beobachtete den flattrigen Flug der Spatzen am Gartenzaun.

»Es ist besser wenn ihr hier in Hrid bleibt«, sagte ich zu den Begumen. »Hier könnt ihr euch ausruhen und beim Kaffee den Singvögeln aus dem Nachbargarten lauschen. Ich habe eine schlechte Vorahnung. Sie hat von mir Besitz ergriffen wie ein dunkler Geist. Ich bin kein Heiliger, doch ich spüre, dass sich etwas zusammenbraut. Außerdem hatte ich einen schlechten Traum. Er kam mir im dunkelsten Teil der Nacht, kurz nach dem Ruf zum frühen Morgengebet. Ich will ihn euch nicht erzählen, damit er sich nicht bewahrheitet.

Ich werde kurz in die Stadt gehen, bin aber bald wieder zurück. Noch vor Mittag werde ich zu Hause sein.«

Ich war in Smiljana Jevtanovićs Buchladen, als ich draußen auf der Straße Ragib Vrebac und Naskan Čolo vorbeilaufen sah. Mit ihnen war noch ein kräftiger, schnurbärtiger Mann, scheel blickend und breitschultrig. Ich hatte ihn nie zuvor gesehen.

Erstaunlich, wie schnell Ragib, der seltene Freund, es geschafft hatte, den heldenhaften Naskan Čolo zu finden! Es wäre besser, von denen unbemerkt zu bleiben, dachte ich mir.

Ich versteckte mich hinter einem Manuskript des Gelehrten al-Kalkashandi, in welchem er über die Kastration von Bullen schrieb und breitete die Buchseiten über mein ganzes Gesicht aus, damit sie mich von der Straße ja nicht erkennen, damit sie mich nicht zu sich rufen, zu ihnen zu kommen und sie auf ihren Wegen zu begleiten.

Smiljana Jevtanović schaute mich erstaunt an. Sie schien sich nicht daran erinnern zu können, mich jemals zuvor meine Nase so tief in Handschriften vergraben, geschweige denn beide Ohren mit Büchern bedeckt gesehen zu haben.

Verschreckt fragte sie:

»Humo, was machst du da? Riechst du etwa an den Handschriften?«

»Ich rieche nicht dran, sondern meine Augen sind schwächer geworden!«

»Dann kauf dir eine Brille!«

»Ich fühle mich noch zu jung für eine Brille.«

»Auch junge Leute tragen Brillen! Und zwar immer mehr heutzutage!«

Dann drehte sie sich um, schaute in beide Richtungen die Sattlergasse hinab und rannte plötzlich aus dem Buchladen. Sie lief nach rechts. Vor dem Laden des Kupferschmiedes ging sie zu einem Mann, der ihr etwas in hastiger Weise zu erzählen begann. Danach kam sie wieder in den Laden.

»Muderis Humo, ich muss jetzt schließen! Es tut mir Leid, aber es ist sehr dringend! Ich rate dir, dich zu verstecken!«

Ich rannte hinaus und nahm den Weg in Richtung Medresse.

Aus den Seitengassen von der Miljacka und in Richtung der Baščaršija hörte ich Stimmen rufen:

»Wie wollt ihr mit den Pferden hier durch? Ihr macht uns die ganzen Schüsseln und Krüge kaputt! Schämt euch!«

Man hörte lautes Getöse, Krach, das Klopfen von Pferdehufen auf dem Kopfsteinpflaster, den Klang aufeinander schlagender

Messingstangen, lautes Fluchen, dessen Wortlaut ich mich niederzuschreiben schäme, dann Naskan Čolos heisere Stimme, als er den Kriegern von Hrastuša im Befehlston zuruft:

»Stürmt Kaukčijas hamzawitische Läden! Sechs sind es! Ich warte auf euch auf der Baščaršija, dann geht's weiter! Los geht's! Stürmt auch die anderen Läden und die beiden Tekken! Zum Angriff!«

Naskans Stimme klang klar, scharf und siegessicher, als würde er auf Ungarns Feldern, bei Esztergom oder Dschigerdelen, den Befehl erteilen, die Österreicher entschlossen anzugreifen und sie von den noch wenigen übriggebliebenen Anhöhen, dort auf der rechten Seite, zu vertreiben.

Ich stellte mich in den Schatten eines Pantoffelladens (war es nicht derselbe, vor dem ich einst mit meiner Mutter Mevlija stand?) und beobachtete die Händler, während sie fluchtartig davonliefen. Eine hübsche Frau in weiten Pluderhosen, wie man sie in Bjelimici trägt, schleppte ihre Butterfässer und Seilwinden mit sich und rief:

»Der Montenegriner Bekrija Siradžudin hat die Baščaršija angegriffen! Aus dem Weg, Leute!«

Das war der Mann mit dem Schnurrbart und den breiten Schultern von vorhin, den ich zusammen mit Ragib Vrebac und Naskan Čolo vorbeilaufen gesehen hatte!

Bekrija Siradžudin! Mein Onkel! Der Säufer und Glücksspieler – alles Übel war in ihm vereint! Alles was er tat, widerstrebte dem Islam!

Zum Glück kannte ich ihn nicht. Nie zuvor hatte ich ihn gesehen. Und auch er kannte mich nicht und hatte mich nie zuvor gesehen. Er hatte sich mit Großvater Arif zerstritten, noch bevor ich geboren wurde. Danach war er nach Montenegro gegangen und betrieb dort Handel zwischen Nikšić und Sarajevo. Geld hatte er so viel wie er brauchte und vom Glauben so viel wie er musste! Ich wiederhole: Ein Glück, dass er seinen Neffen, den Muderis nicht kannte! Soll er mir tunlichst fernbleiben! Weit ist die Welt, und vieles kann, zum Glück, fernab von einem geschehen. Mein Onkel geht mich nichts an! Wir tragen unterschiedliche Namen. Auch vom Aussehen sind wir uns nicht ähnlich. In dieser Hinsicht neige ich mehr zu meinen Verwandten mütterlicherseits – erfreulicherweise! Und es ist gut, dass mein Onkel Bekrija Siradžudin niemals Moscheen oder Medressen aufsucht. Dort könnte er von mir hören, man würde es ihm erzählen. Dann würde er sich daran erinnern, dass Salko und Mevlija einen Sohn hatten. Er würde aus Neugier nach mir suchen, zu mir kommen, um sein Herz zu erweichen, um es von Traurigkeit berühren zu lassen. Er würde sich an unseren Garten in Mostar erinnern und mich als eine Seltenheit, eine Neuigkeit ansehen, wie einen Pfau, den man zum ersten Mal nach Mostar gebracht hat, wo nun alle gespannt darauf warteten, dass das wundersame und fremdartige Geschöpf seinen Schweif ausbreite.

Aber so wie es ist, ist es besser. Scheich Semnani sagte immer, dass dem Menschen immer das widerfahre, was für ihn das Beste sei. Gott bewahre, dass ihm das widerfährt, was am schlimmsten für ihn wäre!

Dennoch werde ich mir weiter hinten, in dem Durchgang zwischen dem Pantoffelladen und dem Laden des Rosinenhändlers ein Versteck suchen.

Zuerst zerbarsten die Fensterscheiben an Kaukčijas Läden, die er den beiden neu erbauten Tekken vermacht hatte, und kurz darauf auch an den anderen, denen von Safija und Lejla. Naskans furchtlose Krieger von Hrastuša zertrümmerten die Dachziegel, schlugen an allen sechs Läden die Türen aus. Die gesamte Ware schleppten sie fort, hunderte an Säcken von Baumwolle und Seide. Lejlas Läden zündeten sie sofort an. In die von Safija schütteten sie zuerst Müll aus, bevor auch diese in Flammen aufgingen.

Bald brannte es lichterloh in allen sechs Kaukčijas Läden. Ich war mir sicher, dass man die Flammen sogar von Hrid aus sehen konnte. Ein Glück, dass die Begumen-Schwestern ihren Kaffee in dem kleinen Garten tranken, und deshalb die Feuerszungen nicht sehen und das Zischen der Feuersbrunst nicht hören konnten!

Doch es brannten auch andere, anliegende Läden. Tonnen an Wolle, Seide und Baumwolle; alles in wenigen Augenblicken in Rauch aufgelöst. Alles flammte mit einer Leichtigkeit auf, als sei es in der Augusthitze verdorrtes Laub. Der Geruch von Rauch drang zu mir vor und erweckte in mir Erinnerungen an stille Nächte, an Frieden, gerösteten Mais, an den Duft des Herbstes und den von gebrannten Kastanien. Ich erinnere mich an diesen Geruch aus der Zeit, als ich einst zu Beginn des Herbstes nach Sarajevo gekommen war.

Dreißig Reiter, vielleicht waren es auch vierzig, schossen wie Pfeile in einem Wirrsal aus Staub, Zorn und Hass durch die Baščaršija in Richtung Kovači.

»Beide Tekken stehen in Flammen!«, hörte man unschuldige Kinderstimmchen rufen.

»Die Naqschi- und die Mevlevi-Tekke brennen!«, riefen die Erwachsenen.

»Die von den Naqschbandis wurde als erste angezündet!«, schrien einige Frauen.

»Kaukčijas Stiftung hat nicht einmal fünf Jahre angedauert! So ist es mit verbotenem Geld – früher oder später landet es in der Hölle!«, rief ein Bettler und zeigte mit seinem knotigen Stock in Richtung Kovači.

Jeder war damit beschäftigt, sich selbst in Sicherheit zu bringen.

Ich nahm die seitlichen Gassen. Meinen Gelehrtenmantel hatte ich über meinen linken Arm gelegt. Es war ein sonniger Tag und ich ging ohne Eile. Weshalb hätte ich mich auch beeilen sollen? Mir war es sowieso nicht mehr möglich, irgendetwas weder zu beschleunigen noch zu verlangsamen (wann ist es mir auch jemals möglich gewesen?). Keiner hatte von mir etwas wichtiges erwartet (nicht einmal Unwichtiges wurde von mir jemals erwartet). Nichts konnte ich mehr aufhalten! Weshalb hätte ich mich jetzt noch jemandem in den Weg stellen, und die göttliche Bestimmung stören sollen? Das wäre eine Sünde gewesen!

In weitem Bogen näherte ich mich den Tekken, ging durch ergrünte Obstgärten, kletterte über Gartenzäune und übersprang Zaunpfähle, als wäre ich neunzehn. Ich wollte eine günstige Richtung einschlagen und dabei unbemerkt bleiben; einen guten Aussichtsplatz finden, von dem ich die Feuersbrunst hätte beobachten können, während sie die beiden Tekken verschlang.

Kurz darauf, in etwa der Zeit, die eine Ringeltaube braucht, um fünfmal von einem Ufer der Miljacka aufs andere zu fliegen, fand ich mich auf einem geeigneten Platz mit guter Sicht auf die brennenden Tekken wieder.

Hilmijas grünes Turbe war noch nicht niedergebrannt. Die Dächer der Tekken stürzten allmählich unter den Flammen ein. Glitzernde Funkenschwaden, wie im Sonnenlicht getränktes Gold, erhellten die umliegenden Gärten und Gassen. Im Gedränge sah ich stämmige, wohlgenährte Ordnungshüter, die sich kurz darauf mit den Montenegrinern, mit den Kriegern von Hrastuša, angeführt von Naskan Čolo und den jungen Kaufleuten von Ragib Vrebac eine blutige Prügelei lieferten. Menschengetümmel ringsumher. Manche versuchten die Baumwolle und Wolle aus den Kellerlagern der Tekken herauszubringen.

»Muderis! Du denkst wohl nach, wie?«

Die Stimme kam von hinten, aus dem rückwärtigen Gemüsegarten. Ich drehte mich um. Ein Mann, um die sechzig, nein, vielleicht eher dreiundfünfzig, stand keine zwanzig Schritte von mir entfernt. Von hoher, ansehnlicher Statur, ernsten Gesichtes und gestutzten Bartes erweckte er bei mir den Eindruck eines gebildeten Mannes. Er stand aufrecht da, unbewaffnet und ruhig. Es kam mir vor, als hätte ich ihn irgendwann schon einmal in der Begova-Moschee gesehen, in der sechsten, siebten oder achten Reihe vielleicht. Von irgendwoher kam er mir bekannt vor, doch ich konnte mich nicht genau erinnern, woher es war.

Es gibt Menschen, in deren Gesichter man des Öfteren blickt und die sich einem einprägen, doch man kommt nie dazu, auch nur ein Wort mit ihnen zu wechseln. Es bleibt alles bei einer fernen Begegnung und es ist, als würde man diesen Menschen gar nicht kennen.

Der Garten musste wohl ihm gehören!

»Ich denke nicht nach, ich schaue nur!«, sagte ich.

»Du schaust zwar dem Brand zu, aber dein Blick senkt sich auch ab und an. Vielleicht schämst du dich aus irgendeinem Grund?«

»Schämen? Weshalb sollte ich mich schämen?«

»Für die schlechten Taten anderer möglicherweise. Manchmal schämen wir uns für andere.«

»Ich schäme mich nicht, ich schaue nur zu!«

»Du schaust dir die Schande an!«

»Wessen Schande?«

»Die Flammen verschlingen gerade zwei schöne Tekken. Jemand trägt sicherlich Verantwortung für diese Schande! Gewiss verbrennt nicht alles dort in diesem Feuer ohne die Schuld von irgendjemandem, einfach so, grundlos und aus Versehen!«

»Wie gesagt, ich schaue nur zu und wundere mich! Woher weißt du überhaupt, dass ich ein Muderis bin?«

»Ich war gerade dabei Unkraut zu jäten, da sah ich dich, wie du durch friedvolle Gärten streifst und dich aus der Ferne wunderst. Da dachte ich mir: ›Das muss ein Muderis sein! Ein hochgelehrter Muderis!‹«

»Na und?«

»Nichts. Mir kam nur dieser Gedanke, als ich dich gesehen habe: ›Er grübelt aus der Ferne, wundert sich von weitem!‹ So ist unsere Wissenschaft heutzutage in den Medressen und Tekken – das Unheil steht vor unserer Haustür, aber die Wissenschaft ist distanziert, weit hergeholt, von oben herab! Überall ist sie, nur nicht dort, wo sie sein sollte! Zwei Tekken stehen in Flammen, in wütendem Inferno, ringsumher Menschen, die sich prügeln, und was macht der Muderis? Er wundert sich aus der Ferne!«

»Was willst du von mir? Wer bist du?«

»Siehst du, dass du ein Muderis bist? Du bist in meinen Garten gekommen, von irgendwoher dahergelaufen, von irgendjemandem Schutz suchend. Eigentlich hätte ich dich fragen sollen, wer du bist! Doch ich habe es nicht. Stattdessen fragst du mich, von meinem Stück Erde aus, wer ich bin! Ich sehe, dass du ein Muderis bist! Du stellst Fragen, hast jedoch nicht erkannt, wo du selbst stehst! Du betrittst unbekanntes Gebiet, bringst aber nicht einen Funken Scham mit! Wie du selber sehen kannst, bist du ein Muderis!«

»Mensch, was willst du von mir?«

»Nichts, wirklich nicht! Als ich dich sah, dachte ich nur: ›Muderis! Du denkst wohl nach, wie?‹ Das ist alles!«

»Meinetwegen! Ja, ich denke nach, beobachte und schäme mich! Schäme mich für mich selbst, für andere, für Sarajevo und für ganz Bosnien! Ich schäme mich im Voraus und schäme mich nachträglich! Also, was willst du jetzt?«

»Ein Muderis! Ich hab's gewusst! Ein Muderis – einer, der im Nachhinein denkt, im Nachhinein weiß und sich nachträglich schämt! Alles in allem ein nachträglicher Verstand! Schamgefühl hat er zur Genüge, sogar vorab, fürs Jenseits wenn es sein muss, dass es gar für acht Paradiese reichen würde! Wenn er könnte, würde er auf dem Buraq[98] über dem Himmel reiten! Aber wenn zwei Tekken brennen und die Menschen sich in den Moscheen und Tekken die Köpfe einschlagen, weicht er plötzlich aus und beobachtet aus der Ferne! So sind wir Muslime heute, vom Osten bis zum Westen! So ist es!«

Bei Gott, was ist das nur für ein Mann! Dennoch hat er Recht! Ich muss gestehen, dass seine Worte der Wahrheit nicht fern sind.

Was nun? Ich hätte in der Stadt zusammen mit Hasan bleiben sollen, oder zumindest in der Medresse. Vielleicht werden Ganoven sie überfallen! Wer wird dann dort sein, um sie zu verteidigen?

In der Tat, was hat mich nur dazu getrieben, durch fremder Leute Gärten zu laufen und nach einem guten Aussichtspunkt mit Blick auf die brennenden Tekken zu suchen?

Es wäre besser, ich wäre unten beim Feuer gewesen, auf einer der zerstrittenen Seiten, oder ich hätte versuchen können, die Streitenden auseinanderzubringen! Ich wäre zwar wütend, aber ich müsste mich nicht schämen wie jetzt hier, vor diesem Menschen von ansehnlichem Äußerem, der nichts weiter tut, als nackte Fragen zu stellen!

»Und wer bist du?«, fragte ich.

»Schon besser, Muderis! Frage, dann wirst du auch was lernen. Eine Frage ist der Schlüssel zum Wissen!«

»Also gut, ich frage dich: Wer bist du, Menschenskind!«

»Ein einfacher Sterblicher! Vor langer Zeit hatte ich die Schule besucht, jetzt baue ich seit Jahren Gemüse an und verkaufe es. Davon lebe ich. Wenn ich alleine bin, lese ich, langsam und voller Verwunderung. Für eine halbe Okka Gemüse bekomme ich in Jevtanovićs Buchladen ein Buch für einen Monat geliehen. Seit sieben Jahren lese ich ausschließlich die Bücher von Hasan dem Philosophen, von keinem anderen, niemals! Er schreibt mit Verstand. Jeder seiner Gedanken ist aus dieser Welt und hat als Ziel, sie gerechter zu machen. Jemand schreibt seine Bücher in schöner Handschrift ab. Und während ich hier zusehe, wie die zwei Tekken niederbrennen, wächst in mir die Überzeugung, dass Hasan Recht hat.

Er macht sich über die vorrangigsten Dinge dieser Welt Gedanken: Über den gerechten Staat, über Staatsordnung und Gesetz. Was bringt uns jedoch einer, der richtig denkt, wenn Tausende von uns über alles Mögliche auf verkehrte Weise nachdenken! Und wenn ich recht überlege, ist die Tatsache, dass sich bei uns jeder über jede Sache Gedanken macht, auch unsere größte Gefahr, unser vorherbestimmtes und versprochenes Verderben und schließlich auch der Niedergang des gesamten Kaiserreichs! Leute, die sich über alle möglichen Dinge Gedanken machen, sind zügellose Menschen! Sie gehen unter, weil sie nicht das Wichtigste im Sinn haben, weil sie nicht denen zuhören, die darüber sprechen, weil sie sich nicht mit den vorrangigsten Anliegen befassen: Einem gerechten Staat, den Gesetzen, der Staatsordnung. Das hat höchste Priorität!

Ganze Völker sind untergegangen, als die Menschen begannen, sich über allerlei Dinge Gedanken zu machen. Dadurch verloren sie das Wichtigste im Leben aus den Augen! Und so geht es auch uns, dreißig Jahre nach der Schlacht von Lepanto! Bei uns will jeder über alles nachdenken und auf diese Weise geht der reine Gedanke verloren. Dadurch werden die Menschen zunächst müßig und dann hochmütig! Jeder spricht über alles, aber keiner will irgendjemandem zuhören!

Hasan der Philosoph sagt: ›Das Denken ist eine Kostbarkeit, die nicht auf Belanglosigkeiten verschwendet werden soll. Wenn das Denken Dingen dient, die nicht zu den Bedürfnissen der Allgemeinheit zählen, hört es auf, Denken zu sein und verkommt stattdessen zum Geplärre, Gejammer und zur Narretei.‹ Der Philosoph Hasan nennt das Kind beim Namen!

Früher bin ich ab und zu in unsere Bibliothek gegangen. Der Bibliotheksleiter Osman Arslanić hatte mir gezeigt, worüber alles unsere Leute schreiben, während gleichzeitig das Kaiserreich zerfällt! Über die Knie-Behaarung auf Frauenbeinen! Über Tollwut bei Hunden! Über nicht ausreichend tiefe Gräber! Über gelben Regen und das Weinen während einer Sonnenfinsternis! Über den Grund, weshalb Tränen salzig schmecken! Über das Anlehnen auf Kissen und Liebkosungen durch Gedanken! Über das Nutzen von Kokosmilch anstatt von Wasser bei rituellen Gebetswaschungen! Über faule Eier und weshalb Würmer Gemüse fressen! Was auch immer! Das ist aus unserem Denken geworden, weil alle über alles nachdenken wollen ...

Bei uns wird in den Tekken darüber nachgedacht, wie die Woll- und Baumwollgeschäfte laufen werden und man betet zu Gott, dass kein Schnee fällt, damit die Ware die Geschäfte erreichen kann! Und was machen die Händler am Marktplatz? Sie bauen neue Tekken, um sich von ihren Sünden reinzuwaschen, anstatt die Zeit, die sie für Sündiges aufwenden würden, dafür zu nutzen, an neuen Orten neue Geschäfte aufzubauen. Aber was kann man jetzt noch tun, jetzt, da die Tekken und die Läden allesamt in Flammen aufgehen?

Bald wird die Brandstätte wie eine Wunde aufklaffen, genauso wie es bereits vor einigen Jahren geschehen ist. Wieder wird getuschelt und geklatscht werden, dass die Tekken verbrannt sind, weil Kaukčijas Geld unrein war, genauso wie Scheich Zulkaids Tekke niedergebrannt ist, weil vor achtzig Jahren das Geld des Wohltäters Milavić, eines Kalkhändlers, unrein gewesen sein soll! Und auf diese Weise wickeln wir hier, in diesem unseren Land, jedes Mal aufs Neue das verrottende Garnknäuel der Vergangenheit auf!«

»Warum bist du denn nicht mit Wasserkübeln das Feuer löschen gegangen? Dich geht das, was dort unten geschieht, auch etwas an!«, fragte ich und unterbrach seine getreue Nacherzählung von Hasans Philosophie über den gerechten Staat und den lauteren Erwerb.

»Nicht in dem Maße, wie es dich etwas angeht, Muderis! In einem geordneten Staat gehen nicht alle Dinge jeden gleichermaßen etwas an, sondern jeder kennt seine fünf Dinge, um die er sich zu kümmern hat und über die er wacht! Du bist ein Muderis, ein Gelehrter; die Medressen, Moscheen und Tekken sind zuallererst deine Sorge und an zweiter Stelle meine! Meine ist das Gemüse, um das ich mich seit Jahren gewissenhaft und mit Anstand kümmere! Mich geht mein Garten etwas an, was anderes kaum!«

Ich schwieg, nur für einen Augenblick, dann fragte ich ihn:

»Wie heißt du?«

»Zulfikar Herenda!«

»Darf ich dir etwas offenbaren, Zulfikar?«

»Es ist schon längst alles offenkundig, aber nur zu, sprich dich aus!«

»Du sagtest, dass Hasans Bücher in schöner Handschrift geschrieben sind.«

»Ja, anmutige Linien, fein geschwungen und in grüner Tinte! Die Seiten hie und da mit Windblumen- und Jetlovina-Blüten verziert!«

»Ich bin der, der sie abschreibt! Seit Jahren schon! Und ich bin es auch, der sie in der Jevtanović-Bücherei verkauft! Wenn du mal in der Gazi-Husrev-Beg-Medresse vorbeischaust, schenke ich dir sieben Stück von Hasans Büchern!«

Zulfikar Herenda hielt inne. Schweigend schaute er mich an. Dann kam er auf mich zu, so dass uns nur noch zwei oder drei Schritte trennten, reichte mir seine rechte Hand und sagte:

»Es tut mir Leid, Muderis! Ich habe unschöne Dinge zu dir gesagt. Aber es ist, weil ich wütend bin und traurig zugleich. Wegen den zwei Tekken. Gerade erst aufgebaut, brennen sie schon! Für nichts und wieder nichts! Es wird alles in die Winde verstreut; die Wohltaten und die Verstrickungen, das Erlaubte und das Unreine, das Wort des Gottesgedenkens ebenso wie das Fluchen, der süße Trank und der Wein, das Verdorrte ebenso wie das Grünende. In Bosnien gehen der Teufel und der Engel gemeinsam unter! Das spricht von uns, was für ein Volk und zu was für einem unentwirrbaren Knäuel wir verknotet sind!«

Er ließ mich nicht gehen ehe er mir frisches Gemüse aus seinem Garten gepflückt hatte, damit ich es mit nach Hause nehme und meine Lejla darum bitte, mir einen salzigen Kuchen aus Maismehl daraus zu machen.

Ich nahm denselben Weg zurück, den ich gekommen war und ging mit einem Sack voll Gemüse in der rechten Hand und meinem Gelehrtenmantel über dem linken Arm runter zur Baščaršija. In den Gassen waren keine Erwachsenen zu sehen, auch keine Kinder. Die Menschen hielten sich hinter Türen versteckt, hinter Fenstern, hinter Mauern. Es schien, als hätte die Pest vom Himmel hinabgekrächzt und alle verscheucht; als hätte eine Sintflut die Baščaršija heimgesucht und die Stadt samt ihrer Umgebung sieben Tage lang gepeinigt, um sich dann zurückzuziehen und die Überlebenden verschnaufen zu lassen, in ihrem Elend wieder zu Kräften zu kommen, durch Türspalten die Folgen der Schlammmassen zu erspähen und durch morsche Zaunlatten verwunderte Blicke auf die Auswirkungen menschlicher Bosheit zu werfen.

Ich machte mich auf nach Hrid. Dort traf ich Safija und den kleinen Hilmija an. Sie waren allein.

»Wo ist Lejla?«, fragte ich.

»Sie ist zur Bula Puhalovka gegangen! Mustafa hat sie vor einer Stunde zu ihr geführt, weil sie geschrien und gezittert und nach Luft gerungen hat! Sie war bestürzt wegen den Tekken, wegen ihrem Vater, ihrem Bruder ... Weinend hat sie sich an sie erinnert; an die Reisen nach Damaskus und Zarigrad mit ihrem Vater ...«

Ich warf den Sack mit dem Gemüse vor Safijas Füße und rannte so schnell ich konnte zum Haus von Bula Puhalovka. Dort angekommen sah ich voller Erstaunen Bula Puhalovka, wie sie über einem mit einem schwarzen Tuch bedeckten Mann Zauberformeln rezitierte!

Lejla war nicht da, auch nicht Mustafa. Bula Puhalovka gab mir mit der Hand ein Zeichen still zu sein und fuhr fort, sich mit dem Mann zu unterhalten:

»Du sagtest, die Baumwollhändler sind in das Anwesen des Walis eingebrochen!«

»Von beiden Seiten, durch die Vorder- und die Hintertür, als wären ihre Hände aus Eisen gewesen! Alles haben sie zertrümmert!«

Ich erkannte die Stimme unter dem schwarzen Tuch – es war Muvekit Ždralović! Was hatte der bei Bula Puhalovka zu suchen?

Er sprach weiter:

»Es waren hunderte von jungen Kaufleuten und Kriegern, am meisten die von Hrastuša und Esztergom. Ich war dort allein. Der Wali hatte mich auf sein Haus aufpassen lassen, falls was passieren würde. Er, der Kadi und der Mufti waren nach Ilidža gegangen, wo der Wali ein Sommerhaus hat. Ein Glück für sie! Hätte der Philosoph Hasan ihnen nicht geraten wegzulaufen, würden sie jetzt alle drei hier sitzen und müssten sich behandeln lassen! Vielleicht wären sie auch umgebracht worden! Ein Glück, sage ich! Hasan der Philosoph hatte am frühen Morgen irgendeinen gescheiterten Zarigrader Schüler aus Stolac getroffen, der jetzt mit Baumwolle handelte. Er war betrunken und wurde wehmütig als er den Philosophen wiedererkannte. Die Erinnerung an die Zeit in Zarigrad rührte ihn zu Tränen. Er küsste ihn, weinte, vertraute ihm an, dass er gerade dabei sei, dafür zu sorgen, dass Ordnung in der Stadt und im ganzen Land einkehre, zeigte ihm dann, wie überall in den Gassen Krieger von Hrastuša, Esztergom und Janík positioniert waren und mit ihnen auch junge Händler und sogar drei Gruppen Bergilis, die dem Aufruf gefolgt waren. Sobald es hell werde, würden sie die Brücken und Gräben einnehmen. Noch vor Mittag werde man damit beginnen, Ordnung in der Welt herzustellen, sagte er. Er fluchte auf den Wali und auf jeden, der mit ihm was zu tun habe und forderte einen gerechten Handel, und zwar nicht nur den mit Baumwolle. Als sie sich trennten, kam Hasan zum Wali, weckte ihn auf und sagte ihm, dass gewisse Leute Böses im Sinn haben; er solle vorläufig die Stadt verlassen und auch den Mufti und den Kadi mitnehmen, irgendwohin, bis sich der Sturm gelegt habe. Der Wali weigerte sich und meinte, die Obrigkeit müsse in der Stadt bleiben, woraufhin Hasan erwiderte, dass man sich, auch wenn die Zeiten schlecht stünden, zwischen zwei Übeln für das geringere entscheiden müsse. Er riet ihm, nach Ilidža zu gehen und dreiunddreißig Wachmänner mit sich zu nehmen. In der Stadt haben die Dinge ihren Lauf bereits genommen und keiner könne sie mehr aufhalten. Nachdem das Getöse vorbei sei und der Sturm gewütet habe, würden sie, ermüdet vom eigenen Übel, von alleine abklingen. Dann sei es leichter mit ihnen umzugehen, sagte Hasan. Dann erst solle der Wali zurückkommen um der Stadt und den erschöpften Menschen Ordnung wiederzubringen und zu erklären was geschehen war!

Im Grunde riet ihm Hasan dasselbe, was der Philosoph Ibn Khaldun einst dem Herrscher von Bejaia geraten hatte, als er von Berberstämmen umzingelt war: ›Flieh! Flieh, bis sich der Zorn gelegt hat und sich am Horizont wieder Ruhe abzeichnet!‹«

Muvekit Ždralović weinte, während er das erzählte. Sein Körper zitterte und er flehte Bula Puhalovka an, ihre Zauberformeln zweimal zu sprechen, damit er alles vergesse. Damit jede Spur des Schreckens von seiner Seele verbannt werde.

Schluchzend fuhr er fort:

»Der Wali ergriff augenblicklich die Flucht! Er gab Hadschi-Rizvan und Hadschi-Avdan Bescheid, die daraufhin in Frauenkleidern die Stadt verließen. Als der gescheiterte Zarigrader Schüler in das Haus des Walis einbrach, suchte er nach dem Wali, dem Mufti und dem Kadi, jedoch ohne Erfolg. Stattdessen fand er mich Hilflosen und versetzte mir drei Schläge; einen auf den Kopf und zwei in den Bauch – ich habe immer noch Schmerzen davon!

›Wer hat dem Wali Bescheid gegeben?‹, brüllt er mich an. Ich sagte ihm, dass ich es nicht wisse!

›Wer war heute früh hier?‹

›Hasan der Philosoph!‹, antwortete ich angsterfüllt.

Er versetzte mir – bitte verzeih, dass ich es so sagen muss – einen Tritt in den Hintern und rannte wie verrückt aus dem Haus! Bei der Lateinischen Brücke holte er Hasan ein. Siebenmal sagte er zu ihm, dass er ein Verräter und Feigling sei, spuckte ihn an, fesselte ihn und sperrte ihn in den Kellern der Gebäude von Gazi-Husrev-Begs Stiftung ein.

Ich rannte Hals über Kopf aus Bula Puhalovkas Garten, lief durch drei Gassen, gelangte kurz darauf nach Hrvatin[99] und rannte hinunter in Richtung Miljacka, zu dem Anwesen, wo Hasan eingesperrt war.

Dort traf ich sieben Krieger von Hrastuša an, wie sie zusammensaßen und Pflaumenschnaps tranken. Der achte war Naskan Čolo. Er rauchte Tabak und trank Kaffee. Alle acht drehten sich zu mir als ich ankam.

»As-salamu 'alaikum Naskan, mein lieber, seltener Freund!«, rief ich ihm zu.

Naskan sprang auf, als er die Stimme seines unbekannten Gesprächspartners aus den dunklen Nächten neben dem Besistan erkannte. Er breitete seine Arme aus und lächelte, drückte mich an seine Brust und küsste mich auf beide Wangen!

»Wa-'alaikumu s-salam, mein unbekannter Wohltäter! Lange nichts von dir gehört!«

»Lass uns etwas ausmachen! Lass Hasan den Philosophen, frei!«

»Was zahlst du? Weißt du Muderis, Ordnung zu schaffen kostet was! Die Zeiten sind schwer, meine Leute brauchen Essen, manche sogar dreimal am Tag! Das muss erst einmal bezahlt werden!«

»Ich gebe dir fünf Dukaten! Funkelnagelneue!«

»Zehn! Gib mir zehn, und du kannst ihn sofort mitnehmen!«

Wir gingen zur Wand und ich zählte zehn Dukaten ab. Naskan rollte mit den Augen wie eine Eule, dann führte er mich zu den Kellern. Er ging sicheren Schrittes, jeder Korridor war ihm vertraut, als wäre er selbst der Verwalter des Gebäudes gewesen. Wir kamen in ein Labyrinth aus Kellerräumen, eine Welt für sich, oder besser gesagt eine Unterwelt, in der sich allerlei Ware stapelte: gefüllte Säcke Reis, Wolle, Baumwolle, Walnusskerne, getrocknete Pflaumen, Krüge und Töpfe, ...

Weiter hinten, im völligen Dunkel, kauerte Hasan. Er schwieg. Man hatte ihn an schwere Kartoffel- und Kohlsäcke angebunden. Die Brust war ihm mit groben Stricken festgeschnürt und die Beine mit einem Seil gefesselt. Naskan Čolo rief mit grober Stimme:

»Los jetzt, Philosoph, geh! Du bist frei, du Unflätiger! Deinem Freund warst du nicht allzu viel Geld wert! Er wollte für dich nur fünf Dukaten zahlen! Ich habe bewiesen, dass du das Doppelte wert bist!«

Notizen aus dem Alleinsein

Heute habe ich das Bedürfnis, Mevlija der Dichterin zu gedenken.
Ich möchte etwas Kindliches niederschreiben, etwas ähnlich dem, was ich vor langer Zeit auf Drängen meiner Schullehrerin Zarifa als Teil eines Aufsatzes in der Schule in Tepa geschrieben hatte. Etwas wie:

> Die Sonne am Morgen, in der Inschrift am Giebel der Medresse,
> neben der Begova Moschee, im Erblühen der Linde.
> Flammend weiß erstrahlt die Blütenpracht.
> Auf Bienenflügeln senkt sich des Frühlings Ende,
> In Stufen aus Licht dem Schlummer alles entflieht und erwacht.
> Sommertaumel liebkost die Stadt,
> und flutet die Akazienäderchen mit Säften,
> unter heiteren Tiefen von des Himmels blauen Lüften.

Heute kehre ich den vergangenen Jahren in Sarajevo den Rücken und wende mich ab von ihrer Gefälligkeit. Und von ihrer Bosheit. Ich möchte keinen Gedanken mehr an sie verlieren, denn ich finde keinen Sinn mehr darin. Gar keinen.

Weshalb nachdenken? Wofür? Gestern, heute, morgen ... das sind alles nur Tage und Zeiten, wie alle anderen auch; Bücher, die man mit dem Anbrechen eines Tages aufschlägt und bei Sonnenuntergang wieder schließt.

Der Schlaf dient dazu, die Augen im Segen des Vergessens zu schließen, und die Nacht, damit der verstrichene Tag dahinschwinden und mit der Dunkelheit vergehen kann.

Man müsste alles Gestrige, alles Vergangene dringend verschließen – wie die Blätter einer Urteilsverkündung – und auf die himmlischen Bücherregale erloschener Zeit verstauen, dorthin, wo deren verschiedene Formen abgelegt werden: Millennien, Jahrhunderte, Epochen, Jahre, Monate ... Alles mit Zahlen gekennzeichnet, damit es bis zu seinem bestimmten Zeitpunkt fortbesteht.

Ich wünschte, meine Jahre in Sarajevo würden für immer von dieser Erde und aus meiner Erinnerung weichen! Ich wünschte, alles wäre vergessen, und all die hässlichen Worte würden vom anbrechenden Sommer, der meine Wangen liebkost, ausgelöscht werden.

Ich will schnell raus aus der Stadt, möchte zum Skakavac-Wasserfall, unter die Haselnusssträucher und die Buchen. Zwischen die Farne und die uralten Gerüche, will die Erinnerungen an Mevlija die Kräuterheilerin wachwecken.

Ich gehe ohne Begleitung und grüße unterwegs niemanden. Begrüßungen erwidere ich mit undeutlichen Worten, bloßem Gemurmel. Es ist beides in einem, ein Sichbegegnen und ein Abschiedsgruß zugleich.

An diesem Morgen brauche ich niemanden. Heute braucht niemand mich. Habe das Bedürfnis nach mir allein, will mir selbst neben dem einsamen Wasserfall begegnen. In der Abgeschiedenheit werde ich das herabstürzende Wasser und die emporsteigenden Nebelschwaden betrachten, werde das Tosen wie ein Hemd um die Schultern legen und um Antwort auf die Frage bitten: Was macht dieses eintönige Geräusch möglich, *huu-huu,* und was hält seine nebligen Flügel in der Luft?

Auf der anderen Straßenseite sehe ich den Rabbiner Kamhi vorbeigehen. Zum Glück ist auch er in Eile. Von weitem wechseln wir gemurmelte Grußworte, beide zufrieden damit, dass es dabei bleibt. Will auch er irgendwo hin um allein zu sein? Soll er doch nach Ilidža gehen, oder an der Quelle der Bosna[100] die Einsamkeit suchen! Bloß nicht beim Skakavac-Wasserfall!

Die Stadt bleibt hinter und unter mir. Zunehmend schneller rücke ich von ihr ab und überlasse sie der Ferne. Von den Hängen erscheint sie dem Auge immer kleiner und unbedeutender zwischen den blauen Hügeln, winzig inmitten von Bergen, deren Gipfel stellenweise weiße Zierde schmückt.

Ich verliere ihre verschwommene Gestalt aus dem Blick und ein zarter, kaum sichtbarer Farbhauch kündigt sich unter den Weiten des Firmaments an.

Wozu diese Verknotung in der Stadt? Wozu dieses Knäuel dort unten, dieser Strudel, dieser zerflossene Punkt in der Ferne vor mir? Bin ich es überhaupt, der das fragt, oder ist es diese unendliche Weite, diese Hügel und Berge, von denen nicht nur diese unsere Stadt umgeben ist? Fragen die Berge jemals Gott den Majestätischen danach, sich regen zu dürfen, ihre Schichten zu bewegen, die Lasten ihrer steinernen, glühenden Wurzeln in den Tiefen des Erdinneren aneinanderzureiben, ohne Rücksicht auf die Erschütterungen an der Oberfläche, dort wo sich die achtlosen Städte befinden?

Mit dieser Frage im Sinn führt mich der Weg über verzauberte Berglichtungen und es sind Mevlijas Welten, die ich beschreite, als ich auf Kamille trete, auf Bohnenkraut, Sonnenpreis, purpurnes Jetlovina-Kraut, trauriges Donnerkraut. Überall sehe ich Windschattenwurz und Blaugras freudig sprießen, laufe über Schafgarbe und die Reste von Schlüsselblumen, Spitzwegerich und Basilikum, Mohrenhirse und Vergessenskraut. Und ich denke dabei an meine Mutter.

Wie schön wäre es, wenn ich inmitten dieser flimmernden Schönheit die *Ya-Sin* Sure für ihre Seele beten würde!

Ich begrüße die Kräuter, heiße sie zum Beginn dieses Sommers auf ein Neues willkommen. Den Winter über haben sie geschlafen und strecken jetzt ihre winzigen Häupter empor, recken sich nach oben, irgendwohin, auf dünnen Stängelchen aufgerichtet, in pflanzlicher Lobpreisung.

Mit Händen und Blicken streichle ich sie, mit den Kuppen meiner Finger, strecke die Arme nach den putzigen Blütenköpfchen, nach den Kronen im bunten Allerlei liebreizender und namenloser, meist bläulicher Farben. Scheich Semnani hatte Recht: Der blauen Farbe öffnen sich die unendlichen Weiten der Erde und dessen, was sie umgibt!

In der Ferne sehe ich blau schimmernde Berge. Blau wirken auch all die Felder, denen ich mich nähere und in denen ich meine Fußspuren hinterlasse.

Ich werde immer kleiner, winziger als ein Staubkorn, kürzer als ein Augenblick. Glücklich darüber, dass sogar mein Schatten an diesem Vormittag unbedeutend klein ist.

»Heeey! Skendeeer! Skendeeer!«

Jemand ruft nach mir! Kann ich nicht einmal heute alleine sein? Dort unten, aus Richtung des Dorfes Nahorevo, sah ich eine männliche Gestalt näher kommen.

Ich blieb stehen und stützte mein Kinn auf den Wanderstock.

»Skendeeer!«

Es war Mustafa der Künstler! Er war außer Atem.

»Ich habe dich in der Medresse gesucht. Zejnil sagte, du wärst den ganzen Tag in dich gekehrt gewesen, hättest die erblühten Lindenbäume vor der Begova Moschee angeschaut und wärst dann ohne dich zu verabschieden fortgegangen. Ich habe vermutet, dass du zum Skakavac willst.«

»Beeil dich! Wir schauen uns die Gräser an, die Kräuter, die Blumen. Mevlija sagte immer: ›Nur die Pflanzen führen keine Kriege, alles andere schon. Und ständig! Sogar Mineralien führen Kriege; man sieht es an den Vulkanen, wenn sie ihren Zorn aus den Tiefen der Erde hinausspeien. Die Pflanzen aber sind eine friedliebende Welt!‹«

»Bist du dir da sicher?«

»Ich bin mir absolut sicher! Das hat sie aus ihren lateinischen Manuskripten!«

»Es stimmt aber nicht alles, was in arabischen und lateinischen Manuskripten steht!«

»Aber die Pflanzen führen tatsächlich keine Kriege! Sie können nicht laufen, außer dass ihre Samen oder Blätter kurzfristig zum Flug abheben, aber weit kommen sie trotzdem nicht! Und wenn der Samen landet und zu Keimen beginnt, wächst die Pflanze genau an dieser Stelle und bewegt sich keinen Schritt weiter, ausgenommen die Schritte in die Höhe, oder das Ranken am Boden. Wo ein Samen aufkeimt, dort stirbt er auch. Was für ein wunderbarer Tod, an seinem Geburtsort zu sterben! So sind auch meine zwei Schwestern und mein Bruder im Bauch meiner Mutter Mevlija in unserem Garten in Tepa gestorben. Das meine ich!«

»Und was ist mit den Wurzeln?«, fragte Mustafa. »Weißt du nicht, dass sie mit aller Wucht in die Erdspalte eindringen? Wir können aber den Aufschrei der Erde nicht hören! Wir spitzen nicht die Ohren für all ihren Schmerz! Und die Kletterpflanzen? In den Urwäldern würgen sie regelrecht die hundertjährigen Eichen, so wie die Python einen Hirsch in ihren Würgegriff nimmt!«

Ich sagte nichts mehr. Besser wenn Mustafa spricht, soll er alleine reden, ich werde zuhören und schweigend genießen. Vielleicht war es auch so, wie er behauptete. Vielleicht hatte Mevlija nicht alles überprüft, was in dem Manuskript geschrieben stand. Dann aber habe ich wieder der Wunsch doch zu sprechen. In den Büchern der Sufis habe ich oft über Pflanzen gelesen. Also sagte ich zu Mustafa:

»Die Pflanzen sind seltsam, weißt du. Die Winde vom Süden

tauen den Schnee auf und schon sprießen von überall die ersten Blüten. Vereinzelt und einsam zeigen sie sich, als hätten die Winde sie von den Gipfeln der Bjelašnica herbeigeweht, oder von noch weiter sogar, vom Berg Maglić. Sie erinnern uns an die Auferstehung im Jenseits, wenn die Menschen sich aus ihren Gräbern erheben werden und die zum neuen Leben erweckte Menschheit sich aufrichtet. Und wenn jeder Mensch neben seinem Grab stehen und im Staunen den Erdenstaub von sich abklopfen wird. Jeder einzelne frohen Blickes, allesamt heiteren Antlitzes und freudigen Herzens, denn: Hier ist es, das göttliche Versprechen! Wir sind nicht für immer und ewig Staub geblieben!

Verzückt wie die Pflanzen zu Sommerbeginn werden die Menschen dann sein!

Pflanzen sind dazu da, damit der Mensch eine Lehre aus ihnen zieht, sie als eine Warnung versteht und als eine kostbare Vorahnung, die den Ahnenden zu dem glücklichen Ziel bringt, welches das Paradies ist!

All dies wächst nicht nur um des Wachsens willen, sondern es erhebt sich aus dem kleinen Grab, in das es sich das Jahr davor, im späten Herbst hineingelegt hat.

Auch wir werden eines Tages genauso emporstreben, irgendwohin, nach oben, in die Ewigkeit ...«

Ich versuchte Mustafa davon zu überzeugen, dass alles Geometrie sei und wundersame Proportion, in einem betörendem Ebenmaß von Blütenblättern. Dass all das vom Himmel, aus dem Himmel stamme. Einfach gesagt: Alles hat eine himmlische Nabelschnur! Eine andere Erklärung gibt es nicht! Das weiß ich von irgendwoher und seit langem. Von meiner Mutter habe ich es gelernt, dieses unanzweifelbare Urwissen. Ich wusste es vorab und es galt für alles Zukünftige.

Ich wiederhole: Blumen, Pflanzen, Gräser ... führen keine Kriege! Wohin der Samen fällt, dort keimt er auch, sofern er keimt! Die Wurzel bleibt an einem Ort für immer und sie hegt keinen Neid gegenüber anderen.

Und dann, nahe dem Skakavac-Wasserfall, blieb ich stehen. Ich hielt Mustafa an. Es kam mir in den Sinn, ihm ein Motiv für ein Bild vorzuschlagen.

»Schau!«, sagte ich, »Schau wie die Blumen blühen! Schau

welche Kraft in den Farben! Sieh genau hin! Die Erde lächelt den Blumenformen zu! Alles strebt sehnsüchtig empor!«

»Ich scheiß drauf!«, sagte Mustafa der Künstler wütend.

Sein Fluch bohrte sich in mich wie ein Dolch! Er ließ mich erstarren und stampfte mich in den Boden, als wäre zwischen meinen Schultern, aus meiner Wirbelsäule heraus, das Steißbein und die Beine hinab, eine knotige Wurzel gewachsen, die mich tief in die Erde hineinpresste. Ich konnte mich nicht bewegen. Nicht einen Schritt. Mir fehlten die Worte. Und mein Atem stockte.

War es möglich, dass der Künstler Mustafa solch schwere Worte ausspricht? Gotteslästernde, unachtsame Worte!

»Von deinem Gerede kann ich nichts mehr sehen!«, sagte er. »Du hättest all das in elf Worte fassen können: Erdenstaub, hab Geduld! Warte auf die Auferstehung! Millionen von Jahren lang!«

Wir setzten uns und schwiegen, jeder für sich.

Man hörte den Wasserfall, wir waren nicht weit davon entfernt. Eine Eule flog über eine Espe und verschwand dahinter. Vielleicht hatte sie ihr Nest dort, dachte ich mir.

»Los, steh auf Muderis! Wenn du redest, redest du zu viel. Wenn du schweigst, schweigst du zu lang. Finde das Mittelmaß! Lass uns gehen! Wir gehen unter den Wasserfall. Ich werde ein paar Tropfen mitnehmen und damit meine Farben aus Schiras anmischen. Ich male gerade eine Stadtansicht von Sarajevo, von oben, aus Babićs Garten. Ich will es fertig haben, bevor ich nach Nagykanizsa gehe.«

»Ich weiß genau, es war acht Uhr heute Morgen, als ich mich auf den Weg gemacht habe, aber jetzt laufe ich umher und weiß nicht, wohin ich wollte!«, sagte Scheich Zelkanović heute kurz vor Sonnenuntergang zu mir.

»Du bist ein Glücklicher, weil du überall hinwolltest!«, antwortete ich ihm, während wir neben dem Waschbrunnen der Begova-Moschee standen.

Glücklich bist du, glücklich, Scheich Zelkanović, weil kein weltliches Ziel dich hetzt, kein einziges! Du schaust nicht ständig auf die Uhr an der Sahat-Kula. Nichts aus deiner näheren Zukunft drängt dich dazu, deine schwerfälligen und trägen Schritte zu beschleunigen. Du hast ein tiefes Alter erreicht, welches dir zum Glück gereicht. Gott hat dir nicht die Bürde der Elternschaft auferlegt. Du hast keine Kinder, um deren Geschäftserfolge und Besitztümer du dir Sorgen machen müsstest. Kunija hat dich verlassen, ohne dass ihr, wie es sich gehört, Zärtlichkeiten ausgetauscht hättet. Wenn dir mit ihr in deiner Jugend die Leidenschaft vorenthalten blieb, dann ist sie dir zumindest heute als Greisin keine Last (so wie es Hasna, die Frau von Zejnil Glamočak, ihm ist).

Du hast nichts, dem du nachtrauern müsstest. Lass gut sein! Selbst das, dass du nicht weißt, wo du hinwolltest. Schätze es zumindest, dass du den ganzen Tag auf den Beinen warst!

All das und noch vieles mehr wollte ich ihm sagen, doch ich tat es nicht. Mir fehlte der Mut und die Entschlossenheit und ich empfand Mitleid. Mit ihm verband mich die Liebe zum Tasawwuf, dem er nie etwas mehr entgegenzubringen hatte, als seine Liebe. Aber selbst das war lobenswert, denn für das, was er liebte hatte er all die Jahre in Zarigrad geopfert.

Scheich Zelkanović liebte den Tasawwuf als eine allumfassende Lehre, die alles erklärte: Die Beziehung zwischen Gott und Mensch, Himmel und Erde, Leben und Tod, dem Tropfen und dem Ozean, dem Elefanten und der Ameise, der Beredsamkeit und dem Schweigen. In seiner Welt stellte der Tasawwuf die Grenze zwischen Licht und Dunkelheit dar; das eine, um die erlaubten Pfade zu beschreiben, und das andere, um sich von dem Zweifelhaften abzuwenden.

Für ihn war der Tasawwuf die Rechtfertigung, in einer schwindelerregenden Welt geduldig zu bleiben; der Trost eines zerbrechlichen menschlichen Wesens angesichts des drohenden Erdrutsches von dem Berg über ihm; die Träne, die seine ermüdete Wange augenblicklich erstrahlen lässt und die seine Seele zu erquicken und die Last, die ihn drückt, zu erleichtern vermag.

Gestern sagte mir Hasan, dass sich Scheich Zelkanović wieder als Freiwilliger für den Krieg gemeldet hat. Die Kämpfe bei Nagykanizsa und Budim waren bereits seit drei Monaten nicht mehr abgeflaut.

Auch dieses Jahr vor meiner Abreise nach Budim und Nagykanizsa habe ich zum Septemberanfang in der Medresse mit dem ersten Herbstregen, wenn vom Lindenbaum im Garten der Begova Moschee üppig Laub herabfällt und an den Steinplatten aus Bračer

Marmor kleben bleibt, Koranauslegung nach der Lehre des Persers Zamachschari[101] unterrichtet.

Das tat ich immer vormittags. In den Nachmittagsstunden unterrichtete ich Astronomie und gab an meine Schüler weiter, was ich fünf Jahre lang in Florenz bei dem berühmten Astronomen Vattimo studiert hatte. Ich sehe ihn immer noch vor mir. Er war es, dieser Erforscher der blauen Himmelsweiten, der mir in Florenz Freude bereitete. Ein dürrer, zierlicher Mensch, grauhaarig und fahl im Gesicht; ein etwas stärkerer Wind hätte ihn fortblasen können. Dennoch, von seinen Lippen kamen mächtige Worte über die Unendlichkeiten der Himmel.

Es gibt nicht nur eine Welt, sondern Myriaden von Welten!

Man soll nicht sagen: die Welt, sondern: die Welten! Sprich nicht von dem Himmel, sondern von den Himmeln!

Diese Unermesslichkeiten gehören Gott allein und niemandem anderen, und es ist nur ärmlich, was sich der Mensch anmaßt, über die Tiefen des Alls zu wissen. Eines ist gewiss: Dass wir nicht im Zentrum von irgendetwas sind, geschweige denn im Zentrum des Universums. Neben unserer Welt gibt es unzählige andere Welten, genauso wie es außer unserem Glauben noch eine Vielzahl anderer Glaubensvorstellungen, und außer Bosnien eine Unmenge anderer Länder gibt.

Was sind die Welten in ihrer Vielfalt, wenn nicht ein Beweis für Gott, den Alleinigen, der sich hinter der Mannigfaltigkeit verbirgt, der sich in allem manifestiert und offenbart, der nah und gleichzeitig fern ist ... Bei Ihm gibt es keinerlei Vielfalt, doch seine Schöpfung ist vielfältig. Er ist Einer, in Vielfalt hat er sich gehüllt, und durch sie zeigt und mit ihr verdeckt Er sich.

All die Myriaden von Welten treiben in alle Richtungen als Seine Lichter und Schatten. Zu Ihm macht sich alles auf, ganz gleich ob ermüdet oder bei Kräften, freiwillig oder unfreiwillig, auf unzähligen Pfaden, wie Schmetterlinge, die dem Licht der Kerze folgen, wie Bienenschwärme, wenn sie in den Abendstunden zu ihrem Bienenstock und ihrer Königin zurückkehren ...

So sprach ich und wiederholte die Worte aus Florenz: Die Welten treiben hinfort, in unbekannte Richtung, der Mensch weiß nicht wohin. Sie reisen auf ihre eigene Art und Weise, und wenn sie ihr Ziel erreichen, sehnen sie sich nach Neuem! Nach neuen Wegen!

Die Welten täuschen einen: Man glaubt, zu etwas Einzelnem

vorgedrungen zu sein, aber nein! – man steht vor einer weiteren Vielfalt! Wie ein Kürbis, der Eins ist, bis man ihn aufbricht, doch im Inneren: Dreihundertzweiundvierzig Kerne, aus denen dreihundertzweiundvierzig neue Kürbisse erwachsen können, in denen wiederum vierhundertzweiundachtzigtausendachthundertvierundzwanzig weitere Kerne sind, die zu vierhundertzweiundachtzigtausendachthundertvierundzwanzig Kürbissen werden, und so bis ins Unendliche ... Mit ein und demselben Schritt entfernt man sich vom Unendlichen und gleichzeitig nähert man sich ihm.

Doch der Tod lauert überall in den unermesslichen Weiten des Unendlichen!

Sterne, ja ganze Gestirne, sterben und fallen vom Himmel, und wenn mich jemand fragt: »Wer begräbt die Sterne nach ihrem Tod und worin?«, dem sage ich ohne zu zögern: »Das ist die geringste Schwierigkeit, im Unendlichen ein Grab zu finden!« Von wem Sterne beerdigt werden, diese Frage kann nur jemand aus dieser beengten Stadt stellen, in der sich nur wenige Menschen über Sterne Gedanken machen.

Unter den Gewölben der Gazi-Husrevbeg-Medresse wurden derartige Betrachtungen des Himmels bis dahin nie gefördert. Nächtelang habe ich in lateinischen Handschriften geblättert, die mir der Kaufmann Gavrilo Jevtanović aus Venedig brachte und zu einem erschwinglichen Preis verkaufte. Darin frischte ich meine Erinnerungen an die schönsten Erzählungen über die Tiefen des Himmels auf. Darunter war auch die Abhandlung Vattimo Firentinis, in der er schreibt, dass wir über das Weltall nicht mehr als vage Vermutungen anzustellen vermögen. Ihm zufolge sind unsere Worte nichts als wacklige Schritte auf Pfaden, die einen leiten und verleiten, und die sich in den Steilen des Berges verlieren, dessen Gipfel in undurchschaubaren Nebel unbekannter und unerreichbarer Höhen gehüllt sind.

Aber auch dieses Jahr fand an meinen Lehren aus Florenz niemand Gefallen!

Zwar war niemand offen dagegen, aber es hat sich auch niemand wirklich dafür interessiert.

Anfangs waren in meiner Klasse vierundzwanzig Schüler; sie streckten ihre Hälse, als würden sie die Gestirne, über die ich voller Leidenschaft sprach, mit ihren unbeweglichen Gedanken und neugierigen Mündern kosten wollen, wie Trauben oder Honigwaben nach denen sie beißen.

Danach löste sich die Klasse fast völlig auf, und es kamen nur noch fünf Schüler in meine Vorlesungen. Drei von ihnen riefen bereits von der Klassenzimmertür aus, dass sie es gar bezweifelten, dass Christen überhaupt etwas über ferne Sterne wissen.

Die übrigen zwei waren Fazlo Šeremet und Hakija Kaltak, die sich als Dichter versuchten. Fazlo behauptete, dass es ihn am meisten freue erfahren zu haben, dass es am Himmel Sterne gibt, die eigentlich gar nicht mehr existieren; das Trugbild, welches man sieht, ist nur deren Licht, das aus den Tiefen des Alls und dessen Klüften und Abgründen zur Erde gelangt, aus Quellen, die längst erloschen sind. Es erinnere ihn an Muslime vergangener Zeiten, über die man glaubt, sie seien anwesend, gegenwärtig, doch in Wirklichkeit gehören sie der Vergangenheit an – einstige Größen; vom Zeitlichem gesegneter Stolz und Ruhm; Erzählungen aus modrigen Ablagerungen der Zeit, denen der Geruch von verrottendem Buchenholz oder dem Laub alter Eichen anhaftet; dahingeschwundene silberne und goldene Zeiten; altes, wertlos gewordenes Geld – längst zugewachsen sind die Wege, auf denen Kaufleute es einst trugen und verschwunden die Städte und Marktplätze, in denen vor langer Zeit mit ihm gezahlt wurde.

Hakija Kaltak sagte, dass er das Gerede über den zehn Milliarden Jahre alten Sternenstaub, der aus der Zeit der Entstehung der Milchstraße übrig geblieben sein soll, doof finde!

Der Staub sei nicht älter und auch nicht jünger als ein paar morscher Holzpantoffeln neben dem Šadrvan[102] vor dem Schulgebäude, meinte er, und während die Holzpantoffeln eine zweckdienliche Form haben, bestünde die Tragik des kosmischen Staubs darin, dass Gott ihn bis heute vernachlässigt hat, indem Er ihn formlos ließ!

Obwohl meine Vorlesungen nur von zwei oder drei Schülern besucht wurden, wäre es mit meinem Astronomieunterricht trotzdem gut gegangen, hätte mich Zejnil Glamočak nicht eines Nachts, zur späten Stunde, während ich in Hrid neben meiner Lejla schlief und ich im Schlaf meinen rechten Arm über sie gelegt hatte, geweckt und gesagt, dass es meinem Schüler Fazlo Šeremet nicht gut gehe; er spreche wirres, sinnloses Zeug, weine die ganze

Zeit und rede in Versen, die nach nichts klingen. Ihm sei schlecht geworden, weil das Universum sich ausdehne, habe er gesagt!

»Du hast ihnen erzählt, dass sich über unseren Köpfen alles dreht und dehnt und irgendwo dahingleitet!«, sagte Zejnil zu mir. »Fazlo hat die vergangene Nacht ständig wiederholt: ›Ich würde gerne wissen, wie weit sich das Weltall seitdem ich geboren wurde bis heute ausgedehnt hat!‹«

Noch in derselben Nacht, vor dem morgendlichen Gebetsruf, brachte ich Fazlo Šeremet zur Bula Puhalovka, damit sie ihn mit ihren Zauberformeln behandelt, was sie auch schnell und routiniert tat. Sie ging um ihn herum wie ein Barbier um seinen Kunden, sprach Gebete auf Zuckerwürfel und auf ein Glas Wasser, reichte es ihm und wies ihn an, es in drei, vier Schlucken zu sich zu nehmen. Dann benetzte sie sein Gesicht mit Wasser, kämmte sein kräftiges Haar, sprach ihm zum Schluss Mut zu und beschenkte ihn mit einem Korb Äpfel und einem mittelgroßen Krug Honig von der Bjelašnica. Sie sagte noch, dass sie ihn – wäre er jünger gewesen – in ihrem Garten an der Morgensonne mit Frühlingswasser vom Skakavac-Wasserfall gewaschen hätte. Dabei hätte sie: »Hinab das Wasser! Zum Berge der Junge!«, gerufen. Das Baden im Wasser vom Wasserfall soll jedem helfen, der den Verstand verliert, ganz egal aus welchen sinnlosen Gründen und wegen welchen dummen Fragen es auch passiert sein mag. Doch es sei offensichtlich, sagte sie, dass er schon ein junger Mann und sein Körper bereits an allen Stellen mit kräftigem Haar bewachsen sei. Auch der Bart sei ihm schon ordentlich gewachsen, nur solle er ihn nicht für traurig stimmende, geistliche Lehren wachsen lassen, sondern für solche, die einen aufmuntern! Ihm stünde es nicht zu, sich Gedanken über die Weiten des Himmels zu machen. Besser sei es, er würde sich in den engen Gassen ein Mädchen suchen und heiraten! Beiläufig sagte sie, dass es durchaus Vorzüge habe, dass unsere Stadt so beengt war.

Mich tadelte sie, dass ich die Jugend mit meinen Geschichten von den Himmelsweiten nur verwirre:

»Pah! Als ob uns so etwas jemals interessiert hätte! Niemanden hat solches Wissen jemals getröstet! Was kümmert es mich, dass irgendeinem Gestirn unendlich viel Platz zur Verfügung steht, wenn ich selbst in dieser Beengtheit leben muss, und wenn alles, was wir besitzen, Tag für Tag weniger wird!«

Fazlo Šeremet ging ermutigt, gestärkt und gesundet wieder heim.

Bula Puhalovka kochte uns Kaffee, und wir tranken ihn unter dem Birnbaum in ihrem Garten und schauten auf das Hrvatin-Viertel unter uns.

»Ach, wenn du mir den Stock aus Teakholz, den du von deinem Großvater hast, verkaufen würdest!«, sagte sie plötzlich.

»Woher weißt du davon?«

»Scheich Zelkanović erzählte es mir vor ein paar Tagen, und er hat es von dem alten Scheich Hugalija erfahren, als sie heuer am 12. Mai zusammen an der Quelle der Buna[103] waren.«

»Na gut, ich verkaufe ihn dir. Wenn ich das nächste Mal nach Mostar reise, bringe ich ihn dir mit.«

»Einem Muderis ziemt es nicht, um den heißen Brei herumzureden! Du hast ihn bereits aus Mostar gebracht! Die Schüler von Scheich Hugalija haben es gesehen. Sie sahen, wie du ihn schon vor langer Zeit aus dem verlassenen Haus in Tepa nach Sarajevo gebracht hast. Ich habe es auch bei Zejnil nachgeprüft – der Stock ist in deinem Medressenzimmer, er hängt an der Wand und zeigt nach Südosten.«

Oh Gott! Zejnil schnüffelt ohne Erlaubnis in meinem Zimmer! Zum Glück hat er nicht unter der morschen Bodendiele geschaut!

Ich war von Bula Puhalovkas Worten überrascht und beschämt.

»Wozu brauchst den mekkanischen Stock aus Teakholz?«, fragte ich.

»Wenn ich Leute behandle, ist es manchmal nötig, dem einen oder anderen auch mal auf den Rücken zu schlagen, und dieser Stock ist dafür wie geschaffen! Er hat eine gute und ungewöhnliche Geschichte. Alles was eine wundersame Geschichte hat, ist auch selbst ein Wunder, ein bisschen zumindest. Es sind Zeiten von wackligem Frieden heutzutage. Man weiß nie, ob der Krieg wirklich aufhört und es werden allerlei vermeintliche Wundermittel verkauft. Die Menschen brauchen etwas, was ihnen Trost gibt. Ich selbst habe in dieser Stadt hunderte von Verrückten und Wahnsinnigen geheilt!«

»Na gut, ich werde ihn dir schenken!«

Am nächsten Tag bat ich Scheich Zelkanović, ihr denn Stock zu bringen und sofort wieder zurückzukommen.

Es dauerte nicht lang, da kam er mit einem breiten Lächeln

und strahlendem Gesicht zurück. Er sagte, er habe sich mit Bula Puhalovka lange über den Stock unterhalten und unterwegs sei ihm ein wunderbarer Gedanke eingefallen: Was ich denn davon halte, wenn er über meinen Großvater und seinen Unfall in Mekka einen Essay schreiben würde; man könne viel Nützliches darin erwähnen, zum Beispiel könne man eine gründliche Untersuchung anstellen und eine endgültige und entschlossene Antwort auf die Frage geben, was für eine Pilgergruppe es gewesen ist, und aus welchem Land sie stammte, von der damals die bosnische Pilgergruppe überrollt wurde, wo und wann es genau passierte und in welchem Krankenhaus in Mekka Hadschi-Arif behandelt wurde, über welche Wege er wieder nach Hause kam und mit wessen Schiffen (mit christlichen möglicherweise, denn die restlichen bosnischen Hadschis waren schon längst abgereist), dann, wer für ihn übersetzt hat, denn man weiß mit Gewissheit, dass er – anders als sein Enkel Mudersi Humo – des Arabischen nicht mächtig war, und so weiter ... Das wären nur einige der Fragen gewesen, und während man all das niederschriebe, würden vielleicht noch weitere, weitaus nützlichere aufkommen.

»Das ist alles nur Vergangenheit, Scheich-Ibrahim!«, entgegnete ich.

»Na und?«

»Die Wahrheit und auch die Lügen, die wir aus ihr erfahren, sind ohne Nutzen!«

»Natürlich nützt es was! Warum sollte es nichts nützen?«, rief Scheich Zelkanović.

Er stand aufgebracht auf und drehte sich wütend zu mir:

»Die Vergangenheit ist sehr wohl nützlich! Der Mensch ist Vergangenheit! Zu jeder Zeit! Die Erde ist Vergangenheit! Und auch die Himmel, ja selbst die! Jedes Geschöpf ist Vergangenheit!

Sobald du entstehst, hast du bereits eine Vergangenheit, die dir auf den Schultern lastet, selbst wenn du so winzig wie eine Mücke bist, oder eine Ameise. Du kannst nicht einmal *Ach!* aussprechen, ohne dass du es aus der Vergangenheit sagst. Sobald ein Kind dem Mutterleib entspringt und zum ersten Mal aufschreit, tut es das aus der Vergangenheit. Anders ist es auch gar nicht möglich! Ohne das Bein kann kein Schritt entstehen, ohne den Weg keine Reise! Wenn Gott die Vergangenheit abschaffen würde, würde alles im Nu aufhören zu existieren. Nur Er einzig und allein bliebe übrig, um aus dem Alleinsein wieder neu zu erschaffen und um sich erneut zu vergewissern, dass selbst wenn er uns wieder aufs Neue erschüfe, wir uns genauso schlecht anstellen würden wie zuvor!

Doch Gott will nicht länger allein sein! Er ist ewig und in seiner Weisheit hat er sich das Anrecht auf die Ewigkeit vorbehalten. Er lässt nicht zu, dass die Zeit sich ihr nähert, welche er im Grunde für uns, seine Geschöpfe, erschaffen und wie ein Netz über uns gespannt hat. Dessen Enden sind uns verborgen, so wie uns die Ränder der Himmel verborgen sind.«

»Aber Scheich-Ibrahim, die Muslime müssen ihren Blick auf die Zukunft richten!«

»Das behauptet du und Hasan der Philosoph! Ihr reist durch Bosnien und habt nichts besseres zu tun, als Geschichten über die Zukunft herumzuerzählen! Welche Zukunft? Lasst das sein! Wenn Muslime eine Zukunft haben, dann entsteht sie, indem man über die Vergangenheit spricht! Alles wird aus dem Blickwinkel der Vergangenheit betrachtet. Alles, worauf der Mensch schaut, wird augenblicklich in Vergangenheit verwandelt. Der Koran wurde nicht wegen der Zukunft der Menschen herabgesandt, sondern wegen ihrer Vergangenheit. Wären sie gut gewesen, hätte der Koran gar nicht offenbart werden müssen. Sie waren es aber nicht, und so wurde er ihnen herabgesandt, damit sie mit ihren Bittgebeten ihre Vergangenheit verbessern und verschönern. Auch um manchmal an die Zukunft zu denken, aber aus der Vergangenheit heraus.«

Ich betrachtete Scheich-Ibrahim, er sprach, als hätte er sein ganzes Leben mit dem Gelehrten Osman Arslanić in der Bibliothek verbracht, bei den Manuskripten und dem vertrocknetem Schweiß anderer, zwischen den Ablagerungen fremder, vergangener Gedanken.

Mir wäre es lieber gewesen, wenn er mir gesagt hätte, dass er wieder vorhatte, sich mit Kunija zu versöhnen! Ihr ganzes Leben waren sie getrennt geblieben. Weder er noch sie haben jemals wieder geheiratet. Eine Lappalie, eine unbedeutende scherzhafte Äußerung, die aber der leuchtenden Scharia nach in der Ehe streng verboten ist, war der Grund gewesen, dass sie sich trennten. Beide blieben stur bei ihrer Haltung, als ob Trotz jemals jemanden geheilt hätte.

Ich wusste nicht, dass Scheich Zelkanović gerne schrieb. Außer der Abhandlung *Vom Verderben der Zeit* war mir kein weiteres Schriftwerk von ihm bekannt.

»Weißt du, Muderis Humo, ich könnte auch eine interessante Abhandlung über den Grabstein deines Großvaters Hadschi-Arif Humo schreiben!«

»Was für einen Grabstein?«

»Weißt du es wirklich nicht oder tust du nur so, als wüsstest du von nichts?«

»Nein, ich weiß es wirklich nicht!«

Er sagte, er würde mir nur das wörtlich übertragen, was er von dem greisen Scheich Hugalija am 12. Mai vorletzten Jahres bei dem Derwisch-Mevlud[104] an der Quelle der Buna gehört habe:

»Am Abend vor jedem Montag wird am Šarića-Friedhof das Grab von Hadschi-Arif Humo von einer großen Zahl von Frauen aufgesucht. Sie schauen mit verbitterten Blicken auf den Grabstein zu seinen Füßen, manche streicheln ihn mit den Händen, andere kratzen mit ihren Fingernägeln an ihm, dritte küssen ihn wiederum. Man hört ihr Klagen bis ans Ende des Friedhofs. Jahrelang läuft es schon so. Sie kommen in Hoffnung, von ihren Leiden befreit zu werden (und jeder hat ein Leiden, ganz egal ob Frau oder Mann). Mehrmals wurden auch unglückliche Männer gesehen, die sogar den weiten Weg von Trebinje, Ljubinje, Stolac und Imotski gereist waren. Hugalija sagte: ›Wenn das so weitergeht, wird der Grabstein irgendwann in drei Teile zerfallen, spätestens wenn die ersten Winterwinde über die Neretva, aus Richtung Ilići hereinwehen!‹

Auch dir würden meine Abhandlungen über Hadschi-Arif nützen. Man würde von Sarajevo bis Tešanj und Gornja Tuzla erfahren, dass du der Enkel eines Heiligen bist. Das ist schon was! Wir brauchen in unseren bosnischen Medressen Heilige – in jeder einen mindestens! Die jungen Leute ziehen entweder in den Krieg oder sie gehen in die Tekken oder sie schließen sich den Tariqas ohne Tekken an, den Bergilis und Hunduris. Man muss sie irgendwie in die Medressen zurückholen.«

Ich lehnte es ab. Einen solchen Heiligenruf brauche ich nicht, sagte ich zu ihm.

»Großvater Arif war kein Heiliger!«, meine Stimme wurde laut. »Das weiß ich ganz genau, ich kannte ihn! Er war ein armer Mann, der Gebetsketten vor der Tuffsteinmoschee verkaufte!«

»Richtig! Zu Lebzeiten war er noch kein Heiliger! Die wenigsten waren es. Ein Heiliger wird man, nachdem man gestorben ist. Auch das ist eine große Sache! Denkst du manchmal über den Tod nach? Es ist nicht egal, auf welche Weise man stirbt und was über einen nach dem Tod erzählt wird!«

Ich winkte mit der Hand ab und drehte mein Gesicht zur anderen Seite. Mir widerstrebte der Gedanke, dass ich ohne eigenen Verdienst zum Enkel eines Heiligen erkoren werde.

Scheich-Ibrahim schien es zu bedauern:

»Ich hätte die Abhandlung noch vor meiner Abreise nach Buda fertigschreiben können. So wäre zumindest irgendetwas, irgendeine Spur von mir in Sarajevo zurückgeblieben.«

Voller Wehmut sagte er mir dies vor der Muvekithane. Wir blieben stehen und beobachteten den alten Ždralović, wie er mit einem großen Zirkel den Kalender für den bevorstehenden Ramadan-Monat zeichnete und die gesegneten Feiertage in harmonischen Kreiszyklen auf duftenden gelben Seiten festlegte.

Als ich heute hörte, wie Hasan der Philosoph redete, hätte ich ihn am liebsten zur Bula Puhalovka gebracht, damit auch er endlich ein Schutzamulett von ihr bekommt.

Er war traurig, verbittert.

Seitdem er gesehen hat, dass der Wali sich mit Ragib Vrebac und Naskan Čolo befreundet hat, seitdem er erfahren hat, dass niemand verantwortlich gemacht wurde dafür, dass siebzehn Menschen beim Brand der Tekken schwer verwundet wurden, ... seitdem er dies gesehen und jenes gehört hat, seit all dem kann er weder klar denken, noch diskutieren, noch schreiben.

»Nichts! Ich kann keine Frage mehr aus mir rausbringen!«, sagte er. »Auch keine Antwort! Kein einziges neues Wort, selbst wenn man es aus mir mit einer Zange rausziehen wollte!

Aber auch die Waffenruhe ist verwirrend! Obwohl sie jetzt seit einiger Zeit andauert, trägt jeder von uns in jedem Knochen seines Körpers die Erfahrung mit sich, dass mit der letzten Schlacht der Krieg in unserer Heimat nicht beendet ist! Unsere Länder sind, ebenso wie die unserer Feinde, von Kämpfen geplagt, die kurzfristiger sind als der von Lepanto, blutiger als der von Esztergom, unbarmherziger als der von Janík und heimtückischer als der von Eger. Sie treten ein wie unerwünschte Regengüsse, die nicht in innigem Gebet von Gott, dem Barmherzigen, erbetet wurden und die deshalb wie Peitschenhiebe einschlagen. Wie düsteres Unwetter. Wie Hagelstürme, die die ärmlichen Felder gereiften Maises verwüsten.

Es herrscht Waffenruhe, doch der Krieg hallt weiter in uns nach. Wie viele Male, wie lange noch soll das so weitergehen?«, fragte Hasan sich und schaute zum Himmel, während wir am Ufer der still gewordenen Miljacka entlangliefen.

»Bei uns ist die Waffenruhe nur eine Illusion von Frieden, und sie dient uns anscheinend nur dazu, damit wir uns in leerer Hoffnung all die menschlichen Gräuel vor Augen führen – unsere eigenen ebenso wie die unserer Feinde. Weder wir noch sie haben jemals wahren Frieden erreicht, weil wir mit den Waffenruhen nicht richtig umgegangen sind! Für uns ist die Waffenruhe nicht ein Weg zum Frieden, sondern in den Krieg! Und weshalb? Weil wir uns nicht alle Gerechtigkeit und Vergessen wünschen, und vor allem nicht beides zur gleichen Zeit! Wenn wir Gerechtigkeit wollen, fordern die anderen zum Vergessen auf, und wenn wir vergessen möchten, verlangen sie wiederum nach Gerechtigkeit! So war es bisher immer, denn manchmal waren wir die Unterlegenen und manchmal waren sie es. Wenn sich Gottes Gunst den einen zuneigt, wendet sie sich von den anderen ab! Niemals scheint überall auf der Erde die Sonne! Immer will der Unterlegene Gerechtigkeit und der Sieger Anerkennung und Ruhm. Der Schwache verlangt nach Wahrheit und der Starke nach Macht.

Es wäre am besten, wenn alle – wir und sie – vergessen würden. Und zwar gleichzeitig! Durch Vergessen wären wir imstande, unsere und deren abscheuliche Erinnerungen auszulöschen. Und das wäre gut so, denn während wir im Vergessen weilen würden, würde die Erde die Gebeine der unschuldig ermordeten zersetzen, damit sie niemals und niemanden mehr an die Schrecken des Krieges erinnern können! Mit mehr unschuldigem Vergessen wären wir weniger wir selbst und sie wären weniger sie selbst! Die Kluft zwischen uns würde sich verringern. Anfangs könnten wir uns von den Kanten des Abgrunds gegenseitig zurufen, später vielleicht sogar die Hände reichen ...

Was bringt uns die verfluchte Erinnerung an schreckliche Zusammenstöße und das Grollen des Kanonendonners? Das Vergessen könnte Genesung bedeuten und die Befreiung aus einem Albtraum! Denn welchen Nutzen bringen Träume von toten Körpern, von verrotteten Menschen- und Tierkadavern, von schlammigen

Wegen und Soldaten, die ihren letzten Atem im Dreck, zwischen verreckten Ratten aushauchen? Das sind die Bilder, die uns nachts heimsuchen! Und was haben wir dann vom Tag? Nichts! Oder nur das, was ins Nichts führt und uns an unser bitteres Elend erinnert! Die Erzählungen von nebelbedeckten ungarischen Feldern, von blutgefärbter See und der Niederlage bei Lepanto, von niedergebrannten Ländern, unseren und ihren ... all das löscht uns regelrecht aus!

Wir alle sollten uns in Gerechtigkeit, aber ebenso im Vergessen und in Erinnerungen ans Schöne üben. Gerechtigkeit ist ein anderes Wort für die Ordnung um uns und den Frieden in uns, und das Vergessen ist der kürzeste Weg zur Vergebung! Wenn beides Hand in Hand geht, gelangt man leichter zu schönen Erinnerungen – dem Heilmittel für die Wunden!

Ich würde gerne vom Frieden sprechen, aber wer würde mir jemals zuhören?

Nur der Frieden vermag es, einem neue Weiten zu bescheren, in und aus denen man zur Erkenntnis gelangen kann, wie es anders sein könnte, wenn die Menschen es nur wollen würden. Der Frieden ist es, der allem Hass und allem Krieg, allem Helden- und Verbrechertum, jedem Heute und jedem Morgen den Maßstab setzt. Der Frieden hat Vorrang, denn in ihm lässt sich alles andere vergessen! Im Kampf und im Krieg geht das nicht! Im Krieg türmt sich ein Hass auf den nächsten, und dadurch werden böse Erinnerungen genährt!

Schau in was für einer Zeit wir leben! Die Toten sind ohne Anrecht auf eine Ruhestätte. Die Überlebenden, von Leid gebrandmarkt, tragen dessen Abzeichen wie ein Aussätziger, der seine Wundmale nicht ablegen kann im Unheil, welches über Land und See fegt. Krieg und Frevel hemmen den Menschen und nagen an seiner Würde. Sie sind Zeugnisse der Schande menschlichen Scheiterns, die den Fluch unserer Bestimmung wie eine Inschrift, die in unsere Häupter eingedrückt ist, aufdecken – den Fluch, den wir von einer Schlacht bis hin zum totalen Krieg, zwischen einer Waffenruhe und dem nie erreichten Frieden leben. Wenn die Erde verödet und sich zu einem toten Ort verkehrt, gebrochen, eingestampft und ausradiert durch den Sturm, das Gedröhn, den Schrecken und all den ungezügelten Hass! Wenn Menschen zu Tieren werden und andere Menschen zu vertreiben beginnen, oder selber vor ihrem Jäger flüchten müssen ...

Doch wenn der Zorn und die Kämpfe abgeflaut sind, und die Überlebenden sich wieder aus ihren Hausungen und Verstecken herauswagen, dann bietet sich ihnen der friedlose Anblick einer zerwühlten Welt, mit verworrenen Wegen und zerrissenen Freundschaften ... Wieder einmal aufs Neue!«

Wir gehen die Miljacka entlang, an den Ufern haben die Wassergräser ihre schmalen Blätter ausgestreckt, als wollten sie nach den Sonnenstrahlen über dem klaren Wasser greifen.

Hasan redet und merkt nicht, dass er sich wiederholt. Man sollte ihn zur Bula Puhalovka bringen, damit sie für ihn Gebete aufs Wasser spricht, ihn beruhigt, oder ein Schutzamulett für ihn schreibt. Ich schäme mich aber, es ihm zu sagen. Stattdessen höre ich ihm zu, und es klingt, als würde er sich von seiner Vergangenheit verabschieden, als würde er seinen eigenen aufrichtigen Absichten einen Vortrag halten:

»Wenn ich lebend von Budim zurückkehre, werde ich nach Prusac gehen! Sofort! Ich halte es in Sarajevo nicht mehr aus! Ich möchte es hier nicht länger aushalten! Wer will, wer kann und darf, soll hierbleiben und weitermachen. Ich kann es nicht. Oder besser gesagt: Ich will es nicht!

Der Mufti weint, er sieht, wohin das alles führt, aber er macht trotzdem, was der Wali von ihm verlangt. Der Schaden sei so geringer, sagt er! Und der Kadi hört auf sie beide! Auf der neuesten Brandstätte wollen sie einen Besistan und eine Karawanserei unter einem Dach bauen lassen, als Treffpunkt für Kaufleute, Studenten und Derwische, damit die Unterschiede zwischen verschieden Lehren und Geschäften aufgehoben werden! Sie sagen, es wäre besser gewesen, wenn sie das schon früher gemacht hätten. Salih-Beg hätte ihnen beides gebaut, hätten sie es ihm nur früher gesagt, schwärmen sie! Jetzt suchen sie nach einem neuen Wohltäter, aber es ist schwer; die Menschen sind längst nicht mehr so freigiebig, jeder geizt mit Geld, es fällt den Leuten schwer, Geld in die Hand zu nehmen und sie großzügig auszustrecken. Während der Unruhen in der Stadt hat Ragib Vrebac zwölf Läden ergattert, doch er lässt niemanden an sich ran. Er will keinem was abgeben, nicht einmal für die Moschee! Naskan Čolo hat zehn Geschäfte hier in Sarajevo und drei weitere in Visoko, aber auch er gibt nichts! Auch früher hat er nie etwas gegeben, nicht eine einzige Akçe! Er sagt, wem nach Spenden sei, der solle den Frauen der gefallen Krieger und den Waisenkindern geben, aber er selbst gibt nicht einmal ihnen!

Auch für Bücher will keiner mehr was ausgeben! Es ist aber auch verständlich! Die Leute wissen nur zu gut, was aus Kaukčijas Wohltat und all den Handschriften in den beiden Tekken geworden ist!

Soviel von mir! Ich habe mich entschieden: Ich gehe nach Prusac! Dort werde ich eine kleine Tekke erbauen, nur für mich allein. Ich will von allem Abstand nehmen, in Ruhe schreiben können, in einem Eck der kleinsten Tekke der Welt!«

»Hasan, was für eine Tekke? Welches Prusac? Du musst in Sarajevo bleiben! Wenn du fortgehst, wird das die Menschen stutzig machen!«

»Was kümmert's mich, was die Menschen stutzig machen wird! Verwunderung dauert in Sarajevo einen Tag lang oder höchstens zwei. Bald wird man mich hier vergessen haben!«

»Aber die Menschen werden sagen: ›Hasan hat resigniert und der Wissenschaft, der Philosophie, dem Recht und dem Staat den Rücken gekehrt! Jetzt im Alter ist er in die Tekken gegangen!‹ Früher hast du nur selten Tekken aufgesucht. Immer hast du gesagt, die wahre Tariqa sei längst verraten worden, und die Tekken heutzutage seien nichts weiter als Treffpunkte von Gegnern des Kaiserreichs. Du hast die Hamzawiten erforscht und deren Lehren aufgedeckt, aber jetzt willst du selbst eine Tekke bauen und noch dazu in deinem Geburtsort! Das wird die Menschen befremden!«

»In drei Tagen wird das vergessen sein. Danach werden sie sich über irgendetwas anderes wundern. Lange habe ich versucht Ratschläge zu geben, mein Wort hörte man in Moscheen, in den Gassen und bei Zusammenkünften. Und nichts hat es gebracht! Jetzt werde ich eine kleine Tekke bauen – mal sehen ob man dann meine Stimme erhören wird!«

Der Philosoph Hasan fing an zu weinen. Zwei Tränen kullerten über seine Wangen hinab, aus jedem Auge eine.

Er schaute über die Miljacka in Richtung Atmejdan. Schwärme von Tauben setzten zur Landung an und Kinder spielten im Gebüsch Verstecken.

Die Schlacht um die Margareteninsel

Es ist das Jahr 1636, bald werde ich achtzig und in meinem Garten in Mostar neigt sich der September allmählich dem Ende zu. Längst habe ich den Herbst meines Lebens beschritten, und alles, was ich mein nenne, liegt jetzt hinter mir. Ich weiß nicht, wie lange ich noch zu leben habe, aber weitere achtzig Jahre werden es sicherlich nicht mehr sein.

Vor zwei oder drei Monaten wurde mir ein unscheinbares Glück beschert: Fazlo Šeremet – auch er mittlerweile um die sechzig – hat meine Aufzeichnungen und Manuskriptblätter aus Sarajevo gefunden. Er entdeckte sie Ende August diesen Jahres, ganz zufällig und nebenbei, auf dem Speicher der Gazi-Husrevbeg-Medresse.

Allem Anschein nach sind die Blätter im Zerfall und machen einen äußerst traurigen Eindruck. Zum Glück haben die Motten nur einige Buchstabenränder angefressen, ich bin mir aber sicher, dass sie auch ganze Wörter weggefressen hätten – denn Zarigrader Tinte auf Papierblättern ist für Motten wie ein Gewürz auf ihrer Lieblingsspeise – wäre nicht der glückliche Umstand gewesen, dass ich im November des Jahres 1604 in meinem Medressenzimmer die Blätter mit dickem Rindsleder zu einem Buch zusammengebunden hatte. Die Motten haben sich an die zweiunddreißig Jahre lang hartnäckig durch das dicke Leder gekämpft und es völlig zerfressen (die genaue Anzahl der Jahre und Monate, die das Buch auf dem Speicher der Medresse in Vergessenheit lag, lässt sich, falls nötig, den folgenden Seiten entnehmen).

An dieser Stelle möchte ich einen mir unlieben Einschub einbringen:

Lange haben meine ermüdeten und an Star erkrankten Augen die zerfallenden Überreste meiner Manuskripte betrachtet, während ich über die Motten nachdachte: Was für ein gemeines und wahrscheinlich auch von Gott verfluchtes Tier die Motte doch sei (obwohl – wie Hasan immer sagte – Gott nur selten etwas verflucht). Ich fragte mich, wie viel Mut dieses Tierchen doch aufbringen musste, erstens weil es sich an Bücher heranmacht, und zweitens, weil es sich mit seinen Kiefern an Wörter heranwagt, die jemand vor langer Zeit im Schweiße seines Angesichts niedergeschrieben hatte.

Ich erinnere mich, wie ich im November 1604, im späten Herbst, das Manuskript liegengelassen, oder genauer gesagt in Eile weggeworfen hatte! In diesem Herbst des Jahres 1604 war ich zum letzten Mal an der Medresse gewesen.

Das Manuskript hatte ich, wie gesagt, in Rindsleder eingewickelt und in meinem Medressenzimmer liegengelassen und danach aus den Augen verloren. Nach Mostar hatte ich es nicht mitgenommen. Wozu auch, dachte ich mir damals. Auf der Seele trug ich ohnehin allzu vieles, was es abzuwerfen galt, und dasselbe konnte man auch von Lejla behaupten. Und was hätte sie mit meinem Manuskript anfangen sollen? Sie hätte daraus nur Dinge über Nurunada erfahren, von denen sie bis dahin nichts wusste, und die sie traurig gestimmt hätten!

Also ließ ich es liegen und verabschiedete mich von den Ereignissen, von welchen auf dessen Seiten in Zierschrift Zeugnis abgelegt wurde – das war zumindest meine leise ausgesprochene Absicht, die ich mir damals, im Herbst des Jahres 1604 selbst zuredete.

Hasan der Philosoph und ich wurden noch im selben Jahr aus der Medresse entlassen. Wir wurden entlassen (ich schäme mich zu sagen, dass wir verjagt wurden!), weil der Mufti den Hamzawiten nachgab, vielleicht waren es aber auch Bergilis, oder Malamatis. Es war nie völlig klar, wer alles und in was genau verwickelt war, genauso wie man selbst heute, nach mehr als dreißig Jahren, immer noch nicht weiß, wer mit wem in all dem Wirrwarr verbündeter oder zerstrittener Strömungen und Gruppierungen welches Bündnis geschlossen hatte, und wer es war, der damals nach den Zügeln der Macht griff und den Hof des Walis sowie das Gericht besetzte, wonach der Sturz der Medresse nur noch eine Sache von wenigen Tagen war.

Das Glück – auch wenn es nur ein kleines gewesen ist – dauerte an, solang der alte Mufti noch im Amt war. Er hatte nie zugelassen, dass Hamzawiten oder andere, ihnen ähnliche, in den Mufti-Rat aufgenommen wurden, wobei ihnen allerdings der Zugang zu anderen Institutionen gelang. Uns war selbstverständlich klar, dass er das Amt des Muftis aus eigenem Interesse schützte, und nicht wegen Hasan oder mir! Als er irgendwann sein Amt niedergelegt hatte, haben Hamzawiten und ähnliche Gruppierungen (getarnt in Kleidung ähnlich der unseren) den Mufti-Rat besetzt, ebenso wie auch alle anderen Ämter, die es zu besetzen galt.

Es war ihnen nicht länger wichtig, sich Hamzawiten oder Bergilis oder Malamatis zu nennen, denn diese Namen waren veraltet. Stattdessen kam es zu neuen Aufspaltungen, die wiederum neue Fraktionen, neue Tariqas, Gruppen und Anschauungen hervorbrachte. Neue Erscheinungen brauchten neue Namen, und so lief alles im Kreise, immer weiter, damals ebenso wie heute.

Das waren Zeiten der Verwirrung, die selbst bis heute andauern, nur ist es uns heute umso leichter sie zu ertragen, umso mehr wir uns daran gewöhnt haben. Gewöhnung sei kostbar, sagte Hasan einmal, sie beschütze einen vor neuen Übeln, wie ein dickes Hemd einen vor Rutenhieben schützt.

Mit der Entstehung neuer Tariqas und Strömungen passierten oft seltsame, ja manchmal sogar schwachsinnige Dinge, über die man bestenfalls lachen konnte, denn, sie zu belächeln und zu verspotten war das einzig wirksame Heilmittel gegen sie. So konnte es passieren, dass am Vormittag eine neue Tariqa gegründet wurde und bereits am Nachmittag desselben Tages noch eine. Dann bemerkte man, dass bei der Gründung der zweiten auch Leute von der ersten anwesend waren, und als man sie fragte, warum sie wieder gekommen seien, antworteten sie: »Aus dem selben Grund wie ihr!« Dies war tatsächlich neulich passiert, als die Bergilis ihren Namen in Kadizadelis änderten.

Jeden Tag wird etwas neues gegründet. In der Stadt hört man: Zwei Tariqas vereinen sich zu einer! Die Menschen freuen sich, denn je weniger Splittergruppen es gibt, umso voller ist die Begova Moschee. Doch dann, nach zwei Monaten, erfährt man: Aus zwei Tariqas ist nicht eine geworden, sondern noch eine weitere!

Deshalb muss ich Folgendes, nicht um euret-, sondern um meinetwillen sagen: Die Auflösung alter und die Gründung immer neuer Tariqas findet selbst heute noch statt! Deshalb schätze ich mich glücklich, dass ich jetzt mit meiner inzwischen ebenfalls gealterten Lejla, einer gebürtigen Sarajevoerin, in dem kleinen Garten in Mostar lebe. Seit nunmehr zweiunddreißig Jahren sammeln wir Heilkräuter um den Polterschacht und bereiten nach alten Aufzeichnungen von Mevlija Pavlović-Humo, welche wir in einer ihrer Truhen gefunden haben, daraus Wundsalben zu. Wenn die Frühlingswinde die Blüten der Obstbäume Jahr für Jahr langsam hinfortwehen, geben Lejla und ich, für uns allein, ihnen das letzte Geleit.

Im Sommer 1604 wusste jeder in der Stadt, dass es sich nur noch um wenige Tage handeln konnte, bis man mich und Hasan entlassen, wenn nicht sogar vertreiben würde.

Als es dann schließlich geschah, war es den Menschen ziemlich egal. Gleichzeitig, als die wichtigsten Ämter neu besetzt wurden, wurden wir vertrieben; die neuen Machthaber hatten uns nicht einmal gefragt, ob wir für sie arbeiten wollen würden.

Wenn ich die Frage nicht beantwortet habe, wer die Blätter dieses Buches aus meinem Medressenzimmer entwendet und auf den Speicher der Medresse geworfen hat, ist das nicht, weil ich es für unwichtig halte, sondern weil es bedeutet, dass die Hamzawiten meinem Manuskript keinerlei Bedeutung zugeschrieben haben. Sie wollten damit nicht einmal Feuer anzünden, obwohl bekannt ist, dass der Winter im Jahr 1604 besonders kalt war. Noch unwahrscheinlicher ist es, dass das Manuskript von irgendjemandem jemals gelesen wurde.

Es war damals ein eisiger Winter, der alle Toiletten Sarajevos für zwei Monate zufrieren ließ. Als dann im Frühjahr das Eis schmolz, machte sich wie eine Plage ein ungeheurer Gestank in der Stadt breit. Um ihn einigermaßen zu verdrängen, waren die Menschen gezwungen, ihre erblühten Gärten mit Beifuß vom Vorjahr zu räuchern.

Fazlo Šeremet behauptet (und soll sogar Beweise dafür haben), dass das Manuskript letztlich auf dem Speicher gelandet ist. Ich befinde es jedoch als wichtiger, an dieser Stelle nach den Gründen zu suchen, weshalb es ausgerechnet dorthin weggeworfen wurde, als sich den Kopf darüber zu zerbrechen, wer es getan haben könnte. Das ist etwas, was ich sofort herausfinden muss – ich sage muss, obwohl, wie Hasan der Philosoph immer sagte, zu sterben das Einzige sei, was ein lebendes Geschöpf wirklich müsse!

Wer immer es auch gewesen sein mag, der mein Manuskript weggeschmissen hat, muss es verachtet haben! In diesem Fall war es vielleicht sogar möglich, dass derjenige einige der ersten Seiten tatsächlich auch gelesen hatte. Ein wichtiges Schriftstück in den Dreck von Tauben zu schmeißen bedeutete zumindest eines mit Gewissheit: Das Werk und der ruhmreiche Gelehrte, der es schrieb, sollten erniedrigt werden! Dieses halte ich fest und habe nicht vor, meine Meinung dazu zu ändern! Weshalb sollte ich auch, wo mir doch dafür eindeutige Beweise vorliegen? Denn auf dem Einband meines Manuskripts fand Fazlo Šeremet nicht nur haufenweise Dreck von Tauben, sondern auch den von Habichten, Adlern, Raben und wer weiß von was für Vögeln sonst noch. Ja sogar von Kranichen, die auf ihrem Flug von den Pannonischen Ebenen nach Süden über Bosnien ziehen!

Als Fazlo Šeremet mir das erzählte, fiel mir mein Zarigrader Lehrer Monastirli ein, der einmal zu uns Schülern sagte:

»Keine Eile im Leben, meine Kinder! So zahlreich die Geschöpfe auch sein mögen, so artenreich ist auch der Dreck und Gestank, den sie hinterlassen! Und so sehr ihr euch auch bemüht, die Welt zu erneuern, immer wird man auf den Märkten der Stadt Nachttöpfe verkaufen!«

Ich fragte Fazlo Šeremet, ob auf meinen *Liedern wilder Vögel* auch der Dreck von Kuckucken aus Pridvorci zu sehen war, doch er schaute mich nur seltsam an und machte dabei eine verneinende Kopfbewegung.

In meinem Alter bin ich nun einmal nicht mehr in der Lage, alles zu hinterfragen, geschweige denn eine Antwort darauf zu geben, weshalb das Dach der Medresse dermaßen verkommen war, dass sich dort allerlei Vögel einnisten konnten, und was der Grund dafür war, dass seit Zejnil Glamočaks Tod im Jahr 1608 – Lejla und ich haben in unserem Garten in Mostar die Sure *Ya-Sin* für ihn gelesen und seiner Seele gewidmet – niemand mehr das Dach repariert hatte.

Es obliegt mir auch nicht zu deuten, weshalb sich all diese gefiederten Kreaturen ausgerechnet auf dem Speicher über den ruhmreichen Lehrsälen ihres Drecks entledigen mussten. Ich sage nur eins: Es ist traurig und allgemein, wenn man so will, eine Schande für die Muslime, feststellen zu müssen, dass sich der Großteil des Kots auf dem zerfressenen Einband der *Lieder wilder Vögel* befand!

Das Einzige, was mir, einem Muderis, noch als Trost dienen könnte – ob mir nach meinem Tod irgendein Trost noch von Nützen sein würde, sei dahingestellt – waren die anderen glorreichen Werke, die Fazlo Šeremet auf dem Speicher gesehen hatte. Zusammen mit meinen *Liedern wilder Vögel* fanden sich noch viele weitere Bücher im Schmutz dieses unwürdigen Ortes; unter anderem az-Zamachscharis berühmter Kommentar *Der Enthüller von Wahrheiten*, Ghazalis unübertroffene *Wiederbelebung der Religionswissenschaften*, Ibn ʿArabis überragende *Mekkanische Enthüllungen*, Birgivis drei Abhandlungen *Über die Enthaltsamkeit* ...

Anhand der Tatsache, welche Art von Büchern zusammen mit meinem Manuskript auf einem Haufen lagen, ließe sich viel über jenen hamzawitischen oder kadizadelischen Unmenschen, der all diese großen Werke wegwarf, diskutieren und schreiben.

Selbstverständlich könnte man die Frage stellen, was Fazlo Šeremet, der einst nur ein mittelmäßiger Schüler und heute ein alter Mann war, jetzt, im August des Jahres 1636, auf dem Speicher der Medresse zu suchen hatte?

Ich bitte innigst darum, die Antwort darauf sofort geben zu dürfen, denn an anderer Stelle würde ich sie entweder vergessen, oder sie würde mir dermaßen Kummer bereiten, dass ich meine Notizen nicht würde zu Ende bringen und das Manuskript nach Sarajevo in die Buchhandlung Aleksandar Jevtanovićs zur Vervielfältigung schicken können.

Für die Kosten sind mir Kaukčijas restliche zehn Dukaten übrig geblieben (von denen Lejla nichts weiß!). Ich könnte aber auch den Großhändler Ragib Vrebac an die vierhundertfünfzig Dukaten erinnern, die er mir schuldet! Jetzt, im Alter, könnte ich sie gut gebrauchen. Aber ich werde es nicht tun! Nicht, weil ich es nicht möchte, sondern weil mir dazu der Mut fehlt.

Er könnte mich fragen, woher ich nochmal all das Geld damals hatte, und die Antwort würde nur unnötig an den langen, faulenden Fäden unserer unabgeschlossenen Vergangenheit ziehen.

Seltsam, dass mir folgendes gerade einfällt: Was, wenn Ragib Vrebac die *Lieder wilder Vögel* in die Hände bekommt und alles erfährt? Doch sofort beruhige ich mich mit dem Gedanken: Wenn er schon damals in Zarigrad keine Bücher gelesen hatte, wird er es mit Sicherheit jetzt in Sarajevo erst recht nicht tun! Ich hatte gehört, dass er sich im Haus der Naqschbandi-Scheichs breitgemacht hat und dass er im einst schönsten Garten Sarajevos seine Geschäfte schmiedet.

Also warum ist Fazlo Šeremet ausgerechnet in diesem Jahr auf den Speicher der Medresse geklettert?

Nachdem Bula Puhalovka ihn damals behandelt hatte, und ihm sagte, er solle sich in den engen Gassen nach einem Mädchen umsehen und heiraten, nahm er ihren Rat wörtlich und machte sich in den Gassen der Stadt auf die Suche.

Eines Abends in der Sagrdžije-Gasse lernte er die schöne, blonde Satneza kennen, eine gebürtige Sarajevoerin, deren Großvater aus Foča stammte.

Sie fragte ihn:

»Deine Weste ist schon alt! Warum kaufst du dir keine neue?«

»Wo soll ich dann mit dieser alten hin?«, antwortete er.

Satneza fand Gefallen an ihm. Sie sah, dass er klug und sparsam war. Als sie sich gegenseitig in die Augen schauten, glichen sich ihre Blicke füreinander.

Sie schrieb ihm oft Briefe, sogar an Tagen, an denen sie sich trafen. Sorgsam bewahrte er sie in einem seidenen Bündel auf.

Als die Hamzawiten die Medresse besetzten, untersuchten sie alle Schriftstücke, die ihnen zweifelhaft vorkamen. Sie rissen Fazlo Šeremet das Bündel mit Satnezas Briefen regelrecht aus den Händen und warfen es voller Verachtung auf den Speicher.

Als Fazlo Ende August 1636 in Sarajevo war, fielen ihm die Briefe wieder ein, also bat er den Pförtner, auf den Speicher steigen zu dürfen. Auf diese Weise wurden nebenbei und völlig zufällig auch die *Lieder wilder Vögel* gefunden.

Jetzt blättere ich in meinem Manuskript, froh, dass ich es wieder besitze, aber auch traurig, wenn ich an die Zeiten zurückdenke, über die es berichtet.

Es sollte mindestens vierzigfach abgeschrieben werden, denn ich fühle mich verpflichtet, damit eine bescheidene Schuld zu begleichen: Die Welt muss erfahren, dass Hasan ein anständiger Mensch und ein großer Gelehrter war (und es immer noch ist, obwohl er seit Oktober 1615 nicht mehr lebt). Ich möchte, dass alle es aus diesen Blättern ersehen!

Und es kommt mir so vor, als wäre er jetzt wo er tot ist, noch edelmütiger, und dass ihn die ruhmreiche Stadt Sarajevo fortan und für alle Zeiten anerkennen und zu würdigen wissen wird. Schade, dass Hasan schon 1615 gestorben war. Hätte er noch zehn Jahre länger gelebt, hätten sich noch viele an seinem Wissen bereichern können. Und dennoch, als ich ihn das letzte Mal in der Sarači-Gasse getroffen habe – es war am 8. Januar 1607, als man uns den Zutritt zur siebzigsten Gründungsfeier der Gazi-Husrev-Beg-Medresse verwehrte – war er erschöpft und übersät mit Altersflecken (genauso wie ich heute). Er brachte kaum sieben oder acht ganze Sätze zusammen, und ich dachte mir, dass er einst Recht hatte, als er zu seinen Schülern sagte, dass das beste Bittgebet jenes sei, welches er selbst in seinem Zarigrader Zimmer in

Worte fasste: »O Herr! Gib mir Leben, wenn das Leben gut für mich ist, und gib mir den Tod, wenn der Tod gut für mich ist!«

Er war ein mutiger Mann, und es ist mir jetzt unklar, warum ich in diesem Buch nicht all die Schlachten erwähnt habe, in denen er tapfer unseren Glauben, das Kaiserreich und dessen entfernte und äußerst fragile Provinz Bosnien verteidigte.

Deshalb muss ich erklären:

Nie hat Hasan zum Säbel gegriffen! Schwert und Säbel waren ihm fremd. Er hat den Krieg verachtet. Krieg war für ihn wie ein Gestank. Genauso wie der Mensch den Gestank aus seinem eigenen Darm erdulden muss, so müsse er auch den Gestank des Krieges ertragen, waren seine Worte.

»Der Krieg stammt vom Menschen, deshalb stinkt er!«, sagte er einmal im Hörsaal vor allen Studenten. »Genauso wie auch die Menschen stinken, die aus dem Krieg zurückkehren!«, fügte er noch hinzu.

Der Philosoph Hasan war ein friedliebender Mensch. Er hat nicht ein einziges Opferlamm eigenhändig geschlachtet. Nicht einmal ein Huhn. Aber dass er bei Kämpfen dabei war, dafür gibt es lebende Zeugen!

Ich kann mich erinnern, dass wir 1603 zusammen in der Schlacht um die Margareteninsel bei Buda waren. Die älteren Schüler der Medresse erinnern sich bestimmt noch daran. Die noch am Leben sind, können es bestätigen: Salko Buzadžija, der in Lepenica als Beamter arbeitet; dann Hašim Zembo, er ist in Donje Dubrave als Imam tätig; Idriz Pajrun, der in Vidimlije Kinderlehrer geworden ist; Ramo Čaluk, der Leiter der Gasulhane[105] in Stolac.

Sie alle erinnern sich daran, dass Hasan und ich im Jahr 1603 mindestens sechs Monate vom Unterricht abwesend waren. Ich erwähne es nur ungern, aber die Schüler hat es gefreut, dass der Unterricht ausfiel, und dass sogar die Lehrer, die in Sarajevo geblieben waren, nicht gewissenhaft ihre Vorlesungen hielten. Doch die Mehrheit freute sich, als wir erkältet, aber am Leben von Buda zurückkamen.

Als die aussichtslose Schlacht um die Margareteninsel losging, kam ein großer Freund von uns, der Dichter Derviš Bajezidagić, ums Leben.

»Zu sterben ist für mich, wie einen Schluck Wasser zu trinken!«, sagte er am Vorabend seines letzten Tages. Wir besuchten ihn an jenem Abend, und als der Tod zur Sprache kam, sagte Hasan zu Bajezidagić:

»Die Dichter irren sich, wenn sie davon sprechen, dass der Todeskelch ausgetrunken wird. Eine dreiste Lüge ist das! Der Tod ist keine Flüssigkeit, als dass man ihn austrinken könnte. Der Tod wird gekostet, so wie es auch in unserem Heiligen Buch steht, aber er wird gekostet, indem er erbrochen wird, als die letzte, übriggebliebene, ekelerregende und stinkende Sache im Menschen! Man kostet sie in einem kurzen Augenblick und speit sie dann wie einen unsichtbaren, aber zähflüssigen und bitteren Auswurf aus der kranken Lunge aus, oder aus dem Bauch, vom Boden des Magens, aus der Leber und der Milz. Zum Glück fehlt dem Sterbenden dann die Kraft, noch zu sehen, welch schreckliche Abscheulichkeit er aus sich auf die Erde und unter den Himmel hinausgewürgt hat!«

In dieser Nacht auf der Margareteninsel sagte der Philosoph Hasan zu Bajezidagić, dass es gut wäre, wenn im Tod dem Körper Flügel wüchsen und er der Seele in den Himmel, zur Sonne und zu den Sternen folgen würde.

»Die Verstorbenen würden dann in Heiterkeit und mit Freudengesängen von ihren Nachbarn und Angehörigen zu ihrem Flug in den Himmel verabschiedet werden. Niemand würde sich vor solch einem Tod fürchten. Die Menschen würden warten, dass ihnen Flügel wachsen und flögen dann hinfort, und die Erde bliebe geräumig und unbeengt. Die Gräber wären dann weit oben, unter den Sternschnuppen. Aber so ist es nun mal nicht! Stattdessen wartet auf uns die Begegnung mit dem kalten Grab, mit dieser undurchsichtigen Erdvertiefung, auf deren kaltem Grund wir langsam verrotten müssen. Kein Mensch kann das erklären, und welche Erklärung könnte den Toten jemals nützen?

Mein lieber Bajezidagić! Hier, dein Humo, er hat in Florenz die Sterne und die Unendlichkeiten des Himmels studiert. Er erlangte großes Wissen und schaute Nacht für Nacht in die Stille unter den weitgespannten Gewölben von Florenz. Dennoch weiß er nichts von der Beklemmnis im Augenblick des Todes. Der Tod ist nicht etwas, was außerhalb des Menschen liegt, sondern etwas ihm eigenes, etwas womit er geboren wurde! Wenn deine Mutter dich auf die Welt bringt, dann gebiert sie mit dir auch deinen Tod, der unsichtbar in jeder Faser unseres Körpers und im Mark jedes unserer Knochen weilt, vorherbestimmt, uns aus uns heraus nur ein einziges Mal zu überkommen und lautlos über allen Erklärungsversuchen und Sinnzuweisungen zu triumphieren, hoch über aller Philosophie und Dichtkunst, jedwede Mutmaßung und allen Glauben überragend.

Und da hast du auch Scheich Zalikan, dort bei der zweiten Schanze. Auch er weiß nichts über den Tod, obwohl er sein ganzes Leben lang das *Mathnawi* gelesen hat. Auch für ihn enden angesichts eines offenen Grabes alle Weisheiten dieser Welt!

In der Tiefe und aus der Mitte des Grabes beginnen aber eigentlich erst die wahren Weisheiten der Welt!«

In Anwesenheit von Hasan und Bajezidagić trug ich ein Gedicht von Mevlija Pavlović-Humo vor:

> Wenn wir sterben, vollbringen wir nichts!
> Der Tod ist es, der alles vollbringt!
> Vom Moment der Empfängnis an,
> seit jenem Augenblick der Lust,
> da der Samen sich vereint,
> liegt in ihm auch des Todes Keim.
> Darum kommt der Tod nicht zum Menschen,
> sondern er verlässt ihn, nur einmal,
> und lässt ihn leblos zurück.

Daraufhin sagte Bajezidagić:

»Schön, dass ihr mich hier auf der Margareteninsel an Mostar und an die Dichterin Mevlija erinnert!«

Wir trennten uns und keiner sagte mehr etwas.

Die Nachricht vom Tod des Dichters Bajezidagić und seinem Übertritt in die bessere Welt kam schnell bis nach Mostar.

Als der Halsabschneider Abud aus dem Musala-Viertel[106] davon hörte, sagte er nur:

»Was? Bajezidagić ein Schahid[107]? Er? Sachen gibt's!«

Und das Schlitzohr Satko von Balinovac[108] wunderte sich:

»Was sind das für Kriege heutzutage? Hier kann wohl jeder ein Schahid werden!«

Hatte ich bereits erwähnt, dass wir von der Margareteninsel Anfang des Jahres 1604 nach Sarajevo zurückgekehrt waren? Abgemagert, verdorrt, verbittert und ohne jegliche Hoffnung.

Auf der Baščaršija sagte ich zu Hasan:
»Ich trauere um Bajezidagić, doch ich kann mich nicht erinnern, auch nur eine Träne vergossen zu haben!«
»Wir leben in einem Land«, erwiderte er, »in dem neue Kriege uns keine Zeit lassen, die alten Schlachten und Helden zu beweinen! Wir sind gezwungen, unsere Tränen für zukünftige Trauer aufzusparen. Wir dürfen sie nicht für das Geschehene vergießen, sondern müssen sie für die schrecklichen Zeiten, die erst noch kommen werden, aufbewahren!«
Zum Schluss meiner Vorlesung über die Auslegung mystischer Poesie sagte ich zu meinen Schülern:
»Von den Schlachtrufen der Margareteninsel ist nichts weiter als eine vergängliche, trübe Spur zurückgeblieben, die vom kalten Wasser der Donau fortgetragen wurde, und all die Erinnerungen an die Schlacht und die Stimmen der Todgeweihten liegen längst in den Ablagerungen am Grund des Schwarzen Meeres begraben ...«
Und noch etwas: Ich bin traurig, dass bei Nagykanizsa, nur neun Monate vor Bajezidagićs Tod, auch Mustafa der Künstler gefallen war! Er wäre der einzige in ganz Sarajevo gewesen, der die aus Büffelleder erbaute Donaubrücke bei Buda auf Leinwand hätte bringen können, jene Brücke, auf der die meisten unserer Soldaten umkamen, im Moment als die Brücke nachließ.
Auch Hasan der Philosoph hat einmal gesagt: »Schade, dass die Brücke aus Büffelleder auf keinem Gemälde festgehalten wurde!«, während er sich daran erinnerte, dass dort auch der alte Scheich-Ibrahim Zelkanović ums Leben kam, nur auf der anderen Seite, gegenüber der Stelle, wo Bajezidagić von einer Kanonenkugel zweigeteilt wurde.
Scheich Zelkanović hatte damals plötzlich seinen Derwisch-Umhang ausgezogen und ist die Ebene entlang in die entgegengesetzte Richtung losgestürmt, allein auf den übermächtigen Feind. Er warf seinen Säbel und sein Gewehr von sich und hielt mit seiner linken Hand kräftig sein wundersames, mit Kalligraphien verziertes Naqschbandi-Schild fest, das er 1572 in Damaskus gekauft hatte, während er mit der rechten Hand seinen Umhang wie ein Schwert schwang! Er beschwor Gott den Allmächtigen und rief die Namen der gefallenen Helden der Schlachten von Badr, Uhud, Handaq, Hunain, Tabuk, Dumat al-Jandal![109] In immer größeren

Kreisen schwang er seine Kutte und rief den Namen Gottes immer lauter!

Im nebligen Flachland erschien er uns immer unscheinbarer, und seine Stimme immer dünner und verzweifelter, bis er allmählich zu einem winzigen Krümel wurde im verschlingenden Rachen der Pannonischen Tiefebene.

Hasan der Philosoph konnte es nicht glauben, dass er ganz allein zum Angriff losgestürmt war. Aus seiner Deckung sprang er ihm hinterher und rief ihm nach, er solle zurückkommen, es sei aussichtslos, niemand könne uns aus dieser Umzingelung heraushelfen, Wunder schon gar nicht, sondern nur die andauernde und standhafte Verteidigung unserer beiden Schanzen, der linken und der rechten, und auch der anderen beiden Seiten, ganz gleich wie hoch die Verluste sein würden! Und auf Hilfe von außen warte man ohnehin vergebens!

Scheich Zelkánović wurde von drei Gewehrkugeln niedergestreckt. Ein eigenes Grab hat er nicht bekommen, er wurde in einem großen Erdloch zusammen mit zweihundertvierundsiebzig anderen gefallenen Soldaten begraben. Zwischen zwei Angriffen hatte man ein gemeinsames, kurzes und hastiges Totengebet für sie alle verrichtet.

Angesichts der aufflammenden Kämpfe hatte Scheich Zelkanović, mehrere Tage und Nächte vor seinem Tod, zwanzig seiner Soldaten mitgenommen und ist auf die Schlachtfelder ausgerückt um die Toten zu beerdigen. Sanft, mit seiner rechten Hand, verschloss er die Augenlider auf den steifgewordenen Köpfen und weinte, als er zu Hasan sagte, dass man aus Pflicht gegenüber den Toten die erstarrten Gesichter und den Ausdruck ihrer zum Himmel gerichteten Blicke, die denen der Vögel auf Mustafas Gemälden ähnelten, niemals vergessen dürfe. Scheich Zelkánović mahnte dazu, das furchtbare Funkeln, das Glimmen in den Pupillen niedergemähter Jugend, welches dem Glanz trockenen Frostes im Mondlicht glich, für immer in Erinnerung zu behalten. Bei Nacht setzte er die jungen Toten in tiefe Gräber, damit die Wildschweine aus dem Unterholz und die Hausschweine aus den Ebenen die frischen Leichen nicht wittern, und damit die Märtyrergebeine nie von den Pflügen der Tagelöhner auf ungarischen Äckern erfasst werden.

Einige Tage vor seinem Tod erzählte er einigen wenigen Anwesenden, unter denen auch Hasan war, dass er erst vor kurzem, an einem späten Nachmittag, eine dicke Bache verjagen musste, die drei toten jungen Männern die Brust aufgeschlitzt und die Leber aufgefressen hatte. All das habe ihn an die verfluchte Hind erinnert, die nach der Schlacht von Uhud mit ihren Zähnen die Leber von Hamza, dem Onkel des Propheten, zerstückelt hatte.

Ich erinnere mich heute noch an Hasans Worte in der Medresse, als er über die letzten Stunden von Scheich Zelkanović sprach:

»Armer Scheich Zelkanović, er war verliebt in den Tasawwuf, obwohl er ihn niemals wirklich verstanden hatte. Für ihn war diese Lehre ein ungewöhnlicher, Wunder wirkender Trost, von dem er nie erwartet hat, dass er ihm Erklärungen liefert, sondern dass er ihn errettet. Er folgte ihm wie einem Licht, ohne weder sich, noch sonst jemandem zu fragen, ob es seine unbewanderten Augen nicht geblendet haben könnte. Voller Eifer brachte er ihm all seine Liebe entgegen, die jedoch nicht gleichermaßen erwidert wurde!«

Jahrelang hatte Hasan Scheich Zelkanović beschenkt. Er kaufte ihm neue Umhänge und Lederpantoffeln und seiner Kunija hatte er jedes Jahr zum Bajram-Fest neue Kleider geschickt (als sie alt wurde, wollte sie zu Scheich Zelkanović, den sie nie vergessen hatte, zurückkehren, doch es war zu spät).

Immer wieder driften meine Gedanken von den *Liedern wilder Vögel* ab, was nicht gut ist. Ich weiß nicht, was mich dazu verleitet, meine Erzählung immer wieder in eine andere Richtung abschweifen zu lassen.

Fazlo Šeremet hatte in Miljanovci meine Aufzeichnungen dreimal gelesen. Das erste Mal tat er es aus Liebe; es fiel ihm schwer, weil sie ihn an seine Jugend und an die Zeit in Sarajevo erinnerten. Seine Augen waren voller Tränen während er las, denn mittlerweile war auch er, wie ich bereits gesagt hatte, ein alter Mann mit sechzig Jahren auf dem Buckel geworden.

Das zweite Mal las er sie, weil er mich, seinen einstigen Lehrer, verstehen wollte. Oft kehrte er zu den Stellen zurück, die er zuvor nicht begriffen hatte.

Als er zum dritten Mal das Manuskript durchging, las er es sorgfältig und langsam, aus reiner Zweckdienlichkeit, wie er sagte, damit durch das Blättern die Feuchtigkeit entweichen könne und um es von den Motteneiern zu befreien, von denen mehr als die der Hälfte der Seiten befallen war.

Als er mir das Manuskript nach Mostar brachte, sagte er, dass er es seltsam finde, dass ich darin nirgendwo das Jahr 1593 beschreibe, wo man doch weiß, dass ich zusammen mit Hasan dem Philosophen in den schweren Schlachten bei Veszprém und Palota gewesen bin. Natürlich waren wir dort! Bei unserer Rückkehr hatten wir von all den vielen Verwundeten dieser zwei Orte mit den seltsam klingenden Namen berichtet (als wäre Veszprém ein Mann, der mit Palota, der Frau, verheiratet sei, sagte ich einmal unter der Pappel im Hof der Medresse zu meinen Schülern, woraufhin sie in lautes Gelächter ausbrachen!)

Zugegeben, in den *Liedern wilder Vögel* steht auch nur wenig über die schwangeren Jahre 1594 und 1595 und das vielfältige und abgründige Übel, welches in ihnen stattfand und dessen Zeugen ich und Hasan für kurze Zeit geworden sind. Ich weiß es, weil wir an den Jahrestagen der Schlachten den Studenten an der Medresse von den schallenden Schlachtrufen der verfeindeten Seiten unter den hässlichen, aber wichtigen Festungen Komárom und Esztergom erzählt haben. Eine Zeitlang waren die Rufe unserer Soldaten lauter: *Allah! Allah!*, doch dann bekam die andere Seite Verstärkung von Truppen und Regimentern aus Polen. Die christlichen Soldaten riefen: *Jesus! Jesus!*, und die Berge erzitterten im Widerhall ihrer Worte!

Es glich einem Wettkampf, bei dem es darum ging, wer die Schlachtfelder zunächst mit heiligen Rufen mehr füllen und dann im Sturm mit mehr Blut tränken würde.

Ich kann mich erinnern: Auf engem Raum und für hohe Ziele starben damals viele arme Leute aus Zentralbosnien! An die Enge erinnert sich keiner mehr, doch die hohen Ziele bleiben bestehen und werden noch lange fortdauern, für neue Kämpfe und Schlachten.

Hasan der Philosoph hatte dort angefangen, eine kurze Abhandlung darüber zu schreiben, wie der Verfall eines Staates aufzuhalten sei ...

Als wir in der mostarschen Sonne in den *Liedern wilder Vögel* blätterten, meinte Fazlo Šeremet, dass ich mehr über Mustafa den Künstler hätte schreiben sollen. Das Manuskript sei aber auch Zeugnis einer aufrichtigen Freundschaft dreier Männer, des Künstlers Mustafa, Muderis' Humos und des Philosophen Hasan, gestand er mir zu. Auch seine Frau Satneza, die in Miljanovci[110] das Manuskript ebenfalls gelesen hatte, behaupte dasselbe.

»Vielleicht waren Hasan, Mustafa und Skender deshalb so eng befreundet, weil keiner von ihnen einer neuen Tariqa angehörte, und auch keiner vermoderten alten!«, hatte Fazlo in Tešanj[111] zu seiner Satneza gesagt, während er die Manuskriptblätter in die Sonne zum Trocknen auslegte. Und sie fügte noch hinzu, dass man unsere Freundschaft genauer unter die Lupe nehmen müsse, denn hinter der lang währenden Freundschaft dreier Männer, zudem noch in Sarajevo, stünde gewiss eine ihnen beiden unbekannte Tariqa, Gruppe, Vereinigung, oder zumindest ein geheimes, gemeinsames Bedürfnis. Die Sarajevoerin Satneza! Aus den erblühten Miljanovci habe sie ein noch besseres und tieferes Gefühl für die Dinge, die in ihrer Heimatstadt passieren, sagte Fazlo zu mir in meinem Garten in Mostar.

Als Fazlo von Mustafa sprach, fiel mir wieder ein, dass sein Laden gleich nach seinem Tod zugemacht wurde. Die Gemälde, die Farben aus Isfahan, die Staffelei, an der sich Muvekit Ždralović vor der Begova-Moschee oft gestört hatte, all das hatte Safija verkauft und das Geld für ihren Sohn Hilmija beiseite gelegt. Später sollte sie ihn davon nach Zarigrad zum Studium der Kalligraphie schicken.

Im Jahr 1603 hat Hasan in der überfüllten Begova-Moschee sein Hatma-Gebet[112] der Seele des Märtyrers und Künstlers Mustafa gewidmet und im Anschluss eine unvergessene Rede gehalten:

»Meine Brüder, im bittern Kampf können einem selbst die schlimmsten Wendungen Hoffnung bringen und zu einem Ausweg werden. Bei Nagykanizsa war es die unbarmherzige, von Gott erschaffene und ›Winter‹ genannte Armee, die den umzingelten Truppen zur Hilfe kam. Es herrschte klirrende Kälte, Schneestürme hatten alles zugeweht. Die Angreifer ergriffen die Flucht und hinterließen mit Schlössern verriegelte Holztruhen voller silberner Gläser und Krüge. Ich habe es selbst gesehen, wie sich unsere Soldaten auf die Beute stürzten! Für einige war damit der Zweck des Krieges erfüllt und sie brauchten keinen neuen ...

Mustafa der Künstler rief: ›Hände Weg, Leute! Im Krieg ist alles verflucht, und der Schatz nach dem ihr lechzt, ist eine Schlinge für euch!‹ Er sprach und der Schnee gefror in seinem dichten Haupthaar. Keiner hörte auf ihn.

Bei Nagykanizsa, inmitten von heftigsten Kämpfen, hat eine unserer durchgefrorenen Einheiten ein nahe gelegenes katholisches Kloster eingenommen, die Mönche vertrieben und in den Kellern Fässer mit tausenden Litern alten Weins vorgefunden. Das wüste Gelage dauerte jedoch nicht lang, denn die Kämpfe flauten nicht ab, sondern entfachten stattdessen aufs Neue. Zudem hatte der Schneesturm innerhalb von nur vier Stunden alles zugeweht, das Schlachtfeld verformt und die Trennungslinien verwischt, die jede Schlacht ihrem eigenen verfluchten, satanischen Vorhaben nach zürnend zeichnet, in der Absicht, auf jedem Schritt, auf unserer oder deren Seite, jemandem sterben zu lassen. Die Kälte hielt die Kompanie in ihrem eisigen Griff umklammert und schnitt sie vom Großteil unseres Heeres ab. Wir hatten viele Tote und Verwundete zu beklagen. Am dritten Morgen stellten unsere Spähtrupps fest, dass die einzige Möglichkeit, sich dem Rest unserer Truppen anzuschließen, darin bestand, die vereisten Schneeverwehungen zu durchbrechen, die einen drei Ellen dicken und sieben Ellen hohen Schutzwall entlang der rechten feindlichen Flanke gebildet hatten.

Eines Nachts hatte der Befehlshaber unserer Einheit, der hinterhältige Arslan Torlak – möge der Tod ihn holen und die Erde seine Gebeine ausspucken, damit er für andere als warnendes Beispiel dient! – siebzig Pferde in sieben gleich große Gruppen aufgeteilt und den Befehl gegeben, ihnen die Hälfte des im Kloster erbeuteten Maises als Futter vorzulegen. Die Pferde aßen die ganze Nacht durch und als es hell wurde, befahl er, ihnen Speere und Eisenstangen an die Sättel anzubinden. Mit trunkener Stimme wies er die Soldaten an, die Fässer mit dem alten Wein vor die Tiere zu stellen.

Eine nach der anderen wurden die Pferdeeinheiten mit Wein getränkt, und nach einer Stunde wurden sie mit Peitschenhieben und Flüchen, die ich hier in der Begova-Moschee verständlicherweise nicht wiederholen darf, geradewegs auf die Eiswand getrieben …

Mustafa der Künstler hat mit eigenen Augen gesehen, wie Pferdeschädel wie Eiszapfen zerbarsten und überall Blut umherspritzte. Mit weit ausgebreiteten Armen fiel er heulend auf die Knie und flehte den Unmenschen Arslan Torlak an, das Grauen sofort zu beenden. Er fragte ihn, wie es sein konnte, dass gerade er, der ruhmreiche Befehlshaber Arslan Torlak, vergessen hat, was man ihn einst in den Militärschulen von Zarigrad und Edirne gelehrt hatte: Dass das erhabene Gesetz der Scharia in seinen wohlwollenden Grundsätzen fordert, Tiere umsichtig zu behandeln, weil auch sie eine Seele besitzen und Schmerz empfinden!

Als Antwort bekam er gedroht, er solle seine Zunge hüten, sonst würde Arslan Torlak sie ihm höchstpersönlich mit seinen knotigen Händen ausreißen, ihm sämtliche Zähne ausschlagen, sie ihm in den Rachen streuen und ihn zwingen sie aufzufressen, ihn dann an eine der betrunkenen Pferdegruppen anbinden, die fünfte, die gerade mit Peitschenhieben für den Angriff vorbereitet wurde!

Das Eis wurde durchbrochen und unsere Einheit konnte sich dem Hauptteil der Truppen anschließen. Es wurde aber nie aufgeklärt, wie es gelungen war und wodurch die Eiswand nachgegeben hat; ob durch die Wucht der Aufpralle, oder war es das warme, berauschte, Pferdeblut, welches den Eiswall schmelzen ließ?

In jener Nacht bei Nagykanizsa sagte Mustafa unter Tränen: ›Wäre doch unser Sarajevo jetzt nicht so weit weg! Und Bula Puhalovka! Nur ihre Zauberformeln könnten mir jetzt noch helfen!‹

Meine Brüder, der Künstler Mustafa ist tapfer gefallen, als wir bei Nagykanizsa den Fluss verteidigt haben! Damals war es der Fluss, es hätte aber genauso ein Hügel, ein Feld, oder ein Graben sein können. Im Krieg wird immer irgendetwas verteidigt oder angegriffen!

Dort, nahe des Flusses, haben ich und Muderis Humo ihn neben das tiefe Grabloch auf den Boden gelegt und das Totengebet für ihn verrichtet. Wir beteten für ihn die Fatiha-Sure[113] und dann, neben dem klaffenden Grab, das gierig auf Mustafas toten Körper wartete, habe ich Humo und mir selbst einen wunderbaren Gedanken des großen Künstlers überbracht, den er einmal, vor sieben oder zehn Jahren in seinem Laden auf der Baščaršija zu mir und seiner Safija sagte, als er uns einen Vortrag über die Darstellung von Zeit in der Malerei hielt. Ich kann nicht alles davon hier in der Begova-Moschee wiedergeben, eines aber will ich: Er sagte, auf Gemälden lasse sich die Zeit am besten in Form von feinen, weißen, sonnenbeschienenen Leinentüchern darstellen, die der Wind in Bewegung versetzt, aufbläst und in unbekannte Richtung mit sich fortträgt.

Ich sagte damals zu Muderis Humo:

›Sieh dir Mustafa auf dem Totenbrett an, und sieh dir die Tücher an, in die wir ihn eingewickelt haben. Wenn das Leichentuch den Körper umhüllt, ist es ein unleugbares Zeichen dafür, dass die Zeit des zum Jenseits Reisenden ihre diesweltlichen Seiten geschlossen hat. Das Leben des Menschen ist der Weg zwischen zwei Tüchern, in die er gewickelt wird: Der Windel und dem Leichentuch!‹«

Am 9. Oktober 1615 starb Hasan der Philosoph unter einer dünnen Bettdecke in seiner Tekke in Prusac. Bei seinem Begräbnis – so habe ich gehört – waren nicht allzu viele Menschen anwesend.
    Hätte er den 8. Januar 1617 erlebt, wäre er zur achtzigsten Jahresfeier der Gazi-Husrevbeg-Medresse gegangen. Ich hege noch heute die Hoffnung, obwohl sie in die Vergangenheit gerichtet ist: Hätte Hasan diesen Tag erlebt, hätte man ihn diesmal in die Medresse reingelassen!
    Wenn mir das Glück beschert wird, den 8. Januar 1637 zu erleben, werde ich nach Sarajevo reisen – zur Hundertjahresfeier der Medresse!
    Ich werde den Studenten die *Lieder wilder Vögel*, meine Aufzeichnungen über Hasan Pruščak schenken.
    Und ich werde zu diesem Anlass nur folgendes sagen:
    Hasan hatte nicht vor, mit seinem Denken die Welt zu verändern, sondern seine Beziehung zur Welt! Er forderte nicht, Gerechtigkeit mit Gewalt aufzuzwingen, sondern dass Menschen gerecht handeln! Er verlangte nicht, dass sie Gutes einander aufnötigen, sondern dass ihr Tun tugendhaft ist!

Während ich Lejla tröste, weil uns Gott das Glück verwehrte, eigene Kinder zu haben, und während ich in ihrer Anwesenheit über Nurunada und über die mögliche Gottesstrafe für all das, was einst am vereisten Bosporus geschehen ist, schweige, mit Tränen in den Augen und mit Wehmut, der ich mich zu widersetzen bemühe, beflügelt vom freien Willen, den ich von Hasan dem Philosophen lernte, von niemandem überredet und mit Einverständnis meiner treuen Lejla, gebe ich zum Schluss aus meinem Garten in Mostar auf diesem letzten Blatt und in diesen letzten Zeilen und Lettern, folgendes bekannt:

Als fortdauerndes Gut schenke ich 1) meinen Garten, 2) mein Haus, 3) den Schatten der raurindigen Pappel, 4) die weißen Wände an allen vier Seiten, 5) die alten Dachziegelsteine über ihnen, 6) die Strahlen des Mondlichts auf ihnen, 7) die Feuerstelle, auf der wir einst Feigenmarmelade kochten, 8) den Gartenzaun aus morschen Brettern, 9) die getrockneten Kräuter, die nach meinem Tode übrig bleiben, 10) Mevlijas Mitgift, 11) Lejlas Mitgift samt ihres 12) Silber- und 13) Goldschmuckes, 14) die frischen Kräuter um den Polterschacht und 15) dieses Manuskript.

Das oben aufgeführte vermache ich dauerhaft, unwiderrufbar und frohen Herzens der Stadt Mostar als Gasulhane – als Leichenwaschhaus!

Das Haus und der Garten sollen zur Gasulhane umgestaltet werden, auf dass sie kostenfrei und mit offenen Toren den verstorbenen Bedürftigen Mostars und seiner Umgebung im Umkreis von einem Tagesritt zur Verfügung stehe.

Aus freiem Willen, im Einvernehmen mit meiner treuen Lejla und aus Mitleid gegenüber den toten Armen füge ich dem hinzu:

Niemals soll ein mittelloser Jude oder ein armer Christ zurückgewiesen werden, der den Wunsch äußert, nach dem Ritus seines Glaubens und unentgeltlich für seine letzte, weite Reise in die andere, glückliche Welt ausgestattet zu werden. Dasselbe gilt auch für die seltenen ungläubigen Reisenden, sollte sie der Tod in Mostar in den Hinterhalt locken.

Durch Fazlo Šeremet, den Imam des Dorfes Miljanovci bei Tešanj, übersende ich zehn Dukaten und dieses Manuskript nach Sarajevo, in die Buchhandlung Aleksandar Jevtanovićs, des Sohns der verstorbenen Gavrilo und Smiljana Jevtanović, auf dass es in vierzigfacher Ausführung vervielfältigt wird. Die Einnahmen vom Verkauf, sofern es welche gibt, sollen der Gasulhane zugute kommen.

Glücklich darüber, dass ich mit dieser Wohltat den Toten in Bosnien entgegenkomme, wünsche ich mir, dass diese meine Blätter irgendwohin in Frieden ihres Weges ziehen.

*
**

1   Markt und Siedlung in der Altstadt von Mostar.
2   Islamische Hochschule, an der theologische sowie naturwissenschaftliche Fächer gelehrt werden.
3   Zarigrad (wörtl.: Kaiserstadt); slawische Bezeichnung für Konstantinopel bzw. das spätere Instanbul.
4   Zentraler, überdachter Markt.
5   Richter.
6   Effendi: Höfliche Anrede die dem Namen nachgestellt wird. Im Osmanischen Reich auch ein Titel von Beamten und Militärs.
7   Gelehrter.
8   Malamatis: ein Sufi-Orden.
9   Ein Sufi-Orden, dessen Begründung auf den Mystiker Maulānā Jalāluddīn Rumī Balkhī (13. Jhd.) zurückgeht.
10 Einer, der die große Pilgerfahrt nach Mekka *(hadsch)* vollzogen hat.
11 Pflanze aus des Autors eigener Mythologie.
12 Sternwarte, Observatorium.
13 Sufismus.
14 'Abdul Karīm Jīlī (gest. zwischen 1408 und 1417); islamischer Gelehrter und Autor des Werkes *Al-insān al-kāmil, (Der vollkommene Mensch)*, welches eine bedeutende Studie und Systematisierung der Gedanken Ibn 'Arabis darstellt. Jīlī ist ein Nachkomme des großen Mystikers Abdul Qādir Gīlanī.
15 Diverse Gruppierungen die sich im Osmanischen Reich häuften und zum Teil abwegige Islam-Interpretationen verbreiteten.
16 Gebäude, welches als Versammlungsort einer Sufi-Bruderschaft dient.
17 Sternforscher; zuständig für die Erstellung des Mondkalenders und Festlegung der Gebetszeiten.
18 Sure »Yūnus« (Jonas), X:90-91; Als der im Roten Meer ertrinkende Pharao ausrief: »Ich bekenne, dass es keinen anderen Gott gibt außer dem, an den die Kinder Israels glauben, und ich reihe mich unter die, die Ihm ergeben sind.«, kam Gottes Antwort: »Jetzt etwa? (Al-Ane) Wo du bisher ungehorsam und einer derer warst, die Unheil stifteten?«
19 Morića-Han; Karawanserei gegenüber der Begowa-Moschee, welche hauptsächlich reisenden Kaufleuten als Unterkunft diente.
20 Berg in der Herzegowina.
21 Einer, der den Koran auswendig kennt.
22 Zwei entlegene Dörfer.
23 Kleine osmanische Silbermünze.
24 *Vakuf* (arab. *waqf*); von Privatleuten finanzierte wohltätige Einrichtungen wie z.B. Moscheen, Medressen, Tekken, Krankenhäuser, Einrichtungen zur Armenspeisung u.ä.
25 arab. *wālī*; Gouverneur.

26 Rechtsgelehrter, der befugt ist offizielle Rechtsgutachten *(fatwā)* zu erteilen.
27 Meistens Bezeichnung für eine gelehrte Frau, wird aber auch für Frauen benutzt, die mit Hilfe von Koranrezitation oder auch durch Bleigießen oder Talismane versuchen, bestimmte seelische Leiden bei anderen zu heilen (oft gegen Bezahlung).
28 Steinerne Brücken am Fluss Miljacka in Sarajevo.
29 Pittoreske Stadt in der Herzegowina.
30 Gebetsruf.
31 Gebetsaufruf, der unmittelbar vor dem Gebet ausgerufen wird, und der bis auf eine zusätzliche Zeile dem *Adhān* gleicht.
32 Koran, Sura 33/172.
33 Berg südlich von Sarajevo.
34 Gewichtsmaß welches im Osmanischen Reich verwendet wurde (entspricht etwa 1280 Gramm).
35 Religiöses Fest zum Ende des Fastenmonats Ramadan und zum Ende der Hadsch (Pilgerfahrt).
36 Die Schlacht von Siffīn; Auseinandersetzung zwischen dem Kalifen 'Alī ibn Abī Talīb (dem Vetter des Propheten Muhammad) und Mu'āwiya, dem Statthalter von Syrien, der 'Alī als Kalifen nicht anerkennen wollte.
37 Gemeinschaft aller Muslime.
38 Abū'l-Hasan al-Māwardī (im Westen bekannt als Alboacen, gest. 1058); berühmter Rechtsgelehrter aus Basra, Autor bedeutender Werke zum islamischen Recht.
39 Rechtsgutachten, welches von einem autorisierten Rechtsgelehrten herausgegeben wird.
40 Religiöse Gesetzgebung.
41 Eine der zahlreichen Tarīqas (Sufi-Bruderschaft).
42 Katastrophe, Desaster; die Bezeichnung, mit der in den osmanischen Berichten Lepanto beschrieben wurde.
43 Al-Khidr (der Grüne); eine geheimnisumwobene Gestalt im Islam, die über die Zeiten hinweg im Verborgenen unter den Menschen weilt und sich den Gottesfreunden offenbart. Allgemein wird Khidr als der Gottesknecht identifiziert, der in der 18. Koransure erwähnt wird, und derzufolge er dem Propheten Moses begegnet.
44 Stadtteil von Istanbul.
45 Mansur Al-Hallaj; einer der bekanntesten islamischen Mystiker (9./10. Jhd.). Er wurde von orthodoxen Gelehrten der Ketzerei bezichtigt und schließlich auf grausame Weise öffentlich hingerichtet.
46 Abu Hamid Al-Ghazali (Abū Ḥāmid Muḥammad b. Muḥammad al-Ġazzālī); ein persischer Theologe, Philosoph und Mystiker (11./12. Jhd.).

47 Gouverneur einer Provinz.
48 Schüler eines Scheichs.
49 Stadtteil von Istanbul.
50 Militärrichter.
51 Gottesfreund, Heiliger.
52 Raum in der Tekke, in dem die Dhikr-Zeremonie, die gemeinsame Anrufung Gottes stattfindet.
53 Ein aus Bosnien stammender Befehlshaber und Großwesir des Osmanischen Reiches.
54 Sure aus dem Koran, die man für die Seelen der Verstorbenen liest.
55 Persischer Vierzeiler.
56 Tariqa (Weg, Pfad, Methode) ist zunächst der spirituelle Weg, den der Sufi beschreitet, um von der Scharia zur göttlichen Wahrheit zu gelangen, dann aber auch eine Gemeinschaft von Menschen, die einem solchen Weg folgt: mit anderen Worten ein Sufi-Orden.
57 Der erste Teil im Namen ist muslimisch und der zweite christlich
58 Der siebte und achte Monat des islamischen Mondkalenders.
59 Der Raum, in dem der Sema-Tanz oder die Dhikr-Zeremonie durchgeführt wird.
60 Fest zu Ehren des Geburtstages des Propheten Mohammed.
61 Unsichtbare Wesen, denen ebenso wie den Menschen ein freier Wille gegeben wurde.
62 Muhyīuddīn Muhammad Ibn ʿArabī, lebte im 13. Jhd. und ist einer der bekanntesten Sufis. Wegen seines enormen Einflusses wird er auch *asch-schaich al-akbar* (der größte Meister) bzw. latinisiert *Magister Magnus* oder *Doctor Maximus* genannt.
63 Waqf: fromme, wohltätige Stiftung.
64 Allahu akbar!: Gott ist (am) größten!
65 Das heutige Iraklio auf Kreta.
66 Adam und Eva.
67 Islamischer Kalender, bei dem die Zeit nach Mondmonaten gerechnet wird. Die islamische Zeitrechnung beginnt (622 n. Chr.) mit dem Jahr der *Hidschra* (Auswanderung des Propheten Mohammed aus Mekka nach Medina, die er aufgrund von Verfolgung vorzunehmen gezwungen war).
68 Süßspeise aus Mehl und Butter, die hauptsächlich zu feierlichen Anlässen zubereitet wird
69 Provinz in Arabien, in der die Städte Mekka und Medina liegen.
70 Pilgerfahrt nach Mekka
71 Der Teufel
72 Im Namen Gottes, des Erbarmers, des Barmherzigen
73 Würdentitel für die oberste Autorität in Belangen des Islam, vergleichbar mit dem Großmufti.

74 Kuppelüberdachte Grabstätte, in welcher meistens ein Heiliger beigesetzt wird
75 Ein Gebäude neben der Medresse, in der die Hochschule für Sufi-Philosophie und das Institut für Islamwissenschaften untergebracht war.
76 Orientalisches Musikinstrument, Kegeloboe.
77 Fluss, der durch Sarajevo fließt.
78 Al-Masudi (Abu 'l-Ḥasan ʿAlī b. al-Ḥusain al-Masʿūdī): bedeutender arabischer Philosoph, Geograph und Historiker. (9.-10. Jhd.).
79 Anrufung Gottes; *Ya-Hayyu* (O Lebender!); *Ya-Hu* (O Er!).
80 Aufenthaltsort der Seelen nach dem Tod, bevor sie das Paradies oder die Hölle betreten.
81 Ein militärisch organisierter Verband von Wegelagerern die ihren Hauptsitz in der Stadt Senj hatten.
82 Die vier Stadien des Sufi-Weges: *Scharia* (islamisches Gesetz), *Tariqa* (der mystische Weg), *Haqiqa* (die Wahrheit), *Ma'rifa* (die Erkenntnis)
83 Der Teufel.
84 Ein Vorort von Sarajevo.
85 Heeresrichter.
86 Ein Grundstück in Sarajevo, welches im 16. Jahrhundert vom osmanischen Statthalter Siyamush-Pascha den aus Spanien vertriebenen sephardischen Juden gegeben wurde, damit sie sich dort einen Tempel erbauen (das heutige jüdische Museum).
87 Ein Stadtteil von Sarajevo.
88 Sattlergasse, Hauptgasse im Basar von Sarajevo mit Handwerksbetrieben.
89 Uhrturm.
90 Hoher Beamter.
91 sing. Beguma; Tochter oder Ehefrau eines Begs (Fürstin).
92 Empfangszimmer mit Sitzkissen.
93 Vorbeter, geistiger Anführer.
94 Der biblische Korach, der sich gegen Moses und Aaron auflehnte. Ihm werden immense Reichtümer nachgesagt.
95 Ein Stadtteil von Sarajevo.
96 *Mathnawi-i Manawi*; eines der Hauptwerke des Mystikers Maulānā Jalāluddīn Rūmī, welches aus 30.000 Doppelversen besteht.
97 Stadt in Zentralbosnien.
98 Im Islam ein weißes, pferdeähnliches Reittier mit Flügeln und Menschenantlitz, auf dem der Überlieferung nach der Prophet Mohammed auf seiner Nachtreise von Mekka nach Jerusalem geritten ist.
99 Gasse in Sarajevo im Ortsteil Bistrik.
100 Fluss in Bosnien, dessen Quelle unweit von Sarajevo liegt.
101 Az-Zamachscharī, Abū 'l-Qāsim Mahmūd bin ʿUmar; muslimischer Koranexeget und Philologe persischer Herkunft (11/12 Jhd.).

102 In Innenhöfen sakraler Bauten, überdachter, meist sechs- oder achteckiger Reinigungsbrunnen mit mehreren Wasserhähnen, an dem Gläubige vor dem Gebet die rituelle Waschung vornehmen.
103 Eine der größten Karstquellen Europas; am Quellort wurde im 16. Jhd eine Tekke erbaut, die bis heute aktiv ist.
104 Auch *Maulid*; Feier zu Ehren des Geburtstags des Propheten Mohammed, bei der Gedichte rezitiert werden, in denen die Geburt des Propheten beschrieben wird. Auch zu anderen wichtigen Anlässen werden *Mevluds* veranstaltet.
105 Ort der gemeinschaftlichen Trauer, an dem die rituelle Vollkörperreinigung von Verstorbenen durchgeführt wird.
106 Stadtteil von Mostar.
107 Märtyrer (wörtl. Zeuge)
108 Stadtteil von Mostar
109 Schlachten aus der frühislamischen Geschichte.
110 Dorf in der Nähe der Stadt Tešanj.
111 Stadt in Nordbosnien.
112 Bittgebet, welches in Gemeinschaft gesprochen wird, nachdem jemand den kompletten Koran gelesen hat. Oft wird das Hatma-Gebet der Seele eines Verstorbenen gewidmet.
113 Die erste Koransure; wird unter anderem für die Seelen von Verstorbenen rezitiert.

Enes Karić
Der Jüdische Friedhof
Roman
Übersetzt von Silvia Sladić

ISBN 978-3-89930-005-5

Anfangs des Bosnienkrieges 1992 wird im Zuge eines Gefangenenaustauschs der vierzehnjährige Sadik, der aus einem kleinen ostbosnischen Dorf stammt, zum ersten Mal in seinem Leben in die Hauptstadt seines Landes kommen. Ohne Dokumente ist er ein Mensch ohne Identität, ein Kind noch, das in der belagerten Stadt als Bettler zu überleben versucht. Sein Ziel ist, ›nach Europa‹ zu gelangen. Nu begegnet er den Menschen Sarajevos: Bettlern, Soldaten, Kriminellen, Mitarbeitern humanitärer Hilfsorganisationen, Einheimischen und Ausländern; und er schließt Freundschaft mit vielen.
Einer der interessantesten Menschen für den jungen, neugierigen, wissbegierigen Sadik ist ein gewisser Hodscha Mujki, der ihn mit ungewöhnlichen Menschen und Ereignissen in Verbindung bringen wird...

Eine großartige, menschliche Geschichte über ›Gott und die Welt‹, wahrhaftig und märchenhaft zugleich, eine warme und herzliche Einladung zum Dialog der Religionen und Kulturen.

Enes Karić hat zahlreiche islamwissenschaftliche, philologische und philosophische Artikel, Essays, Studien und Monografien veröffentlicht. Seine Übersetzungen aus dem Arabischen und Englischen sind ebenso bekannt und erfolgreich wie seine eigenen literarischen Werke. Man kann ihn als den Denker des bosnischen Islams bezeichnen.

»Über den Krieg in Bosnien und Herzegowina, insbesondere über den Krieg in Sarajevo, sind zahlreiche Bücher geschrieben worden. Einige sind weltweit bekannt, doch nur wenigen ist es gelungen, sich von den erwarteten kommerziellen Stereotypen, emotionsreichen Reportagen oder Lamenti zu lösen. Enes Karićs Roman Der Jüdische Friedhof könnte eine erste große Synthese über unser Brudermorden der jüngsten Vergangenheit sein. Durch ein gelungenes literarisches Konzept, ausgefeilte Sprache, unaufdringliche Weisheiten und Anflüge von Lyrik offenbart sich uns ein Ausschnitt aus den blutigsten Momenten unserer Geschichte, unsere Gegenwart.« (Mile Stojić, Lyriker und Literaturwissenschaftler)

www.schiler.de